ゴダール／映画誌

山田宏一

はじめに――わがゴダール

これは一九七一年に刊行された私の最初の映画評論集「映画について私が知っている二、三の事柄」（三一書房）の第一章「ゴダールについて私が知っている二、三の事柄」から二〇二〇年に刊行された「増補新版　ゴダール、わがアンナ・カリーナ時代」（ワイズ出版）に至るまでずっと私の心をとらえてきた一九六〇年代のジャン＝リュック・ゴダール監督の映画――ポーリン・ケイル女史がいみじくも名づけた「豊饒なる六〇年代ゴダール」――について、私にとってのゴダールのすべてと言っていい『勝手にしやがれ』（一九五九）から『ウイークエンド』（一九六七）までの十五作品に焦点を絞って、機会があるごとに、試行錯誤をくりかえし、改稿を重ねながらも、あちこちに書き綴ってきた拙文の私なりの集大成です。それに二〇二二年のゴダールの自死（九月十三日、享年九十一）のさいに書かれた追悼文を加えました。

多様多彩な引用とコラージュの体系とも言うべきゴダール作品は、映画史の、映画そのものの、ありとあらゆる映画的な出来事、現象、事件、遭遇、衝突の興味深い記録としてひとつの「映画誌」を形成するすばらしさです。その根底に流れている深い思いのこもった精神は、ゴダールが二十歳のときにH・L（ハンス・ルカ）名義で書いた「映画とは何かという問いに、わたしはまずこう答えたい。それは美しい感情の表現だ、と」（「レ・ザミ・デュ・シネマ」誌一九五二年十月第1号）という気恥ずかしくも美しい定義に集約されます。少なくとも、この心ときめく「映画」の定義にみちびかれてわがゴダールについての思いを綴った本書が出来上がったと言えます。

目次

1968 年 5 月、カンヌ映画祭粉砕を叫ぶジャン＝リュック・ゴダール（撮影／山田宏一）

追悼ジャン＝リュック・ゴダール

死者は生きつづける
――フランソワ・トリュフォー
（『緑色の部屋』）

さらばゴダール、さらば映画——幸福な映画と不幸な映画

良い映画だとか悪い映画だとか決めつけるわけではないにしても傑作もあり駄作もあり、そんな評価を超えて個人的な好き嫌いをふくめて言えば、結局は幸福な映画と不幸な映画があるのだと思う——幸福な出会いと不幸な出会いがあるように。

一九六八年の五月革命以前のジャン゠リュック・ゴダール作品は私にとっては幸福な映画そのものだったが、その後の作品はただもう不幸な映画と言うほかなかった。

『勝手にしやがれ』（一九五九）から『ウイークエンド』（一九六七）に至るゴダール作品が最高に幸福な映画の時代だったことは論を俟たない。それはわがアンナ・カリーナ時代の映画（アンナ・カリーナがヒロインではなかった作品もふくめて）だったからである！

幸福な映画は、映画史におけるジャン゠リュック・ゴダールの出現からはじまる。

映画史の飛躍的発展は、伝説をまじえて大雑把に要約すれば、D・W・グリフィスによるクローズアップの発見、セルゲイ・M・エイゼンシュテインよるモンタージュの組織化、オーソン・ウェルズによるパンフォーカスの実践、そしてジャン゠リュック・ゴダールによるジャンプ・カットの発明という四つの映画技法の成果であった。作品で言えば、『散り行く花』（一九一九）、『戦艦ポチョムキン』（一九二五）、『市民ケーン』（一九四一）、そして『勝手にしやがれ』が、映画史の重要な節目になっているということである。

というような妄想に彩られた言説はまさに妄言のような伝説にすぎないのかもしれないが、それにして

もあまりにも映画的な美しい、感動的な伝説なので、ジョン・フォード監督の『リバティ・バランスを射った男』（一九六二）のなかの名言よろしく、伝説が事実になるときにはそれを記録すべきなのだということにしよう。D・W・グリフィス監督が彼の映画の永遠のヒロイン――とくにリリアン・ギッシュ――の顔のあまりの美しさに魅せられて引き付けられるように思わずキャメラを近づけたときにクローズアップが生まれたという映画的伝説をゴダールは批評家時代から何度も語り、「映画とは何かと問われたら、それは美しい感情の表現だ」と美しく感動的に定義していたものだった。

こうして築かれた映画史の大きな節目でもあるクローズアップ、モンタージュ、パンフォーカス、ジャンプ・カットという映画的な、あまりに映画的な技法は、いまではすでにごく一般的に、通俗的に、映画用語／映像用語として辞書にも載っているくらいである。国語辞典、たとえば「広辞苑」第六版（岩波書店）には、クローズ・アップ（英語 close-up）は「（クローズ・アップの訛）写真、映画、テレビ撮影などで、対象の一部を大写しにする技法」、モンタージュ（montage）は「（フランス語で組立ての意から）映画で、各ショットのつなぎ方で、単に足したもの以上の新しい意味を作り出す技法」、パン・フォーカス（和製語 pan-focus）は「短焦点レンズや小さな絞りを用いて、近景から遠景までピント（フォーカス）の合った画面を作る撮影技法」、そしてジャンプ・カット（jump cut）は用語としては出ていないものの、「ジャンプ（jump）」の項に「映画で、フィルム編集の手違いから場面の接続が違うこと」という的確かつ適切な解説が付されている。画面がスムーズにうまくつながらず、「とぶ（jump）」ことなのである。カット（cut）の基本的な単位であるフィルムのコマが撮影あるいは映写の故障によって「とぶ」こともジャンプであり、フィルムをつなぐことが編集《カッティング》（cutting）になるので、正攻法の編集からすればつなぎのミスになる「ジャンプ」をゴダールが初めてミスではなく有効な映画技法として使いこなしてジャンプ・カットが発明されたということでもあるだろう。英和辞典には jump cut は「急激な場面転換」と説明されている。フランス語ではずばり「つなぎ間違い（faux raccord）という映画用語になっている。『勝手にしやがれ』は映画史上初の「つなぎ間違い」のユニークな傑作だったのである。そのジャンプ・カット、つなぎ間違いだらけの名作が、型破りの――なにしろ、映画のなかの人物が突然、キャメラに向かって、観客に向かって、勝手にしやがれ！ と毒づいたりするのだから――ヌーヴェル・ヴァーグ（新しい波）とよばれたフランスの若い世代の斬新な、悪く言えば素人くさくて、粗雑で、乱暴な、それだけに若々しい力にあふれた映画群の旗頭として代表作になったのだった。

『勝手にしやがれ』に「生きた知性」として引用され特別出演しているヌーヴェル・ヴァーグの先輩格にあたるジャン゠ピエール・メルヴィル監督は、「ヌーヴェル・ヴァーグとはゴダール・スタイルのことだ」と断じた。「すばらしいのは、あのデタラメなカットつなぎだ。自然なアクションつなぎを無視した、脈絡のないカットの見事な不連続のリズムだ」。

ヌーヴェル・ヴァーグとは映画を経済的に、つまりはいかに金をかけずに、安上がりにつくるかということにすぎない、ともメルヴィルは言った。

実際、かつてない低予算映画だった。製作費の不足を補うために、撮影には照明（ライティング）も録音もなし、現像費を浮かすためにフェイド・イン、フェイド・アウト、オーヴァラップなどのケミカル処理は一切なし、ジャン゠ポール・ベルモンドが警官を射ち殺してしまって逃げる遠景をフェイド・アウトで閉じる印象的なシーンなどあるにはあるのだが、すべて撮影中にキャメラのテクニックによって生み出されたものだった（名手ラウル・クタールの隠し味、見えざるテクニックと言うべきか）。

シナリオはゴダールの頭のなかにあるだけで、打ち合わせもテストもリハーサルもなし。撮影はすべてぶっつけ本番だった。NGなしのワンカット撮影だったのである！

パリのシャンゼリゼ大通りの歩道で、ショートカットのアメリカ娘ジーン・セバーグがアメリカの新聞

「ニューヨーク・ヘラルド・トリビューン」を売っているところへジャン＝ポール・ベルモンドがやってきて、二人でゆっくり歩きながら会話をする長いワンシーン＝ワンカットも、当時、郵便物の運搬や配達に使われていた手押しの三輪車があって、車輪もタイヤで滑りがよく振動も少なく、キャメラマンのラウル・クタールがそのなかに入って隠し撮りをしたとのことで、ゴダールがキャメラのフレーム（視野）に入らないすれすれのところで俳優たちに口伝てでせりふを教える、俳優たちはそのせりふを聴き取って自分の言葉でくりかえして演じるという方式で、すべてが現場で直接的に——即興的に——おこなわれる方式は、『女と男のいる舗道』（一九六二）で娼婦役のアンナ・カリーナがカフェのなかで哲学者のブリス・パランにインタビューをするシーンや『中国女』（一九六七）で女子大生のアンヌ・ヴィアゼムスキーが哲学科の教授フランシス・ジャンソンと対話するシーンにも、イヤフォンを使って活用されることになる。実際にはゴダールが哲学者たちにインタビューをしているのだが、その場で——キャメラの見えないところから——ゴダールの伝える言葉をヒロインが彼女たちのせりふとしてしゃべる形になる。

せりふは芝居の台本のように（演劇的に）書かれてそれを俳優が撮影前に覚え、演技とともに俳優なりに考えてくるものではなく、撮影中にイヤフォンでゴダールから伝えられるままにしゃべるというゴダール方式がその後——よきにつけあしきにつけ——定番になる。やらせのドキュメンタリーのようだが、撮り直しのきかない危険な同時録音撮影なのである。原則としてすべてぶっつけ本番、ＮＧなしの撮影だ。ＮＧはあっても捨てカットでなく、ＮＧでも使わなくてはならないことがある。実際、『アルファヴィル』（一九六五）では夜のシーンをノー・ライトで撮ったので「真っ暗で何もうつっていない」ＮＧカットをそのまま使ったところがあるんだ、とラウル・クタールは語っていた。

すべて一発勝負、ＮＧなしの決死のワン・テイク撮影も、すべては、そもそも無駄使いができない低予算映画という切迫した条件によるフィルムの節約のためだったのだろう。時間浪費も許されず、早撮りで予定どおりきっちり四週間で撮り上げたという『勝手にしやがれ』はそれでもオール・ラッシュでざっと四時間の長さで、劇場で公開されるためには半分以下の長さに、ということは二時間はカットしなければならなかった。いくつかのエピソードを思い切ってカットせざるを得ないという常識的な、通常のやりかたではとても間に合わなかった。そこで、ゴダールは、「フィルムを両手につかんで、カットごとに、カットのなかでコマをつまむという破天荒な方法を試みた」と「キャメラ万年筆」論で知られる批評家でヌーヴェル・ヴァーグのもう一人の先輩格にあたる映画作家、アレクサンドル・アストリュックは、驚嘆の讃辞とともに述懐する。「言ってみれば、編集中に映像をむしりとったのである。こうして、長回しのカットがコマ切れになり、コマが、イメージが、あちこちでとんで——ジャンプして——アクションつなぎが欠落したゴダール式『つなぎ間違い』が発明された。激しく、ゴツゴツした、たたみかけるような、息せききっただリズムが生まれた」。

それこそ現代的な息吹きであり、「その後、テレビジョンが開発していく新しいモンタージュのテクニックを、ゴダールは『勝手にしやがれ』で、すでにいっきょに創造してしまったのである」とアストリュックは書いたが、『勝手にしやがれ』の衝撃はそれだけではなかった。ゴダールは自分の好きな映画や音楽や絵画や文学からの無数の引用をちりばめ（ハンフリー・ボガートの肖像写真、ロバート・アルドリッチの映画『地獄へ秒読み』の立看板、ピエール゠オーギュスト・ルノワールの《少女》のポスター。モーツァルトの《クラリネット協奏曲》のレコード、ウィリアム・フォークナーの小説「野生の棕櫚」の一節、アラゴンやアポリネールの詩句、等々）、「それらすべてを狂気とナンセンスと怒りのめくばせにみちた運動に還元した」とアストリュックはちょっと難解な解説でしめくくっているのだが、『気狂いピエロ』（一九六五）に至ってその多彩なゴダール的引用の万華鏡が詩人で小説家でシュールレアリストであったルイ・アラゴンによって、これこそ「現代のコラージュ」と定義されて、「今日の芸術とはジャン

＝リュック・ゴダールにほかならない」と絶讃されることになる。

私はそのころパリにいて、ヌーヴェル・ヴァーグの拠点だった「カイエ・デュ・シネマ」誌の編集同人と知り合って、その影響もあってゴダールと『気狂いピエロ』に熱狂したが、一九六五年のヴェネチア映画祭で上映された『気狂いピエロ』は不評で、会場は野次とブーイングの嵐だった。それこそジャン＝リュック・ゴダールの栄光でもあったのだろう。「真に新しいもの、偉大なもの、崇高なものは、芸術においてはつねに罵倒を浴び、侮蔑や凌辱を受けるものだ」とアラゴンは擁護した。現代芸術の頂点に立ったゴダールだったが、その反面、ある種の「大衆性」を失ったということも否めないかもしれない。

私はゴダール映画の永遠のヒロイン（と信じた）アンナ・カリーナに夢中になっていたから彼女が彼女自身の振付で——ということはのちに知ったことだけれども——歌い、踊るシーン、ミシェル・ルグランのジャズのリズムとテンポに快くも切なく乗って踊る『女は女である』（一九六一）の歌わないけれども歌っているソロ・ダンス、『女と男のいる舗道』のメイティング・ダンス、『はなればなれに』（一九六四）のマディソン・ダンスを見るだけでも、心たかぶり、胸が躍り、ゴダールの言う「美しい感情の表現」そのものといった映画的興奮を覚えたし、『気狂いピエロ』のラストに引用されるアルチュール・ランボーの詩句そのままに「見出された永遠」が水平線のかなたに太陽が海に融け込む瞬間の美しいイメージに昇華されるのを見たときには、これこそ真の映画なのだ、映画はここからはじまり、ここに終わるのだとすら言いたいくらいの感動にふるえた。

しかし、一九六八年の五月革命とともに、事態は一変した。ゴダールはもう取り付く島もないくらい「変貌」して、どこか遠くへ、はるかかなたへ、もう絶対に手の届かない高みに去って行ってしまった。五月革命以前のゴダール作品は、五月革命を予感した（といわれる）、「ひとつのはじまりの終わり」を告げる『中国女』も、愛の終末、世界の終末、映画の終末、すべての終末の縮図のような、ある週末を描いた『ウイークエンド』もふくめて、どれも心をゆさぶる映画だったのだが——。

その後のゴダールは「美しい感情の表現」などかなぐり捨て、何もかも根底から否定、廃棄し、個人としての映画作家ジャン=リュック・ゴダールから姓名のイニシャル（ジャンのJ、リュックのL、ゴダールのG）三文字だけの、集団的・芸術的・哲学的・政治的・戦闘的創造の象徴（というか、核）のようなJLGとなり、さらにはGODARD（ゴダール）にはGOD（ゴッド／神）が宿るといわんばかりに神がかって（実際、映画のなかでは自ら神を演じて）、天上の高みから怒りにみちた御託宣をどなりちらすような感じだった。ただ、ビデオによる壮大な『ゴダールの映画史』（一九八八－九八）だけが、地上に吐き捨てたはずの「映画」に謙虚に未練がましくこだわるかのように果てしなく映画とは何かをめぐってぶつぶつつぶやきつづけるゴダールの孤独感のようなものを感じさせ（謙虚に未練がましく？　ゴダールが？　——そう、だからこそ、あの孤独なつぶやきはゴダールの遺言、映画的遺言だったにちがいないと思いたいのだ）、これからも私なりに時間とエネルギーを注いで未練がましく（!?）追いかけつづけたいと思う。

さらばゴダール、さらば映画。

（「キネマ旬報」２０２２年12月上旬号）

ゴダールもまた死す——息切れの友情の果てに

ヌーヴェル・ヴァーグの盟友同志

フランス国際放送（TV5MONDE）の五月革命再考の特集番組の一環として『トリュフォー／ゴダール、破局／分断のシナリオ』（Truffaut-Godard, scénario d'une rupture）というドキュメンタリーが放映された。クレール・デュゲという女性監督（テレビディレクターかと思われる）による五十二分の作品で（二〇一三年制作）、一九六八年の五月革命によって引き裂かれたヌーヴェル・ヴァーグのふたりの関係を「同じ映画への愛と情熱によって結ばれた同志の痛ましくも騒々しい離婚劇」とナレーションでは解説していた。

「ヌーヴェル・ヴァーグの創始者であるふたりの映画作家は共犯者であり、そしてその後、敵対することになる。それは、騒々しい不倫の果てに激しく決定的な離婚に至ったドラマである。」

もっとも、「騒々しい不倫」はゴダールのほうだけで（と言っていいかどうかはわからないけれども）、ゴダールにしてみればそれは「不倫」のような闇雲に突っ走ったいかがわしい脱線事故などではなく、「澄みきった新しい眼」で「前進」あるのみということだったのであり、すでに一九六八年の五月以前から、誇らかに高らかに、こんな新しい映画マニフェストを発表していたことに思い当たる。

「すべては新しい無垢な眼で再発見されなければならない。映画は生まれ変わるべきときなのである。

そのためには、ただ一つの解決法しかない。それはアメリカ映画との決別である。わたしたちはこれまで映画というあまりにも狭小な世界のなかで生きてきたと思う。映画は映画によってのみ育ってきた。

映画は自ら映画を模倣して成長してきただけなのである。これはわたし自身の初期の、そしてこれまでの作品に対する自己批評でもある。たとえば、わたしの映画のなかで刑事がポケットから拳銃を取りだして撃つところを描いたのは、わたし自身が描こうとしている状況の論理から必然的に生まれてきたアイデアでなく、要するに、それまでわたしが見てきたほかの映画――アメリカ映画――のなかに同じような状況で刑事が拳銃をそんなふうにしてポケットから取りだして撃つシーンの記憶があったからにほかならないのだ。自然にせよ、意図的にせよ、それは模倣にすぎなかった。

絵画においても同じことが起こった。模倣の時代があり、次いで決別の時代があった。いま、映画は決別の時代に来ているのである。澄みきった新しい眼で現代社会のなかへ、実人生のなかへ、突入していくべきときである」。

（一九六六年、『彼女について私が知っている二、三の事柄』プレスブックより）

一九六六年の映画『彼女について私が知っている二、三の事柄』は、「どこからはじめればいいのか、どこから何をはじめればいいのか」と口ごもりながらぶつぶつつぶやくゴダールのモノローグとともに、キャメラはパンと移動をくりかえし、映像も音も、言葉も物も、人も車も、行ったり来たりするばかり。やがてパリ郊外の団地の芝生のようなところに乱雑に並べられたスーパーマーケットの日用品（というか、雑多ながらくた商品）のなかに混じって「ハリウッド」という雑誌のバックナンバーのカバーをキャメラがとらえ、「ゼロ地点に戻った。これから再出発だ」とひそかに「前進」の決意を伝えるゴダールのひとりごとのようなナレーションが入って、それがラストシーンになる。中古品のようなハリウッド、薄汚れた日用雑貨のようなアメリカ映画など、ゴミ捨て場にでも投げ捨てようということだったのか。

これが「破局／分断のシナリオ」の準備稿だったのだろうか。「同じ映画への愛と情熱によって結ばれた同志の痛ましくも騒々しい離婚劇」の暗示的な序曲だったのだろうか。

かつて映画狂として同じ映画をめざす盟友として、アンリ・ラングロワのシネマテーク・フランセーズで「アメリカ映画」を発見し、熱狂して、映画にのめりこんでいったトリュフォーとゴダールであった。「わたしたちはシネマテークで育った」と、ともにその後映画作家になったふたりは忌憚なく言いつづけた。トリュフォーはすべての作品がヒッチコックの影響と模倣の産物であることを誇り、ゴダールは『勝手にしやがれ』（一九五九）がハワード・ホークスの『暗黒街の顔役』（一九三二）の作り直し《リメーク》であることを自負、自任していた。ヌーヴェル・ヴァーグの拠点となった「カイエ・デュ・シネマ」誌で「新しい映画」をめざして彼らが書いていた批評はヒッチコック＝ホークス主義につらぬかれていた。ジャン・ルノワールとジャン・ヴィゴとジャン・コクトーという三人のジャン以外の「良質」のフランス映画はことごとく否定された。

志合えば胡越も昆弟たりというわけか、ふたりは同じ志を持って映画作家をめざしていた。ヌーヴェル・ヴァーグのプロデューサーとして知られるピエール・ブロンベルジェにインタビューをしたときも、こんなふうに語ってくれた（インタビュー集「映画はこうしてつくられる」、草思社）。

ブロンベルジェ　そう、当時、ゴダールとトリュフォーはとても仲がよかった。真の親友同士でした。短篇『水の話』（一九五八）は完全な共同作業でした。雨がものすごく降って、新聞にパリ郊外の洪水の写真が大きく載った。「この洪水を利用して映画を撮るべきだ」と何気なくもらしたトリュフォーのひとことがきっかけになった。ゴダールが「それはいい。ぜひ撮るべきだ」とトリュフォーにすすめた。わたしの製作助手のロジェ・フレイトゥがたまたまそこにいて、「それなら、機材もフィルムもそろっていますよ」と言った。そんな調子で、たちまちこの話は実現することになったのです。翌日、トリュフォーは撮影に出発した。

しかし、トリュフォーは洪水現場で一日半ほど撮影したが、「思いつきだけではろくなものを撮れず、映画にはならないと思って、ブロンベルジェにもあきらめてほしい」とあやまった。

ブロンベルジェは、トリュフォーがどんなものを撮ったのか見てみたいと思った。

ブロンベルジェ　一週間後には撮影分のラッシュが上がってきた。それを見たゴダールが編集をまかせろと言って、あのように『水の話』という短篇にまとまったのです。出来はまあまあでしたが（笑）、トリュフォーとゴダールの完璧な共同作品として貴重なものですよ。

その前にわたしは『シャルロットとジュール』（一九五八）というゴダールの短篇を製作したけれども、ジャン゠ポール・ベルモンドが初めてゴダールの映画に出た記念すべき作品です。この短篇がなかったら、『勝手にしやがれ』も生まれなかっただろうからね。撮影のあと、ベルモンドはすぐ兵役に出発してしまったものだから、ゴダールが自らベルモンドの声の吹替えをした。

ベルモンドはこの映画でひとりしゃべりっぱなしだ。女に去られるのがこわくてね。女の気を引くためにしゃべりつづけるんだ。女はアンヌ・コレットが演じた。この映画の脚本にもトリュフォーが協力している。台詞のほとんどはトリュフォーが書いた。

『シャルロットとジュール』はジャック・ドゥミ監督が映画化したジャン・コクトーの一幕物の戯曲「美男薄情」（短篇『冷たい美男子』、一九五七）のパロディーで（コクトーの芝居では女だけがしゃべりつづける）、ジャン・コクトーに捧げられた。

ピエール・ブロンベルジェが製作した最初のゴダール映画は『男の子の名前はみんなパトリックっていうの』（一九五七）で、一九五八年に公開されるや（ブロンベルジェはパリ左岸に「パンテオン」という名の小さな映画館を持っていたから、そこで長篇映画にくっつけて併映したのではないかと思われる）、トリュフォーはすぐ「カイエ・デュ・シネマ」誌（一九五八年五月第83号）に絶讃の評を書いた。

「一九三〇年、アヴァンギャルドとはジャン・ヴィゴの『ニースについて』であった。エリック・ロメールの脚本によるジャン゠リュック・ゴダールの『男の子の名前はみんなパトリックっていうの』は一九五八年のアヴァンギャルドである。

一九三〇年五月にジャン・ヴィゴの処女作が当時のアヴァンギャルド専門館ル・ヴィユー・コロンビエ座で上映されたとき、二十五歳のジャン・ヴィゴはこんな挨拶をした。「中国人には纏足の習慣があって、足をことのほか大事にあつかったそうです。わたしたちは映画でわたしたちの精神をできるだけ美しく磨きたいのです」。

このキャメラのペディキュアは、今日、とくに短篇映画の領域で積極的におこなわれているのだが、政府の助成金を受け、少数のスタッフで能率的に早撮りをし、プロの俳優を使わずに安く仕上げるというようなことで得意満面になっているだけで、あまりにも薄汚れた安易なひけらかしが目立ちすぎると思うのだ。アラン・レネの移動はすばらしいが、いかにもアラン・レネ風の移動撮影はおぞましい。ジョルジュ・フランジュの狂気のひらめきは見事なものだが、いかにもジョルジュ・フランジュ風の奇をてらったやりくちにはぞっとする。しかるに、一九五八年現在のフランスで短篇映画の作家といえばアラン・レネとジョルジュ・フランジュだけで、このふたりの作家を半ダースほどの個性なき盲目的模倣者どもが取り巻いていて、レネの厳格で簡素な文体《エクリチュール》を、あるいはフランジュならではの悪夢の構図を、せいぜいカリカチュアのようになぞる程度の能力しか持ち合わせていないという現状なのだ。

　ところが、ここに何人かの若い新人が、まったく違った地点から、それぞれ別々に、頭角を現わしてきたのである。アニエス・ヴァルダ（『オペラ・ムッフ』、一九五八）、ジャック・リヴェット（『王手飛車取り』、一九五六）、アンリ・グリュエル（『ラ・ジョコンダ』、一九五六）、ジャック・ドゥミ（『冷たい美男子』）、そしてジャン゠リュック・ゴダール。彼らが影響を受けた唯一の映画作家といえばルイ・リュミエールなのである。

『男の子の名前はみんなパトリックっていうの』は、わずか千メートルのネガ・フィルムを使っただけで、キッスで殺せ（ロバート・アルドリッチ監督の『キッスで殺せ』のフランス公開題名が『猛スピードで』だった）とばかりにスピード撮影された。ジャン゠リュック・ゴダールがこの短篇映画で見せてくれる女性週刊誌ばりの恋の手ほどきときたら、なげやりのなかの厳格の極致、厳格のなかのなげやりの極致だ。

　右に左に舵をあやつり、魔風恋風、帆をなびかせて、出船入船、神出鬼没のパトリック船長は女岸めざして接近戦術を開始。ヴェロニクには下手に、シャルロットには上手に、柔軟遭難、おそれを知らぬ口説きぶり。面舵いっぱい、恋いっぱい、自由で軽快で屈託なく、エレガントな魅力にあふれた主人公なのである。」

パトリックを演じたのはジャン＝クロード・ブリアリだったが、すでに『勝手にしやがれ』のジャン＝ポール・ベルモンドの自由で軽快で屈託のなさを予告する人物だったのである。

『勝手にしやがれ』の神話的光芒

一九五九年、ジャン＝リュック・ゴダールは長篇映画第一作『勝手にしやがれ』を撮り、一九六〇年、「最も前衛的な新人監督の第一作に授与される」ジャン・ヴィゴ賞を獲得した。製作はピエール・ブロンベルジェではなく、もうひとりのヌーヴェル・ヴァーグのプロデューサーになるジョルジュ・ド・ボールガールだった。「ゴダールはすでに二五〇ページものシナリオを書いていたが、そのまま映画化したら五時間以上もの作品になったでしょう。とても製作に踏み切れなかった」とブロンベルジェは述懐する。それに、「たしかにディテールにはゴダールならではの天才的なひらめきがほとばしっていたが、ある週末をすごす恋人たちを描いた甘いメロドラマだった」とのことで、それと同じシナリオかどうかはともかく、ジョルジュ・ド・ボールガールのほうに最初に持ち込まれたゴダールの書いたシナリオはやはりだめだということになり、トリュフォーの原案による『息切れ』(『勝手にしやがれ』のフランス語の原題)のシナリオ(といってもざっとあらすじが書かれていた程度のものだったらしい)が採用されてゴダールの長篇映画第一作になった。一九五七年のトリュフォーの短篇自主映画『あこがれ』に出演したジェラール・ブランが主役のミシェル・ポワカールをぜひやりたいと意気ごんでいたけれども、トリュフォーはゴダールにあっさり企画を譲った。ゴダールは主役にジャン＝ポール・ベルモンドを起用する。ふたりの盟友がいかに親密に付き合い、信頼し合い、ともに映画の夢をはぐくんでいたかが想像できよう。

ヌーヴェル・ヴァーグの金字塔的作品になった『勝手にしやがれ』は、トリュフォーの企画原案がゴダールによって映画化されて、ふたりの友情の最も美しい結晶として記憶されることになった。それだけに五月革命を機に破局／分断を迎えるときにはダジャレのように「Godard/Truffaut : une amitié à bout de souffle（ゴダール／トリュフォー　息切れの友情）」という見出しが新聞雑誌のページを飾ることになる。

ブロンベルジェ　『勝手にしやがれ』は本当はトリュフォーの監督作品としてわたしが製作するはずでした。しかし、そのころ、トリュフォーは『大人は判ってくれない』を撮っていて、ゴダールがジョルジュ・ド・ボールガール製作で一本撮るという話が持ち上がったものの、ゴダール自身の書いたシナリオが全然だめだというので、トリュフォーが友情から『勝手にしやがれ』のシナリオをゴダールに譲ったのです。

トリュフォーの『大人は判ってくれない』も本当はわたしが製作するつもりだったのですが、トリュフォーが当時フランスの最も重要な映画配給会社の一つだったコシノールの社長、イニャス・モルゲンステルヌの娘、マドレーヌと結婚することになり、モルゲンステルヌ氏に製作をゆだねることにしたのです。マドレーヌにトリュフォーを紹介したのはわたしでした。一九五七年のヴェネチア映画祭のときでした。トリュフォーはそのころ週刊紙「アール」に映画時評を書いていて、モルゲンステルヌ氏が配給する映画をことごとく叩きのめしていた。「フランス映画の墓掘り人」とまで言われていた。マドレーヌは父親の会社の広報の手伝いをして映画祭に来ていて、最初は彼女の父親の配給する映画の悪口を書いている批評家なんてと言って、トリュフォーを紹介したわたしに腹を立てていたものだが、翌日にはもうふたりで仲よくゴンドラに乗っていたよ。もっとも、マドレーヌに言わせると、ふたりが乗ったのはゴンドラではなくて映画祭の上映会場のあるリド島に行くための蒸気船だったとのことだけれども、ゴンドラのほうがいい。わたしの記憶が間違いでも、そのほうが美しくてロマンチックだ（笑）。モルゲンステルヌ氏は、もちろん、ふたりの結婚に猛反対だった。「フランス映画の墓掘り人」などとよばれているトリュフォーごときに大事な一人娘をやるわけにはいかないってね。わたしはトリュフォーがいかに純粋で、すぐれた才能の持ち主である好青年かをモルゲンステルヌ氏に言ってやったものだ。彼はやっとふたりの結婚を承諾したが、その条件として、娘の婿になる男の長篇映画第一作は自分が製作・配給したいと言った。そんなわけで、わたしはトリュフォーの長篇映画第一作『大人は判ってくれない』の製作をあきらめて、第二作の『ピアニストを撃て』（一九六〇）を製作することになった。

トリュフォーの長篇第一作『大人は判ってくれない』について最初の評を書いたのはゴダールだった。「目下撮影中」という評というよりは撮影ルポである（「カイエ・デュ・シネマ」誌一九五九年一月第92号）。

「『大人は判ってくれない』は最も自尊心が強く、最も頑固で、最も意地っぱりの映画だ。そして世界で最も自由な映画になることだろう。要約すれば、『大人は判ってくれない』に作者として署名することになるのは、率直さだ。スピードだ。芸術だ。新鮮さだ。映画だ。独創性だ。不作法だ。真面目だ。悲劇性だ。幻想の世界だ。残酷さだ。友情だ。普遍性だ。そしてやさしさだ。」

（「ゴダール全集4／ゴダール全エッセイ集」、蓮實重彥、保苅瑞穂訳、竹内書店）

『大人は判ってくれない』がアンドレ・マルロー文化相じきじきの決断によって一九五九年のカンヌ国際映画祭にフランスの代表として正式に出品されることになったときも、ゴダールは「フランス映画の容貌は変わった」と手放しに礼讃した（「アール」紙一九五九年四月二十二日第719号）。

「重要なことは、若い監督の映画が、フランス映画の真実の顔を全世界に示すために、公権力によって初めて公式に選定されたことである。

今日、われわれが勝利を獲得したことは認められている。カンヌにゆき、フランスが映画に関して素晴らしい容貌をもっていることを証明するのはわれわれのフィルムなのだ」（『ゴダール全集4』、前出）。

おたがいにほめ合い、励まし合い、仲間意識、共犯関係を強め、共同・共闘の戦陣を張った。一九六二年、ゴダールの『女と男のいる舗道』（ピエール・ブロンベルジェの製作だった）についての評（『ラヴァン＝セーヌ・デュ・シネマ』誌第19号）はトリュフォーのこんなあられもなく率直なヌーヴェル・ヴァーグ宣言からはじまる。

「ヌーヴェル・ヴァーグとは、ピエールがジョルジュのことを素晴らしいと言い、ジョルジュはジュリアンを熱狂的に支持し、ジュリアンはポポールの監修をひきうけ、ポポールはマルセルの共同製作者となり、その作品をクロードが絶讃することだ！」。

ヌーヴェル・ヴァーグとは、映画を志す仲間同士がおたがいに認め合い、励まし合い、協力し合い、支持し合って、状況にゆさぶりをかけて生起させた「新しい波」だったのだ。

ゴダールとトリュフォーという盟友ふたりも当然ながら同じ方向に向かって「前進」しているはずだった。

「ゴダール以前」と「ゴダール以後」

『彼女について私が知っている二、三の事柄』のプレスブックには、共同製作者としてこの映画に出資しているフランソワ・トリュフォーがゴダールの新しい門出を祝福するかのように、「なぜわたしはゴダールの新作の共同プロデューサーになったか」という一文を寄せている。

「わたしがこの新しいゴダール作品の製作に参加したのはなぜか？　ジャン゠リュックがわたしのかれこれ二〇年来の友人だからか？　あるいはゴダールがいまや世界最大の映画作家だからか？　ジャン゠リュック・ゴダールはまるで呼吸をするように映画を撮る。呼吸をするように映画を撮るのは彼だけではないとしても、彼ほど自然にいきいきと呼吸をする映画作家はいない。ロベルト・ロッセリーニのようにすばやく、サッシャ・ギトリのようにいたずらっぽく、オーソン・ウェルズのように音楽的に、マルセル・パニョルのように単純に、ニコラス・レイのように傷つきやすく、アルフレッド・ヒッチコックのように的確に、イングマール・ベルイマンのように深く、深く、深く、そして誰よりも風変わりに、孤独に。

映画館の暗闇のなかでゴダールの映画を見て、どうしてもゴダールを好きになれず、何ひとつとして理解できない観客でも、けっして無為な時間をすごしてはいないのだとわたしは保証する。テレビ局（フランス国営放送）がテレビの視聴率を調べるようにジャン゠リュック・ゴダールの映画を上映している映画館の客席の緊張度を測定してみたら、これほど視聴率の高い映画はないことに気づくだろう。

ゴダールは、観客について私が知っている二、三の最低の事柄――礼儀正しく無関心なこと、なんとなくおもしろがること、あれもいい、これもいいといいかげんに寛容ぶってみせること――を彼独自のやりかたでとことんぶちのめしてみせたのである。ゴダールの絶対的な素晴らしさとは、要するに、ただもう文句なしにとしか言いようのない幸福もしくは不幸を観客に強要することだ。

ジャン゠リュック・ゴダールの人気は、ビートルズよりはほんのちょっと落ちるにしても、ローマ法王よりも高いのでは？

ヴェネチア国際映画祭の理事長で映画史家のルイジ・キアリーニ教授は、「ゴダール以前」の映画と「ゴダール以後」の映画があるのだと言った。まったくそのとおりだと思う。年月とともに、わたしたちは、たしかにゴダールの『勝手にしやがれ』が一九四一年のオーソン・ウェルズの『市民ケーン』と同じように映画史のひとつの決定的な曲がり角になったことを認めざるを得ないのである。映画とはこういうものだという概念、体系、方法、すべてをぶちこわし、抹消し、絵画の分野でピカソがやったように、すべてを解放し、何でもできるのだという可能性を切りひらいた。かつてゴールとよばれたフランスは、ドゴール時代になったいま、四五〇〇人もの映画人が住む大国になりつつある。朝から晩まで映画のキャメラが回りつづけているそんな自由な映画王国に住み、ゴダールのような、かくも素晴らしい天才的仕事人のスポンサーになれるのは真の歓びだ。

もっと散文的に、現実的に言えば、わたしがジャン゠リュック・ゴダールの十三本目の長篇映画の共同製作者としてあえて名乗りをあげたのは、要するに、これまでのゴダールの十二本の傑作に投資した人たちがすべてむくわれて金持ちになっているからなのである。」

もちろん、「ゴダールの十二本の傑作に投資した人たちがすべてむくわれて金持ちになっている」わけではなかった。それどころか『勝手にしやがれ』をのぞけば真のヒット作と言えるような作品はなかった。第二作の『小さな兵隊』は一九六〇年に完成していたが「政治的な理由（アルジェリア戦争批判）」で公開禁止になり（一九六三年になって、いくつかのシーンがカットされてやっと公開された）、『カラビニエ』（一九六三）は数えるほどの観客しか動員できず、『女は女である』（一九六一）はベルリン国際映画祭審査員特別賞とアンナ・カリーナへの最優秀主演女優賞を、『女と男のいる舗道』はヴェネチア国際映画祭審査員特別賞を授与されたものの、ヒット作とまではいかず、『軽蔑』（一九六三）は人気絶頂の大スターだったブリジット・バルドー主演作にしては地味なヒットで、『気狂いピエロ』（一九六五）に至っては賛否両論……しかし、一作ごとにスキャンダラスな（と言っていいほどの）話題になっていた。青春の犯罪とか自殺とか、あるいは売春とかいったスキャンダラスなテーマ以上に、映画の撮りかたそのものが型破りで――カットがスムーズにつながらず「とぶ」ジャンプ・カット（フランス語ではずばり「つなぎ間違い（faux raccord）」とよばれることになる――めまぐるしく、あわただしく、さらにモノクロの映画なら暗闇のイメージの躍動感が、カラー映画なら白のイメージが強烈で鮮明な色彩感覚として躍動するとか、視覚的に鋭く刺激的な興奮が強烈だった。名手ラウル・クタールのキャメラはいくらでも美しく撮れるはずなのに、真っ暗だったり真っ白だったり何もうつっていなかったりして、その意味でのスキャンダラスな画面が鮮烈で、カラー作品『女は女である』ではアパルトマンの壁の白さをきわだたせるかのように真っ赤なセーターを着たアンナ・カリーナを白い壁の前に立たせたり、ときには真っ白なセーラー服を着せて立たせたりする。「白がとんでしまう」と言っても、ジャン゠リュックは「実際には肉眼でちゃんと見えるのに映画では消えて見えにくくなるというのはおかしい」と主張するんだ、とラウル・クタールはインタビューでゴダールの天才的な妄想のようなものについて語ってくれた（インタビュー集『映画はこうしてつくられる』、草思社）。

クタール　ジャン゠リュックはフィルムのこと、キャメラのことを徹底的に研究し、すべての技術的なことに精通していた。キャメラのレンズの性能やその限界などもよくわきまえていて、そのうえでなお、人間の眼では見えるのにキャメラのレンズがとらえられないはずはない、レンズは人間の眼と同じ（あるいはそれ以上の）性能を発揮できるはずだと考えていた。そのためにレンズは発明されたはずなのだから、と。

『女は女である』はジャン＝リュックの初のカラー作品で、「白を白く撮りたい」と最初から考えていた。白が大好きで、カラー映画における白は、モノクロ（白黒）映画における白とは違って、白紙と同じなんだと言っていた。そこに絵を描いたり字を書いたりするんだ、とね。

白黒作品は原則としてノー・ライト撮影で、たとえば『アルファヴィル』（一九六五）では夜間撮影が中心で、ロケーションでは一切ライトを使わなかった。ラウル・クタールはこんなふうに語っていたものである。

クタール　室内シーンは別にして、全篇真っ暗な映画でしょう（笑）。α都市《アルファヴィル》は光のない都市なのです。室内シーンにも余分なライトは使わなかった。ほとんど暗がりのなかで撮影されました。ちょっとライトをあてて明るくして、レンズを絞れば同じ効果が出ますよ、と言っても、ジャン＝リュックは、「人間の眼はこの程度の暗闇のなかでも何かが見えるものだし、いろいろなものを識別できるんだから」と頑固に言い張って、ライトを使わなかった。「暗すぎて何もうつりませんよ」と言ったけれども、「いいじゃないか、そのままつづけよう」って。それでキャメラを回しつづけたけれども、二〇〇〇フィートか三〇〇〇フィートのフィルムが使いものにならなかった。何もうつってない（笑）。撮り直しもしなかった。で、そのまま使ったところもあるんだ、ＮＧカットを（笑）。

おどろきながらも私は感動した。この何もうつっていない暗闇のなかにこそゴダールの妄想のようなものがうごめいているような気がした。こうした妄想（愛と狂気と言い換えたくなるような）こそ映画史を、幸福な映画史を築いてきたのだとすら叫びたくなった。ポーリン・ケイル女史が「豊饒なる六〇年代ゴダール」と絶讃した一九六〇年代のゴダール映画の秘密もそこにあるにちがいない。その妄想の暗闇のなかには、キャメラがとらえそこなったとしても、ゴダールの眼には見えていた、そして私たちの眼にもたしかに見えたはずのミューズ（創造の女神）、アンナ・カリーナがひそかに隠れていたにちがいないのだ。

シネマテーク・フランセーズ擁護委員会結成からカンヌ映画祭粉砕へ

アンリ・ラングロワの主宰するシネマテークで「アメリカ映画」を発見し、映画を学び、育った盟友、トリュフォーとゴダールが一九六八年二月、アンリ・ラングロワがシネマテークから解雇、追放されることになったとき、結束して立ち上がり、共闘することになったことは言うまでもないだろう。

ヌーヴェル・ヴァーグの映画作家たちが「シネマテーク・フランセーズ擁護委員会」を結成し、世界の映画人によびかけて、ラングロワをシネマテークに復帰させるべく、署名運動をおこなった。私も「カイエ・デュ・シネマ」誌の編集部から電報を受け取って、日本の映画監督たちからの署名を集めて擁護委員会宛に送った。

シネマテーク・フランセーズ擁護委員会は、名誉会長にジャン・ルノワール、会長にアラン・レネ、事務局長にジャン゠リュック・ゴダールとジャック・リヴェット、経理部長にフランソワ・トリュフォーとジャック・ドニオル゠ヴァルクローズといった面々で、「カイエ・デュ・シネマ」誌の編集部が事務局になっていた。

ピエール・バルバンという政府の官僚（といっても、トゥール短篇映画祭を成功にみちびいたのがピエール・バルバンだった）がシネマテークから館長のアンリ・ラングロワを追放して（管理が杜撰すぎると告発していた）、自分がその地位（シネマテーク・フランセーズ事務局長）におさまることを企んだ「陰謀」で、ラングロワの追放は「アンドレ・マルロー文化相の意向による」決定だった。

ゴダールとトリュフォーが共同で起草し、シネマテーク擁護委員会全員の承認を得て委員会全員の記名による「シネマテーク・フランセーズの子供たちの声明文」が発表された。

「シネマテークはアンリ・ラングロワなくしてその門を開くことはない。監督も脚本家も俳優も技術スタッフも、映画人たるものはすべからく自作を撤回しよう。シネマテークを愛する観客たちは新体制のシネマテークをボイコットしよう。アンリ・ラングロワが復帰するまでシネマテークは存在しない。われわれのたたかいは今日からはじまる。実際的な行動を以て、しつこく、とことんたたかうのだ。占領体制と抵抗運動があるとき、すべての方法は許されるのだから。」

ふたりの盟友の共闘、共犯はここまでだった。いや、このあと五月革命に合流したシネマテーク擁護委員会を代表するふたりはカンヌ映画祭の中止と粉砕にその共犯的運動のピークを迎えるのだが、すでにゴダールとトリュフォーの友情は明らかに息切れ状態だったと言えるだろう。

トリュフォーはジャン゠ピエール・レオー主演の『夜霧の恋人たち』の撮影に入る。

トリュフォー　一九六八年二月九日、『夜霧の恋人たち』の撮影初日に、シネマテーク・フランセーズの創立者で館長だったアンリ・ラングロワが解雇、追放されるという異変が起きたのです。わたしはシネマテーク・フランセーズ擁護委員会結成のための会合に出席して、予定よりも二時間も遅れて撮影現場に着きました。その後も、午前中はシネマテーク擁護委員会のために働き、午後はロケーションに行き、その間にその日、その日の撮影シーンのカット割りや台詞を書くという毎日でした。

アンリ・ラングロワ追放反対デモにはジャン゠ピエール・レオーといっしょに参加しました。そうやっていっしょに行動するほうが、その日、その日の、その場、その場の即興もできたし、いつもいっしょに行動しながらおたがいにアイデアをふくらませていったのです、撮影に入ったときは、台本はわずか二十行ほどのメモだけでした。ほとんどシナリオなしで撮影に入ったも同然でした。(「トリュフォー最後のインタビュー」、平凡社)

ゴダールは『中国女』(一九六七)で共演したジャン゠ピエール・レオーとジュリエット・ベルトを主演に『楽しい科学』(フランス語の原題はニーチェの「悦ばしき知識」という邦訳でよりよく知られるLe Gai Savoirである)の撮影を終えて(真っ暗闇を背景にエミール・ルソー役のジャン゠ピエール・レオーとパトリシア・ルムンバ役のジュリエット・ベルトの果てしない哲学的・政治的な対話とも言えない対話劇で、劇場公開もテレビ放映も拒否あるいは禁止されたまま、一九六九年になってやっと改訂版が完成するという複雑な事情についての詳細はともかく)、一九六八年二月のシネマテーク・フランセーズ擁護委員会結成にかけつけ、折りからの五月革命に合流してフランス映画人合同の特攻隊としてトリュフォーとともにカンヌ映画祭を粉砕、中止に追い込むまではトリュフォーとの最後の友情をあたためていた。アンリ・ラングロワはシネマテークに復帰することになったが、政府からの援助(助成金)が打ち切られてしまい、ゴダールとトリュフォーが仲よくならんでシネマテークを支援する寄付金を募るPR映画がつくられ、政府の直営館をのぞくパリ中の映画館で予告篇といっしょに流されたが、共謀、共犯、共闘のヌーヴェル・ヴァーグの盟友ふたりの勇姿が見られる最後のシーンになってしまった。

一九六八年九月六日、アンリ・ラングロワが復帰して再開したシネマテーク・フランセーズのシャイヨ宮の大ホールで、トリュフォーの『夜霧の恋人たち』のプレミア上映がおこなわれた。「この映画をアンリ・ラングロワのシネマテーク・フランセーズに捧ぐ」というはじまりである。フランソワ・トリュフォーのたたかいは終わった。

死者は生きつづける

「豊饒なる六〇年代ゴダール」に自ら別れを告げたゴダールは、一九六八年五月の動乱とともに革命をめざす学生と労働者に協力、協調して、シネ・トラクト（映画アジびら）とよばれる三分ほどの匿名フィルムを無数につくり、「革命的闘争映画」に向かって疾走、従来のブルジョワ映画——劇場用商業映画——を根底から否定し、廃棄する。「ラジカルに政治化」したゴダールはまるで人も映画も変わったようにすべての面で「変貌」し（それがゴダールの「前進」だった）、トリュフォーとゴダールは否が応でも敵対関係になる。「これから前進しようとする者は過去の自分をもはや存在しないものとみなす」のだと、ゴダールはそれまでの映画と名のつくすべての作品を全否定し（なんという勇気ある決断かと思われたものの）、「過去にこだわる人間は衰えたくないので時の流れを拒む」と言うので（何という映画のなかで言ったことか覚えていないのだが）、なにやら格言めいて、神の御託宣のようでもあり、映画そのものもポーリン・ケイル女史が言うようにちんぷんかんぷんで、ただもう恐れ入るほかなかった。せっかく五月革命の渦中で共闘できるチャンスに恵まれたのに、また「従来のふつうの映画」をつくりつづけるトリュフォーをまさに「過去にこだわる」「恥知らず」とゴダールは毒づき、ののしった。

トリュフォー　あれから、もう一年半もゴダールには会っていません。会う気もありません。彼のほうもわたしに会いたいなどと思っていないでしょう。

とトリュフォーは週刊紙「ル・ヌーヴェル・オプセルヴァトゥール」（一九七〇年三月二日号）のインタビューに答えて語っている。

トリュフォー　ゴダールと交わした最後の会話は電話でした。彼は彼自身が監修者になって労働者たちに映画を、それも十二時間もの長い16ミリ作品を、撮らせようと考えていた。その企画に金を出してくれと言うのです。わたしはプロデューサーとしてその企画は現実的にリスクが大きすぎると思い、そのように伝えました。ゴダールは根っからわたしが彼の企画に乗るものと信じていたようです。「だめか？」と彼は言った。「だめだ。興味もないし、やる気はない」とわたしは答えた。それだけでした。そこには何のあいまいさもなく、すべてが明々白々でした。その瞬間に、もうわたしたちは二度と会うことも話し合うこともないだろうと感じました。わたしは従来の古めかしい映画をつくりつづけ、ゴダールは別の新しい映画をつくる。一九六八年五月以後、彼はもう誰も従来の古めかしい映画をつくるなんてことはできないし、つくってはならないと感じ、相変わらず従来の古めかしい映画をつくりつづけているわたしのような人間を呪い、憎悪していた。

「もう二度と会うことも話し合うこともないだろう」どころか、ゴダールはトリュフォーに対して執拗に攻撃的な挑発をやめず、喧嘩を吹っかける。一九七三年五月には、ジャン＝ピエール・レオーを介してごく私的な喧嘩状を書き送ることになる。公開状ではなく、友だち付き合いをしてきたトリュフォー宛の私信だったので、なんの挨拶もなく、直接的に親しげに文句を付けて喧嘩を売っただけのものだった。いや、やはり公開状のつもりだったのだろう、ゴダール自身があちこちでトリュフォーに喧嘩を売ったこと

1968年5月、フランソワ・トリュフォーとともに中心になってカンヌ映画祭中止を訴えるゴダール。左にクロード・ルルーシュ、右にルイ・マル、ロマン・ポランスキー

（撮影／山田宏一）

をしゃべったり書いたりして、トリュフォーもこの挑発に乗らざるを得ず、ゴダール以上にあられもなく直接的に親しげにかつての親友を罵倒し（この反論の返信もジャン゠ピエール・レオーを介してゴダールに届けられた）、ゴダールとトリュフォーのスキャンダラスな確執と対立、離反はたちまち誰もが知るところとなった（巻末の付録参照）。

一九八四年に五十二歳でトリュフォーは癌《がん》で亡くなり、一九八八年に出版された「トリュフォーの手紙」にはゴダールとの喧嘩状も収録され、一般にも公開されることになった。トリュフォーもゴダールもおたがいの手紙を破り捨てたりせずに大切に保管していたのだった。トリュフォーからの罵倒にみちた喧嘩状はゴダールから提供され、「トリュフォーの手紙」の序文もゴダールが書いた。「フランソワは死んだかもしれない。わたしは生きているかもしれない。だから何の違いがあるというのだ」とゴダールは挑発とも悔恨とも郷愁ともとれる文章で結んでいる。

二〇二二年に九十一歳でゴダールは、かつてスイス人としてフランスの兵役制度から逃れたように、スイス人としてフランスでは禁じられているがスイスの自殺幇助団体の助けを借りて自死した。

一九七八年に『緑色の部屋』という映画でフランソワ・トリュフォーは、すでに（と言いたくなるけれども）、「死者は生きつづける」と信じて「死者たちの祭壇」に永遠の生命の炎であるロウソクをともしつづける男（トリュフォー自身が演じた）の物語を描いていたことが思い出される。

トリュフォーもゴダールも、いまや、死者となった。死者たちは生きつづけるのだろう――たぶん（いや、もちろん）映画的記憶として。

（「ユリイカ」、二〇二三年一月臨時増刊号／総特集ジャン゠リュック・ゴダール――１９３０－２０２２）

ゴダール／映画のみ　イカロスのように

――シリル・ルティ監督『ジャン＝リュック・ゴダール　反逆の映画作家《シネアスト》』

シリル・ルティ監督の最新ドキュメンタリー『ジャン＝リュック・ゴダール　反逆の映画作家《シネアスト》』（二〇二二）はゴダールの死（二〇二二年九月十三日、享年九十一）の前につくられた作品だが、まるで追悼の映画のように悲痛で衝撃的だ。

ゴダールについてあまりにも知られた事実とともにあまりにも知られざる事実がドキュメントとしてスリリングに混じり合い、交錯して、歴史のなまなましい証言のように紹介される。ヌーヴェル・ヴァーグの花形、映画の革命児、ルール違反の反逆者、急進的な言動、挑発に次ぐ挑発、逆説、毒舌、逸脱、無秩序、破壊と創造をくりかえし、闘争を武器に疾走、嫌われ者を自覚自負するアーチストに。

そして断絶、決別、孤立。

中国の文化大革命とフランスの五月革命を機に、過激に、急激に「政治化」し、「映画は階級闘争の武器とならなければならない」と主張、そして果敢に実践。

作家主義から集団映画へ、シネ・トラクト、ジガ・ヴェルトフ集団……

死にそこなった交通事故が政治的集団闘争映画の行き詰まりの残酷な結末に。

改めて自分と映画をナイーブなまでに問い直し、「映画」そのものを再発見。

ビデオという新しい時代の最先端の視聴覚技術を研究。

自分にあるのは「映画のみ」と確信――「映画しか私にはないのだ」と。

だが、もうすべての点で元には戻れなかったということなのだろう。「再出発」の劇映画は国際映画祭にも出品されたが、技術的には天才ならではの神業と評価されるかたわら、作品はゴミと罵倒された。それにもめげず、その間、ゴミのように捨てられた映画史上の495本もの古いさまざまな作品の断片を拾い集めて、遺跡のように、記念碑として再発掘、再検討し、十年もの歳月をかけて、ぶつぶつと悔恨のような、呪いのようなつぶやきとともにビデオ操作によるイメージと音響の奇抜な（奇怪な？）コラージュによって再編集、再構成していた。映画史であるとともに芸術史でもあり、自分史でもあり、遺言のようにみなされた。

あらゆる発言が、一挙手、一投足が、世界の注目を集め、伝説的、神話的な存在になった。ギリシャ神話のなかの蠟付けの翼で天高く飛びすぎて太陽の熱で蠟がとけてしまい、海中に墜落したイカロスのイメージがふっと想起された。

イカロスのように溺死はしなかったにせよ、伝説化されたゴダール、神話化されたゴダールのかげに「人間」ゴダールの孤影が垣間見えるような気がした。

映画とは何か？――――無だ。

映画は何を望むか？――――すべてを。

映画に何が出来る？――――何かしらは。

というのが、「映画のみ」に生きた孤高のおさわがせゴダールの波瀾万丈の一代記のしめくくりに引用される最後の言葉である。

（『ジャン＝リュック・ゴダール　反逆の映画作家《シネアスト》』パンフレット、ミモザフィルムズ、二〇二三年九月）

豊饒なる六〇年代ゴダール

──『勝手にしやがれ』から『ウイークエンド』まで

『ウイークエンド』とともにゴダールの全作品の最初の時期が終わりを告げる

──アラン・ベルガラ（「六〇年代ゴダール─神話と現場─」）

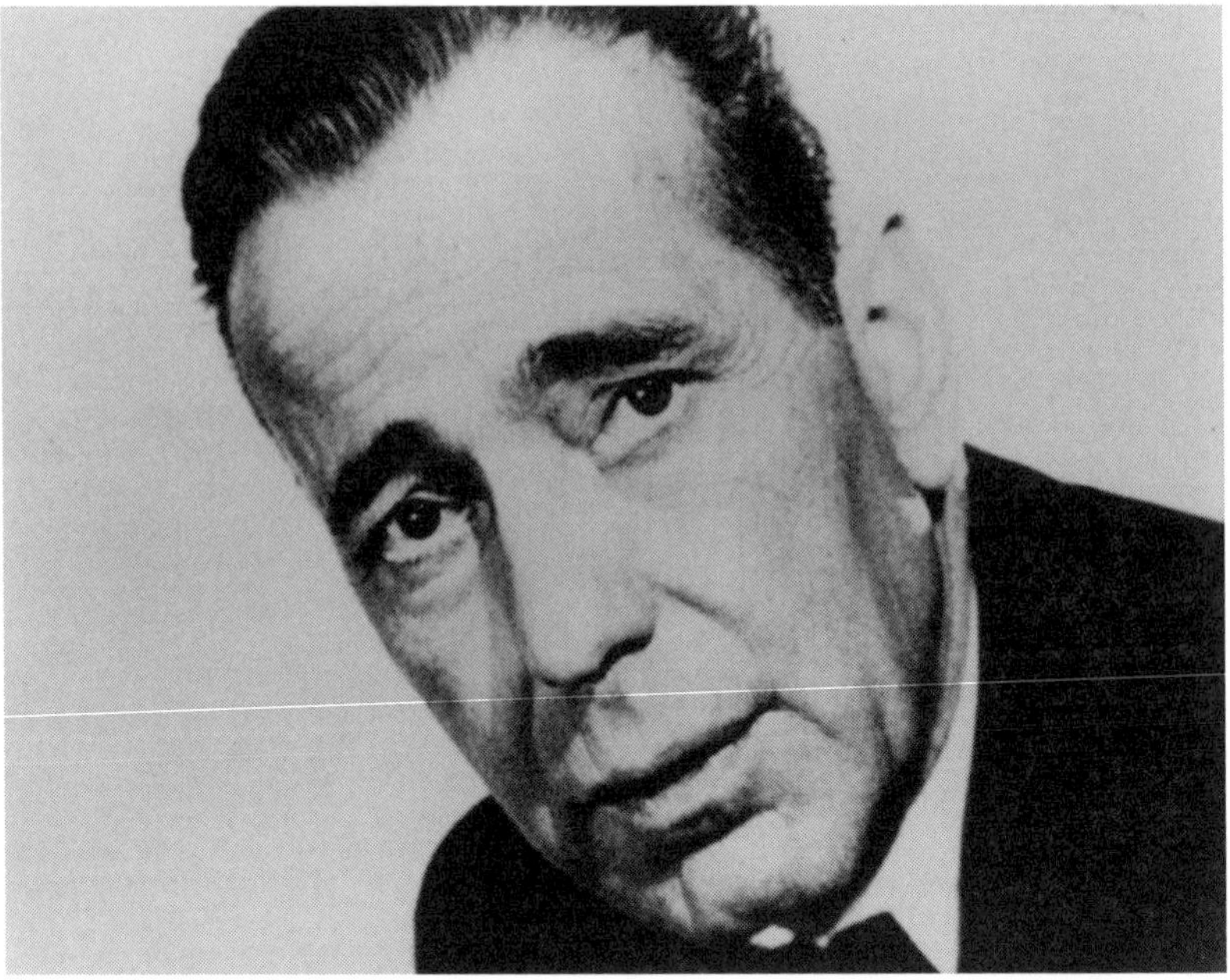

ハンフリー・ボガートの写真（上）に見入るジャン＝ポール・ベルモンド
『勝手にしやがれ』コマ撮り ©DR

À BOUT DE SOUFFLE
勝手にしやがれ

何と言っても『勝手にしやがれ』（一九五九）からすべてがはじまるのだ。すべてが――ポーリン・ケイル女史の言う「豊饒なる六〇年代ゴダール」が！

「オーソン・ウェルズが『市民ケーン』（一九四一）を撮ったのは二十五歳のときだった。それ以来、世界中の映画作家はみな、この年齢をこえる前に長篇第一作を作ることだけを夢見てきた」とジャン＝リュック・ゴダールは「カイエ・デュ・シネマ」誌一九五九年三月第93号に書いているが、ゴダール自身が長篇映画第一作『勝手にしやがれ』を撮ることができたのは二十九歳のときだった。

『勝手にしやがれ』は主人公のミシェル・ポワカールの死で終わるのだが、映画がはじまったとたんから死の予感にふるえ、おののき、ふてくされながらも、いらだっているかのようだ。無軌道な青春、死と背中合わせになった人生――死の予感にとり憑かれて生き急ぐ焦燥と不安が画面に息せききった、あえぐような緊迫感を与えているかのようだ。

原題は『息切れ』（À Bout de Souffle）。冒頭、ジャン＝ポール・ベルモンド扮する主人公ミシェル・ポワカールが南フランスの港町マルセイユで自動車泥棒をやらかし、パリに至るハイウェイを突っ走りながら、「パ、パ、パ、パ、パ、パ、パ、パトリシア！」と拍子をつけて愛する女の名を歌うように呼んだり、いろんな独《ひと》り言《ごと》をぶつぶつ言ったりしながら、突然キャメラに向かって、ということは私たち観客に対して直接、「もし海が嫌いなら……もし山が嫌いなら……もし都会が嫌いなら……勝手にしやがれ（Allez vous faire foutre）」と毒づくところから日本公開題名が付けられたかと思っていたところ、この邦題の命名者で映画を最初に輸入した配給会社、ＳＥＦ（フランス映画輸出入組合日本事務所）改め新外映の当時のパリ駐在員だった映画評論家の秦早穂子さんが『勝手にしやがれ』という題名を思いついたのは映画がまだ撮影中のラッシュ試写の一部を見たときだったとのことだから、逆にこの見事な邦題からスーパー字幕の名訳が生まれたのかもしれない。私自身、この映画のリバイバル公開のときにスーパー字幕の翻訳を担当し、その名訳を踏襲したつもりだったが、どの仏和辞典を引いてみても、「Allez vous faire foutre」の訳としては「出て行け」とか「消えちまえ」とか「とっとと失せろ」とかいう訳があるだけで、「勝手にしやがれ」という訳はなかったと思う。

死が待ち構えているパリで、ミシェル・ポワカールは、ロバート・アルドリッチ監督のハードボイルド・タッチの戦争サスペンス映画『地獄へ秒読み』（一九五九）のポスターが貼られた立看板の前を通る。すでに彼の死は秒読みの段階に入っているのだ。そして、実際、彼は、女といっしょにベッドにいるときですら、「しょっちゅう、死のことを考えている」のだ。女は恋人のパトリシア役のジーン・セバーグで、ベッドでウィリアム・フォークナーの小説「野生の棕櫚」の最後の一節を読むところがある——「悲しみか無か、どちらかを選ばなければならないとしたら、私は悲しみを選ぼう。無は妥協だ」（「フォークナー全集14」、井上謙治訳、冨山房）。ゴダール流の唐突な引用のひとつだが、ゴダールが敬愛してやまないニコラス・レイ監督の西部劇『大砂塵』（一九五四）では若い無法者が隠れ家の山小屋の外で見張りをしながら読書をしているくらいだからどんな引用も唐突とは言えないかもしれない。これ見よがしの暗示というわけでもなさそうだ。とはいえミシェル・ポワカールは、フォークナーの名前を聞いて、パトリシアに「そいつはおまえと寝た男か？」などと聞くのだ。冗談かギャグとしか思えない。ミシェル・ポワカールは、「妥協」というより、運命的に死を選ばざるを得なくなる。

死の暗示は瞬間的だが、唐突というより鮮烈で印象的だ。パリの街を歩くと、自動車事故による男の死に立ち合う。モーリス・サックスの幻想小説「アブラカダブラ」のカバーのオビにレーニンの言葉として引用された（出典はもちろんゴダール自身の記憶やメモによるものだろうが、じつはロシア出身の革命家でドイツ共産党の政治家、オイゲン・レヴィーネが裁判のさいに発した言葉にもとづくものだという）「われわれは休暇中の死者だ」という一行が目にとびこんでくるところもある。死の予感と認識がずっと

『勝手にしやがれ』の撮影風景。手押し車のなかにはキャメラマンのラウル・クタールが隠れて撮影。後ろ姿がジャン＝リュック・ゴダール。右から歩道を並んで歩いてくるジーン・セバーグとジャン＝ポール・ベルモンド。提供 © カイエ・デュ・シネマ／ DR

 『勝手にしやがれ』

あったけれども、いわば就寝時刻が近づいているのにぐずぐずして死の床に就かない子供のようなものだというルイス・キャロル的な自覚は一九六〇年代のゴダール映画のすべての主人公に共通してあり、それはやがて『気狂いピエロ』（一九六五）の主人公フェルディナン（ジャン゠ポール・ベルモンド）のダイナマイト自爆でひとつの結着をつけられることになるだろう。

私は『勝手にしやがれ』を初めて見たとき、大学の教室でフランス語を習っていて、ノンシャラン（nonchalant）という「無頓着」ぐらいの意味に使われる形容詞がその語感からミシェル・ポワカールの何事もこともなげにやってのけるヤバイ風情にぴったりの表現に思えてならなかった。死の予感とともに生き急ぎ、青春を突っ走る、そのさっそうたる不格好こそ一九六〇年代のゴダール映画の主人公たちに共通する不安であいまいな存在感と言えるかもしれない。『勝手にしやがれ』のミシェル・ポワカールが空港のテラスですれちがった作家のパルヴュレスコ（ジャン゠ピエール・メルヴィル）はその直後の記者会見で、ミシェル・ポワカールの生きかたを代弁するかのように、「不老不死になって死ぬこと」が人生の望みだと語る。もっとも、メルヴィル監督に言わせると不老不死（Immortel）になるとはアカデミー・フランセーズ（フランス翰林学士院）の会員になるという二重の意味もこめて、アカデミズム（保守的権威主義）を嘲笑したダジャレにすぎないというのだが、そんな自嘲気味のダジャレもこめて『勝手にしやがれ』の主人公は行き急ぐ青春の挽歌のようだった。

刻一刻と迫りくるラストのミシェル・ポワカールの死の直前には、レコード・プレイヤーから流れるモーツァルトの「クラリネット協奏曲」が「死の音楽」として引用される。「モーツァルトにおけるクラリネットのあの死をもたらすほどの、耐えがたいほどの響きは、鋭く形而上的で、痛ましく、魅惑的」なのだとゴダールはのちに「カイエ・デュ・シネマ」誌一九六五年十月第１７１号に書いている。

アナーキーで虚無的な青春を、よろめきつつ、ぶざまに駆け抜けるミシェル・ポワカール／ジャン゠ポール・ベルモンドが偶像視するのはハンフリー・ボガートだ。ハードボイルド・ヒーローになる前は銃で撃たれて死ぬか死刑になるかという役の連続で、ずっと死のイメージをひきずってきたハンフリー・ボガートの遺作になった『殴られる男』（マーク・ロブスン監督、一九五六）を上映中の映画館のショーウィンドーのなかに飾られたスチール写真を崇めるようにじっと見入り（今日に至るハンフリー・ボガート崇拝《カルト》はここからはじまったといわれる）、ハンフリー・ボガートのように煙草のくわえかたにこだわり、まるで生命の火をたやすまいとするかのように吸いかけの煙草から新しい煙草に火をつけて吸いつづける。

ホテルの寝室で、ジーン・セバーグがピエール゠オーギュスト・ルノワールの美しい少女の絵（「可愛いイレーヌ」とか「イレーヌ・カーン・ダンヴェール嬢」などの題で知られる）のポスターにまるで自分の似姿のように頰をよせて「どう？　好き？」と聞く忘れがたいシーンがあり、そのポスターをまるめて望遠鏡のようにのぞき、その筒形の穴の向こうにジャン゠ポール・ベルモンドを見つめるところがある。ベルモンドも、物欲しそうに（というのもジーン・セバーグはなかなか快く寝てはくれないのだ）、せつなげに、じっとこちらを見つめているのだが、そのすぐあと、画面いっぱいにジーン・セバーグとベルモンドはキスをしているのだ。ゴダールが批評家時代に絶讃したもうひとりの映画作家、ニコラス・レイと同じように敬愛してやまないサミュエル・フラー監督の『四十挺の拳銃』（一九五七）の銃口からのぞく印象的なカットの引用的再現である。ゴダールはすでに批評家時代にこんなふうに書いているのだ。

「ジーン・バリーがうぶで美しいイヴ・ブレントに愛を告白している。〔……〕彼女は銃器店の娘で、一挺の銃をジーン・バリーに売ろうとして渡す。ジーン・バリーはふざけながら銃でイヴ・ブレントをねらう。キャメラはジーン・バリーの位置から、銃口をとおしてイヴ・ブレントを見つめ、彼女のクローズアップをとらえるまで寄っていく。次のカットは画面いっぱいに二人がキスしているというすば

らしさだ。」（「カイエ・デュ・シネマ」誌一九五七年十一月第76号）

ゴダールのこの一文は、批評というより撮影台本もどきの映画的分析と言ってもいいくらいで、まるですでに『勝手にしやがれ』のワンシーンを書いていたかのようだ。サミュエル・フラーの映画の銃口は死の予告でもあり、銃口をとおして結ばれた恋人たちが結婚式を挙げた直後の教会の出口で男（ジーン・バリー）が撃たれて死ぬように、『勝手にしやがれ』の恋人たちも一夜をすごしたあと、男は女に密告され、致命的な銃弾をうける。

ラストシーン、ジャン゠ポール・ベルモンドが腰骨を撃たれてよろよろと逃げていき、そして倒れて息絶えるところは、これもゴダールが批評家時代に、「最も映画的なジャンル」である西部劇を「発明し直しているのだ」とまで絶讃した（「カイエ・デュ・シネマ」誌一九五九年二月第92号）、アンソニー・マン監督の『西部の人』（一九五八）で強盗団の首領、リー・J・コッブが背中に一撃をうけながらゴーストタウンの果てしなく長い坂道をよろよろと下り、最後の息切れの瞬間にひと声叫ぶ断末魔のシーンの引用的再現であったが、同時にラオール・ウォルシュ監督のギャング映画『彼奴は顔役だ！』（一九三九）のジェームズ・キャグニーが銃弾をうけながらよろよろと走りつづけ、教会の石段のところで息絶える感動的なラストシーンをも合わせた引用だった。ジェームズ・キャグニーを抱きかかえる情婦のグラディス・ジョージに警官がたずねる。「何者かね？」「顔役だった男よ」とグラディス・ジョージはつぶやく。「マイ・メランコリー・ベイビー」のせつなく美しいメロディーが流れる。

『勝手にしやがれ』のラストは素っ気ない。ジーン・セバーグはグラディス・ジョージのようにジャン゠ポール・ベルモンドを追いかけてくるが、舗道に倒れたベルモンドを抱きかかえるわけではない。「こいつは何者だね？」とたずねる刑事（ダニエル・ブーランジェ）にジーン・セバーグは何も答えない。べルモンドが「まったく最低だ」とつぶやいて息絶える。「俺は最低だ」と言ったのかもしれない。「最低（dégueulasse）」が最後の言葉だ。「なんて言ったの?」とジーン・セバーグ。「あんたは最低だってさ」と刑事は言う。「最低って、どういうこと?」と言って、ジーン・セバーグはくるりと背を向ける。

背を向ける前に、ジーン・セバーグは虚空を見つめるようにキャメラを凝視する。イングマール・ベルイマン監督の『不良少女モニカ』（一九五二）についてゴダールが書いたように（「アール」紙一九五八年七月三十日第680号、「ゴダール全集4／ゴダール全エッセイ集」、蓮實重彥、保苅瑞穂訳、竹内書店）、ヒロインのモニカ（ハリエット・アンデション）が「当惑でうるんだような視線をじっとカメラに向け、自分の意志に反して天国よりも地獄を選んでしまう自己嫌悪の証人として観客をひき込む」瞬間を想起させる。

ジャン＝ポール・ベルモンド扮するミシェル・ポワカールという犯罪者のキャラクターも、マルセル・カルネ監督の『霧の波止場』（一九三八）の脱走兵、ジャン・ギャバンのイメージをはるかにひきずりつつ（と「世界映画史」の著者、ジョルジュ・サドゥールは『勝手にしやがれ』という映画そのものを『霧の波止場』の焼き直しとみなしているくらいだ）、しかし同時に、ラズロ・コヴァックスというもうひとつの名前——クロード・シャブロル監督の『二重の鍵』（一九五九）でやはりジャン＝ポール・ベルモンドが当時演じたばかりの無国籍のアナーキーな浮浪青年の名前——のパスポートを持っている。ジャン・ルノワール監督の『素晴しき放浪者』（一九三二）でミシェル・シモンが演じた永遠の放浪者ブーデュや『ゲームの規則』（一九三九）で監督のジャン・ルノワール自身が演じた永遠のパラジット（寄食者）オクターヴの後継者が、ラズロ・コヴァックスなのであった。ミシェル・ポワカールという人物そのものがいわば二重国籍、二重の引用なのである。

『勝手にしやがれ』は、どんな映画も必然的に映画史を記憶して生まれてくるという意味での映画的記憶を引用とコラージュという形で（あるいはむしろ表象として）意識的に、意図的に実践した最初の映画であったのだ。

一九六〇年のジャン・ヴィゴ賞（二十九歳で亡くなった天才監督、ジャン・ヴィゴの名のもとにフランスの最も先鋭的な新人監督の第一作に与えられる）を受賞したこの映画はまさしく「生まれながらの反逆児ジャン・ヴィゴの『アタラント号』（一九三四）の後継者的作品だ」とフランソワ・トリュフォーは絶讃した——「ジャン・ヴィゴの『アタラント号』は、ジャン・ダステとディタ・パルロがベッドのなかに消えてゆく場面で終わった。たしかに、その夜、彼らはひとりの子供をもうけたのだ、『勝手にしやがれ』のベルモンド坊やを」（ジャン・コレ「現代のシネマ1　ゴダール」、竹内健訳、三一書房）。

自由気ままで不敵に見えるけれども、じつは若さをもてあましているだけという感じのアナーキーな犯罪者（自動車泥棒の常習犯で警官を射殺してしまう）を屈託なくみえるけれども、じつはうんざりした風情で演じるジャン＝ポール・ベルモンドは、最も現代的な青春スターとして、魅力的なアンチ・ヒーローとして、フランスのみならず世界中の若者たちの共感を呼んだ。

カッコいいのか、悪いのか。タフで非情な人殺しかと思いきや、公衆トイレで卑劣にも男を背後から殴って金を奪うといった最低の与太者で、愛する女に警察に密告されるや、その裏切りに怒るどころか、がっくりして、めそめそして、せつなくて悲しくて耐えきれず、「もう生きてはいけない」と嘆く。とてもハードボイルドどころではない。ハンフリー・ボガート的なタフ・ガイなどではない。筋金入りのアウトローなんかではないのだ。アンチ・ヒーローですらないかもしれない。

ジャン＝リュック・ゴダール監督の長篇映画第一作『勝手にしやがれ』は、こうして、現代の、なさけないけれどもリアルで生々しくアナーキーな青春の息吹きを伝えて、ヌーヴェル・ヴァーグの金字塔的名作になったのだ。

原案（オリジナル・ストーリー）フランソワ・トリュフォー、監修（技術顧問）クロード・シャブロルというヌーヴェル・ヴァーグの精鋭が結集した作品として知られるが、映画の冒頭にも末尾にもスタッフ・キャストを記したクレジットタイトルはない。「この映画を〔アメリカのB級映画会社〕モノグラム・ピクチャーズに捧ぐ」という献辞に次いで、カール・ドライヤー監督の『奇跡』（一九五四）のようにメイン・タイトルが出てくるだけである。

一九五九年五月のカンヌ映画祭でフランソワ・トリュフォー監督の長篇映画第一作『大人は判ってくれない』（一九五九）が監督大賞を受賞し、そのいきおいでパリ公開。すでにクロード・シャブロル監督の自主製作の長篇映画第一作『美しきセルジュ』（一九五七）と第二作『いとこ同志』（一九五九）も公開されて反響を呼んでいた（『美しきセルジュ』は『勝手にしやがれ』に先立って前年のジャン・ヴィゴ賞を受賞し、『いとこ同志』はベルリン映画祭グランプリに輝くことになる）。

フランス映画に新しい波――ヌーヴェル・ヴァーグ――がどっと押し寄せてきたという話題が連日のようにジャーナリズムを賑わせていた。そこに目をつけたプロデューサーのジョルジュ・ド・ボールガールが、宣伝効果と資金集めのために新進気鋭のトリュフォーとシャブロルの名前を借り、ジャン＝リュック・ゴダール監督の長篇第一作の製作をひきうける。フランス映画にまさに新しい波が打ち寄せてくる確かな手応えがあったのだろう。

フランソワ・トリュフォーが書いたという『勝手にしやがれ』のオリジナル・シナリオ（といっても梗概、つまりあらすじ）はフランスのシナリオ雑誌「ラヴァン＝セーヌ・デュ・シネマ」の『勝手にしやがれ』特集号に掲載されたことがあるのだが、トリュフォーは自分の書いたものとはまったく別物だと語り、こんなふうに述べている。

トリュフォー　たしかに『勝手にしやがれ』のオリジナル・シナリオは、ある週末に起こったセンセーショナルな実話をもとに、わたしが書いたものでした。しかし、ジャン゠リュック・ゴダールは映画化にあたって、すっかり書き直し、撮影中にもどんどん変えていきました。とくに結末はまったく違ったものになった。わたしのシナリオでは、主人公の犯罪者の青年が街を歩いていくと通行人がみなスターを見るかのようにふりかえる。というのも、新聞という新聞の第一面に指名手配の彼の顔写真が大きく出ているからなのです。それだけで充分にサスペンスがあると思ったのです。ジャン゠リュック・ゴダールはもっと強烈なラストを選んだ。激烈で絶望的なラストシーンです。彼はとても不幸で失意のどん底にあった。そして、死ぬ瞬間を撮りたがっていた。このように悲痛なラストシーンをどうしても撮る必要があったのです……（「現代のシネマ1　ゴダール」、前出）。

ゴダールがそのころ、どのような「不幸」な状況に、どのような「失意のどん底」にあったのか、具体的には知る由もないのだが、逃げていく主人公を刑事が銃で撃つときに相棒の刑事が「早く、背骨をねらえ！」という「ひどい」台詞があり、それだけはカットしたほうがいいとトリュフォーが言ってカットさせたということだから、よほど「ひどい」、まさに最低（dégueulasse）の、不幸などん底にあったのだろう。

『勝手にしやがれ』の主人公のようにゴダールはそのころ、泥棒をしながら飢えをしのいでいたともいわれる。エリック・ロメールが主宰していた「シネクラブ・デュ・カルチエ・ラタン」の常連からクロード・シャブロルの映画のシナリオライターになったポール・ジェゴーフ（のちに一九六〇年代のゴダールの最後の劇場用商業映画『ウイークエンド』に音楽行動のピアニストの役で特別出演する）は、金に困っていたゴダールをアパルトマンに住まわせていたとき、大事な蔵書（ジェゴーフは愛書家でもあったので、貴重な初版本などもたくさんあった）をごっそり売り払われてしまったことがあるとのことである。ゴダールにはもともと盗み癖があって、一九五二年にはスイスのチューリッヒの刑務所に入れられたこともあるとコリン・マッケイブの「ゴダール伝」(堀潤之訳、みすず書房)は伝えている。だとしたら、不良少年時代のフランソワ・トリュフォーと同じようなことを、もしかしたらもっとひどい、最低のことを、やっていたということになる!

ミシェル・ポワカールのように大それた殺人を犯したわけではなく、コソ泥のようなものだったにしても、犯罪は犯罪、その意味では、『勝手にしやがれ』は犯罪者の映画、犯罪者による犯罪についての映画だったのだ。

ヌーヴェル・ヴァーグの新しさはアメリカのB級映画への偏愛から生まれたものだと、ジョルジュ・ド・ボールガールとならぶ、というよりも、戦前はジャン・ルノワールのプロデューサーとして知られ戦後はヌーヴェル・ヴァーグのプロデューサーとして活躍する、ピエール・ブロンベルジェは語っているが、アメリカのB級映画(アクションもの、スリラー、犯罪ものなどのジャンル)専門のモノグラム・ピクチャーズ(一九三〇年設立)に捧げられた『勝手にしやがれ』は、まさにB級映画精神で、B級映画なみの低予算と早撮りによってつくられた。B級映画への偏愛が『勝手にしやがれ』の原動力のひとつになったとすら言えるかもしれない。その後も「低予算で撮ること」が「映画を撮りつづけることができた秘訣」だとジャン゠リュック・ゴダールは自ら語っている。

ゴダールは、ヌーヴェル・ヴァーグの渦中で、自らを映画の冒険家と称したことがある――「冒険家はすでに知られた場所へは行かない。つねに未知の土地に行く。前人未踏の土地に挑むことが冒険家の人生の目的だ」(「ユニフランス・フィルム」一九六四年第54号)。

しかし、「冒険家」ゴダールはその冒険心を、実験精神を、他方では彼の「天邪鬼」的な気質にもとづいていることも認め、たとえば批評家時代にも「失敗作」を擁護し、早撮りのためにしばしば撮影ミスが目立つアメリカのB級映画をこよなく愛し、パリのシネマテークやシネクラブで古典的名作を見る以上に場末の映画館で上映される二流、三流の作品を見て、「最高のものから学ぶ以上に最低のものからも学ぶ」ことをモットーにしていたと述べる。カットとカットのあいだでアクションがつながらなかったり、太陽光線など強い光が画面にはね返って散乱するいわゆるハレーションが多すぎたりするのを見て、それを従来の映画文法にもとづいて単に技術的なミスとしてかたづけずに、むしろその技術的ミスによる偶然の効果を積極的に評価することから「映画」にアプローチしていったというのだ――「失敗のなかにこそ、人間と映画の様相がよりよくあらわれる」のだと。

フランソワ・トリュフォーもまた、「失敗は才能である」と書いたが、失敗作（というよりも「できそこない」の映画）を擁護する点がヌーヴェル・ヴァーグのふたりの盟友にとくに共通していた。完璧な作品、そつのない映画、よく出来た「傑作」を嫌った。伝統的な「良質のフランス映画」を唾棄し、アメリカのB級映画を偏愛したのも、そんな理由からだった。

『勝手にしやがれ』がアメリカのB級映画専門会社モノグラム・ピクチャーズに捧げられているのも本心から、というよりも常識、良識、アカデミズムに対する意図的な挑発だったのだ。低予算のために短時間で撮らざるを得なかったB級映画のあらっぽく息せききったリズムをねらったものであった。『勝手にしやがれ』の撮影期間は四週間（一九五九年八月十七日から九月十五日まで、実働日数は二十一日間、つまり三週間）といわれる。当時の普通の劇場用映画の三分の一から四分の一ほどの低予算で、セット撮影はなくオールロケ、原則としてぶっつけ本番、NGなしの即興撮影だった。「ルポルタージュふうに主人公の行動を追う」という形でシナリオ（ゴダールの頭のなかだけに書かれていたものだったが）の順序通りの撮影――順撮り――だったが、コンテ（カット割りにもとづく撮影台本）はもちろんなかった。そして、イタリアのネオレアリズモ方式にならって同時録音撮影ではなかった。

フィルムの節約ということもあったが、現場主義のために必要に迫られた長回しのキャメラの移動撮影では、移動車の代わりに車椅子を、隠し撮りの場合は——たとえばパリのシャンゼリゼ大通りで「ニューヨーク・ヘラルド・トリビューン」紙を売るジーン・セバーグといっしょにジャン゠ポール・ベルモンドが並んで歩くところなど——郵便配達用の手押し車を使い、キャメラを持ったラウル・クタールをそのなかにのせて、ほとんどの場合ゴダールが自ら押しながら移動の速度やリズムを決めていった。

ホテルの部屋と新聞社のなか以外は照明機材をいっさい使わずにノー・ライトで撮影し、夜景（とくにシャンゼリゼ大通りの街灯が一斉にともるところ）はイルフォードHPSという当時開発されたばかりの高感度の写真用フィルムを長くつないで初めて映画用に使って撮影するという実験をおこなっている。

長回しのキャメラによるワンシーン゠ワンカットが多いために、ラフカット（粗つなぎによる最初の編集版）が四時間に近い長さになった映画を公開版では二時間以内におさめなければならないために、ゴダールは、いくつかのシーンを抜いて短くするというトーキー映画の常識的なやりかたではなく、サイレント映画ならではの、というのも、映画は全篇、同時録音撮影ではなく、サウンド・トラックを無視した映像だけの編集が可能だったので、カットごとにコマをつまむ、たとえば男と女が見つめ合うところをキャメラの切り返しでとらえたところがあればその途中をつまみ、とばしていくという方法を考えつく。そのために、古典的なモンタージュの原理によるスムーズな流れがしょっちゅう断ち切られるかのように、イメージがとび、アクションつなぎが欠落した唐突な感じになる。英語でjump-cut（ジャンプ・カット）、フランス語でfaux raccord（直訳すると「つなぎ間違い」）とよばれるゴダール映画の誕生である。この一見素人《アマチュア》っぽく、デタラメなつなぎ（じつはきちんとつながっていた映像をところどころむしりとった結果）による「ジャンプ・カット」から、激烈な、たたみかけるような、息せききったリズムが生まれた。それが映画そのものの、主人公の生きかたそのもののオフビートな青春の息吹きにぴったりマッチし、過激なまでの若さのシンボルになり、『勝手にしやがれ』は最も新しい青春映画の代名詞にすらなったのだった。

いまではほとんど無造作に、ごくあたりまえのように、たぶんそれと意識もせずに、はっきり言って下手くそに、若い映画監督たちの誰もが（と言ってもいいほど）その手を使っているけれども、ジャンプ・カットが『勝手にしやがれ』におけるいかに斬新な手法であったかを初めて指摘したのは、ごく初期の――一九六七年に出版された――ゴダール研究書の一冊、リチャード・ラウドの「ゴダールの世界」（柄谷真佐子訳、竹内書店）だったと思う。少なくとも、以下のような一文に見られるように、私はこのリチャード・ラウドの本の翻訳で初めてジャンプ・カットという表現を知った。

「『勝手にしやがれ』が初めて世に出たとき、ゴダールが採用したカッティング（つなぎ／編集）の《すばやい》スタイルに、だれもが驚いたり、興奮したりした。当時彼はこう言った。『『勝手にしやがれ』で私は、二人のあいだの話し合いが退屈になったら、話のあいだに割りこんだっていいのだ、ということを発見した。それを一度試みると、とてもうまくいったので、映画全体を通して同じことを試してみた』」。

ジャンプ・カットはたしかに映画のテンポを速め、不必要な時間推移《トランジシヨン》やそれに合わせたカットをみな排除してしまうことになった。彼はディゾルヴ（溶暗／フェイド・アウト、溶明／フェイド・インによるカットつなぎ）も取り払ってしまったが（『勝手にしやがれ』では一回しかない）、それはテンポを速めるためでもあり、また彼が「事物を単に並置するほうを好む」からでもある。さらにフランク・タシュリンの映画（『底抜けコンビのるかそるか』、一九五六）についてゴダールが発言したように（「カイエ・デュ・シネマ」誌一九五七年七月第73号）、「連続漫画《コミツク・ストリツプ》のカット割りは美学的には映画のカット割りより先んじている。コマごとにカットの変化が創造的な大胆さでもってなされているが、これはいまのフランス映画に欠けているものである」。

『勝手にしやがれ』をいま見ると、有名なジャンプ・カットが消えてしまっているように見えて面白い。ほとんど気づかないほどそれは現代映画の常態的、遍在的特徴になっているのである。」

「引用」がゴダール映画の出発点になった。なぜなら、「すべてが映画においてはすでに語られてしまって」おり、「映画はすべてすでに古典として存在している」からだ。新しく発見あるいは発明すべきものは何もない。引用だけが残された道なのだ……。

たとえばフランク・キャプラ監督のロマンチックな道中コメディー『或る夜の出来事』（一九三四）を洒落た股旅時代劇に翻案したといわれる山中貞雄監督のトーキー第一作『雁太郎街道』（一九三四）を「心ある踏襲」と呼んだ岸松雄の批評的名言はゴダールの『勝手にしやがれ』の引用の方法にもあてはまるだろう――いや、すでに文学においてはバルザックが「創造とは伝統の新しい組み合わせにすぎない」と言っているではないか。絵画も模写によって受け継がれてきたではないかとゴダールは豪語する。こうして、引用とその「新しい組み合わせ」がゴダール映画の基本的な方法になる。それは古典としての映画（さらに言えば映画史そのもの、そしてもちろん映画だけでなく芸術のすべて、文化そのもの、伝統そのもの）へのオマージュ、敬意、心をこめた挨拶になるのである。

すでに、ごく初期の――ジャン゠リュック・ゴダールがまだ二十二歳のころに、ハンス・ルカ（Hans Lukas）という、ジャン゠リュック（Jean-Luc）をドイツ語名にしたペンネームで書いた――評論「古典的カット割りの擁護と顕揚」（「カイエ・デュ・シネマ」誌一九五二年九月第15号）のなかに、こんな一節がある。

D・W・グリフィスが、女優の美しさに心をうたれて、その細部の表情をさらに瞳をこらして見つめようとした結果クローズ・アップを発明したというよくできた伝説は有名である。したがって逆説的に、最も単純なクローズ・アップは最も感動的なクローズ・アップでもあるのだ。クローズ・アップの瞬間に、映画という芸術は、その卓越した能力を最大限に発揮しうるのであり、徴《シーニュ》しの中に意味《シニフィエ》されたものの美しさを一挙に溢れ出させるのだ。慎ましさと淫らな感じでいっぱいのあの大きな瞳が細められる時、唇から血の気が失われてゆく時、瞳が示す混乱から、われわれはそこに何か邪悪な企みが含まれていることしか見はしないし、唇がふと洩らす言葉からは、ただそこに幻滅が隠されていることしか認めはしないのである。(「ゴダール全集4」、前出)

そう、それは「映画の父」D・W・グリフィスの引用からはじまるのだ。だからこそ、映画史の無数の映画的引用に彩られた映像に脈打っている強烈な映画的衝動に私たちは心ときめくのだ。たとえばクローズアップが単に何かを大きく見せたり強調したりするというあたりまえの効果以上の純粋な映画的衝動たりうるためには、映画のすべてを体系化したD・W・グリフィス監督がかつて女優、とくにグリフィス映画のヒロインを代表する女優としてのリリアン・ギッシュの顔の美しさに魅惑されて思わずキャメラとともに近づいた瞬間にクローズアップが生まれたという伝説化された映画的記憶をたどらざるを得ないという映画的必然。だからこそ、それはただ「美しい」としか言いようがないものなのだろう。

　自分の手でまぶたを閉じて息絶える『勝手にしやがれ』の主人公ミシェル・ポワカール(ジャン゠ポール・ベルモンド)の死が感動的なのは、そこに、ゴダールとともに私たちもまた、D・W・グリフィス監督の『散り行く花』(一九一九)のあのリリアン・ギッシュの崇高なまでに美しい悲劇的な死――薄幸のヒロイン、ルーシー（リリアン・ギッシュ）が死にぎわに自分の指であのおちょぼ口を精いっぱい大きくひらいて「彼女に対してかくもきびしく冷たかったこの世に」最後の微笑みを送る、あの感動的な死――を見てしまうからではないだろうか。

「映画芸術の父」D・W・グリフィスからはじまる映画史的引用、そしてゴダール自身も初期の自作をすべて「映画狂の映画」なのだと言い、『勝手にしやがれ』は大好きなハワード・ホークス監督のギャング映画『暗黒街の顔役』（一九三二）や、フリッツ・ラング監督の犯罪悲劇『暗黒街の弾痕』（一九三七）や、リチャード・クワイン監督の犯罪映画《フィルム・ノワール》『殺人者はバッヂをつけていた』（一九五四）や、オットー・プレミンジャー監督の犯罪映画《フィルム・ノワール》『堕ちた天使』（一九四五）をいわば本歌取りのように先行作品として下敷きにしたこと、そしてヒロインのパトリシア役のジーン・セバーグはオットー・プレミンジャー監督のメロドラマ（フランソワーズ・サガンの同名の小説の映画化）『悲しみよこんにちは』（一九五七）で彼女が演じたセシルという人物のつづきであること、それから「三年後」のセシルなのだという意味のことを語っている（「ゴダール／映画史Ⅰ」、奥村昭夫訳、筑摩書房）。

『勝手にしやがれ』の空港の記者会見のシーンで、特別出演のジャン゠ピエール・メルヴィル監督が、「ブラームスはお好き?」という、その年のフランソワーズ・サガンのベストセラー小説の題名をモジった質問に、「全然」と素気なく答えて笑わせるところがある。ヌーヴェル・ヴァーグとは関係ないというわけかと思いきや、じつはフランソワーズ・サガンこそヌーヴェル・ヴァーグだった。ヌーヴェル・ヴァーグという名称の由来は、一九五七年に週刊紙「レクスプレス」のフランソワーズ・ジルー（のちにミッテラン政権下のフランス初の女性大臣になる）が戦後のフランスの青春群像――第二次世界大戦末の一九四四年八月のパリ解放のときに未成年だった若者たち――におこなった一大アンケートのタイトルによるもので、シャルル・ペギーの詩句（「新しい波《ヌーヴェル・ヴァーグ》来たる」）からとられた言葉だった（因みに、ジャック・リヴェットは一九五九年の長篇映画第一作『パリはわれらのもの』の冒頭に、「パリは誰のものでもない」というシャルル・ペギーの詩の一行を引用している）。

「ヌーヴェル・ヴァーグの世代、すなわち今日（一九五七年の時点で）十八歳から三十歳未満までの世代が、十年後のフランスを左右する力になるだろう」というのがフランソワーズ・ジルー女史によるヌーヴェル・ヴァーグの定義で、当時二十二歳の「若いフランス女性」の旗手、フランソワーズ・サガンの発言も掲載されていた。

映画批評家だったゴダールは『勝手にしやがれ』を撮る数か月前に、「オットー・プレミンジャーの映画（『堕ちた天使』）のまるで水のなかをしゃにむに流れるようなキャメラの動きが好きだ」と書いている。「それが生々しく、物事の最も深い地点にたどりつく方法のように感じられるからである」（「カイエ・デュ・シネマ」誌一九五九年四月第94号）。その例として「人ごみをかきわけて急ぐヒロインのリンダ・ダーネルを必死に追うキャメラの前進移動を助けるために、助監督たちがエキストラの何人かの襟首をつかんでフレームの外に追い出すのが見えてしまう」ところを挙げているのだが、そうした「しゃにむに流れるようなキャメラの動き」そのものもまた、『勝手にしやがれ』には明確な方法論として自覚され、「引用」されているかのようだ。

同じように、人類学を大学で専攻していたゴダールが愛してやまなかった人類学者で映画作家であるジャン・ルーシュ監督の『私は黒人』（一九五八）の劇映画なのにドキュメンタリーのような撮りかたを称揚し（「虚構か現実か、演出かルポルタージュか、芸術か偶然か、厳密な構成か、ゆきあたりばったりの現場主義か、どちらかを選択するしかない。なぜか？　なぜなら、一方を選べば、不可避的に他方にたどりつくことになるからだ」、「カイエ・デュ・シネマ」誌一九五九年四月第94号、仲川譲訳、「季刊フィルム」創刊第1号）、その方法を見事に踏襲・引用することになる。

劇映画をドキュメンタリーのように撮る手法、ドキュメンタリーのなかに人間のドラマを生のままぶつけるという独自の映画的手法こそジャン・ルーシュ監督のやりかたで、ゴダールはその方法を『勝手にしやがれ』に流用したのであった。特別出演のジャン＝ピエール・メルヴィル監督が「ナボコフを気取った」という小説家の役を演じてオルリー空港のテラスでおこなわれる記者会見も、フィクションを「ルポルタージュのように撮る」ことをめざして、ここはテレビ中継のように本物の記者会見がおこなわれたのであった。ゴダールの代弁者としてアンドレ＝S・ラバルト（「カイエ・デュ・シネマ」誌の同人で、ジャーナリスト、映画批評家、TVリポーターでもあった）が記者団のなかに混じっていて、ジャン＝ピエール・メルヴィル扮する作家パルヴュレスコに「ブラームスはお好き?」と質問する役である。

ジャン＝ピエール・メルヴィルはヌーヴェル・ヴァーグ前夜の革命的映画作家で、ジャズの愛好家でもあり、パリのサンジェルマン・デ・プレのジャズ・クラブでピアノを弾いていたアルジェリア生まれのマーシャル・ソラルをゴダールに紹介した。モダン・ジャズとヌーヴェル・ヴァーグの結びつきはよく知られているけれども、ルイ・マル監督の『死刑台のエレベーター』（一九五七）のマイルス・デイヴィス、ロジェ・ヴァディム監督の『大運河』（一九五七）のMJQ（モダン・ジャズ・カルテット）、エドゥアール・モリナロ監督の『殺《や》られる』（一九五九）のアート・ブレイキー&ジャズ・メッセンジャーズなどとは違って、『勝手にしやがれ』のマーシャル・ソラルの「ジャズ風のピアノ演奏」はかならずしも美しく快く印象的に使われていない。映画音楽という以上に雑音のようにリアルなのだとでも言うべきか。カー・ラジオなどからもれるきれぎれの音楽など、即興的に反復される短い楽節《センテンス》（というより楽句《フレーズ》）は、そもそもは『勝手にしやがれ』のために作曲・演奏されたものではなく、マーシャル・ソラルがテレビのサスペンス・ドラマの追跡シーンなどのために作曲・演奏した音楽をゴダールが断片的につまんで引用し、モンタージュつまりは切り貼り／コラージュしたものだったという。ミシェル・シオンは、その著「映画の音楽」(小沼純一、北村真澄監訳/伊藤制子、二本木かおり訳、みすず書房)において、こんなふうに分析、説明する――「ゴダールの作品で、マーシャル・ソラルのジャズ風のピアノ演奏が、強烈な印象を与えるのは、モンタージュがピアノの演奏を無理矢理中断させ、意外なときにふたたび鳴らすから」なのであり、たとえばホテルの寝室でジャン゠ポール・ベルモンドとジーン・セバーグが長いやりとりをするところなどを例にとると、「つぎつぎに変化する感情は、音楽の変化、ふいにきわだったかと思うとかき消えることによって表現され、モンタージュの意図的な恣意性に従う」のだ、と。「欲しい、いらない、愛してる、大嫌い、ということを音楽が意味するが、その意味は音楽の内容とジャンルにかかわらず、その中断や不意の出現によってもたらされている」というのである。

ゴダール的映画作法、ゴダールならではの引用とコラージュの勝利ということか。実際、ゴダールはマーシャル・ソラルに自由に作曲・演奏させ、そこからフレーズを彼なりに自由に引用し、コラージュをした。「ゴダールは映画音楽について何のアイデアも持っていなかった」とマーシャル・ソラルは不愉快そうに語っているのだが――。

そうなのだ、音楽もまた引用とコラージュということになるわけだが、その他すべてがまるで衝動的にそのときどきの思いつきで映画のあちこちに、隅々まで活用されているかのように多種多彩で、ジャン゠ピエール・メルヴィル監督の暗黒街映画『賭博師ボブ』(一九五五)に言及した台詞(「ダチのボブ・モンタニェはどうしてる?」「ヤツはムショだ」)もあり、ミシェル・ポワカール/ジャン゠ポール・ベルモンドが鏡に向かってしかめツラをするのも、「年をとった」とボヤきつつ鏡に向かって顔をしかめる『賭博師ボブ』のボブ・モンタニェ(ロジェ・デュシェーヌ)への挨拶だというのがわかる。ダシール・ハメットのハードボイルド小説「ガラスの鍵」(小鷹信光訳、ハヤカワ・ミステリ文庫)から引用された台詞(「ツイードを着るときには絹の靴下をはくべきじゃない」「絹の肌ざわりが好きなんだ」)など、『全部が獣だ」（ベルナール・ボルドリー監督、一九五九）というフランス製ハードボイルド映画（『ゴリラ』シリーズの一本）からわざわざ「引用」されて、シリーズのスターであるロジェ・アナンに友情出演させてベルモンドとのあいだでかわされる、といったぐあいだ。

いかにもゴダールらしい才気走ったスノビズムと一部からは嘲笑されたとはいえ、ちょっと心おどる引用は、バッド・ベティカー監督の西部劇『決斗ウエストバウンド』（一九五八）を上映中の映画館のスクリーンから聞こえる台詞が、ジェシカという名の女と保安官のやりとりの形で、アラゴンの詩「エルザ、おまえを愛する」（「くちづけの斜面を／ころげ落ちる年月《としつき》の　速いこと／ふれるまい　ふれるまい／砕け散った　思い出などには」、大島博光訳）とアポリネールの詩「狩の角笛」（「ぼくらの物語は高貴にして悲惨だ／まるで暴君のお面のようだ／どんな危うげで霊妙な悲劇も／どんなこまかな事の委細も／ぼくらの恋を感動的なものにしないのだ」、飯島耕一訳）を切り貼りしたコラージュであることだ。そして、その引用とコラージュの方法にも模範になった出典が見出される——『市民ケーン』である。

オーソン・ウェルズ監督・主演の『市民ケーン』は主人公のチャールズ・フォスター・ケーンの死を伝えるニュース映画ではじまるのだが、そのナレーションの形で引用されたのが「ザナドゥにクーブラ・カーンは／壮麗な歓楽宮の造営を命じた……」ではじまるイギリスの詩人、コウルリッジの「クーブラ・カーンあるいは夢で見た幻想」（「対訳　コウルリッジ詩集」、上島建吉訳、岩波文庫）という詩であった。『市民ケーン』のケーン（KANE）も「クーブラ・カーン」のカーン（KHAN）に由来する命名といわれる。

また、ゴダールの敬愛するロバート・アルドリッチ監督のハードボイルド・ミステリー『キッスで殺せ』（一九五五）のはじまりも想起される。私立探偵マイク・ハマー（ラルフ・ミーカー）が深夜のハイウェイで拾った女（若き日のクロリス・リーチマンである）のつぶやく謎の言葉として引用されたクリスチナ・ロセッティの詩「思ひ出」の一行目（「思ひいでよ　この吾を（Remember me）」、入江直祐訳、岩波文庫）から謎がはじまるのだ。

ゴダールの引用が、こうしたゴダール自身が心から愛したアメリカ映画にならったものだったことは間違いない。

フランソワ・トリュフォーはジャン゠リュック・ゴダールと知り合った一九四八年ごろ（ふたりともまだ十代だった）の思い出を——のちに、一九六三年になってから——こんなふうに述べている。

トリュフォー　当時のゴダールのことで最もおどろいたことは、彼の読書のしかただった。夜、みんなと友人の家へ招かれて行くと、彼はその家の本棚から四十冊もの本をひっぱりだして、一冊一冊、最初と最後のページだけを読んでいた。

すべての本を読み漁り、誰よりも早く読み、しょっちゅうメモをしていた。ゴダールはひどく短気で、いつもいらいらしていた。わたしたちみんなと同じように彼もまた映画に熱中していたが、毎日、午後から夜までに五本の映画をそれぞれ十五分ずつ見ていた。いまもそんな見かたをしていると思う。どんなに好きな映画でもそうなのだ。ロベール・ブレッソン監督の『スリ』（一九六〇）なども、ロードショー期間中、二十分ずつちょんぎって見ては何度も映画館に通っていた。（「現代のシネマ1　ゴダール」、前出）

ゴダールはそんなふうにして得た無数の、あるいはむしろ無限の知識を映画のなかに引用することになる。ノートも頭のなかもふくらんで爆発せんばかりのメモでいっぱいだったのだろう。

「人々はふだんの生活のなかで、よく、自分が気に入っているものを引用している。だから、われわれにも、自分が気に入っているものを引用する権利がある」とゴダールは言うのだ。「だからぼくは映画のなかで人物が引用するところを見せるわけだ。ただしその際に、ぼく自身も気に入っているものを引用させるようにしているというわけだ。ぼくは自分の映画につかえそうなものはなんでも書きとめておくノートをもっているんだが、そのノートには、気に入ればドストエフスキーの一節でさえも書きとめている……」(『ゴダール全評論・全発言Ⅰ』、奥村昭夫訳、筑摩書房)

アラゴンの詩句はとくに印象的にゴダール映画に最も多く引用されているように思える。『勝手にしやがれ』がはじまってすぐ、ジャン゠ポール・ベルモンドがマルセイユで盗んだ車を走らせながら、小物入れをあけて拳銃を見つけて取りだすところで、カー・ラジオから「幸福《しあわせ》な愛はどこにもない」というジョルジュ・ブラッサンスの歌うシャンソンの一節が流れるのだが、それはアラゴンが一九四三年に書いた詩の最初の詩句だった。アラゴン自身も「ブラッサンスのシャンソンのおかげで大衆化した詩句」であると語っている。「自分の気に入ったものを引用する」ゴダールの多彩な記憶と覚え書のモザイクのような映画と言ってもいい『勝手にしやがれ』なのである。

こうした多彩な、過剰な、引用の数々だけでも、こんなにも大胆で機知に富んだ自由奔放な映画を私たちは見たことがなかった。

とはいえ、すべてが神がかり的に御託宣のように豪語するに至るずっと以前のゴダールであった。『勝手にしやがれ』で彗星のごとく現れたゴダールは、映画の主人公がキャメラに向かって語るように、私たちにじかに話しかけていたと思われるのだ。

ジャン゠リュック・ゴダール本人が密告者の役で(といっても、台詞はない)、アルフレッド・ヒッチコックばりにワンシーン、出演しているのも印象的だ。私たちに向かってちょいとめくばせして親しく挨拶しているかのようだ。

『勝手にしやがれ』の即興撮影――ジャン＝ポール・ベルモンドに聞く

一九七五年に『ベルモンドの怪盗二十面相』（フィリップ・ド・ブロカ監督）撮影中のジャン＝ポール・ベルモンドにささやかなインタビューをするチャンスがあったので、『勝手にしやがれ』について聞いてみた。

――これまで五十本以上の映画に出演してきたわけですが、どれが自分の代表作だと思いますか？

ベルモンド　よく同じ質問をされるんだけど、いつも返答に困るんだよ。いちばん愛着のある作品は、やっぱり『勝手にしやがれ』（一九五九）かな。なんといっても、はじめて世に認められた真のデビュー作と言っていい作品だし、監督のジャン＝リュック・ゴダールも好きだからね。『気狂いピエロ』（一九六五）も大好きなんだ。いまのゴダールは別人になったようで、お手上げだけどね（笑）。『気狂いピエロ』のロマンチックなゴダールはどこかへ行っちまった。

――ゴダールといえばヌーヴェル・ヴァーグ（新しい波）の旗手とも言うべき映画作家であったわけですが、ヌーヴェル・ヴァーグとはいったい何だったのでしょうか？

ベルモンド　ヌーヴェル・ヴァーグというのは、要するに、当時の、一九五〇年代末から六〇年代の、若い映画人たちの出会いだった。ゴダールとかフランソワ・トリュフォーとかクロード・シャブロルとかいった若い連中が、俺みたいな若い俳優をつかって映画をつくろうとした。なかでもいちばん重要な存在が、ゴダールだったと思う。トリュフォーもいい映画をつくったし、もちろん俺はトリュフォーが大好きだけれども、ゴダールほどのオリジナリティーをもった映画作家はいなかった。ほんとうはだれもまねのできないユニークな映画作家だったわけだけれども、彼の影響で、世界中の若い映画作家が、とくにアメリカの若い映画人たちが、育ったんだ。ゴダールはその意味で一派《エコール》をなしていると言える。しかし、もちろん、ヌーヴェル・ヴァーグというのは、ただひとりの映画作家の動きではなく、ある全体の動向だった。いま思うに、ヌーヴェル・ヴァーグがあったからこそ、フランス映画はすばらしい躍進をとげたんだ。現在のフランス映画が沈滞気味なのは、ヌーヴェル・ヴァーグつまり若い映画が欠けているからなんだと思うね。当時、シャブロルやゴダールやトリュフォーが、ジャン゠クロード・ブリアリや俺なんかをつかって映画をつくろうとしたとき、フランス映画は完全なマンネリズムにおちいっていた。若さがその老化したマンネリズムを打破したんだ。ときどきそうした老化現象を破壊しないと、映画はだめになるんだと思うね。

——あなた自身もそのことを当時はっきりと意識してゴダール作品に出演したわけですか?

ベルモンド いや、俺は当時まだかけだしの演劇俳優で、映画のことは大して知らなかったけれども、ただ、隠しキャメラで自由に街頭で撮影する新しい映画づくりに非常に興味をもっていた。そんなときにサンジェルマン・デ・プレで(サンジェルマン・デ・プレは若者の溜り場だった)、俺はゴダールと出会い、知り合った。

——そしておたがいに意気投合したわけですね?

ベルモンド いやいや、最初は黒いサングラスの変な男にじろじろ見られて、あまりいい感じはしなかったんだ。カフェ・ド・フロールのテラスでその黒いサングラスの男に、うちに来ていっしょに映画を撮らないか、と声をかけられたときには、こいつはホモかと思ったもんだよ(笑)。そのまえに、『黙って抱いて』(マルク・アレグレ監督、一九五八)でいっしょにチョイ役で共演した女優のアンヌ・コレットから、あんたと知り合いになりたがってる男の子がいるわよって言われて、チラッと紹介されたことがあったんだが、何もしゃべらずに見つめるだけで、何を考えているのかわからず、うさんくさい男だと思ったよ。いつも汚い無精ひげでサンジェルマン・デ・プレ界隈をうろつきまわって、俺のことをただじろじろと見つめているだけなんだ（笑）。俺は当時すでに結婚していて、妻のエロディに変な男が俺と映画を撮りたがっているんだが、どうしたらいいかって相談した。「とにかく会って話してみたら？」と言われて会ったわけなんだ。ゴダールは『シャルロットとジュール』（一九五八）という短篇映画を撮ろうとして、シャルロットの役はアンヌ・コレットがやることになっていた。いまは出演料《ギャラ》も払えないが、そのうちギャラもきちんと払える長篇映画を撮るから、そのときはかならず主役に起用するってゴダールは言うんだ。ほんとうに長篇映画を撮れるかどうかわからなかったが、彼の言うことの真摯さだけは伝わってきた。とにかく、俺は承諾した。ゴダールを信じたんだ。その甲斐があった。一年後、彼はほんとうに長篇映画を撮ることになり、約束どおり俺を主役に起用してくれた。それが『勝手にしやがれ』だったわけだけど、俺は感激した。当時、俺みたいなかけだしの俳優にこんなすばらしいチャンスを与えてくれる監督はほかにいなかっただろうからね。

――脚本も何もない行き当たりばったりの撮影だったとか？

ベルモンド　脚本は……あるにはあったが、タイプで二、三ページ。三ページもなかったな。二ページとちょっとだけ。車を盗んで逃げる、女と寝たいが拒否される、ラストは死ぬか逃げるか、選ぶこと。それくらいのことがタイプで打たれた脚本だった。脚本とも言えないメモのような代物だったな（笑）。一九五九年八月、シャンゼリゼ大通りの歩道でクランクイン。電話ボックスに入るところからだった。台本もないから、台詞もない。「何でもいいから、何か言ってくれ。電話をかける、それだけでいい」ってゴダールは言うんだ。

――ジーン・セバーグがアメリカの新聞「ニューヨーク・ヘラルド・トリビューン」の売り子で、あなたが近づいて口説きつづける長回しのシーンがありますね。キャメラマンのラウル・クタールが郵便の荷物を運ぶ手押し車のなかから隠し撮りで撮ったという有名なシーンですが、打ち合わせとかリハーサルなんかはどのようにされていたのですか？

ベルモンド 打ち合わせもリハーサルも何もなし（笑）。ぶっつけ本番だった。もちろん同時録音でもないからね。ゴダールがわきで、キャメラのフレームに入らないところで、台詞を口伝《くちづ》てで言うのを聞いて自分のしゃべりかたで台詞を言うわけなんだが、俺は短篇の『シャルロットとジュール』のときもそうだったから、台詞をしっかり暗記しなければならない演劇とは全然違うこのやりかたをおもしろいと思っていた。ジーン・セバーグのほうはこんなやりかたがはじめてで、すごく戸惑って、いやがっていたけどね。

とても、まともな映画の撮影には思えなかったな。せいぜい夏のバカンスのアマチュア映画の撮影ぐらいにしか見えなかっただろうな。

——ラストシーン、警察の銃弾を腰に受けて、よろめきながら細長い街路を逃げていくところも隠し撮りですか？

ベルモンド あれはモンパルナスの近くのカンパーニュ・プルミエール街だったな。あれは隠し撮りですらなかった。だれも映画の撮影だなんて思って見てなかったようだ。ゴダールはこう言っただけだった。「背中に銃弾を一発喰らって、逃げるんだ。走れるだけ走れ。いやになったら倒れてくれ」。どこまで走って、どのへんで倒れるか、ゴダールは何の指示もしなかった。で、俺は街路を右へ左へよろよろしながら走った。まわりの連中は俺が朝から飲んでぐでんぐでんに酔っぱらってるぐらいに思ったらしい。俺が銃弾を受けて傷ついているなんて思いもしなかったようだ。俺は腰骨のあたりを手で押さえて、倒れそうなのをこらえながら、あっちへよろよろ、こっちへよろよろ、走りつづけた。ちょうど通りがかったのが女優のコリンヌ・ル・プーランだった。「まあ、なんて酔いかたしてんの！」と彼女は言った（笑）。撮影中だから立ち止まって挨拶をするわけにもいかず、俺はそのまま、よろよろ街路の終わりまで走りつづけてラスパイユ大通りまで出たが、大通りを通り越して行きたくなかったので、そこで倒れることにしたんだ。横断歩道のしるしのびょうのうえに倒れたんだ。大通りは車の行き来がはげしかったからね。車にひき殺されたくなかったというだけのことだったんだよ。

——映画のヒットは期待していたことでしたか？

ベルモンド　まったく期待してなかった。七か月後にシャンゼリゼの映画館、バルザック座で公開されて、ただ、やっぱり反応が気になってね、妻のエロディに見に行ってもらった。「超満員で入れなかった」と言うんだ。いろんな人から電話がかかってきて、「すばらしい映画だった」とお祝いを言ってくれた。それで俺も映画館に見に行ったら、もう長蛇の列なんだ。あの型破りの作品が大評判で、俺もたちまち有名になった。ありとあらゆる新聞雑誌に俺の写真が大きく載り、映画もあちこちで絶讃された。八か月を超えるロードショー上映で大ヒットになった。「フランスのマーロン・ブランド誕生」なんて絶讃されて、ミシェル・ポワカールという不良を演じた俺はヒーローあつかいだった。彫刻家だったおやじ（ポール・ベルモンド）は、息子の成功をよろこんではくれたが、映画そのものはあまり評価しなかった。せっかく国立高等演劇学校《コンセルヴァトワール》に入れてやったのにってね（笑）、あんな泥棒や人殺しにうつつをぬかす不良の役を演じたことにいい顔をしなかったよ。おふくろも「こんなふうにしつけたおぼえはないよ」って（笑）。そりゃ、そうだろう、ブルジョワの両親にとっては、俳優とはコメディーフランセーズの舞台に立つことだったから。

しかし、『勝手にしやがれ』の大成功のおかげで、このあと次々に映画出演の話が来た。

（インタビュー集「映画はこうしてつくられる」、草思社）

LE PETIT SOLDAT

小さな兵隊

アンナ・カリーナ登場
遅れて来た青年
思索の時代へ

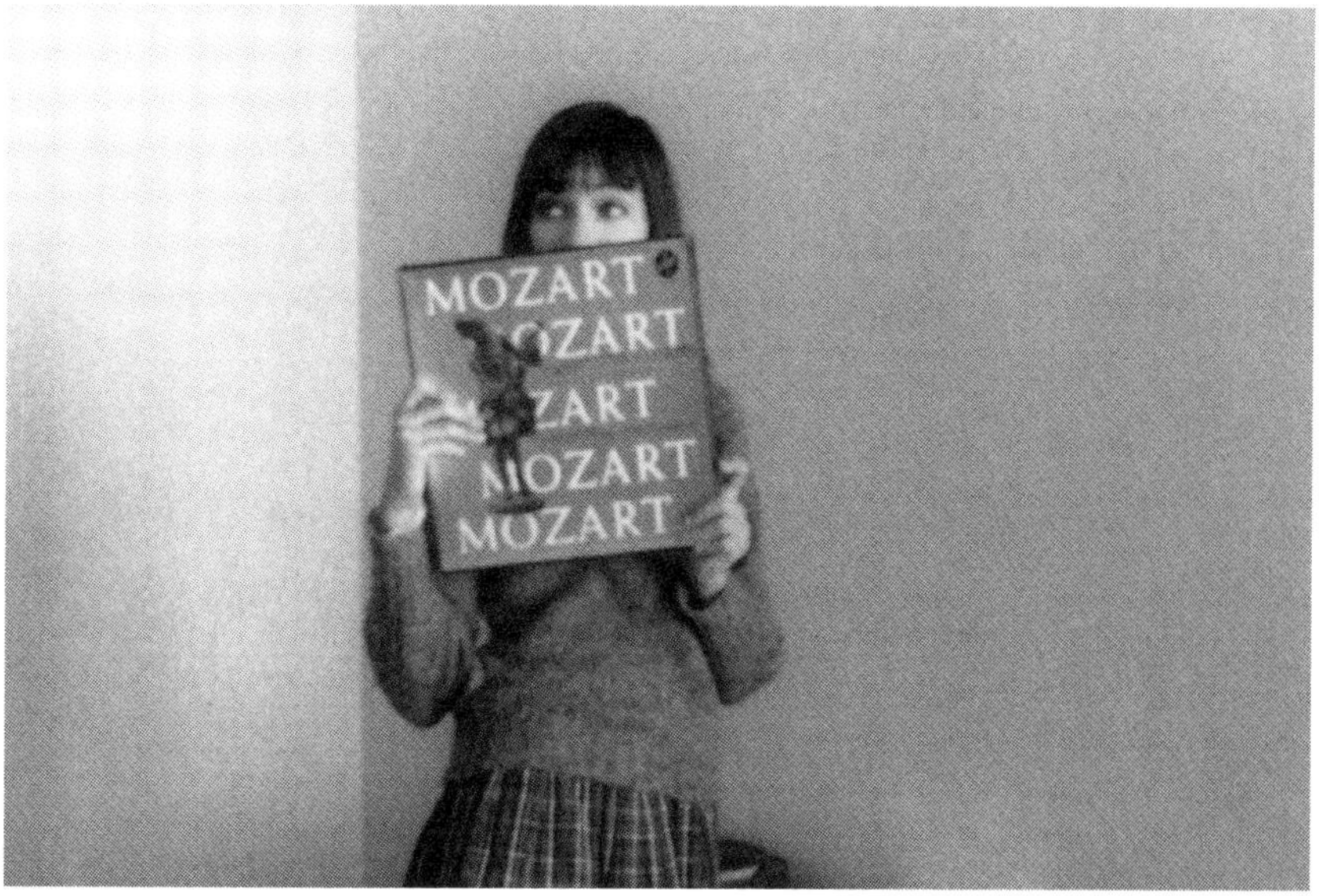

アンナ・カリーナ　コマ撮り ©DR

ヌーヴェル・ヴァーグの衝撃作、一九五九年に撮られ、六〇年に公開された『勝手にしやがれ』に次ぐジャン＝リュック・ゴダール監督の長篇映画第二作『小さな兵隊』は一九六〇年にスイスのジュネーヴで撮影され、十九歳のアンナ・カリーナのデビュー作になるはずであったが、映画はアルジェリア戦争批判のかどで（主人公ブリュノ・フォレスチエがナイロンのストッキングを頭からかぶせられ、顔面にシャワーを浴びせられて呼吸ができないくらい苦しめられる拷問シーンなどかなりカットされたといわれるが、それでもすさまじく耐えがたいくらいだ）三年近く公開禁止になったため、ゴダールの長篇映画第三作『女は女である』（一九六一）のあと、一九六三年になってやっと陽の目をみることになった。日本ではさらにずっと遅れ、一九六八年末にやっと公開された。

「これは政治的陰謀に巻き込まれて逃げ回り、女と寝る余暇《ひま》もない青年の物語だ」とゴダールは語っているが（ゴダール全評論・全発言I」、奥村昭夫訳、筑摩書房）、ヒロインを演じるアンナ・カリーナに恋をした主人公の口を借りて美しく率直なおのろけにみちみちた映画だ。

「ひと目見たらキスしたくなる。レスリー・キャロンみたいなくちびるだ」とアンナ・カリーナはまるで『リリー』（チャールズ・ウォルターズ監督、一九五三）のヒロインのういういしい少女のように紹介される。

のちに『はなればなれに』（一九六四）についてのゴダールの覚え書（「テレ＝シネ」誌一九六四年十月―十一月第117号）でも、アンナ・カリーナが演じるヒロインのイメージとしてゴダールはまたもレスリー・キャロンに言及することになる――ジャン・ルノワールが「子供によくある無邪気な狡《ずる》さ」を持った女の子、「猫のような感じの娘」と評したこの女優のために書き下ろし、演出した舞台劇「オルヴェ」（一九五五）のレスリー・キャロンに。

「恋した女としか寝ない」と豪語していたブリュノ・フォレスチエ（ミシェル・シュボール）であった

が、彼女に会って「五分で恋におちて」しまう。彼は報道写真家で、彼女の「真実」をうつそうと思う。しかも、一秒二十四コマ回転の映画なら「毎秒二十四倍も真実だ」とつぶやきながら。

ゴダールの思いがそのまま出ているにちがいない。ゴダールにとって、アンナ・カリーナは映画そのものになる。

「瞳はベラスケスの、あるいはルノワールの、灰色だったか」、その若々しい純粋さは「ジャン・ジロドゥの劇から抜け出てきたよう」だとブリュノ・フォレスチエは語りつづける。彼女が頭を左右にふると、ブルネットの長い髪が顔にかかる。クローズアップは「顔の裏にある魂までうつしとる」ことになるだろう。

ポール・エリュアールの詩さながら、「すべてが愛されるにふさわしく」、「愛は世界を忘れられるために生まれてくる」かのようだ。「すべてが永遠で、永遠でなく」、「その狂気の身振りのなかに吸い込まれて」いく。詩集「愛すなわち詩」（安東次男訳）そのままに、「彼女の魅力は彼女自身だ。肩の曲線、不安げなまなざし、謎の微笑……」。

ジャン゠リュック・ゴダールはもうアンナ・カリーナに夢中だ。

『勝手にしやがれ』の小さな役のオーディションで、ジャン゠リュック・ゴダール監督に裸になるだけでいいんだと言われて絶対にいやと泣き叫んで逃げだしたアンナ・カリーナに、ゴダールから五十本ものバラの花束とともに「アンデルセンの国の美しい少女に涙は似合わない」という「すてきな」愛の言葉が届く。「アンデルセンの国」デンマークの首都コペンハーゲンからパリに出てきたばかりだったアンナ・カリーナは涙をぬぐい、『小さな兵隊』を撮り終えたあと、ゴダールと結婚。そして一九六〇年代のゴダール映画の忘れがたいヒロインになるのである。

デンマーク映画の巨匠、『裁かる丶ジャンヌ』（一九二八）や『奇跡』（一九五五）の監督、カール・ドライヤーからその姪をいただいたヴェロニカ・ドライヤーがデンマーク生まれのアンナ・カリーナの演じるヒロインの役名である。アンナ・カリーナが十四歳のときにカール・ドライヤー監督の、撮影までには至らなかったものの、キリストの生涯を描く『ナザレのイエス』という映画で聖母マリアを演じるはずだったという想い出に由来するものだろう。のちにまたこの企画は再燃し、フランスでカール・ドライヤー監督の最後の作品となるはずだったが、ドライヤー監督の老齢もあって実現しなかった。

ヴェロニカという名は、もしかしたら、十字架を背負ってゴルゴタの丘に向かうイエス・キリストの血と汗にまみれた顔を布でふいてやった(そしてその布にはイエス・キリストの顔が映された)という伝説的聖女の名に由来するのだろうかと思いたいくらいだが、フランス名ではヴェロニクで、エリック・ロメール脚本による短篇映画『男の子の名前はみんなパトリックっていうの』(一九五七)のヒロインのひとり、ニコル・ベルジェの演じたヴェロニク(『男の子の名前はみんなパトリックっていうの』の別題は『シャルロットとヴェロニク』だった)の名を単にひきずっていただけなのだろう。主人公ブリュノ・フォレスチエの名、ブリュノのほうも、プロデューサーのジョルジュ・ド・ボールガールのオフィスに自らオーディションを受けにやってきたかけだしの俳優ミシェル・シュボールのデビュー作『ジプシー、わがダチ公』(一九五九)の小さな役名をそのまま使うことになったということだから。

アンナ・カリーナは恋のヒロインとなるのだが、アルジェリア戦争のさなかにつくられた映画のなかでは、またたくまに愛は失われ、アラゴンの詩句さながらに(大島博光による)、「とある夕べの短かい短かい魅惑」もすでに「砕け散った思い出」でしかなくなってしまう――アラゴンの詩(「美しき五月、傷つけられし六月……」あるいは「雲もなかった五月よ、匕首にえぐられた六月よ……」)も、ハイドンの音楽(「バッハは朝八時の音楽だ。モーツァルトは夜八時の音楽だ、ベートーヴェンは真夜中の音楽。いま、昼下りに聴くべきはハイドンだ」)も、そしてレーニンの言葉として引用される名言(「倫理は未来の美学である」）も、「毛沢東語録」からの引用（「小さな火花も燎原の火となる」）も。

『小さな兵隊』の主人公にとって政治とはアルジェリア戦争のことなのだが、主人公は兵役忌避者（ゴダール自身も、フランスで兵役忌避のため、スイス国籍を選んでいた）、つまりは脱走兵である。暗殺と拷問と自殺が死と暴力の恐怖と妄執のようにとり憑く。というのも、アルジェリア独立に反対する右翼的な秘密組織ＯＡＳ（秘密軍事機構）の一員である彼はＯＡＳと敵対する組織ＦＬＮ（アルジェリア民族解放戦線）のリーダーを暗殺するように指令をうけるのだが、確たる政治的信念もなく理想と現実のギャップに悩み、暗殺を決行できずにいるのだ——サルトルの戯曲「汚れた手」の主人公のように。

あるいはむしろ、これは政治というよりは政治的状況に巻き込まれた青年の物語と言ったほうがいいのかもしれない。ジャン・コクトーの小説「山師トマ」の主人公の「現実と虚構が一体になった」美しい死にあこがれる主人公ブリュノ・フォレスチエの姓のフォレスチエは、たぶんジャン・コクトーの「大股びらき」の「現実と非現実のさかいを生きる」主人公ジャック・フォレスチエからいただいたものにちがいない。

「死を告げる夜明けのラッパが鳴りひびく」瞬間を待つために暗い夜を眠らずにすごし、「ゲシュタポの拷問に耐えて使命に殉じた」レジスタンスの闘士、ピエール・ブロソレットのヒロイックな死を羨望しつつ、ブリュノ・フォレスチエは自分がぶざまに生きのびていることを自覚し、「死者の特権とは二度と死なないことだ」とつぶやき、アンドレ・マルローのように（ブリュノ・フォレスチエの部屋にはマルローの小説「人間の条件」が座右の書のように枕元に置かれ、一九三九年のマルローの映画『希望　テルエルの山々』のスチール写真が壁に貼られているのだが）、人間の条件を追求し、テルエルの山々の長い長い葬列を「悲劇の幻覚」とともに忘れまいとしても、戦列に加わって死に向かうことのできる「希望」もない。「休暇中の死者」を自認しつつも、休暇を終えて戻って死ぬべき戦場もない、しがない小さな兵隊なのだ。

「一九三〇年代の若者たちには革命があった。マルローやドリュ・ラ・ロシェルやアラゴンには。だが、ぼくらには何もない。彼らにはスペイン戦争があった。だが、ぼくらには、ぼくら自身の戦争さえないのだ」と遅れて来た青年、ブリュノ・フォレスチエは慨嘆する。「汚れた手」の主人公は政治的な使命感とはまるで無関係な衝動から「暗殺」を遂行し、獄中生活を送ったあと、状況の変化とともに「転向」を強いられるが拒否して彼自身が「清算」されるといったある種のヒロイックな運命をたどるのだが、『小さな兵隊』の主人公にはそんな運命的なチャンスもなく使命感もなく、ただむなしく愛の逃避行を試みるだけである。

レジスタンスの精神的支柱となったこともあるというカトリック作家、ジョルジュ・ベルナノス（ロベール・ブレッソン監督が映画化した「田舎司祭の日記」や「少女ムシェット」の作者でもある）の自伝的回想録「辱められた子供たち」のように「ぼくにとって、行動の時代は過ぎ去った。ぼくは年をとったのだ。思索の時代がはじまる」とつぶやく冒頭のモノローグから、愛する女ヴェロニカを失って、「あとはいつまでも悔いを残さず悲しまないことを学ぶことだった。だが、それでよかったのだ。なぜなら、ぼくの前には、まだたくさんの時間が残されていたからだった」というオーソン・ウェルズ監督の『上海から来た女』（一九四八）の主人公マイケル・オハラ（オーソン・ウェルズ）のように青春との決別を否応なくつぶやくラストのモノローグまで、人生の挫折感、生き残った者のやましさについての苦渋に満ちた饒舌な「思索」の連続である——それも早口に、語る相手もなく果てしのない独白のように。

『紹介あるいはシャルロットと彼女のステーキ』――声だけの夫婦共演

一九五一年、二十歳当時のまだ黒眼鏡もかけておらず、髪の毛もふさふさしていたゴダールが、『紹介あるいはシャルロットと彼女のステーキ』というエリック・ロメール脚本・監督の自主製作の16ミリ短篇に主演。ひとりの男の人生の選択――ふたりの女のあいだで悩む男の迷いと決断――というエリック・ロメールならではの「教訓的物語」につらなる作品で、相手役のふたりの女の子はまったく無名の素人が演じているのだが、サイレントで撮ってそのまま打ち捨てられていたものを一九六〇年にゴダールが編集し、声や音を入れるダビングもした。『小さな兵隊』が公開禁止になり、『女は女である』が撮られる前のことである。ゴダール本人がゴダールの声を、女の子のひとり（ヴェロニクという役名ではなかったが）の声をアンナ・カリーナが吹き替えたので、声だけの夫婦共演になった。シャルロットの声はクロード・シャブロル夫人（にまだなっていなかったかもしれないが）のステファーヌ・オードランが吹き替えた。一九六六年（幸運にも私はパリに滞在していた）、エリック・ロメール特集上映がパリ十四区のユルム街のシネマテークの別館でおこなわれたときに、エリック・ロメールが会場に来て、口ごもりながら早口でいろいろ事情を説明しながら挨拶したあと、上映された。

『紹介あるいはシャルロットと彼女のステーキ』に次いで、エリック・ロメールは「シャルロットもの」の連作を撮るつもりで脚本を書いていた。のちに「六つの教訓的物語」シリーズに発展し、合流するものである。その脚本の一本を一九五七年にジャン゠リュック・ゴダールが映画化したのが『シャルロットとヴェロニク』の別題でも知られる『男の子の名前はみんなパトリックっていうの』で、シャルロットの役はゴダールの当時のガールフレンドだったというアンヌ・コレットが、ヴェロニクの役はヌーヴェル・ヴァーグのプロデューサーになるピエール・ブロンベルジェの姪のニコル・ベルジェ（ブロンベルジェの半分を姓にしたという）が演じていた。

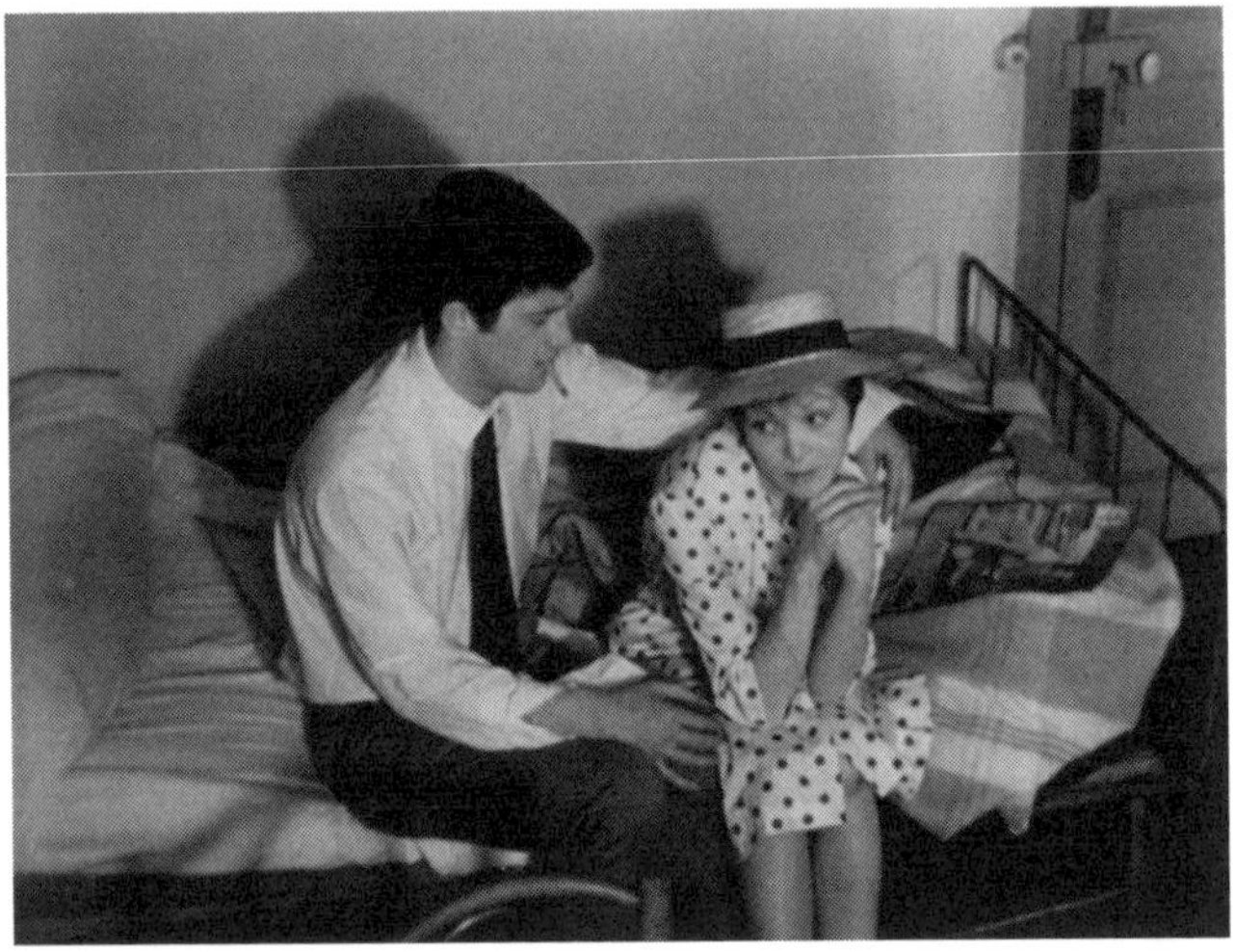

1957年にジャン＝リュック・ゴダールが映画化した『シャルロットとジュール』アンヌ・コレットとジャン＝ポール・ベルモンド
コマ撮り ©DR

『マクドナルド橋の恋人たち』――新婚のゴダール／カリーナの夫婦共演

もう一本、ジャン＝リュック・ゴダールとアンナ・カリーナが仲良く共演した映画がある。声の吹替えだけの『紹介あるいはシャルロットと彼女のステーキ』に対して、サイレントの寸劇――アニエス・ヴァルダ監督に招かれて出演した『5時から7時までのクレオ』（一九六二）のなかの映画館で上映される寸劇である。コマ落とし気味のサイレント・シーンの連続で、スラップスティック・コメディーを模した寸劇に、白塗りのゴダールとお人形さんみたいな扮装のアンナ・カリーナがチョコマカしたスピーディーな動きではしゃぎまわる。アニエス・ヴァルダは映画監督になる前は国立民衆劇場（ＴＮＰ）専属の写真家で、ジェラール・フィリップの舞台写真などで知られていたが、一九六一年三月におこなわれたゴダールとアンナ・カリーナの結婚式の写真を撮ったあと、その年の夏に撮影する長篇映画『5時から7時までのクレオ』に幸福の絶頂にあったふたりのためのシーンを考えたという。アニエス・ヴァルダとゴダールの接点に友情出演しているエディ・コンスタンチーヌ、サミー・フレー、イヴ・ロベール、ジャン＝クロード・ブリアリといった顔ぶれもたのしく興味深い。

『女は女である』アンナ・カリーナ　コマ撮り ©DR

UNE FEMME EST UNE FEMME

女は女である

映画は映画である
ミシェル・ルグランの音楽
歌わないミュージカル
ゴダールの色彩感覚
幸福の設計
ルビッチ、ミュッセ、ジャリ
戯れに恋はすまじ
与太者コンビ
ネオレアリズモふうのミュージカル
映画史へのオマージュと奔放なお遊び

『女は女である』（一九六一）はジャン＝リュック・ゴダール監督の長篇映画第三作。わがアンナ・カリーナ時代の文句なしに最も幸福なゴダール映画だ。鮮やかな色彩もすばらしい。「これこそ映画なのだ！」とジャン＝リュック・ゴダールは、批評家時代に（すでに短篇映画を撮りはじめていたが）、一九六〇年代の、「アンナ・カリーナ時代」の、美しい映画群を予告するような、こんな一文を書いている（「カイエ・デュ・シネマ」誌一九五八年三月第81号）。

「……〔マックス・オフュルス監督の〕『快楽』（一九五二）でダニエル・ジェランがシモーヌ・シモンにこう語る場面がある。《ぼくは君が歩いているところを見るのが大好きだ。君が腰をおろすところを、君が鰯《いわし》を食べるところを見るのが大好きだ。君の動きはどれも素晴らしい》と。そして事実、オフュルスによって演技指導されたシモーヌ・シモンの動きはとてつもなく素晴らしいのである。まさにこれこそ映画なのだ！　ほれぼれするほど美しい女を出演させ、その相手役に《あなたはほれぼれするほど美しい》といわせるということ、これが映画なのだ。これほど単純なことがほかにあるだろうか！」

（『ゴダール全評論・全発言Ⅰ』、奥村昭夫訳、筑摩書房）

ゴダールは長篇映画第一作『勝手にしやがれ』（一九五九）でも、ジーン・セバーグという「ちょっと変わった女の子」だが「ほれぼれするほど美しい女優」をヒロインに起用し、その相手役のジャン＝ポール・ベルモンドにずばり「ほれぼれするほど美しい」と言わせていた。ピエール＝オーギュスト・ルノワールの美しい少女像「可愛いイレーヌ／イレーヌ・カーン・ダンヴェール嬢」のポスターの前にジーン・セバーグを立たせ、まさにその似姿をほうふつとさせる一瞬もある。

だが、思いはかなわない。「残念なるかな、無念なるかな、わが愛する女は、首すじがとても美しく、乳房がとても美しく、声もとても美しく、手首もとても美しく、額もとても美しく、膝もとても美しい……だが、その気がない」とミシェル・ポワカールは慨嘆した。「俺と寝る気がない」「俺を愛してくれない」ということなのである。そんなつれないパトリシア／ジーン・セバーグにミシェル・ポワカール／ジャン゠ポール・ベルモンドは狂わんばかりになった。愛してほしい女に愛されない。「残念なるかな、無念なるかな」という嘆きもそこから生まれた。

『勝手にしやがれ』に次ぐジャン゠リュック・ゴダール監督の長篇第二作『小さな兵隊』（一九六〇）ではついにアンナ・カリーナという無条件に「ほれぼれするほど美しい女」をつかまえて出演させ、その相手役のミシェル・シュボールに映画のあいだじゅう「あなたはほれぼれするほど美しい」と言わせつづけたが、映画は――政治的な理由で――公開禁止になった。

そして、ついに、「これが映画なのだ。これほど単純なことがほかにあるだろうか！」という、ただそれだけの美しいエモーションそのものに炸裂したゴダール／カリーナ時代の真の開花が、そして、もしかしたらゴダール／カリーナの唯一の真に幸福な映画が『女は女である』なのである。

「女は女であることを証明しながら映画は映画であることも証明してみせる」という「きわめて心をそそる試みだった」とさらにジャン゠リュック・ゴダールは語る（『女は女である』のサウンド・トラックを編集したレコードより、「ゴダール全評論・全発言I」、前出）。

女は、もちろん、アンナ・カリーナ――真っ赤なセーターやストッキングが生地のやわらかさまで感じられるような着こなしでよく似合う。のっけから、あざやかで肌ざわりのようになめらかで濃厚かつ鮮烈な色彩に魅せられることになる。

フランスコープというフランス式シネマスコープの横長の黒地の画面いっぱいに、白と赤（人名は赤）で、ネオンサインのまばたきのように、いきなり次々と、

昔（白）
むかし（白）
ボールガール（赤）
イーストマンカラー（白）
ポンティ（赤）
フランシュマンスコープ（白）
ゴダール（赤）
コメディー（白）
フランセーズ（白）
クタール（赤）
ミュージカル（白）
ルグラン（赤）
演劇的（白）
エヴァン（赤）
感傷的《センチメンタル》（白）
ギユモ（赤）

とたのしいクレジットタイトルが出てくる。これは昔むかしではじまるおとぎ話で、製作はジョルジュ・ド・ボールガールとカルロ・ポンティ、監督はジャン゠リュック・ゴダール、撮影はラウル・クタール、音楽はミシェル・ルグラン、美術はベルナール・エヴァン、編集はアニエス・ギユモ、ミュージカル的作品で、フランス的な喜劇（たぶん国立劇場コメディーフランセーズ座とダジャレになっている）で、演劇的なセットで、感傷的《センチメンタル》な恋物語、そしてイーストマンカラー、フランシュマンスコープ――フランシュマン（じつを言うと）〔本物のシネマスコープではない〕フランス製スコープというダジャレになっている――で撮った作品であることを、いっきょに映画の内容とともに要約して予告してしまうのだ。

さらにつづけて、こんどは交互に白とブルーと赤で、

オペラ（白）
ルビッチ（青）
巴里祭（青）
シネマ（赤）

とつづいて、フランス国旗の三色（トリコロール）がそろい、映画そのものの出典というか、下敷きにした古典的作品が何かを明示して、これはオペラ、それもおそらく、というよりも、もちろんベルトルト・ブレヒトの「三文オペラ」（というのも、十八世紀のイギリスの劇作家ジョン・ゲイの「乞食オペラ」を本歌に取った、いわば改作の見本のようなものであり、歌はストーリーの流れをとめて解説になったり引用になったりするという意味で）とエルンスト・ルビッチ監督の、とくに一九三三年の『生活の設計』とルネ・クレール監督の『巴里祭』（一九三二）を先行作品として、それらをモデルにしてつくられた映画なのだといわんばかりに、ずばり、あっけらかんと手の内をバラし、クレジットタイトルらしいクレジットタイトルは以下、白文字で、ジャン゠クロード・ブリアリがうつる画面に「ブリアリ」、アンナ・

カリーナがうつる画面に「カリーナ」、ジャン＝ポール・ベルモンドがうつる画面に「ベルモンド」と出るのに合わせて、「ライト！」「キャメラ！」「アクション！」のかけ声（アンナ・カリーナの声である）、そしてカフェの入り口をバックに『女は女である』というメインタイトルが赤い文字で出てくるときには、すでにファースト・シーンになっている。

真っ赤な傘をさした白いレインコート姿のアンナ・カリーナが歩いてくるのがカフェのガラスごしに見える。

〽可愛い娘にもどっておくれ／しあわせだったあの日のおまえに／そして時には昔のように……とせつせつと歌うシャルル・アズナヴールのシャンソン「のらくらもの」（カフェのジュークボックスから流れる曲であることがわかる）に迎えられて、アンナ・カリーナがカフェに入ってくる。

じつに心はずむ出だしだ。まさに、これこそが映画なのだ！　アンナ・カリーナの登場である。

映画の冒頭でとぎれとぎれに引用されるシャルル・アズナヴールの歌う「のらくらもの」は、映画の半ばごろになって、別のカフェのシーン――ジャン＝ポール・ベルモンドが「親友の妻」アンナ・カリーナをくどくシーン――でたっぷり全曲引用されるのだが（曲が流れてくるジュークボックスのなかには一九六〇年にシャルル・アズナヴールが主演の、しかしピアノを弾くだけで歌わない、フランソワ・トリュフォー監督の『ピアニストを撃て』のサントラ盤のジャケットが見える。アンジェラ／アンナ・カリーナが「『ピアニストを撃て』のシャルル・アズナヴールはとっても素敵！」と称賛する台詞もある）、一九九三年二月に、ゆうばり国際冒険ファンタスティック映画祭の審査員長として来日したシャルル・アズナヴールに質問をしてみた。

――ジャン＝リュック・ゴダール監督が、『女は女である』のなかで、あなたの歌うシャンソン「のらくらもの」を、カフェのジュークボックスから流れるという形で、一曲まるまる使っていますね。
アズナヴール　たしかに、そのとおりだ。それも、許可なしでね。事後承諾ってわけ。なかなか狡猾なんだ。映画が出来上がったあと、ゴダールから電話があって、「きみのシャンソンを使っちまったんだけど、使用料がわからなくてね」とかなんとか言って、うまく値切ってね（笑）。しかし、さすがはゴダールでね、うまく使っている。（インタビュー集「映画はこうしてつくられる」、草思社）

こうしてシャルル・アズナヴールのシャンソン「のらくらもの」（作詞作曲もシャルル・アズナヴール）は忘れがたい挿入歌として引用されることになった。

映画音楽の担当はミシェル・ルグランで、『女は女である』における音楽の効用については以下、『女は女である』（一九九八年に日本でリバイバル公開されたときのプログラムより中条省平氏の見事な分析を引用させていただきたいと思う。

「〈ヌーヴェル・ヴァーグ〉の先頭に立って疾走するジャン゠リュック・ゴダールと共同作業をおこなうことで、ミシェル・ルグランの音楽の独創性は決定づけられる。すなわち、ゴダールの長篇第三作『女は女である』における一風変わった〈ミュージカル映画〉の試みである。

筆者のおこなったミシェル・ルグランへのインタビューによれば、ゴダールが『女は女である』の計画をルグランに持ちかけたとき、ゴダールの関心を占めていたのは、「登場人物が歌を歌わないミュージカル」というアイディアだった。実際、この映画音楽のオーケストレーションは、いかにもミシェル・ルグランらしい天鵞絨《ビロード》のように柔らかく豪奢なサウンドのつづれ織りになっていて、メロディを包みこむ彼のハーモニー感覚は、全盛期ハリウッドのミュージカル以上に優雅だといってよい。また、作中でアンジェラ（アンナ・カリーナ）は、「シド・チャリシーとジーン・ケリーの共演！　振り付けはボブ・フォッシー！」と、この映画のミュージカルとしての性格を高らかに宣言している。『女は女である』を初めて見て以来、筆者はしばらくのあいだ、この映画の登場人物が縦横に歌を歌いまくるという偽の記憶をいだいていたのだが、それほど『女は女である』の映画音楽は、ゴージャスで華麗なミュージカルに相応しい出来栄えだった。だが、この映画では、登場人物は歌を歌わない。すくなくとも、普通の歌は歌わない。

というのは、歌のシーンがないわけではないからだ。アンナ・カリーナが働くストリップ小屋の演《だ》し物の場面で、彼女は、赤い刺繍の縁どりをした純白のコルサージュに、青いストライプの入った白いセーラー服をはおり、帽子の赤いボンボン、襟もとの赤いスカーフ、赤いストッキングという具合に、赤のアクセントを施したトリコロールの衣裳を纏って、ミシェル・ルグラン作曲の、その名も「アンジェラ」という佳曲を歌う。しかし、この曲の構成が実に凝っている。ハーモニーを伴奏する音楽は存在しているのだが、アンジェラが歌を歌いはじめる瞬間にこの音楽がいきなり中断されてしまうので、アンジェラの歌だけがア・カペラになる、というより、舌足らずの鼻歌、いや、奇妙で官能的なささやきに変わってしまうのである。

この演目の最中には、照明も、アンジェラの合図を機に、赤や青といった原色に変化させられる。つまり、ここでは、後年のゴダール映画の特徴となる音声の中断という前衛的な手法がさりげなく導入されると同時に、『軽蔑』で絨毯に横たわるブリジット・バルドーの輝かんばかりの裸体を映しだす画面や、とりわけ、原色のフィルターで画面を覆いつくす『気狂いピエロ』のパーティーの場面でのように、色彩の実験が先駆的に試みられているのだ。

ゴダールとルグランの共同作業は、続く『女と男のいる舗道』と『はなればなれに』という計3作で終わってしまう。しかし、ルグランは『女は女である』の直後に、生涯の友情で結ばれる映画作家と最初のコラボレーションを実現する。ジャック・ドゥミ監督の『ローラ』である。」

『女は女である』で照明が急に変わり、伴奏音楽が途切れてアンナ・カリーナのささやくような歌声だけがア・カペラになるところは、たぶん、ハリウッドのミュージカル・コメディーとは対照的に、劇中歌に特殊な照明を使ったり、歌が筋の流れをとめたりするブレヒト劇の方法のかなり意識的な踏襲かとも思われる。しかし、ゴダールは、もっと単純な理由から自然に生まれたものなのだと語る（「オブジェクティフ65」誌一九六五年八月－九月合併号）。ここでもアンナ・カリーナをレスリー・キャロンに比較するイメージが出てくる。

ゴダール　『女は女である』のあのナンバー（「アンジェラ」）を演奏なしで、ひとりでリハーサルをくりかえしているアンナを見て、とても可愛らしいと思ったのです。彼女はストリッパーの役なのに、まるで『リリー』（チャールズ・ウォルターズ監督、一九五三）のレスリー・キャロンのようにういういしく清楚な少女のイメージだった。そこから、彼女が歌うところだけは伴奏の音楽なしでいこうと思ったのです。

ミシェル・ルグランの音楽とヌーヴェル・ヴァーグの結びつきは、ヌーヴェル・ヴァーグのプロデューサーとして知られるピエール・ブロンベルジェの製作によるフランソワ・レシャンバック監督（ブロンベルジェの甥であった）の「キャメラによるアメリカ紀行」、現実を不意打ちすることによって人間や社会の真実（ヴェリテ）をとらえる映画（シネマ）という意味で「シネマ・ヴェリテ」とよばれた新しいドキュメンタリーの代表的な一本である一九五八年の『アメリカの裏窓』からはじまり（同じ一九五八年にミシェル・ルグランはアメリカに渡ってマイルス・デイヴィスやジョン・コルトレーンやアート・ファーマーといったそうそうたるメンバーを率いて録音したアルバム「ルグラン・ジャズ」を発表している）、ゴダール、ジャック・ドゥミといったヌーヴェル・ヴァーグの一派が次々にルグランに映画音楽を依頼することになった。

ゴダールとのコラボレーションは、『女は女である』に次いで、短篇『怠けの罪』（オムニバス映画『新・七つの大罪』第5話、一九六二）、『女と男のいる舗道』（一九六二）、短篇『立派な詐欺師』（オムニバス映画『世界詐欺物語』第5話、一九六三）、そして『はなればなれに』（一九六四）とつづき（一九六五年につくられた『女は女である』のエピソードの続篇であるオムニバス映画『パリところどころ』の第5話『モンパルナスとルヴァロワ』もふくめて）、当初はとくに熱がこもっていたものだったと思われる。『女と男のいる舗道』でアンナ・カリーナがひとり踊りまくるとき、『はなればなれに』でアンナ・カリーナがクロード・ブラッスールとサミー・フレーと踊るとき、ジュークボックスから流れる音楽のすばらしさはミシェル・ルグラン以外に考えられないくらいだ。『女は女である』のア・カペラつまり楽器による伴奏なしでアンナ・カリーナが歌うところ以外の「アンジェラ」のナンバーの主旋律が高鳴る心ときめく軽快なホンキー・トンク・ピアノの演奏！　それにアンナ・カリーナがひとり室内でその夜の夫婦のベッドをととのえたりして「科学的な正確さで妊娠と受胎の日を計測できる」小さな計算機を説明書とともに学ぶ前に、たのしいざわめきのように流れるチャールストンふうのジャズを歌うのはミシェル・ルグラン自身とのこと。

もっとも、ミシェル・シオンという、あきらかに、あからさまにミシェル・ルグラン嫌い（であるとともにゴダール嫌い）の音楽評論家（「映画の音楽」、小沼純一、北村真澄監訳／伊藤制子、二本木かおり訳、みすず書房）の以下のようなおそろしく手厳しい批評もある。

「むろんゴダールは、初期にはじつに多くのことを試み、〔ジャック・〕ドゥミの『シェルブールの雨傘』の四年前、ミシェル・ルグランとともにミュージカル・コメディ『女は女である』を製作さえしたほどだ。魅力的だが少々退屈なこの作品では、男女のあいだで歌わない台詞、果てしない論戦のために、音楽が支えと切断をかねるようにという構想で、作曲された。

だが映画では、話が進んでも、音楽はけっしてお互いを結びつけることはないし、別離を強調したりもしないように思える。たとえば、ジャン゠ポール・ベルモンドがカフェからアンナ・カリーナに電話をするとき、モンタージュによって、カフェとヒロインの部屋を交互に目にすることになる。音楽のスタイルや音色は、カフェの雰囲気とは嚙み合わない。さらに音楽が響き出すのはベルモンドのショットで、カリーナのショットではすげなく途切れてしまうのだ。別の時には、監督はカリーナにアカペラで歌わせ、彼女の台詞の間にピアノのリトルネルロ〔歌の前奏・間奏・後奏として反復される器楽的な部分〕を挿入するが、声と楽器の伴奏もしっくりいかない。また別の場合には、とつとつとした音楽が、果てしない言葉の受け答えのピンポンゲームを区切るうえ、間投詞によって、二人の罵り合いを焚きつける役もする。音楽はこういった状況を十分に心得ているといえそうだ。ゴダールはたえずリズム上の急激な変化を使うが、その組織化の徹底ぶりは、ある種の単調さもかもし出す。」

それにしても、「登場人物が歌を歌わないミュージカル」をめざしたという『女は女である』がミシェル・ルグランの音楽なしには考えられなかったであろうことは間違いない。

「ミシェル・ルグラン自伝　ビトゥイーン・イエスタデイ・アンド・トゥモロウ」（髙橋明子訳、濱田髙志監修、アルテスパブリッシング）にはこんな記述がある。

「歌と色彩の映画というジャック・ドゥミの描いた夢を、私は彼に先がけてゴダールの『女は女である』において実現させた。しかし面白いのは、この映画がミュージカルになったのは、撮影が完了してからだった。最初の編集を見せられたとき、私はゴダールに小声で言った。「知らなかったよ。きみがミュージカルを撮っていたなんて。承知してくれるなら、全体に音楽を入れるよ。台詞のバックや台詞の間にも、それに人物たちが歩き回るシーンにも。きっとアンナ〔・カリーナ〕が通りを歩くと踊っているように見えるだろうし、彼女が話すと歌っているように見えるさ！」それは無茶苦茶な仕事だった。私はフィルムの一ミリごと、ほとんど一〇〇分の一秒ごとに手を入れた。ミキシング〔音楽と映像をバランスよく組み合わせて一つにまとめる作業〕が終わったとき、驚くべき偶然だったが、ジーン・ケリーから電話があった。「パリに来ているんだ。ちょっと会わないか」。ゴダールと一緒に、私はジーンのために『女は女である』の試写を設定した。ジーンは面食らっていた。「きみたちはどうやって、一曲の歌も振付もなしにミュージカル・コメディを撮れたんだい？」私は彼に私たちの方法を説明した――どうやってハリウッド方式とは異なるミュージカルに、ラディカルな新しい概念を持ったモダンなミュージカルに、到達できたのかを。これこそが一つしかないミュージカルの奇跡的な原型になったのだと。ジーンは儀礼的に微笑んだが、彼の目は正直にこう言っていた。「きみたちの頭はいかれてる！」」

『シェルブールの雨傘』（一九六四）のミシェル・ルグランの楽曲を『はなればなれに』に引用して、めくばせという以上に敬意を表したゴダールは、のちに（「カイエ・デュ・シネマ」誌一九六七年十月第

194号所載のインタビューにおいて）、アンナ・カリーナが出演した最後のゴダール映画になる『メイド・イン・USA』（一九六六）について、何よりも『シェルブールの雨傘』に似せてつくった映画であること、「登場人物は歌っていないが、映画そのものが歌っているのだ」と、あたかも『女は女である』のミシェル・ルグランの音楽を未練がましくなつかしむかのように語ることも付け加えておこう。

『女は女である』はジャン＝リュック・ゴダール監督の初のカラー（イーストマンカラー）、スコープ（フランスコープ）作品だが（ゴダールは白黒作品はスタンダード・サイズで、カラー作品はシネマスコープ・サイズで撮ることをモットーにしていたという）、カラーの鮮烈な印象は、ミシェル・ルグランの音楽以上と言ってもいいかもしれない。フランソワ・トリュフォーも、『女は女である』や『気狂いピエロ』（一九六五）のゴダールの色彩感覚を絶讃している（「トリュフォー最後のインタビュー」、「季刊リュミエール」一九八五年十二月第2号）。

トリュフォー　ゴダールの映画のカラーは見事なものです。ゴダールはすばらしい造形的感覚の持ち主で、絵画からの刺激や影響をおそれず、強烈な原色を使うことをためらわない。彼はみずから壁や床にペンキを塗って、色彩を生みだしていく。撮影前にやってきて、彼は、「よし、ここはブルーに塗ろう」とか、「この壁はグリーンに塗ろう」とか決めるのです。そういった造形的感覚にもとづく色彩設計を、たぶん彼はマティスとかミロとかピカソといった画家たちの絵から直接、感覚的に学んで生みだした。そういったやりかたは、もちろんゴダールならではの独創的なやりかたで、ゴダール映画の色彩はゴダールみずからが生みだしたものなのです。

『女は女である』は、ハワード・ホークス監督の『教授と美女』（一九四一）のように、「昔むかし……」

ではじまるものの時代は現代の一九六一年で、『勝手にしやがれ』と同じように、すべてがいままさに起こりつつある現在進行形の映画といういきいきとした印象を与える。『勝手にしやがれ』とは違って同時録音撮影で、脚本も台詞もあらかじめきちんと書かれていたが、俳優たちがしゃべったり演じたりするのをドキュメンタリーのように、ルポルタージュのように、「決定的なものを偶然に獲得する」ために、長回しのキャメラで、ワンシーン＝ワンカットを原則に撮影されたという。ロベルト・ロッセリーニ監督と戦後のイタリアの生々しいドキュメンタリー・タッチの映画とその——ネオレアリズモ（新しいリアリズム）とよばれた——作風に言及しつつ、「ネオレアリズモふうのミュージカル」の試みだったともゴダールは語っている（「カイエ・デュ・シネマ」誌一九六二年十二月第138号所載のインタビュー）。

当時、ゴダールとカリーナはすでに同棲中で結婚を間近に控えて（映画は一九六〇年十一月から六一年一月まで三週間の撮影、ふたりが結婚するのは映画の完成後の六一年三月三日である）、進行中のふたりの愛の生活をそのまま撮っているような「おのろけ」映画でもあった。それをでれでれといちゃつく感じでなく、いや、いちゃついてはいるのだがすべてをまるで揶揄するように突っ放して故意にデタラメにドライに撮ったような感じなのだ。「幸福ほど語りにくいものはないのだ」とフランソワ・トリュフォーが代弁してくれるだろう。「だからといって、不幸を語ったら、きりがない。ただもう自虐的な悪趣味におちいるだけだろう」（拙訳「ある映画の物語」、草思社）。幸福と不幸はもちろん表裏一体なのだ。

赤ちゃんがほしい、すぐにでもつくってほしい、二十四時間以内につくってくれなきゃいや、と不意に駄々をこねるように言いだして、巴里の屋根の下に同棲中の未来の夫（ジャン＝クロード・ブリアリ）に可愛らしく迫るアンジェラ（アンナ・カリーナ）だが、それが女らしい、というよりも、まさに女は女であることの戦略のようだ。「目玉焼きは半熟がいいな」と男が言うと、「いいわ。でも、その前に赤ちゃんをつくって」といった調子。ところが、エプロンをつけて台所に立ったのはいいが、夕食用に一個しかなかった貴重なタマゴを落として割ってしまう。「笑うべきか、泣くべきか」。おまけに――彼女は外国人なので――フランス語のRの発音がうまくできない。「なぜいつも苦しむのは女なの？」。

男は、もちろん、とても彼女を愛していて、いまは共稼ぎのふたりだが、もう少し経済的に余裕ができたら結婚して二年後くらいには子供をつくってもいいと思う。女はそれを我慢できない。すぐつくってくれなきゃ、いや。あなたがだめなら、ほかの誰の子でもいいと言う。そんな脅迫に負けじと男も虚勢を張って、かまわない、やれるものならやってみろと言う。そして、ここに、親友の妻に恋をする男（ジャン゠ポール・ベルモンド）がいる。その名もすけべな（と言うしかない）アルフレッド・ルビッチ。

一九三三年のエルンスト・ルビッチ監督の粋ですけべな艶笑喜劇《セックス・コメディ》『生活の設計』の行き過ぎた三角関係の、これはゴダール的リメークなのである。

アルフレッド・ルビッチのアルフレッドはアルフレッド・ヒッチコックから多少はいただいたものかもしれないが（ヒッチコックには一九四一年の『スミス夫妻』という、スクリューボール・コメディーの女王といわれたキャロル・ロンバードのために撮ったロマンチックなスクリューボール／クレイジー・コメディーの洒落た小品がある）、たぶん才気あふれるロマンチックな恋愛格言劇「戯れに恋はすまじ」の作者である十九世紀フランスの詩人で劇作家、アルフレッド・ド・ミュッセの名からも採られたらしいことがのちに察せられる。いや、もしかしたら、このころすでに、ゴダールは、十九世紀末から二十世紀初頭にかけてのフランス文学の異端児でキュビスムやダダイスムやシュールレアリスムの先駆者ともみなされるアルフレッド・ジャリの不条理演劇のはしり「ユビュ王」の映画化を構想していたはずだから（その後、一九六三年の『カラビニエ』に結実するアイデアだ）、アルフレッド・ジャリの名も念頭にあったとしても不思議ではないだろう。アンナ・カリーナの夫になる同棲中の、ジャン゠クロード・ブリアリが（役名は十八世紀フランスの思想家ルソーの自然教育論の主人公の名と同じ、といっても、じつは映画の原作というかヒントになった女優のジュヌヴィエーヴ・クリュニーの原案でもすでにエミールという名だったが）、室内でも自転車を乗りまわすところなど、自転車を偏愛したという奇人アルフレッド・ジャリへのはるかな挨拶かとも思われるほどだ。

ジャン゠ポール・ベルモンド扮するアルフレッド・ルビッチは、ルネ・クレール監督の『巴里祭』のつつましい、というのは恋仲の男女の前に男の昔の恋人が出現してちょっといざこざが起こるという、いわばふつうの、というか、よくある三角関係でいえば、ポーラ・イルリのように片想いの女性と同じ立場の役ながら、一夜の思い出がどうしても忘れられず、くどきつづけているような気配もある。ああ、残念なるかな、無念なるかな、俺はこんなにきみに夢中で、きみと寝たくてたまらないのに、きみにはまったくその気がない、と嘆く『勝手にしやがれ』のミシェル・ポワカールと同じ想いなのだ。

アンジェラ／アンナ・カリーナは天使《アンジェラ》のような心で同棲中の夫になるエミール／ジャン゠クロード・ブリアリに、たぶん社交界でどんな男に言い寄られても作家のシャトーブリアンに誠実な愛を捧げつくしたというレカミエ夫人のように、すべてをつくして結婚の夢に生きているので、男客を連れこんで稼いでいる隣人からは「レカミエ夫人」とよばれている。親しい友人にくどかれても容易には心動かされない。

ジャン゠ポール・ベルモンドが「親友の妻」アンナ・カリーナをくどくカフェのシーンは深刻で滑稽、アルフレッド／ベルモンドがアンジェラ／アンナ・カリーナへの真実の想いを証明するために、突然、スラップスティック・コメディーのようにコマ落としで走ってカフェの向こう側の壁に頭をぶつけて（一九五八年のジョルジュ・フランジュ監督『壁にぶつけた頭』へのめくばせもあるのだろうが、なんとも無謀な計画だ）、戻ってくるところもある。突然、真っ黒なサングラスをしてステッキをつきながら、ふたり組のにせ盲人が「お恵みを」と出現するところもある。与太者コンビ（とキャメラマンのラウル・クタールが呼んでいた）、アンリ・アタルとドミニク・ザルディである。『気狂いピエロ』（一九六五）

や『男性・女性』（一九六六）にも出てくるコンビだが、小遣い稼ぎにプロデューサーのジョルジュ・ド・ボールガールをしょっちゅうおどしてはクロード・シャブロルやゴダールの映画にわけもなく出演することになったという。

ゴダールはチャップリンの言葉として「人生はクローズアップで見れば悲劇だが、ロングで見れば喜劇になる」という定義をしばしば引用し、『女は女である』は「クローズアップで喜劇を撮ろう」としたために、大衆にうけいれられなかったと語っているが、たぶんそれゆえにさかしまにデタラメな映画という印象を与えることになったのだろう、興行的には惨敗だった。

しかし、なんといっても、これはアンナ・カリーナの、アンナ・カリーナのための映画なのだ。アンナ・カリーナの美しく幸福なクローズアップでいっぱいだ。アンナ・カリーナ讃歌と言ってもいいくらいである。

同棲中の男女が一度は気まずくなってまた元の鞘におさまる話は、『巴里祭』よりもむしろジャック・ベッケル監督の『エドワールとキャロリーヌ』（一九五〇）を想起させる。

結婚前に赤ちゃんがほしい、いや、子供をつくるのは結婚後にしようとすったもんだのあげく、同棲中の若いカップルが最後はいっしょにベッドに入って仲直りという「結婚の生理学」のバルザック的結論に至る愛の寓話である。最後の「教訓」は、破廉恥ながら、ずばり、「女は女である」ということになる！

「ミュージカル・コメディーに出たかったのに！」とアンナ・カリーナが叫ぶ。すると、画面が転換し、彼女はミュージカル・コメディーのヒロインになっている。しかし、一九五〇年代のハリウッドの、「主演はジーン・ケリーとシド・チャリシー、振付はボブ・フォッシー」というミュージカル・コメディーの時代はすでに遠い過去の夢だ。

『女は女である』は「すでに失われた」ジャンルであるアメリカのミュージカル・コメディーへのノス

タルジーなのだとゴダール自身も語っている。それどころか、すべてがすぎ去った映画史へのノスタルジーなのだとでもいわんばかりに、サイレント喜劇のようにコマ落としもあり、マジック／トリック映画のジョルジュ・メリエスのように「これからごらんにいれまするは……」といった調子でキャメラ（観客）に向かってウィンクしたり、サイレント映画の歌う画面に歌詞が出るように（あるいはむしろ漫画映画に文字と画が同時に出るように）心のなかで思っていることが画面にスーパー字幕で出てきたり、フライパンから目玉焼きをほうり投げたまま廊下に出て隣の電話を借りて長話をして帰ってきてフライパンをさしだすと目玉焼きが落ちてくるといったドタバタ調のギャグもあれば、トーキー初期のロシアのボリス・バルネット監督の『青い青い海』（一九三五）のように唐突に音声が途切れたり（じつはトーキー初期の技術的な問題によるものだったが、それがまるでできそこないのB級低予算映画ならではの秘かな愉しみでもあるかのように）、同一のシーンのなかでサイレントになったりトーキーになったりするのだ。

そんな知的なお遊びのような才気あふれる手法も、知ったかぶりの映画かぶれの未熟な技術のミスとか奇をてらった若気の至りのようにみなされた。しかし、もちろん、すべてが映画的記憶にもとづくゴダールならではの奔放な「引用」だったのだ。鏡のような一枚板のワードローブを通り抜けるだけで着がえのできる『忍術キートン（キートンの探偵学入門）』（一九二四）のバスター・キートン的ギャグもあるし、ロバート・アルドリッチ監督の『ヴェラクルス』（一九五四）のバート・ランカスターを「わが友バート・ランカスター」と言ってベルモンドが白い歯をぬっとだしてまねてみたり、フランソワ・トリュフォー監督の『ピアニストを撃て』（一九六〇）と『突然炎のごとく』（一九六一）の女優たち、マリー・デュボワとジャンヌ・モローの特別出演、テレビ放映中のアニエス・ヴァルダ監督の『オペラ・ムッフ』（一九五八）のワンシーン（妊娠中の女性が坂道を上る）など、数々の引用、めくばせもあれば、ベルモンドが「今夜はテレビで『勝手にしやがれ』を見るんだ」という台詞を吐く自己パロディー的ギャグもあ

『女は女である』ジャン＝クロード・ブリアリ、アンナ・カリーナ、
ジャン＝ポール・ベルモンド　コマ撮り ©DR

る、といったぐあいだ。ラストシーンで、ベッドからパン・アップするとカーテン越しに「FIN（終）」のネオンが見えるところは、ハワード・ホークス監督の『暗黒街の顔役』（一九三二）のラスト（「世界はあなたのもの」というネオンのまばたき）を想起させよう。

ジャン・ルノワール監督の『黄金の馬車』（一九五二）のアンナ・マニャーニをまねるかのように、アンナ・カリーナが外国語訛りのある、ちょっと舌足らずの可愛らしい発音で、アルフレッド・ド・ミュッセの格言劇「戯れに恋はすまじ」のこんな台詞――モノローグ――を詠むところもある。

「……男はみんな嘘つきで、浮気で、贋《に》せもので、おしゃべりで、偽善者で、高慢かそれとも卑怯で、見さげはてたものであり、情感の奴隷だ。女はすべて裏ぎり者で、狡猾で、見え坊で、物見高くて性根《しようね》が腐っている。

人は恋愛ではいくたびとなく欺かれ、いくたびとなく傷つけられ、いくたびとなく不幸になる。しかし人は愛するのだ。そして自分の墓穴のふちまで来た時、こしかたを振り返り、独り言をいうのだ、わたしはたびたび苦しんだ、時には考え違いもした、しかしわたしは愛した……。」（進藤誠一訳、岩波文庫）

「そして退場」と彼女はキャメラに向かって言う。それはすでにゴダール／カリーナの恋の哲学の苦々しい結論でもあるかのようだ。まさに、戯れに恋はすまじ。とはいえ、ロマンチックに、おふざけいっぱいに、恋の戯れをミュージカル・コメディーふうの味つけで愉快に美味しく料理してくれた一篇だ。なにしろ、アンナ・カリーナがすばらしく、はつらつとして魅力的だ。一九六一年のベルリン国際映画祭で最優秀主演女優賞を授与されたのも宜《むべ》なるかな、である。

『怠けの罪』――エディ・コンスタンチーヌの登場

『怠けの罪』はオムニバス映画『新・七つの大罪』（一九六一）の一篇（第5話）として撮られたもの。ゴダール映画にエディ・コンスタンチーヌが初登場した。

まるでハワイアンのようなメロディー（音楽はミシェル・ルグランである）がのんびりと流れて、メイン・タイトル（フランス語の原題『LA PARESSE』）の文字が、字体そのものが、昼寝用のハンモックのようにゆれる。

主人公はエディ・コンスタンチーヌ。アメリカからフランスにやってきて、シャンソン歌手としてデビューした巴里のアメリカ人だが（一九五六年のレヴュー映画『巴里の不夜城』には踊るジジ・ジャンメールと共演して歌っている）、その特異な、いかつい顔のタフ・ガイのイメージで一九五三年から、英国のミステリー作家、ピーター・チェイニイ原作の米国連邦捜査局（ＦＢＩ）の局員（というより国際秘密諜報員のような捜査官）、レミー・コーションを主人公にしたハードボイルド小説のフランスにおける映画化シリーズに出演して大活躍、一九五四年のシリーズ第三作『そこを動くな』、六一年のシリーズ第七作『左利きのレミー』（ともにベルナール・ボルドリー監督）が日本でも公開された。女好き、ウィスキー好き、抜く手も見せぬすばやい拳銃さばき。一九六二年からはじまる『００７』シリーズで英国秘密情報部員ジェームズ・ボンドが出現するまではヨーロッパにおける――一九五〇年代の――最もポピュラーなスクリーンのスーパーヒーロー（というような表現はまだ一般的ではなかったかもしれないけれども）、荒唐無稽な活劇スターとして絶大な人気を誇っていた。

ごつい顔をして、無表情で、剛毅朴訥で、立派な体格の紳士で、「まるで石のかたまりのような感じ」とゴダールはエディ・コンスタンチーヌについてたのしそうに語っている（「ゴダール／映画史Ⅰ」、奥村昭夫訳、筑摩書房）。タフでたくましく活発に動きまわるアクション俳優（エディ・コンスタンチーヌがエディ・コンスタンチーヌを演じる）がひどいなまけもので、靴の紐がほどけても自分で結び直すのが面倒で誰かにチップを払って結ばせようとしたり、若くてチャーミングな新人女優（ニコル・ミレル）がアパルトマンに誘い込んで全裸になって誘惑しようとしても、寝るために服を脱いであとでまた着るのが面倒くさいと言ってことわるというくらいのなまけものである。怠惰であることは大罪どころか、美徳なのだという、ゴダール映画のなかでも最も単純で愉快な傑作として知られる短篇である。

「歌って殴って恋をする」というキャッチフレーズでも知られたダイナミックな活劇スターのパロディーとみなされたが、ゴダールは当時のフランス映画界きっての堅物としても知られた実物のエディ・コンスタンチーヌについてのドキュメンタリーのようなものだとうそぶいている。

『怠けの罪』は『女と男のいる舗道』の直前、一九六一年九月に撮られた作品だが、「火星人」（とゴダールはよぶ）エディ・コンスタンチーヌがアンナ・カリーナと共演することになる「レミー・コーションの不思議な冒険」を描くＳＦ映画がつくられるのは三年半後になる。その意味ではすでに『アルファヴィル』（一九六五）のある種の予告篇になっているのである。

VIVRE SA VIE

女と男のいる舗道

B．シリーズに捧ぐ
売春のテーマ
クローズアップ伝説
ブレヒト劇のように
楕円形の肖像
『裁かる、ジャンヌ』
ナナの冒険
引用に次ぐ引用
ブリス・パランとの対話
アンナ・カリーナのメイティング・ダンス

『女は女である』（一九六一）がアンナ・カリーナの喜劇、あるいは喜劇女優としてのアンナ・カリーナ映画であったとすれば、『女と男のいる舗道』（一九六二）はアンナ・カリーナの悲劇、あるいは悲劇女優としてのアンナ・カリーナ映画だ。ジャン゠リュック・ゴダール監督の長篇映画第四作である。

映画のはじまりのクレジットタイトルに「B.シリーズ（la série B.）に捧ぐ」と出てくるので、『勝手にしやがれ』（一九五九）がアメリカのB級映画専門の製作会社に捧げられていたように、またもB級映画シリーズへのオマージュかと思いきや、プロデューサーのピエール・ブロンベルジェによれば、「B.」は「ブロンベルジェ（Braunberger）」のイニシャルのBで、つまりはブロンベルジェ製作の映画群という意味になり、「ゴダールからわたしへの挨拶なのですよ」とブロンベルジェは誇らかに語っていた。売春のテーマもブロンベルジェの提案によるものだった。ジャン・コレ著「現代のシネマ1　ゴダール」（竹内健訳、三一書房）に、『女と男のいる舗道』の公開にあたってジャン゠リュック・ゴダールのつくった宣伝文（予告篇にも使われた）が収録されている。

「これは／売春に／関する／映画であり／若く／可愛い／パリの／売春婦が／いかにして／彼女の／肉体を／売り／ながら／彼女の／魂を／守り／通すかを／表面《うわべ》だけ／描いた／もので／ある／これは／いくつもの／冒険の／連続した／物語で／彼女に／人間的な／深い／感情を／すべて／知らせる／監督は／ジャン゠リュック／ゴダール／主演は／アンナ／カリーナ／女と／男の／いる舗道」

脚本は一九五九年に刊行された判事マルセル・サコットの「フランスの売春の現状」を資料として書かれた（映画のなかで長い引用朗読によって出典が明示される）が、映画は、何よりもまず、アンナ・カリーナの映画であり、それもクローズアップの映画だと言いたいくらいである。クローズアップとは何かを見事に定義した映画だと言ってもいいくらいだ。
「グリフィスが、女優の美しさに心をうたれて、その細部の表情をさらに瞳をこらして見つめようとした結果クローズアップを発見したというよくできた伝説は有名である」と若き日のゴダールも書いているように、『女と男のいる舗道』は「映画芸術の父」であり「アメリカ映画の父」であるＤ・Ｗ・グリフィス監督に捧げられた映画でもあり、グリフィスのヒロイン、とくに『散り行く花』（一九一九）のリリアン・ギッシュへのオマージュでもある。アンナ・カリーナのショート・カットはケネス・タイナンによれば「ルイズ・ブルックスの黒ヘルメットの髪型」を真似たオマージュで（「ハリウッドのルル」、宮本高晴訳、国書刊行会）、一九五〇年代末にパリのシネマテークで催された「ルイズ・ブルックスを讃える大特集」の熱狂的な観衆のひとりがジャン゠リュック・ゴダールだった。

クローズアップを映画的手法として体系化した最初の映画監督として知られるＤ・Ｗ・グリフィス監督の、とくに『散り行く花』のリリアン・ギッシュのイメージをほうふつとさせる白黒《モノクロ》ならではの光輪のように美しい逆光でとらえられたアンナ・カリーナの横顔の大写しとともに、『女と男のいる舗道』の原題である『VIVRE SA VIE』（『彼女の生きかた』『彼女なりに思いのままに生きようとする〔が人生はなるようにしかならない〕』『彼女の人生の運命』というぐらいの感じだろうか）というメインタイトルが出る。

副題のように「十二景からなる映画」という説明が付く。情景描写や、とくに心理描写を省いて、「第一景―カフェ。ナナはポールと別れ話をする。ピンボール」、「第十景―舗道。最初の客。幸福はたのしくない」といった各景の字幕で簡潔に素っ気なくすませてしまう。「景」に相当するフランス語はタブロー（tableau）。額縁に入った絵や芝居の場をさす言葉で、ゴダールは「演劇的な」、それも「ブレヒト劇のような」面を強調したかったのだと語っている（「カイエ・デュ・シネマ」誌一九六二年十二月第１３８号所載のインタビュー）。ブレヒトが「三文オペラ」についての覚え書に述べている各「景」のタイトルをあらかじめ幻灯でパネルに映写する「文書化《リテラリジールング》」という舞台構成法の流用であり映画的実践であった。

ゴダールはまた、「人間の存在を顔に集約した」肖像画のような映画を撮りたかったのだと語っている。なぜなら、「絵画《タブロー》のなかで最もすぐれたもの」が肖像画なのであり、たとえばベラスケスのように「顔の表情を描こうとすれば必然的に人間の外面、全体的な存在を描くことになる」のだが、それでも「そこには何か別のもの、内面的なものが浮き上がってくる」のであり、それこそ「神秘的」で「冒険のようなもの」なのだからというのである。「映画は知的な冒険」であり、「思考の歩みをフィルムにおさめること」にほかならないのだ、と。

肖像画とはクローズアップなのである。その秘密が明かされる『女と男のいる舗道』の「第十二景」は、ゴダール本人が——画面には出てこないがゴダール自身の声で——エドガー・アラン・ポーの「不思議物語」（ボードレールのフランス語訳で知られる「怪異譚」）のなかの「楕円形の肖像」の最後の一節を朗読する「告白のような」シーンである（ポーの本のカバーが題名とともにうつり、ページをひらいて読む若い男の内面の声のように「これはぼくらの物語だ。愛する妻の肖像画を描く画家の物語なのだから」というナレーションが入る）。「アンナ・カリーナ時代」のゴダールのすべての秘密が明かされると言ってもいいくらい感動的な引用だ。河野一郎訳（「ポオ全集」第2巻、東京創元社）を参照しつつ引用させていただくと——


「一枚の絵が眩ゆい明かりの中に浮き出てきたのが見えた。それはようやく女として成熟しかけた、若い娘の肖像であった。わたしはその絵をちらと見やり、あわてて目を閉じてしまった。考えるための衝動的な反応だった。目の錯覚でないことを確かめ、より冷静に的確に見つめようとする動作だった。わたしはすぐまた肖像画をじっと見つめた。

それはたしかに若い娘の肖像だった。肩から上だけを描いた、専門語ではビネットとよばれるもので、〔十九世紀のアメリカの画家〕トマス・サリー好みの画風だった。腕も胸も美しい髪も背景の影のなかに溶けこんでいた。芸術作品としてこれほどすばらしいものはなかろうと思われた。しかし、わたしの心をかくもゆさぶったのは、絵の仕上がりでもなく、描かれた顔のこの世ならぬ美しさでもなく、ましてや、わたしの幻想が生きた女の顔と思い誤ったからでもなかった。やがて、絵の持つ効果の秘密に心を満たされて、わたしは寝台に身を横たえた。絵の魔力が、まったく生けるがごとく描かれた表情にあることがわたしにも分かったのだ。」

創造の秘密は愛にほかならないのだといわんばかりに、愛妻アンナ・カリーナについてのこれ以上にない感動的なほとんど狂ったようなおのろけとも思えるほどだ。

「事実、その肖像画を見た人々は、生き写しそっくりの出来栄えを、大いなる不思議として囁き合い、これほどすばらしく描き得たのは画家の力量と言わんよりも、その妻への深い愛情のなせる証拠と噂し合った。だが、やがて労作も完成に近づくにつれ、画家はもはや誰も近づけず、閉じこもってしまった。画家は仕事に没頭のあまり狂気に近くなり、めったにカンバスから目を離さず、妻の顔を見ることさえ稀れであった。画家は気づかなかったのだ――カンバスの上に塗りひろげた色合いは、かたわらに坐した妻の両頰から引き出されたものだということを。

やがて、数週間がすぎ、あとはただ口もとに一筆と、目のあたりに一色を残すばかりとなったとき、女の魂はランプの芯まで燃えつきた炎のように、最後にぱっと燃え上がった。最後の一筆は加えられ、最後の一色もカンバスに塗られた。そして一瞬、画家は出来上がった作品の前に、恍惚として立ちつくしていた。だが、次の瞬間、彼はおどろきに身をおののかせながら、「これはまるで生き身そのままだ！」と叫び、ふと、かたわらの愛する妻のほうをふりむいた。妻は死んでいた。」

まさに狂ったように、愛する妻の魂を、生命を、抜き取ってカンバスの上に塗りこめる「楕円形の肖像」の画家のように、ゴダールもまた、アンナ・カリーナを「生き写しそっくり」に、「生き身そのまま」に、スクリーンに描きだすかのようである。実際、アンナ・カリーナはその魂を見事に抜き取られたのだ。少なくとも彼女の、女優としての、本質とも言える魅力はゴダールの映画にのみ輝きつづけることになる。一九六〇年代のアンナ・カリーナの出演作はゴダールの映画だけではなかったが、ロジェ・ヴァディム監督の『輪舞』（一九六四）もヴァレリオ・ズルリーニ監督の『国境は燃えている』（一九六五）もマルチェロ・マストロヤンニと共演したアルベール・カミュ原作、ルキノ・ヴィスコンティ監督の『異邦人』（一九六七）もジャック・リヴェット監督の『修道女』（一九六六）も彼女の代表作にはなり得なかった。アンナ・カリーナはただジャン＝リュック・ゴダールの映画のヒロインとしてのみ記憶されることになるのである。アンナ・カリーナの肉体も魂もただゴダール映画にのみ宿るのである。

『女と男のいる舗道』は、「めんどりは外側と内側があります。外側を取りさると内側が残ります。内側を取りさると魂が見えます」という八歳の少女の作文（じつはプルーストだったか誰だったか、有名な作家の八歳のときの作文）が「第一景」の末尾に引用されるところから、ゴダール自身がゴダール映画の創造の秘密――愛するヒロインの魂を抜き取る術――を自ら解き明かすかのようである。

「第一景」ではナナ（アンナ・カリーナ）と夫のポール（アンドレ＝S・ラバルト――『勝手にしやがれ』のジャン＝ピエール・メルヴィル特別出演のインタビューで「ブラームスはお好き？」と質問する記者の役を演じていた「カイエ・デュ・シネマ」誌の同人であった――）がカフェのカウンターで話し合っ

ているのだが、うしろ姿、というよりも後頭部――顔の裏側――だけがとらえられる。「顔の裏側にある魂」は、カウンターの向こうにある大きな壁鏡にうつっている顔以上の真実を語ることになる。

アンナ・カリーナが初めてゴダール映画のヒロインを演じた『小さな兵隊』（一九六〇）で、彼女の写真を撮るブリュノ・フォレスチエ（ミシェル・シュボール）の「顔を撮ることはその裏側にある魂を撮ることだ」というせりふが想起されよう。と同時にD・W・グリフィス監督によるクローズアップ誕生の伝説と、「肖像画家はクローズアップの技法を使う」というグリフィス監督の名言も。

そして、「第三景」では、クローズアップの名作として知られるカール・ドライヤー監督の『裁かる、ジャンヌ』（一九二八）を映画館で見ながら涙を流すアンナ・カリーナのクローズアップが、まさに彼女の顔の「裏側にある内面の魂」をもうつしとったかのように美しく感動的で、死によってしか救済されない薄幸のヒロインの受難の人生を運命的に予告し、要約する引用になる。『小さな兵隊』のアンナ・カリーナの役名がヴェロニカ・ドライヤーだったことが想起されると同時に、カール・ドライヤー監督の『裁かる、ジャンヌ』がクローズアップの名作として決定的に印象づけられることになったのは『女と男のいる舗道』に引用されたこのシーンによるものかと思われるほどだ。

『パンドラの箱』『淪落の女の日記』（ともにG・W・パプスト監督、一九二九）のルイズ・ブルックスの「黒ヘルメットの髪型」のような断髪のアンナ・カリーナの演じるヒロインの名は、ナナ。ジャン・ルノワール監督の『女優ナナ』（一九二六）からいただいた名にちがいない。プロデューサーのピエール・ブロンベルジェに敬意を表して（『女優ナナ』をふくむ戦前のジャン・ルノワール監督作品からヌーヴェル・ヴァーグを支えることになるプロデューサーである）、『女と男のいる舗道』は「B.（ブロンベルジェ）のイニシャル）映画群に捧ぐ」という献辞からはじまることはすでに述べたとおりである。

ナナ（Nana）はアンナ（Anna）の一般的な愛称でもある。また、情婦（maîtresse）の意味でも使われる。「女」の俗称で、「すけ」などという訳語があてられている仏和辞典もある。愛人の意味で「女」という俗称にもなる。要するに『女と男のいる舗道』のヒロイン、ナナは「ある女」であり「すべての女」でもあり、それはまさにアンナ・カリーナにほかならないのだ。モデルから女優になることを夢みながら、娼婦に転落するヒロイン、ナナ／アンナ・カリーナの生々しく美しく悲劇的な「肖像画」とその「人間の存在」、彼女の生きかた、売春とは何か、人生とは何かを冷徹に問う「形而上的なリアリズム映画」でもある。ゴダールがチャップリンの言葉としてしばしば引用するように、「喜劇がロングでとらえられた人生である」とすれば、「悲劇とはクローズアップでとらえられた人生」なのだということなのだろう。

引用に次ぐ引用が、ナナという女の短い一生を語る。「他人に対して自己を貸すことは必要であるが、自己自身に対してしか自己を与えてはならない」というモンテーニュの「随想録（エセー）」（松浪信三郎訳）からの引用の字幕とともに映画ははじまり、たとえば「第二景」ではレコード店の売り子が読むセンチメンタルな恋愛小説の一節（「愛欲の袋小路から抜け出す唯一の道だった……」）が引用され、「第四景」では、「私とは他者なのです」というアルチュール・ランボーの有名な言葉が引用され、「第五景」ではD・W・グリフィス監督の『散り行く花』のリチャード・バーセルメス扮する中国人と同じポーズでアンナ・カリーナが同じ壁に寄りかかるカットが引用再現され、「第六景」でアンナ・カリーナがカフェで女友だちに「あるがままにすべてを見れば、それだけで人生はすばらしい。顔は顔、お皿はお皿、人間は人間、人生は人生……しかたがない」「……右を見る、それも自分の責任……何をやるのも自分の勝手、それも自分の責任」とモンテーニュのようにその人生論、幸福論を語るシーンでは、『女は女である』のカフェのシーンのシャルル・アズナヴールのシャンソン「のらくらもの」のように、ジャン・フェラの歌うシャンソン「マ・モーム」が一曲まるまる引用され（そのとき、ジュークボックスにコインを入れる客の役で歌手のジャン・フェラ自身が特別出演する）、「第十景」の字幕にはマックス・オフュルス監督の『快楽』（一九五二）の結びの言葉（「幸福はたのしくない」）が引用され、そして「第十一景」には「生きた知性」として特別出演してヒロインのナナ／アンナ・カリーナとの対話の形で言語によるコミュニケーションのむずかしさについて語る哲学者ブリス・パラン（人はなぜ話すのかというテーマをめぐって「言語の本質と機能に関する試論」などの著書がある）が引用される。ブリス・パランにインタビューをしているのはゴダールで、いまだったらワイヤレスで簡単にできるところなのだろうが、当時はコードを床に這わせてキャメラにうつらないようにしてマイクとレシーバーを使い、ゴダールがマイクでアンナ・カリーナに質問を伝え、アンナ・カリーナが画面にうつらない左の耳に付けたレシーバーでその質問を聞き取り、彼女なりの言葉にしてブリス・パランと話し合っているように即興的に――同時録音で――撮ったシーンだった。

ゴダールは当初『ナナの冒険』というタイトルも考えていたということだが、すべてがヒロインのナナの生きかたをめぐる「自己」と「他者」のかかわりについての省察である。とくにこの哲学者ブリス・パランとの対話のシーンは、『勝手にしやがれ』の空港のテラスにおけるジャン゠ピエール・メルヴィルの特別インタビューをしのぐすばらしさで、いわば、アンナ・カリーナをヒロインに映像と音で綴る十二章から成るジャン゠リュック・ゴダールの随想録（エセー）といった趣の作品の白眉だ。あるいはむしろ、アンナ・カリーナとジャン゠リュック・ゴダールが一体になって生み出した哲学的思索のすばらしい一章とでも言うべきか。

白眉以上に圧巻とも言うべき、最も忘れがたいシーンは「第九景」のビリヤード室で、ジュークボックスから流れるミシェル・ルグランの音楽（キネマ旬報増刊「世界映画音楽大事典」のなかの河原晶子氏の解説によれば「ロックン・ロール風の速いテンポのワルツ」で「ブラス・セクションがジャジーなスリルをも感じさせる曲」）に合わせてアンナ・カリーナが彼女自身の振付で（一九六〇年代にツイストに取って代わって流行したスイムという腰を激しく振りながら泳《スイム》ぐように踊るダンスのリズムに合わせて）ひとり踊りまくるところ。ダグラス・サーク監督の『風と共に散る』（一九五五）でドロシー・マローンがひとりレコードをかけ、「テンプテーション」のメロディーにのって孤独に狂ったように淫らに踊りまくるシーンの引用的再現で、ヒロインの孤独や悲しみや生きる歓びのすべてがそこに凝縮されたような印象的なシーンであり、そしてじつに美しく淫らなほどセクシーな踊りだ。ひとり踊りまくるというものの、ビリヤード室の片隅ではふたりの男（サディ・レボとエリック・シュランベルジェ）が小声で何やら密談しており、中央に設置された玉突き台ではのちにエドガー・アラン・ポーの本を持ってナナの客になる若い男（ペテル・カソヴィッツ）が黙々とひとりビリヤードをやっているのだが、その目前で愛想を振り撒きながらストリップショーさながら（中央の柱《ポール》につかまって巧妙にポールダンスなどもやって）エロチックなナンバーを見せる。リチャード・ラウドの「ゴダールの世界」（前出）では「メイティング・ダンス」とよばれているが、メイティングとは交尾の意味である。しかもダグラス・サークの映画におけるドロシー・マローンよりも感動的に、下品に堕さずに踊るこの美しくセクシーなシーンを見るだけでも、ゴダールは最高の女優を得たのだという思いがする。

『女は女である』のように、『女と男のいる舗道』もまた、ゴダールがアンナ・カリーナに捧げたある愛の詩ではあるにちがいないのだが、このビリヤードでアンナ・カリーナがひとり踊りまくるシーンだけは逆にアンナ・カリーナがゴダールに捧げたある愛のダンスと言いたいくらいだ。至福の映画的瞬間とすら言えるだろう。

ヌーヴェル・ヴァーグ的な仲間意識にもとづくめくばせは、『女と男のいる舗道』の「第十二景」でフランソワ・トリュフォー監督の『突然炎のごとく』（一九六一）を上映中の映画館の前を車で通過すると

『女と男のいる舗道』アンナ・カリーナ　提供 © 日本ヘラルド映画

いったような、ちょっとしたシーンにも見られる。楽屋落ち的におもしろいのは、アンナ・カリーナが、「第七景」と「第八景」で、ヒモになるサディ・レボに「女優になれるようないい女だ」とおだてられ、「エディ・コンスタンチーヌの映画に出たことがあるのよ」と言うところ。アンナ・カリーナがエディ・コンスタンチーヌと共演する『アルファヴィル』（一九六五）はその三年後の作品だが（『女と男のいる舗道』の直前、一九六一年九月にゴダールはオムニバス映画『新・七つの大罪』の一話としてエディ・コンスタンチーヌ主演の短篇『怠けの罪』を撮っていた）、すでにゴダールはふたりの共演を具体的に考えていたのかもしれない。

『新世界』――『アルファヴィル』に向かって

『新世界』は世界の終末をテーマにしたイタリアのオムニバス映画『ロゴパグ』(一九六二)の一篇(第2話)。タイトルは各篇の監督の名前のイニシャル、ロベルト・ロッセリーニのロ、ジャン゠リュック・ゴダールのゴ、ピエル・パオロ・パゾリーニのパ、ウーゴ・グレゴッティのグを組み合わせたもの。ゴダールは、『カラビニエ』(一九六三)の直前、イタリアのプロデューサー、アルフレード・ビーニからの依頼で、一九六二年十一月、パリで『新世界』を撮影した。イタリア映画なので、イタリア語吹替え版になったが、ナレーションをアンドレ゠S・ラバルトが読むフランス語版をパリのシネマテークで見たことがある――ような記憶があるものの、じつはアンドレ゠S・ラバルトからそんなフランス語版をつくる予定だという話を聞いただけだったかもしれない。

パリ上空で核爆発があり、その影響で世界の終わりに向かう見えざる変化が起こる。主人公(ジャン゠マルク・ボリー)は、恋人(アレクサンドラ・スチュワルト)の異常な変化におどろく。鎮静剤らしい錠剤をしょっちゅう呑んだり、短刀を身につけるようになっていたり(プールで泳ぐシーンがあるのだが、ビキニ姿の腰には短刀を差していて、夜、ベッドに入って寝るときも短刀を肌身離さずつけている)、「愛してる」と言わずに「愛していた」と過去形で言ったり、見知らぬ男に抱きついてキスをしたり、感情や倫理観《モラル》がまったく失われた状態になってしまっているのである。

『アルファヴィル』(一九六五)をすでに明確に予告する二十分の短篇映画であった。

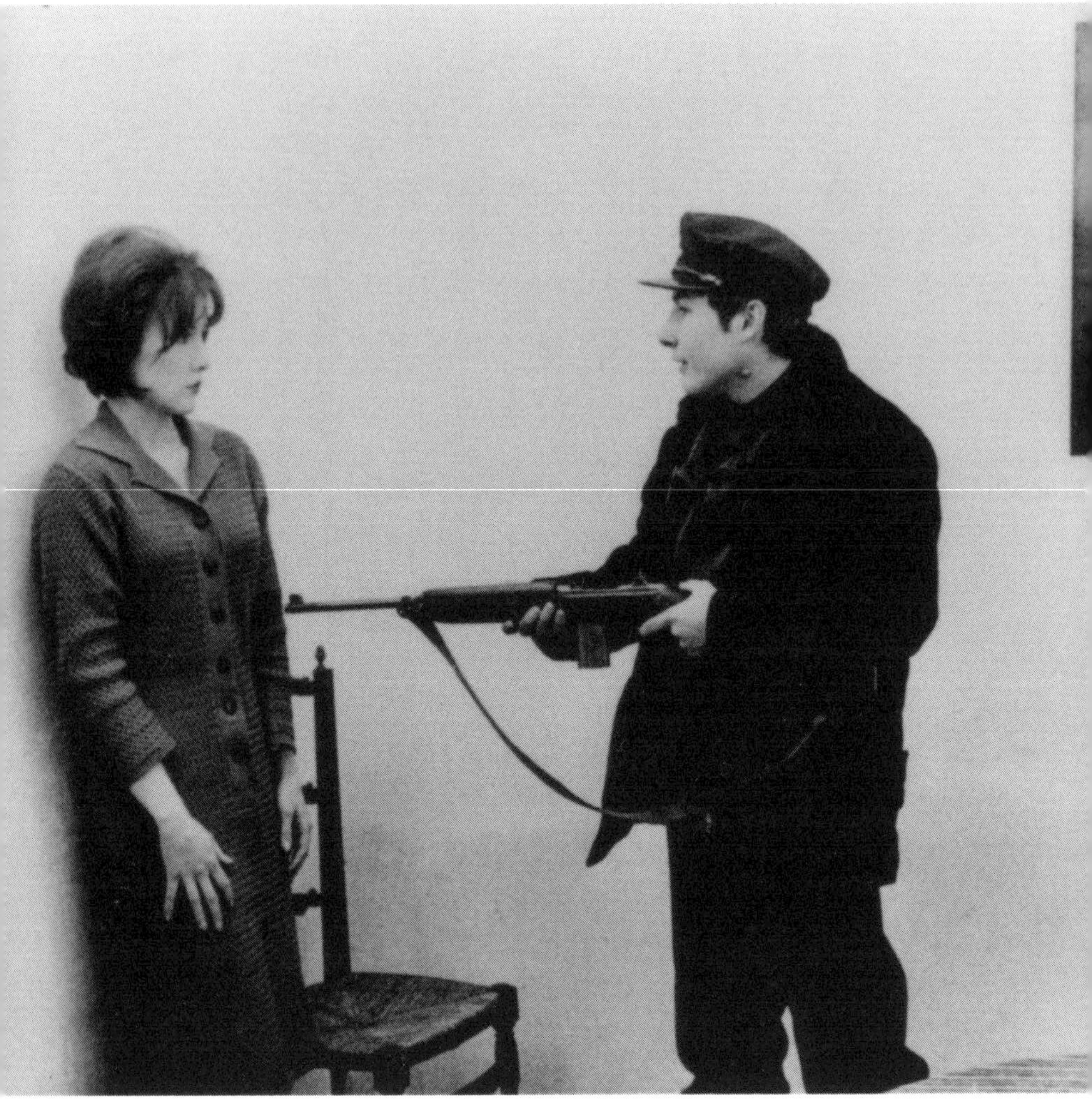

『カラビニエ』ミケランジェロ役のアルベール・ジュロス

提供 © ローマ・パリ・フィルム／ DR

LES CARABINIERS
カラビニエ

呪われた映画
毀誉褒貶渦巻くゴダール神話
ユリシーズとミケランジェロは戦争に行く
初めての映画を見る
引き裂かれたスクリーン
映画ではない、映画以上のもの
ロベルト・ロッセリーニの役割
アルフレッド・ジャリの人形劇
不協和音のようなエイゼンシュテイン的つなぎ
挑発の寓話

ジャン＝リュック・ゴダール監督の長篇映画第五作は『カラビニエ』（一九六三）。

アンナ・カリーナの出ないゴダール映画はごつごつして、唐突で、ぶっきらぼうで、うるおいがない。こんなものが映画と呼べるか——混沌、支離滅裂、退屈きわまりない、とパリ公開のときには批評で罵倒されたが（と「カラビニエを撃て」、「カイエ・デュ・シネマ」誌一九六三年八月第１４６号にゴダール自身も書いている）、それもやむを得ないと言いたいくらい、故意に（と言いたいくらい）粗雑で、乱暴で、攻撃的で、強烈だ。これがめちゃくちゃおもしろいのだ。

フランソワ・トリュフォーは一九六〇年代のゴダールの映画を「感情（あるいは心）の映画」と「思想（あるいは観念）の映画」とに分類したが、『カラビニエ』はまさに思想の映画、観念の映画の極致と言うべきか。感情がない、愛がない、やさしさがない、ただもう、理づめに（屁理屈もなんのその⁉）容赦なく突き刺してくるような映画だ。

ニューヨークから、いちはやくアンダーグラウンド映画の作家であり批評家であるジョナス・メカスがゴダールの映画を擁護することになる。


「ゴダールの映画は理性《アイデア》である。映画はいままであまりにも情感だけに依存してきた。ゴダールはイメージと理性《アイデア》にかかわっている。彼は映画と観念に固執する。理性《アイデア》の映画はまだ存在しない。ゴダールはこの種の映画の前衛である。彼は前進しながら、多くのものを自分で発明しなければならない。前を行く人はほとんどいない。ゴダールの映画は新しい映画の一部である。彼は不可能なものはないと言っている。彼は映画言語を拡大している。彼は生きている。」（『メカスの映画日記』、飯村昭子訳、フィルムアート社）

モノクロの、それもカラーというものが考えられない、それどころか灰色《グレー》のような中間色のニュアンスすらない、黒と白だけのコントラストのきつい、まるで16ミリから（あるいは8ミリから）デュープ（複製／複写）したかのような、ザラザラした粒子のあらい画面である。実際、しょっちゅう挿入される古い戦争を記録したニュース映画のデュープに画質を合わせるために、コダックのダブルXという当時最も高感度のネガフィルムで撮影された――『勝手にしやがれ』（一九五九）のイルフォードHPS、『小さな兵隊』（一九六〇）のアグファ・レコードのように。そして「ポジはコダックのいわゆる《ハイ・コントラスト》の特殊なフィルムに、単純なやり方で焼き付けられた」（「ゴダール全評論・全発言I」、奥村昭夫訳、筑摩書房）。

戦争映画のパロディー、諷刺、ゴダールによれば「寓話」、あるいはむしろコント・ド・フェ contes de fées（御伽噺）に語呂を合わせてコント・ド・フェ contes de faits（事実の物語）である。

黒板に白墨《チョーク》で書いたような黒地に白抜きの文字で（ジャン＝リュック・ゴダール自身による書き文字である）、いきなり、以下のような引用からはじまる――アルゼンチンの作家、ホルヘ・ルイス・ボルヘスが一九六三年にパリでインタビューをうけて語った言葉である。（マドレーヌ・シャプサル編「作家の仕事場」、朝比奈誼訳、晶文社）

「今では、ますます簡素なものの方に進んでいます。もっとも使い古された比喩を活用していますが、実はそれこそが永遠であり、誰にも面白いのです。たとえば、星は目に似ているとか、あるいは、死とは眠りのようなものだとか……。」

ずばり映画の製作意図というか、精神を映画の冒頭に要約したマニフェストとも言うべきものなのだが、パリでロードショー公開されたときには、映画はそう単純にうけいれられず、「簡素」で「誰にも面白い」どころか、韜晦、難解、スノビズムとすら罵倒された。神の御託宣のごときか、悪魔の呪文のごときか、いや、超インテリ気取りのふざけた妄言にみえて時代を突き抜ける知的な警告か、と熱狂的ファンも一方にはいて毀誉褒貶渦巻くゴダール神話が頂点に達しつつあったかにみえる。

画面いっぱいにこまごまとゴダール自身による書き文字のメインタイトルとクレジットタイトルがいっぺんに出てくる。なかに「ジャン・ヴィゴに」という献辞もあり、あたかもあらかじめ「呪われた」映画であることを自覚、自負していたかのようでもある！

「軍隊マーチ、第一回！」という録音スタジオで音楽ダビング中の作曲家、フィリップ・アルテュイスの声がひびく。ミュージック・コンクレートの創始者ピエール・シェフェールの研究グループGMCRに属して映画音楽はまだロベルト・ロッセリーニ監督の『インディア』（一九五九）やジャック・リヴェット監督の『パリはわれらのもの』（一九六〇－六二）ぐらいしか担当していなかった新進気鋭の前衛音楽家だった。

ぎくしゃくとした調子っぱずれのようなオルガン演奏のメロディーがひびき、パリのセーヌ川沿いの自動車道路のトンネルを次々にくぐりぬけると、そこは郊外の殺風景な荒れ地だ。小さな掘立小屋が一軒あるだけ。アヒルやニワトリが二、三羽、豚が一頭。薄明のなかを遠くから、片目のヘッドライトをつけたジープが現われ、ぬかるみの道なき道をガタピシゆれながらやってくる。カラビニエ――カービン銃を持った憲兵――がふたり、ジープから下りてくる。一軒家の住人たち、母クレオパトラ、娘ヴィーナス、それにふたりの息子、長身のユリシーズと小柄なミケランジェロは、逮捕されまいと逃げまどう。どうやら四人は、空き地とはいえ、そこに勝手に、不法に、小屋を建てて住んでいるらしい。

だが、カラビニエたちは逮捕状を持ってきたのではなかった。女たちに用はない。兄弟をつかまえると召集令状を見せ、「王のために戦え」と伝えに来ただけだと言う。戦争に行けば家賃も税金も払う必要はないし、それどころか、やりたい放題、何でもほしいものが手に入るから、と。人殺しも強盗も密告も女を犯すことも、食い逃げだって自由だし、土地や建物はもちろん、自動車も飛行機も女も金も、自由の女神だって、ピラミッドだって、世界中の何だって手に入れることができるんだ。「なにしろ、戦争だからな」というのである。

それならば、とユリシーズとミケランジェロの兄弟は勇んで戦争に行くのだ。

すでに、どこもかしこも戦闘中で、兄弟はまず倒すべき敵としてアパルトマンの管理人を殺すのだが、ここでパリの観客（数えるほどしか入っていなかったが）は拍手喝采であった。

ユリシーズ（イタリア人の新人俳優、マリオ・マーゼが演じている）の夢はイタリア製の高級車、マセラティである。脚本段階ではマキアヴェリという名だったというユリシーズは、ほしい車を買うためには大金が要ると言われて当然のように人を殺して金を奪うといった、単に目的のためには手段を選ばずというだけの、短絡的な、衝動的な、「君主論」の権謀術数《マキアヴェリズム》からはあまりにも程遠い、直接的な暴力に訴える始末だ。

ユリシーズとミケランジェロの兄弟は戦場でも暴虐のかぎりをつくして、その冒険と活躍ぶりを母と妹に手紙で報告する。その手紙の数々（いろいろな時代のいろいろな戦争で実際に戦場から送られた兵士たちの手紙から引用されたもの）がゴダールの手書きで字幕として挿入され、『女と男のいる舗道』（一九六二）の十二景の字幕のように、つまりはむしろブレヒト劇の「文書化《リテラリジールング》」のように、シーンを予告し、要約する。「年代記の、物語詩の、新聞の、風俗画の、題字の文体」によって話の筋を要約し、ドラマの生起する時と場所を予告して故意にサスペンスを中断するスライド字幕映写方式を使って、観客が対象に同化することを妨げて対象への批評的距離を持つように促すといういわゆる異化効果を表現や演出の手法として提唱・実践したことで知られる劇作家、ベルトルト・ブレヒトの方法の映画的実践である。

「初めて映画を見に行った」という手紙（字幕）のあとは、小さな映画館（観客は二、三人しかいないのだが、実際、最初の映画上映、リュミエールのシネマトグラフの初日の観客は三人だったということで、ゴダールの映画『カラビニエ』の興行もそんな結果になる）のなかに入ったチビのミケランジェロが、暗がりのなかをうろついてやっと客席につき、スクリーンを見つめるシーンである。ここでゴダールは、初めての映画を見た観客の素朴な（？）反応を揶揄的に描く。リュミエールの『列車の到着』（一八九六）が上映されたときには、遠方からみるみる画面を圧して迫る列車に観客は轢きつぶされるのではないかとあわてふためいたというような、まことしやかに伝えられている逸話を（いや、それが実際、観客の率直な反応だったというのは、のちにルイ・リュミエールがその効果をさらに強化して観客をおどろかそうとして3D——立体映画——として『列車の到着』をリメークすることからも察せられよう）、ミケランジェロが片手で、次いで両腕で目をおおい、列車が襲ってくるのをよけようとするポーズをとってこわがるといったふうに再現してみせる。ミケランジェロ（シナリオ段階から同じミケランジェロの役名だった）を演じるのは「カイエ・デュ・シネマ」誌の批評家、リュック・ムレのいとこ、アルベール・ジュロス（本名パトリス・ムレ）で、のちにミュージシャンになり、四人の一家の母親役クレオパトラを演じるカトリーヌ・リベイロ（シンガー・ソングライターになる）と組んでシャンソンとロックのアルバムを出すことになる。

『列車の到着』に次いで、これもリュミエールの、世界最初のホーム・ムービーとして知られる『赤ん坊の食事』（一八九五）のパロディー——かなりグロテスクなパロディーで、ほほえましい家族の団欒どころか、父親（シナリオライターのジャン・グリュオーが演じている）が母親（というよりもお手伝いさんらしい）の運んできたパイを子供に「お食べ」と言っても「いや《ノン》」と子供はダダをこねるだけなので、

「このファシストのガキめ！」とののしってパイを投げつけ、子供も投げ返し、食卓はたちまちスラップスティック・コメディーばりのパイ投げ合戦の修羅場と化してしまう。まるでアルフレッド・ジャリの「ユビュ王」の食卓の情景のようでもある。

リュミエールにつづいて、見世物《スペクタクル》としての映画の創始者、ジョルジュ・メリエスの――世界最初のストリップ映画として知られる――『舞踏会の後の入浴』（一八九七）のパロディーである。女の裸が見られるので大よろこびのミケランジェロのニヤニヤ笑いは『軽蔑』（一九六三）のアメリカ人のプロデューサー（ジャック・パランス）が試写室でラッシュ（未編集のプリント）の海中を泳ぐ全裸の女たちの裸を見てよろこぶときのすけべ笑いと奇妙に似ている。

バスローブを羽織った若い女の動きを追って、ミケランジェロは客席を右往左往する。ついに女がバスローブをぬいで全裸になり、浴槽に入ると、ミケランジェロはもうがまんできずに、なんとか浴槽のなかをのぞきこもうとして、客席をまたいでスクリーンに近づき、ピョンピョンとびあがったりするが、もちろん見えっこない。女の肌にさわろうとしてスクリーンをじかに撫でさすってみるが、肌触りはない。イメージはイメージでしかない。映画は表象つまりはイメージ化されたものにしかすぎないというわけである。イメージの語源どおり、本物そっくりだが本物ではないイミテーションでしかないのだ。ミケランジェロはついに浴槽のなかにとびこもうとして、スクリーンをひきちぎってしまう。ここは、フランスのリュミエール兄弟とともに映画の発明者として知られるアメリカのトマス・エジソンの――のぞき箱方式のキネトスコープではなく――映写式のヴァイタスコープ時代のエドウィン・S・ポーター監督作品『活動ショウでのジョシュおじさん』（一九〇二）のパロディーになる。

引き裂かれたスクリーンとともに、夢は消えて、現実が露呈される。スクリーンの裏には薄汚れた壁があるだけ。そしてなお映写がつづき、そこに影のようにイメージがうつる。映像は影像でもある――影にすぎない――ということなのだろう。呆然としてたたずむミケランジェロ。映画への同化の失敗とか不可能とか言ってしまえばそれまでだが、いかにナイーブな映画観客とはいえ、こんなにこっぴどく愚劣に戯画化されたことはないだろうと思われるくらいである。といっても、ウディ・アレン脚本・主演の『ボギー！　俺も男だ』（ハーバート・ロス監督、一九七二）のように単純すぎて笑えない諷刺という感じでなく、むしろ、ハワード・ホークス監督の『赤酋長の身代金』（オムニバス映画『人生模様』第4話、一九五二）や『紳士は金髪がお好き』（一九五三）に近い。笑いがのどにつかえてしまうのである。映画は生まれながらにして幻想とともに当然ながら幻滅を描く装置であったことをゴダールはシニカルに暴露してみせるかのようである。

兄のユリシーズの暴力行為と同様に弟のミケランジェロの傍若無人なナイーブさときたら、自由の女神を仰ぎ見て姿勢を正して敬礼し（兄のユリシーズとならんで）、ピサの斜塔の絵葉書を見てぐっと首をかしげ、レンブラントの自画像の複製に向かって礼儀正しく挨拶するといったぐあいだ。これまた「ユビュ王」の衛兵さながら、「兵隊は芸術家に敬礼する」と素直に、大まじめに宣言もする。小さな兵隊は大芸術家を敬わなければならないというわけである。傍若無人であるばかりでなく無知で無教養なのかと思いきや、戦場で、あるいはパルチザンとの攻防戦のさなかに、わずかな合間を利用して熱心に本を読むシーンもある。まるでニコラス・レイ監督の西部劇『大砂塵』（一九五四）のなかで無法者のひとり（ロイヤル・ダノ）が山中の隠れ家で、あるいは追っ手がこないかどうかを外で見張る最中に、暇《ひま》を盗んで読書をしているという、西部劇らしからぬ異様な光景さながらといった感じだ。

ニコラス・レイの映画を偏愛し、崇めた「カイエ・デュ・シネマ」誌の批評家らしく（ならではの、と言うべきか）、ゴダールは、「いまや、映画とはニコラス・レイのことである」と『にがい勝利』（一九五七）についての批評（「カイエ・デュ・シネマ」誌一九五八年一月第79号）で絶讃したことがある。

「映画の登場人物たちがこれほどわれわれの近くにいると同時に遠くにいると感じられるというのはかつてなかったことである。ベンガジの人気《ひとけ》のない通りや砂丘を前にして、われわれは突然、束の間のあいだ、まったく別のことを考える。シャンゼリゼのスナックバーのこととか、自分がかつて愛した娘のこととか、あれやこれやのことを考える。嘘のこととか、女たちの臆病さのこととか、男たちの軽薄さのこととか、〔カフェにおける〕フリッパーの勝負のこととかを考える。そしてそれは、『にがい勝利』は人生の反映ではなく、映画《フィルム》の形をとった人生そのものだからである。映画《フィルム》によって鏡のなかに捕えられ、その鏡の裏側から見つめられた人生そのものだからである。この映画は映画のなかで最もあからさまな映画であると同時に最も内に秘めた映画である。最も繊細な映画であると同時に最も粗野な映画である。これは映画《フィルム》ではない。映画以上のものなのだ。」(「ゴダール全評論・全発言I」、前出)

すでにゴダール自身の「究極の映画」をめざして語っているかのようである。『カラビニエ』のゴダールの野心、あるいは少なくとも、そのめざすところ、つまりは観念の映画、思想の映画、理性《アイデア》の映画とは、まさに、「映画ではない」「映画以上のもの」だったのかもしれない。

『カラビニエ』の原作になったのはベニャミーノ・ヨッポロというシチリア生まれのイタリアの劇作家の一九四九年の同名の戯曲「イ・カラビニエーリ」。四人の登場人物は母ルチア、娘アンナ、息子ミケランジェロとレオナルドで、ロベルト・ロッセリーニが一九六二年に演出、イタリアのスポレトで催された演劇祭で初演、とはいえ、すぐ上演禁止になり、その後映画化を考えたもののロッセリーニにチャンスはなく、フランスでは原作の戯曲が翻訳出版されていなかったらしく(イタリア本国では発禁になったとのこと)、当時失業中で金に困っていたロッセリーニがシナリオを売るつもりで口伝てでテープ録音したものをジャン・グリュオー（一九六一年にロベルト・ロッセリーニ監督の『ヴァニーナ・ヴァニーニ』の脚本を執筆していた）がフランス語に翻訳して採録し、ゴダールと共同で映画用の脚本を書いた。もっとも、ゴダールは「シナリオもロッセリーニが書いたもので、私はシナリオに少しも手を加えていません。私は撮影し、いくつかの台詞を加えただけで、構成も、二人のごろつきふうの農民というアイディアも（あの二人が具体的にどういう人物なのかはよくわかりません）、シナリオのままです」と語っているのだが（「ゴダール／映画史Ⅱ」、奥村昭夫訳、筑摩書房）、女たちの役は母ルチアがクレオパトラに（脚本段階ではローマ皇帝ネロの母になるアグリッピナという名だった）、娘アンナがヴィーナスになり（脚本段階ではルネサンスのボルジア家のルクレチアという名だった）、歴史的あるいは神話的な人物の名が引用されることになったものの傍役で活躍の場はなく、ヴィーナスの役を演じるジュヌヴィエーヴ・ガレア（歌手のギー・ベアールと結婚し、女優のエマニュエル・ベアールの母になる）にアンナ・カリーナの面影というか残像のようなものがチラッと認められもするが、もしアンナ・カリーナが演じていたら、もちろん、ヒロインになっていたことだろう。『カラビニエ』にもアンナ・カリーナはチラッと出てくるのだが、生身の彼女ではなく、そのころピエール・ガスパール＝ユイット監督のコスチューム史劇の大作『シェラザード』（一九六三）に出演していたために『カラビニエ』には出演できなかったので、彼女の絵葉書大のスチール写真だけの出番があるだけである。

『シェラザード』の撮影中にはゴダールがひそかにエキストラにまぎれこんでアンナ・カリーナを見張っていた（!?）という。乞食の恰好をしたエキストラのひとりが逆立ちをして石段を降りてきたので、「ジャン＝リュックだとわかった」とアンナ・カリーナは笑いながら教えてくれた。「ジャン＝リュックは逆立ちが得意なのよ」。

ゴダールは、そのあと、アンナ・カリーナのために、ドニ・ディドロの小説「修道女」の舞台化をアントワーヌ・ブールセイエ（パリの小劇場のいくつかの運営をまかされていた）に依頼し、二月六日から三月五日まで上演。演出は、最初はロベルト・ロッセリーニの予定だったが、そのころロッセリーニは映画界からも演劇界からも信頼がなく、結局はジャック・リヴェットに交替し、そのまま――ジャック・リヴェット監督、アンナ・カリーナ主演で――これもゴダールの企画とも言える強い後押しがあって――ジョルジュ・ド・ボールガール製作により一九六五年に映画化されるのだが、「公序良俗に反する」として一時公開禁止になったため、公開は一九六七年になる。一九六三年十一月には、またも、というか、もちろん、アンナ・カリーナのために、プロダクション「アヌーシュカ・フィルム」を設立――アヌーシュカはゴダールがアンナ・カリーナのために付けたニックネームだった。アヌーシュカ・フィルムの製作第一回は一九六四年のゴダール／カリーナ映画『はなればなれに』になる。

一九六二年、ゴダールは、フランス文学史上の天才的異端児アルフレッド・ジャリが一八八八年、十五歳のときに「ギニョル（操り人形）劇」の台本として書いたという（アルフレッド・ジャリの言葉によれば、「人形のために」書かれた芝居ではなく、人形になって演ずる「役者のために」書かれたもので、もちろん「これは同じことではありません」ということになるのだが）、不条理演劇のはしりとして知られる、「ユビュ王」（シェイクスピアの「マクベス」をモジったナンセンス劇）の映画化を企画していたということだから、『カラビニエ』のまるで人形仕立てのキャラクターにはその実現しなかった企画の名残りのような影響もあるのかもしれない――いや、その痕跡がはっきり残っていると言っていいだろう。『カラビニエ』は王の悲劇ではなく、王のためにたたかった小さな兵隊たちの悲劇だが、悲劇とはいえ、滑稽で残酷な寓話だ。残酷さが寓意そのものといった感じなのである。

戦場から帰還したユリシーズとミケランジェロの兄弟は戦利品として「世界中の富と宝」を持ち帰ったと女たちに自慢する。だが、それは小型のトランクひとつに詰めこまれた世界各地の絵葉書である。古代から中世、ルネサンス、近代、現代に至るまでの歴史的記念物、交通機関、百貨店、美術品、産業、地下資源、自然の驚異、地理、動物、植物、人間、等々に分類され、たとえば歴史的記念物の部門ではピラミッド、アンコールワット、ピサの斜塔（絵葉書を見ながら、兄弟とともにみな首を斜めにかしげる）、交通機関の部門では蒸気機関車、ロールスロイス、黄金の馬車（もちろんジャン・ルノワール監督の一九五二年の映画でアンナ・マニャーニが乗っ取った馬車である）等々、百貨店の部門ではパリのギャルリー・ラファイエット、ニューヨークのティファニー等々、自然の驚異の部門ではゴビ砂漠、ナイアガラ瀑布等々、動物の部門ではバファロー、ペンギン、カンガルー、猫のフェリックス（パット・サリヴァンのサイレント・アニメーション）、名犬リン・ティン・ティン（ダリル・F・ザナックの脚本からはじまった映画シリーズ）等々、女の部門ではモディリアーニの絵の裸婦、ハリウッド女優のエヴァ・ガードナー、フランス女優のブリジット・バルドー、ローラ・モンテス（マックス・オフュルス監督の遺作になった一九五六年の映画『歴史は女で作られる』のヒロイン、マルチーヌ・キャロルの写真だ）、そしてシェラザード（もちろん、アンナ・カリーナが演じた一九六三年のフランス映画のヒロインだ）等々といった無数の絵葉書。「世界中の富と宝」の表象のカタログである。

兄弟と母娘はこれらの絵葉書を雨あられと降らせて快哉を叫ぶが、絵葉書もまた、映画館のスクリーンにうつる映像以上のものではないということになる。『カラビニエ』はイメージ＝イミテーションに夢中になってギニョル（操り人形）のように踊らされた愚かな夢想家たちの痛切なコメディーなのである。

戦争は終わり、次いで政府がかわり、当然ながら戦争責任者は告発され、断罪され、兄弟もあっさり始末される（「ふたりはなにも理解しなかったのです……」）。

黒地に白抜きの文字で（もちろんジャン＝リュック・ゴダール自身による書き文字である）、映画は以下のようにしめくくられる。

「そこでふたりの兄弟は永遠の眠りについた。頭脳は分解しつつも死を超えて機能するのだと、また彼らの夢こそが天国をつくり上げるのだと、信じて。」

一九〇七年に三十四歳で亡くなったアルフレッド・ジャリが死の一年前に、親友――唯一の女友だち――の作家で文学サロンの女主人であったラシルド夫人に宛てた遺言（最後の手紙）からの引用である（学習院大学教授でフランス文学者・評論家の中条省平氏のご教示による）。ラシルド夫人による評伝「超男性ジャリ」（宮川明子訳、作品社）に収録されているその手紙から引用させていただくと――

「ユビュおやじ（とアルフレッド・ジャリは自称していた）は眠ろうと努めます。彼は頭脳は分解しつつも死を超えて機能すると、また〈彼の夢〉こそが天国なのだと信じています。ユビュおやじは、留保つきではありますが〔……〕おそらく〈永遠の〉眠りにつくでしょう。」

こんなシーンがある。パルチザンの若い娘（オディール・ジョフロワ）が捕えられ、顔に白いハンカチをかぶせられて銃殺されるときに、「兄弟よ……兄弟よ……」とうめくようにつぶやくので、銃を構えたカラビニエたちが一瞬撃てなくなる。『戦艦ポチョムキン』（セルゲイ・M・エイゼンシュテイン監督、一九二五）で反乱を起こした水兵たちが甲板で銃殺されるときに、士官の命令で銃を構える仲間の水兵たちに向かって「兄弟よ、いったい誰を撃とうとしているのか」と叫ぶので、銃殺隊の水兵たちは銃の引き金を引くことができなくなるという有名なシーンのパロディー／引用として知られるが、そこでゴダールは、銃殺されるパルチザンの若い女性の帽子《キャスケット》をカラビニエのひとりが取ると長い金髪がこぼれるように垂れ下がるところを、最初はロングでとらえ、次いでアップで同じ女性の金髪がこぼれるように垂れ下がるところを見せるので、同じアクションが重複し、故意につなぎ間違い（ということは演出のミス）をしでかしたような印象を与える。

ハリウッド的な正確なアクションつなぎがつねにキャメラ目線に沿って、キャメラのポジションやアングルを感じさせない自然に快く流れるメロディーのような技法なら、逆に、そのような「旋律的統一性《メロディック》」をこわすドラマチックな強調のための「不協和音」のような「エイゼンシュテイン的なつなぎ」があり、それはあたかも「音楽における短調から長調への、あるいは逆に長調から短調への移行」と同じで、変調もまた韻律的な効果を上げる詩の「押韻」のようなものだとゴダールは言うのである（「カラビニエを撃て」、前出）。ゴダールが批評家時代に「映画の虫」とよんだフランク・タシュリン監督の『ハリウッドか破滅か（Hollywood or Bust）』という原題の喜劇『底抜けコンビのるかそるか』（一九五六）について書いた文章（「カイエ・デュ・シネマ」誌一九五七年七月第73号）のなかで、「一つの画面の内部での画面転換は創意ある大胆さで行われており」「魅力的なものと滑稽なものとが交互に姿を見せ、尽きることのないつぼをこころえた表現に収まっている」かと思えば、「メカニックなものが思考に変貌」して「真実のドキュメンタリーが持つ高貴さと入り交じる瞬間がある」と讃え、「フランク・タシュリンはアメリカ喜劇を革新しはしなかった。それ以上のことをしたのである」（「ゴダール全集4／ゴダール全エッセイ集」、蓮實重彦、保苅瑞穂訳、竹内書店）と結んでいたことを思いだす。

ジョナス・メカスがゴダールはつねに「前進しながら、多くのものを自分で発明」したのだと言ったように、引用とコラージュの名目でさまざまな種類の文化的な依拠と言及をならべたてながら、ゴダールもまた、フランク・タシュリンのようにすべてを革新したのではなく、「それ以上のこと」をしたのだということだろう。

ブロンドの若い女性兵士は、銃殺される前にレーニンの「ブルジョワ資本主義害虫説」を引用し、レーニンのロシア革命を「私の革命」とみなして社会主義革命への期待と称讃をうたったロシアの未来派の詩人、マヤコフスキーの寓話（マヤコフスキーの義妹、エルザ・トリオレがフランス語に訳したもの）の一節を引用するのだが（因みにエルザ・トリオレは一九三〇年、マヤコフスキーが自殺する年に、フランスの詩人、アラゴンの夫人になる）、エイゼンシュテインがマヤコフスキーの詩について、詩句の意味が一行におさまらずに次の行にまたがるという意味の「アンジャンブマン（またがり）」というフランス語を使って映画的な、独特のモンタージュ論を展開していることを、当然ながら、ゴダールは念頭に入れていたのだろう。

『カラビニエ』でロングからアップへイメージ（アクション）が自然につながらずにダブってくりかえされるところは「アンジャンブマン」、つまりイメージ（アクション）がまたがるということなのだろう。というのも、アクションが視覚的に自然につながるためには、同じ目線で同じアクションがまたがってダブらないようにカットしなければならないのだ。カットすることつまりカッティング（cutting）とはつなぎそして編集の意味にもなり、つなぐことはカットすることなのだ——とあたかもゴダールは彼のジャンプ・カットの必然性を説き明かしてみせるかのようである。

『カラビニエ』は挑発の映画だ——見る者の神経をあえて逆撫でするような挑発。

技術的なつなぎの問題ばかりではない。「これは意地の悪い映画になるはずだ。というのも、二人の農夫／カラビニエの愚鈍な頭に考えがうかぶこともあるものの、それらはどれも意地の悪いものだ」とゴダールが語るように（「ゴダール全評論・全発言Ⅰ」、前出）、次のようなブレヒトの言葉を想起せずにはおかないだろう。

観客は、自分の見たくないものをもいくらか見せられる。つまり、自分の希望が実現されるのを見るだけでなく、それが批判されるのをも見る（自分を主体としてだけでなく、客体としても見るのだ）。（「三文オペラ」のための註、千田是也訳、岩波文庫）

『カラビニエ』はパリのロードショーで初日に十八人の観客しか入らず、二週間で不入りのために上映打ち切り、興行的に惨敗。ゴダールの最も「呪われた」映画になったが、つづく『軽蔑』はカラー・スコープで撮影され、肉体そのものと言ってもいいフランスのセックス・シンボル、ブリジット・バルドーの主演でヒットする。『軽蔑』は九週間上映されて二十三万四千人を動員することになる――ブリジット・バルドー主演の映画としては大ヒットとまでは言えない数字だったにしても。

『カラビニエ』映画館で初めて見る映画、『列車の到着』に脅えるミケランジェロ
コマ撮り ©DR

『立派な詐欺師』――シネマ・ヴェリテとは何か

ジャン＝リュック・ゴダール監督は、一九六三年、長篇映画第五作『カラビニエ』と第六作『軽蔑』のあいだに、『立派な詐欺師』という短篇を撮っている。国際オムニバス映画『世界詐欺物語』（一九六四）の一話（「モロッコ篇」）として注文されて撮った作品だが、全体のバランスを考えて「あまりにも異質すぎる」とみなしたプロデューサーのピエール・ルスタンによって公開版からはずされてしまった。

『勝手にしやがれ』ではジャーナリスト志望の女子学生だったジーン・セバーグ扮するパトリシアが、それから四年後、サンフランシスコの若い記録映画作家として、16ミリ・キャメラを手にテレビのリポーターになって取材旅行に出る。アメリカのシネマ・ヴェリテ（ダイレクト・シネマとよばれた）の先鋭、リチャード・リーコックにあやかってパトリシア・リーコックという名前である。ずばりシネマ・ヴェリテとは何かを問う映画だ。

舞台はモロッコのマラケシュ。パトリシア・リーコックは、マラケシュの刑事（ラズロ・サボ）に「あなたは記録映画を撮っておられるわけですね、ジャン・ルーシュ氏のように」と訊かれて、「そうよ、シネマ・ヴェリテよ、真実《ヴェリテ》をとらえる映画《シネマ》よ」と答える。テレビのドキュメンタリー番組の制作のために世界を駆けめぐるパトリシア・リーコックはモロッコのマラケシュで、贋札をつくって貧しい人々に配っている「慈善事業家」で「博愛主義者」で「世界主義者」である偉大な詐欺師（シャルル・デネル）に出会い、インタビューをすることにしたのである。贋札づくりの詐欺師というのは「リーダース・ダイジェスト」に載った実話にもとづくとのことなのだが、『立派な詐欺師』の原題「Le Grand Escroc（大詐欺師）」は、「白鯨」などで知られるアメリカの小説家、ハーマン・メルヴィルが一八五七年に刊行した長篇小説「The Confidence-Man : His Masquerade」（邦訳「詐欺師」、原光訳、八潮出版社）のフランス語訳で、映画のなかでヒロインのジーン・セバーグが読んでいるシーンがあり、題名の由来が示される。

ハーマン・メルヴィルの小説は副題（「彼の仮面劇」）のように、ひとりでいろいろな仮面をかぶった人物になりきって変幻自在の仮面劇を演じる大詐欺師の物語である。第一章「一人の啞がミシシッピ川の小汽船に乗込む」、第二章「人の数だけ心あり」、第三章「種種様様の性格が現れる」……第五章「喪章を付けた男、大賢か大愚か、いずれとも決着つかず」……第十三章「旅行帽をかぶった男、大いなる人間愛を示す。これこそ最も論理的な楽天主義者の一人と思はせる、やり方で」……第十五章「老守銭奴、まんまと言包《いひくる》められて、敢へて投資する」……第十八章「薬草医の正体詮索」……第二十四章「博愛主義者が人間嫌ひを改宗させようと企てるが、論駁する以上のことは出来ぬ」……第三十二章「魔術と魔術師の時代がまだ過ぎ去ってゐないことを示す」……といった章立ての目次を追うだけでもたのしいのだが、「慈愛《いつくしみ》は怨みを抱かず」「慈愛はすべてを耐え忍ぶ」「慈愛はすべてを信じ、決して衰えず」といったハーマン・メルヴィルの小説の格言のような一行、一行がスクリーンいっぱいにうつされて引用され、興趣をそそる。英語で質問するパトリシア・リーコックにフランス語でしか答えないシャルル・デネルの詐欺師は「悪は信頼欠如にある」「不信は信頼への第一歩である」とつぶやく。

希望と信仰を説き、慈愛を唱えながら金を巻き上げ、かと思うと、ときには人びとに金を与えもするのだが、舞台の役者のようにその場、その場で役を演じる正体不明の小説の詐欺師のように、ゴダールの映画の詐欺師も「真実《ヴェリテ》」を追求するパトリシア・リーコックに言う。「己を知ることは容易ではない。あなただって、もしかしたら、知らぬ間に何者かを演じているだけかもしれない。あなたがご自分で思っているのとは違う人間とほかの人には思われているかもしれない……」。

ラストシーンは「虚偽の人物を捨て、真実の人間を求めて」というパトリシア・リーコックのナレーションとともに、どこへともなく立ち去っていく詐欺師を見送りながらキャメラをまわしつづけるパトリシアのクローズアップに、さらにジャン゠リュック・ゴダールの声（ナレーション）が入る――「そう、もし真実の人間というものがいるとしたらの話だが。見知らぬ男が遠ざかっていくのを見送るこのサンフランシスコの若い映画作家の心にはあの力強い意味を持った有名な詩句が思いだされた――全世界が一つの舞台、そこでは男女を問わぬ、人間はすべて役者に過ぎない、それぞれ出があり、引込みあり、しかも一人一人が生涯にいろいろな役を演じ分けるのだ」。（シェイクスピア「お気に召すまま」、福田恆存訳、新潮文庫）

映画の結論になるこのゴダールのナレーションもじつはハーマン・メルヴィルの「詐欺師」からの引用なのである。原光訳によると――

「……世界主義者はくるりと背を向け、立去った。残された相棒は、取って付けた役柄をどこで捨てて、もしあるとすれば、本来の人格をどこで取戻したのか、狐につままれて正確には決《き》めかねていた。もしあるとすれば、と言ったのは、彼が世界主義者を凝《じ》っと見送ってゐると、正に当付けたやうに、馴染《なじみ》の〔シェイクスピアの〕詩句が思ひ浮かんだからだ、

「この世は舞台、
男女皆俳優にすぎず、
出たり入ったり、
盛り時には一人で幾役も演じる
お気に召すまま」

パトリシア・リーコックが詐欺師を取材しながら、「贋《にせ》札を貧しい人に配ってよろこばせるなんて、最低の詐欺じゃない。貧しい人から逆に何かを奪うのと同じよ。泥棒と同じことだわ」となじると、詐欺師は「あんただって、キャメラをまわして、わたしから何かを盗み取っているんだ」と言うところがある。「わたしはそれを人々に見せるために撮ってるのよ。映画《シネマ》で真実《ヴェリテ》を伝えるのよ」とパトリシアが反論すると、詐欺師はこう答えるのだ。「同じことだ。あんたもわたしから何かを盗んで人に与えているだけだ」。シネマ・ヴェリテなんて真実《ヴェリテ》と偽った嘘《マンソンジュ》にすぎないとゴダールは言っているように思える。実際、『立派な詐欺師』を撮った一九六三年に、ゴダールはリチャード・リーコックとアメリカのシネマ・ヴェリテ――ダイレクト・シネマ――について苛烈な批評を書いている。（「カイエ・デュ・シネマ」誌一九六三年十二月‐一九六四年一月第１５０‐１５１合併号）

「大西洋の向こう側では、シネマ・ヴェリテはどっきり《カンディード》カメラと訳されている。たしかに、リチャード・リーコックはいろいろな理由から純朴《カンディード》だ。自分の追い求める真実《ヴェリテ》がピレネー山脈の向こう側の真実なのか、こちら側の真実なのかも考えずに、ただ、むきになって、闇雲に真実を追い求めているだけなのだ。〔……〕意図がボケていたのでは、どんなに鮮明な映像も役には立たない。」（「ゴダール全集４／ゴダール全エッセイ集」、蓮實重彥、保苅瑞穂訳、竹内書店）

「ドキュメンタリーの父」ロバート・フラハティ監督の『ルイジアナ物語』（一九四八）のキャメラマンとして出発したリチャード・リーコックを中心に、D・A・ペネベイカー、デヴィッドとアルバートのメイスルズ兄弟などの先鋭的記録映画作家（リーコックとペネベイカーによってフィルムメーカーという呼称も生まれた）がアメリカでダイレクト・シネマの名のもとにドキュメンタリーに新しい息吹きをもたらしたのが一九六〇年のことであった（アイラ・ケニングズバーグ編著「ザ・コンプリート・フィルム・ディクショナリー」による）。

ウィリアム・ブルーム（「ドキュメンタリー・イン・アメリカン・テレヴィジョン」）によれば、ダイレクト・シネマにおいては「キャメラが唯一の実際のレポーターであり、台本つまり定められた主題に関する主張、すじがき、ある話についての誰かの考えなど、キャメラが実際にとらえる出来事の展開順序以外の何事についても補助的立場のものであってはいけないことがすべての前提とされる」のである。

トルーマン・カポーティのノンフィクション小説「冷血」にならってノンフィクション映画という呼称も生まれた。リチャード・メラン・バーサムの「ノンフィクション映像史」（山谷哲夫、中野達司訳、創樹社）には、一九六〇年代の「新しいノンフィクション映画」の革新的創造性を生みだしたのは「映画作家たちにより広い行動性と自由を可能にさせた〔持ち運びが楽で軽量な〕機材の新たな開発が進んだ」ことにあると解説されている。それは「テレビ用映画スタッフが使用する機材を発達させた人々のおかげであり、特に意義深いのがジャーナリスティックなレポートに現実味を増加させ、ダイレクト・シネマの発展の大躍進をもたらした新しい録音機材――つまり直接同時録音装置の発明である」。

トーキー革命からヌーヴェル・ヴァーグまで映画の革命はつねにこのような新しい機材の発明や発達に結びついていたことは周知のとおりだが、ゴダールがこの「ダイレクト・シネマの発展の大躍進をもたらした新しい録音機材――つまり直接同時録音装置」に最も鋭く敏感に反応することになる。

「しかし、技術が新しい人間の持つ激情に追いつくまでには、すなわちリッキー（リチャード）・リーコック、ドン（D・A）・ペネベイカー、多くの若いテレビ・ドキュメンタリー作家（三人男といわれたアルバート&デヴィッド・メイスルズとニコラス・ウェブスター）、それにポータブルの同時録音カメラが登場するまでには、数年も待たなければならなかった」とはいえ、ジョナス・メカスは次のように誇ら

かに、高らかに書いている。（「メカスの映画日記」、飯村昭子訳、フィルムアート社）
映画は揺らぎ始めた。映画は行く道を意識しだした。〔……〕どんなに無様に見えようとも、まったく気にしない。あえて芸術に背を向けている。たったの一カットだってきちんと構成されたショットなどありはしない。〔……〕意図的に編集することも避けている。すべては題材に由来するものだけだ。真実はそこに起こることだけである。
失敗、ピンボケ、ぶれ、あいまいな構え、はっきりしない動き、露出過多や露出不足などでさえ、ヴォキャブラリー——映画言語の単位の総体——の一部である。ドアは偶然性に向かって開いている。〔……〕生を垣間見せ、大きな刺激と美をもたらすものは、ささいなもの、はかないもの、偶然のもの、過ぎゆくものである。〔……〕
つねに目ざめ、つねに変化している映画のみが、真のわれわれの姿を、偽りのわれわれの姿を、われわれの憎んでいるものを、われわれの必要としているものを、あらわにし、描き、われわれに自覚させ、気づかせ、また真の美しさを現出させる。こういう映画のみが、これらを言いあらわす固有の言葉を持っている。
まるで『勝手にしやがれ』（同時録音撮影ではなかったがラウル・クタールの自由奔放なキャメラと高感度フィルムを駆使した）のジャン゠リュック・ゴダールとヌーヴェル・ヴァーグの衝撃を記述しているかのような一文でありマニフェストだ。ダイレクト・シネマは、フランスの『勝手にしやがれ』と同じ一九六〇年のアメリカの——ニューヨークの——ヌーヴェル・ヴァーグだったのだ！
ジャン゠リュック・ゴダールは大学で人類（民族）学を専攻し、早くからジャン・ルーシュの人類（民族）学ドキュメンタリー（一九五四年の『気違い祭司たち』など）に注目し、一九五八年のジャン・ルーシュ監督の長篇映画第一作『私は黒人』の撮りかた、「劇映画をドキュメンタリーのように撮る」シネマ・ヴェリテ（とよばれた）の手法を次のように分析し、彼自身の映画のつくりかたの基本にしたのであった。

　虚構か現実か、演出かルポルタージュか、芸術か偶然か、徹底した構成かゆきあたりばったりの現場主義か、どちらかを選択しなければならない。何故か？　なぜなら、一方を心から選択すれば、不可避的に他方を選択することになるからだ。（「カイエ・デュ・シネマ」誌一九五九年四月第94号）

そもそもシネマ・ヴェリテというのは、『カメラを持った男（これがロシアだ）』（一九二九）で知られることになるサイレント時代のロシアの前衛的記録映画作家、ジガ・ヴェルトフとそのグループが「徹底した実写記録精神で虚構を排し、〈不意打ちの人生〉をカメラでとらえる」ことをモットーに、一九二二年から二五年にかけて製作した「キノ・プラウダ」シリーズがもとになっており、このキノ・プラウダをフランス語に直訳したのがシネマ・ヴェリテ（キノ＝シネマ＝映画、プラウダ＝ヴェリテ＝真実）であった。山田和夫氏の解説（キネマ旬報増刊「世界映画人名事典」）によれば、

　「キノ・プラウダ」には「映画《キノ》のプラウダ紙」つまりソヴィエト共産党機関紙「プラウダ」の映画版という、党的・政治的な内容の自覚と、「映画《キノ》によるプラウダ＝真実」つまり映画的手段による真実の追究という、映画方法の独自性の強調との二重の意味合いがあった。その代表作はレーニンの死後一周年につくられた『レーニンのキノ・プラウダ』（「キノ・プラウダ」第二十一号）である。長篇記録映画『これがロシアだ』（別名『カメラを持った男』）は、ヴェルトフの映画的手段開拓の実験集であり、同

時にカメラという新しい認識手段の誇らかな賛歌でもあった。」

周知のように、ジャン゠リュック・ゴダールは、一九六八年の五月革命をきっかけに、「ジガ・ヴェルトフ集団」を結成し、ふつうの劇場用商業映画から遠く離れて、『ブリティッシュ・サウンズ』（一九六九）、『プラウダ』（一九六九）、『東風』（一九七〇）、『イタリアにおける闘争』（一九七〇）、『ウラディミールとローザ』（一九七一）、『ヒア&ゼア　こことよそ』（一九七五）といった「革命的集団闘争映画」を撮ることになるのだが、五月革命以後のゴダールはまるで「映画」のかなたに――たぶん「映画」よりも「真実」を求めて――私たちから急速に、過激に遠ざかってしまったようだった。

一九六〇年代のゴダールはまだ「映画」と「真実」のはざまで格闘していた（と思う）。シネマ・ヴェリテの手法（「劇映画をドキュメンタリーのように撮る」）だけでなく、シネマ（映画）もヴェリテ（真実）も私たちの心にひびく躍動感にあふれていた（と思う）。

ゴダール独特の言いかたで、シネマ・ヴェリテの創始者はジョン・フォードなのだとか、シネマ・ヴェリテは『チャップリンの独裁者』（一九四〇）のラストの演説のシーンからはじまったのだとかいったような発言（「ゴダール全評論・全発言I」、奥村昭夫訳、筑摩書房）を読んでも、ゴダールが劇映画／フィクションにいかに拘泥していたかがわかる――いや、フィクションかドキュメンタリーかの二者択一を自らに迫っていたかのようだ。シネマ゠ヴェリテ（映画゠真実）に対してシネマ゠マンソンジュ（映画゠虚偽）という造語までつくりだした所以でもあるだろう。『勝手にしやがれ』以来「ゴダールが一作ごとに、しだいにニュー・アメリカン・シネマの手法と美学に近づいている」と確信していたジョナス・メカスは、そんなゴダールに――「六年の月日と十本の作品を数えて〔『ウイークエンド』に至っても〕いまだに〔商業主義から〕自由になるための最後のきずなを断ち切ってない」ゴダールに――批判的で、「彼はいまだに、資本主義の映画、父親《ダディ》の映画、悪質な映画と通じ合っている」と書く（「メカスの映画日記」、前出）。

一九六〇年、ジャン・ルーシュが、自らその開発に加わったエクレール社の画期的なポータブル16ミリ同時録音キャメラを使って（そのときのキャメラマンのひとりがラウル・クタールだった）、社会学者のエドガール・モランと共同で、夏のバカンスのパリでさまざまな人たちに「あなたは幸福ですか？」と突撃インタビューをおこなったシネマ・ヴェリテの傑作（少なくとも最初の傑作として知られ、ここからシネマ・ヴェリテの名称が定着することになる）『ある夏の記録』を撮った。

アルジェリア戦争が泥沼化していた一九六〇年の夏、自動車工場ルノーの労働者、ソルボンヌ（パリ大学文学部）の哲学科の学生、女性タイピスト、黒人の高校生、バカンスに出かける余裕がなくてパリに残るさまざまな人びと――ジャン・ルーシュの言う「パリに住む不思議な民族」――が、「あなたは幸福ですか？」という質問に答える。いや、マイクを向けると払い除けて答えないひともいる。立ちどまったきり、考えこむひともいれば、言葉もなく涙を流すひともいる。そして、これらの映画の参加者（というか、登場人物）はみな試写室に招かれて、撮影したラッシュ（未編集のフィルム）を見せられ、感想や意見を述べ、その語り合いもまたそのまま録音され、ジャン・ルーシュとエドガール・モランが映画を撮った体験からみちびきだした考えや話し合いとともども、映画の一部になったのである。

こうして、『ある夏の記録』以来、シネマ・ヴェリテは「人為的に環境をつくることによって隠された真実を浮かび上がらせる新しいドキュメンタリーの手法」（日本映像カルチャーセンター「ライブラリー／ジャン・ルーシュ特集」）というように定義され、その影響もあって、カナダやニューヨークの気鋭の記録映画作家／フィルム・メーカーたち、リチャード・リーコックやアルバート・メイスルズがダイレクト・シネマと名づけた新しいドキュメンタリー運動を推進することになる。ジョナス・メカスも、「〔フランスの「カイエ・デュ・シネマ」誌のアングロ・サクソン系評論家〕ルイ・マルコレルが紹介したダイレクト・シネマという言葉は初期のシネマ・ヴェリテという言葉に置き換えたものであろう」（「メカスの映画日記」、前出）と書いている。

真に新しいアメリカ映画として称揚されることになったアメリカのシネマ・ヴェリテ（ダイレクト・シネマ）に対して、ゴダールは、ただがむしゃらにヴェリテ（真実）を追い求めても、ピレネー山脈のこちら側では真実だが、向こう側ではそうではないのだと、パスカルの「パンセ」からの引用をまじえて皮肉っていることはすでに述べたとおりだ。

ジャン＝リュック・ゴダール

提供 © ユニフランス・フイルム／ DR

LE MÉPRIS
軽蔑

ジャン゠リュック・ゴダール監督の長篇映画第六作『軽蔑』（一九六三）は、映画のはじまりから映画的で、これぞ映画そのものというすばらしさだ。撮影風景からはじまる映画なのである。画面奥から、長く敷かれたレールの上を大型の重量キャメラ（ミッチェルBNC）とそのキャメラをのぞくキャメラマンをのせた移動車が特機部のスタッフに押されて、ゆっくりと手前に近づいてくる。キャメラマンはラウル・クタールだ。ということは、『軽蔑』の撮影を担当しているのはラウル・クタールだが、当然ながらラウル・クタールがラウル・クタールを撮影できるはずがないので、この冒頭のカットだけはラウル・クタールの撮影ではなく、別のキャメラマン、アラン・ルヴァンによって撮られたもの――その事情は映画史にはよくあることとはいえ、多少説明しなければならない。

レールに沿って、竿《さお》（ブーム）の先にマイクロフォンをつるして音を録《と》る録音係（サオ振りとかブームマンなどとよばれる）を背後に伴って、台本を手にキャメラの動きに合わせて歩いてくるスクリプター（記録）の若い女は『軽蔑』のなかでスクリプター役を演じているジョルジア・モルに似ているけれども定かではない。

移動撮影による典型的な映画撮影風景だが、チネチッタ撮影所でなく、パリ郊外のブーローニュ゠ビヤンクール撮影所の片隅で撮られた撮影風景で、すぐ向こうにパリ郊外の住宅が林立しているのが見えたりする。というのも、映画の物語はイタリアのチネチッタ撮影所で撮られているはずなので――その事情も同じくもう少しあとになって説明しなければならない。

ジョルジュ・ドルリュー作曲の古典的な格調ある美しく荘重な旋律がゆったりとたかまっていき、その間に、サッシャ・ギトリの映画（『とらんぷ譚』、一九三六）やオーソン・ウェルズの映画（『偉大なるアンバーソン家の人々』、一九四二）のように、監督自身の、ゴダール自身の、声によるナレーションがスタッフ・キャストを読み上げる――「アルベルト・モラヴィアの小説にもとづき、主要な出演者はブリジット・バルドーとミシェル・ピッコリ、それにジャック・パランスとジョルジア・モル、そしてフリッツ・ラング。音楽はジョルジュ・ドルリュー、録音はウィリアム・シヴェル、編集はアニエス・ギユモ、進行はフィリップ・デュサールとカルロ・ラストリカティ。ジャン゠リュック・ゴダール監督作品で、スコープ・カラーで撮影され、ジョルジュ・ド・ボールガールとカルロ・ポンティの共同製作による」云々。

日本におけるリバイバル公開版およびその後発売されたビデオ／DVD版ではナレーションがゴダールの声ではなく、カラーもテクニカラーで現像の予定だったが、アメリカの配給をひきうけ、実質的な映画製作の出資者であるエグゼクティヴ・プロデューサー、ジョゼフ・E・レヴィンの独断で、ゴダールの意図に反して、別の版がつくられて、それが一般に出回っているということらしい。そのたびにダビングをあらたにし直さなければならないこともあって、ナレーションの声も当然、別人の吹替えになった。クレジットタイトルが字幕として入る版もあり、パリでその版を見たことがあるのだが、そのクレジットタイトルにはスコープ・カラーのところがシネマスコープではなくフランスコープ、テクニカラーではなくイーストマンカラーと記されていたから、フランス製のスコープとカラーで現像されたフランス語版だったのかもしれない。

クレジットタイトルの朗読（日本で最初に公開された版ではゴダール自身の声によるナレーションだった）に次いで、「映画とは何か」の著者として知られるアンドレ・バザンの有名な（たぶんゴダールの引用によって有名になった）映画の定義が引用される。――「映画は私たちの欲望に合致した世界の視覚化である」。

この一文もじつはミシェル・ムルレという知られざる批評家による知られざる論文「知られざる芸術について」（「カイエ・デュ・シネマ」誌一九五九年八月第98号）からゴダールがアンドレ・バザンふうに書

き直した引用とみなされているのだが！

心ときめく撮影風景に次いで、ブリジット・バルドーの全裸シーンが赤、青、黄の入り混じったフィルターをかけられた画面で出てくるのだが、それはブリジット・バルドーのそっくりさんの吹替えで、このシーンもアラン・ルヴァンの撮影による追加シーンとのこと。その事情も、もちろん、多少説明しなければならない。

そんないろいろな「わけあり」の、いわば間に合わせのシーンからはじまるものの、映画全体は、映像も音楽も目に耳に心にしみいるような美しさだ。ラウル・クタールの撮影によるシネマスコープの大きなひろがりを感じさせる画面、目のくらむような鮮烈な色彩、それも海の青、血の赤、太陽の黄色といったまばゆいばかりの原色のあざやかさに魅せられる。ミシェル・シオン（『映画の音楽』、小沼純一、北村真澄監訳／伊藤制子、二本木かおり訳、みすず書房）によれば、ゴダールはジョルジュ・ドルリューに「太陽と青空の広がる映像に合わせて、素朴で悲劇的、かつロマンティックでゲルマン的な音楽を要求した」ということだが、「きっちりとしたクラシック音楽の書き方を身につけた典型的な交響曲作曲家」であるジョルジュ・ドルリューならではの「アメリカの映画音楽のたっぷりとしたオーケストレーションから生まれるものとは対照的で、色彩を積み重ねることはしない」「節度あるやり方」を絶讃している。「むしろ、ドルリューは、全体の雰囲気、ムード、舞台を特徴づけるソロ楽器――アコーディオン、バンジョー、フルート、クラリネット――を弦楽器の伴奏のうえに際立たせることを好んでいる」のである、と。ところが、その音楽も『軽蔑』のイタリア語版、スペイン語などでは別の作曲家、ピエロ・ピッチョーニの「ジャズっぽい」楽曲に取り替えられたということだ。オリジナルの『軽蔑』はもはや――いろいろな点で――見られなくなったという「呪われた」作品なのである！

にもかかわらず、すべてが失われたわけでなく、これほど直接的に映画そのものに肉薄した映画はないという映画なのだ。

冒頭の撮影風景とともにアンドレ・バザンの映画の定義として引用された前掲の一文とともに、『軽蔑』は「この世界の物語である」とナレーションが告げる。そして、前半はローマ郊外のチネチッタ撮影所の試写室でラッシュ（というのは、言うまでもなく、撮影結果を簡単に見るためにタイミング指定や色補正のない棒焼きのプリントのことだが、その鮮烈な原色の映像がすでに目をみはる美しさである）の上映、後半は地中海のカプリ島でのロケーションが中心になり、中間はローマの映画館を借りきってのひどく猥雑な感じの——歌って踊るエキストラの——オーディション風景が描かれる。

映画のなかの映画『オデュッセイア』の製作スタッフは、アメリカ人のプロデューサー（ジャック・パランス）、ドイツ人の映画監督（フリッツ・ラング）、フランス人のシナリオ作家（ミシェル・ピッコリ）といった米独仏の混成軍で、各自それぞれの国の言葉で話すので、プロデューサーの秘書で通訳のイタリア人女性（ジョルジア・モル）が八面六臂の大活躍である。

チネチッタ撮影所の外壁には、ロベルト・ロッセリーニ監督の『ヴァニーナ・ヴァニーニ』（一九六一）のポスターが、ハワード・ホークス監督の『ハタリ!』（一九六二）やアルフレッド・ヒッチコック監督の『サイコ』（一九六〇）やゴダール監督自身の——というよりも、アンナ・カリーナ主演の、アンナ・カリーナのポスターと言ってもいい——『女と男のいる舗道』（一九六二）とともに大きく貼られているのが見える。

これらのポスターの前でフリッツ・ラング監督とブリジット・バルドーが、つまりは「過去」の巨匠監督と「現在」のセックス・シンボルが、つまりは古典と現代が、出遭い、フリッツ・ラング監督のハリウッド時代の西部劇『無頼の谷』（一九五二）をテレビで見たけれどもすばらしい作品だったとブリジット・バルドーが讃えるとフリッツ・ラング監督は自分としてはドイツ時代の『M』（一九三一）のほうがいいと思うと答え、別のシーンでは、ベルトルト・ブレヒトが痛烈な皮肉をこめてうたったハリウッドについての詩を引用してみせる――「毎朝、パンをかせぎに／市場へいくと、買われるのは虚偽／売り手にまじってならぶ私は／希望に満ちて」（「ベルトルト・ブレヒトの詩」、ブレヒトの仕事3　長谷川四郎訳、河出書房新社）。ＢＢはベルトルト・ブレヒトのイニシャルでもありブリジット・バルドーの愛称べべでもあるというダジャレもふくめた「ＢＢ対ＢＢ」の衝突も『ウイークエンド』（一九六七）に至る一九六〇年代のゴダール作品にまとわりつくことになる。

ゴダールはフリッツ・ラング監督の『無頼の谷』をジョン・フォード監督の『捜索者』（一九五六）、アンソニー・マン監督の『西部の人』（一九五八）とならぶ三大西部劇とみなし、ドイツ時代の『M』を「フリッツ・ラング監督の最も出来の悪い映画」とみなしているのだが（「カイエ・デュ・シネマ」誌一九五二年三月第10号）、フリッツ・ラング監督としては一九三六年から五六年までの二十年間も「買われるのは虚偽」のみだった亡命先のハリウッドの思い出よりも、ヒトラーが政権を執る直前にドイツで撮ってナチズムと決別した『M』のほうに当然ながら思い入れがあるのだろう。ゴダールが書いた台詞ではなく、フリッツ・ラング監督自身の考えた台詞とのことだから、それだけにラングの言葉には、あたかも帰り来ぬ昔日の栄光への映画的ノスタルジーがにじみ出ているかのようだ。プロデューサーのジャック・パランスが「みんなで一杯やろう」と誘っても、フリッツ・ラングは「Don't include me（わたしを除いてくれ）」と言う代わりに有名なサミュエル・ゴールドウィンのハリウッド的ブロークン英語――ゴールドウィニズム――で「Include me out」と皮肉っぽく返事をする。

『軽蔑』のなかでフリッツ・ラング監督の撮る映画『オデュッセイア』の脚本の手直しをすることになる劇作家のミシェル・ピッコリもまた、ゴダールとヌーヴェル・ヴァーグの精神を伝えるかのように、「このシナリオで、フリッツ・ラング監督と組むことによって、わたしの大嫌いな今風の映画とは逆のことができそうだ。かつてのユナイテッド・アーチスツ時代のグリフィスやチャップリンの映画に戻らなければならない」と言うのである。それはゴダールの本音でもあったろう。一九一九年にD・W・グリフィス、チャールズ・チャップリン、メリー・ピックフォード、ダグラス・フェアバンクスという四人の監督と俳優（それぞれの独立プロダクションの代表でもあった）が結束してハリウッドのメジャー会社になるユナイテッド・アーチスツを設立したとき、彼らは芸術家／アーチストであるとともにプロデューサーでもあり、真の「作家《オートゥール》」だったのである。

だが、ミシェル・ピッコリはジャック・パランスの小切手をことわることができない。ジャック・パランスは秘書のジョルジア・モルをうしろ向きに屈ませて、その背中を机代わりにして小切手にサインをする。フリッツ・ラング監督はそれを見て「まるでナチの〔宣伝相〕ゲッベルスのようだ」とつぶやく。

『軽蔑』に出てくるチネチッタ撮影所はほとんど荒廃した風景で、広大な寂れた空き地に廃屋のようなセットの残骸が目立つばかりで人影もなく、まるでゴーストタウンのようだ。撮影所のなかのどのステージでも映画を撮影している気配がない。それはたぶん、チネチッタのみならず、当時のハリウッドそのままのイメージだったと思われる。ジョゼフ・L・マンキーウィッツ監督、エリザベス・テイラー主演の超大作『クレオパトラ』（一九六〇年九月にロンドン郊外のパインウッド撮影所でクランクインしたが、六一年九月から六二年半ばまでチネチッタ撮影所で撮影された）の予算超過——とくにエリザベス・テイラーの高額の出演料によるものだった——で二十世紀フォックスが破産の危機に瀕していた。一九六三年に『クレオパトラ』は公開されたが、製作費すら回収できず、二十世紀フォックスは撮影所の敷地の半分を売り払って（その半分の敷地にセンチュリー・シティができたという）、かろうじて赤字を埋めたのだった。そんな現実の事件や状況を反映しつつ、『軽蔑』のジャック・パランス扮するアメリカ人の傲岸不遜だが異常なほど映画——もちろん彼自身の映画、古き良き時代の映画——に対する「野蛮な情熱」をむきだしにしたプロデューサーは、閑散としたチネチッタ撮影所の人けのないステージの入口の前に立って、ここが「わが最後の王国」になるだろうと言う。「昨日、この地所を売った。やがてここにはスーパーマーケットが建てられることになる」。まるで「俺たちの映画は俺たちの手で葬るのだ」とでも言わんばかりの口調だ。

「映画は死んだ」という絶望的な雰囲気が画面を支配する。撮影所の試写室のスクリーンの下には、「映画に未来はない」（IL CINEMA È UN INVENZIONE SENZA AVVENIRE という映画の発明者ルイ・リュミエールの言葉（として知られる）が一文字、一文字貼り付けられているのが見える。

露骨なセックス描写で注目されたイタリアの現代作家アルベルト・モラヴィアの小説はどれもつねにスキャンダルになり、一九五二年にはヴァチカン（ローマ教皇庁）の禁書目録に加えられたこともあるというほどで、ジャン゠リュック・ゴダール監督の長篇映画第六作『軽蔑』の原作になる「映画人とその妻の愛憎模様を屈折した心理を通じて綴る」一九五四年に発表されたベストセラー小説で（邦題は「侮蔑」）監督がゴダールに決まる前から大きな話題をよんでいた。カルロ・ポンティとジョルジュ・ド・ボールガールの伊仏合作でジャン゠ピエール・メルヴィル監督が、『モラン神父』（一九六一）、『いぬ』（一九六二）、『フェルショー家の長男』（一九六三）につづいて、ジャン゠ポール・ベルモンドをシナリオライターの役に、その妻の役には『突然炎のごとく』（フランソワ・トリュフォー監督、一九六一）のジャンヌ・モローを起用して撮るはずだったともいわれる。ジャン゠ピエール・メルヴィルは、暗黒街の男たちの世界を描く監督として注目されるかたわら、ジュリエット・グレコがヒロインを演じた『この手紙を読むときは』（一九五三）のような女性映画の名匠としても注目されていた。ゴダールがかつて『勝手にしやがれ』に特別出演してもらった先輩格のメルヴィル監督の企画を奪う形で（と批判もされたが、それほどの野心をあからさまに見せても撮りたかった魅力的な映画化でもあったのだろう）「モラヴィアの小説は通俗的な三文小説」(「こうした類の小説をもとにすばらしい映画ができることもしばしばあるのだ」とゴダールは言うのだ)を、いかにもゴダールらしい魅力的なあざとさで、ハリウッドの二大スターの組み合わせ、フランク・シナトラを主人公のシナリオライターの役に、その妻の役にはキム・ノヴァクというキャスティングで企画し、名のりをあげる。オットー・プレミンジャー監督の『黄金の腕』(一九五五)以来のコンビという以上に、ヴィンセント・ミネリ監督の『走り来る人々』(一九五八)で売れない劇作家を演じたフランク・シナトラと『めまい』(アルフレッド・ヒッチコック監督、一九五八)でブロンドとブルネットの妖しい美しさにかがやく二役(じつは同じひとりの女なのだが)を演じたキム・ノヴァクの組み合わせである。フランス側のプロデューサー、ジョルジュ・ド・ボールガールのほうは、ジャン゠ピエール・メルヴィル監督、ジャン゠ポール・ベルモンドとジャンヌ・モローの共演に興味を示しながらも、ハリウッド・スターの興行価値を確信してシナトラとキム・ノヴァクの共演を受け入れていたが、イタリア側のプロデューサー、カルロ・ポンティがやがて自分の妻になるソフィア・ローレンとマルチェロ・マストロヤンニ(その後、周知のとおり、一連のイタリア式艶笑コメディーの黄金コンビになる)の共演をかなり強硬に提案していたこともあって、当初のゴダールのアイデアは結局は実現せず、結果的には、ミシェル・ピッコリが『軽蔑』では映画の脚本の仕事を金のためにときとしてひきうけざるを得ない売れない劇作家の役をフランク・シナトラに代わって演じることになるのだが、ゴダールは、ミシェル・ピッコリについて「つぶしが利く」、ということはジャン・ルノワール監督作品(『フレンチ・カンカン』、一九五四)からジャン・ドラノワ監督作品(『マリー・アントワネット』、一九五五)、クリスチャン゠ジャック監督作品(『ナタリー』、一九五七)、ジャン゠ピエール・メルヴィル監督作品(『いぬ』)にまで幅広く、どんな役でもできる「多彩な演技力のある」俳優であり、『軽蔑』で彼の演じる役はハワード・ホークス監督の西部劇『リオ・ブラボー』(一九五八)の人物(アル中のガンマンを演じたディーン・

マーティン）を演じたいと思っているアラン・レネ監督の前衛映画『去年マリエンバートで』（一九六一）の人物なのだと語り、だからこそ、ひねくれて（？）『走り来る人々』でフランク・シナトラと共演した「〔酔いどれギャンブラー役の〕ディーン・マーティンと同様、ほとんどつねに帽子をかぶっている」のだと書いている。（『軽蔑』のシナリオ序説、「ゴダール全評論・全発言I」、奥村昭夫訳、筑摩書房）

そしてキム・ノヴァクに代わって妻の役を演じることになったブリジット・バルドーについては「女優ではなく、何か別のもの」であり、その「絵に描いたような肉体そのもの」に対応できるように「ピッコリにいつも帽子をかぶらせて、彼のほうも図式的な人物に仕立てたのだ」ともゴダールはなんとも皮肉っぽく語っているのだが（ジャン・コレ「現代のシネマ1　ゴダール」、竹内健訳、三一書房）、実際、ミシェル・ピッコリは入浴中も黒い帽子をかぶったままである。

ブリジット・バルドーがかがやくばかりのブロンドの髪をときとして濃いブルネットのかつらでおおいかくして、まるで別人のようになってしまうのも、『めまい』のブロンドとブルネットのキム・ノヴァクの起用を予定していた最初の構想の名残りのように思われる。もっとも、ゴダールにとってはキム・ノヴァクもブリジット・バルドーも「まったく同じ」で「植物的に反応する」「肉体そのもの」というだけのことになるのだが（「オブジェクティフ65」一九六五年八月―九月第33号所載のインタビュー）、ブリジット・バルドーのほうは、じつは、アルベルト・モラヴィアの小説のファンで、ゴダールの仕事に乗り気だった。セックス・シンボルとして大スターになっていたブリジット・バルドーのほうから天才的異端児として注目されていたゴダールに意欲的に近づいて話を持ちこんだともいわれる。ヌーヴェル・ヴァーグの先陣を切ったルイ・マル監督も、すでに一九六一年にブリジット・バルドー主演の『私生活』を撮っていたが、インタビューでこんなふうに語っていた。

ルイ・マル　『私生活』は、ブリジット・バルドーのほうから話があって実現した企画でした。彼女のほうが意欲的だった。ブリジット・バルドーはスターとはいっても、そもそもロジェ・ヴァディムの『素直な悪女』（一九五六）から出発した、つまりはヌーヴェル・ヴァーグの女優でしたから、わたしたちの仲間のようなものでした。ジャン゠リュック・ゴダールの『軽蔑』にも出ているでしょう。フランソワ・トリュフォーの映画にも出ようとして働きかけていたはずですよ。（インタビュー集「映画はこうしてつくられる」、草思社）

ゴダールは、ブリジット・バルドーの新しい恋人、サミー・フレー（一九六〇年のアンリ゠ジョルジュ・クルーゾー監督の『真実』に共演してからの関係だった）を通じて（「帽子をかぶるとカフカの肖像にそっくり」とゴダールが言うサミー・フレーは『軽蔑』に次ぐ一九六四年のゴダール作品『はなればなれに』に出演することになる）、ブリジット・バルドーと知り合い、彼女がゴダールといっしょに仕事をしてもいいという意向を示すや、すぐさまイタリアとフランスのふたりのプロデューサーに報告した。カルロ・ポンティとジョルジュ・ド・ボールガールは、一九四九年のイタリアとフランスの合作協定の調印以来、ローマ・パリ・フィルムという共同プロダクションを設立して、ジャン゠ピエール・メルヴィル監督作品に次いで新進気鋭のジャン゠リュック・ゴダール監督の『女は女である』（一九六一）と『カラビニエ』（一九六三）をすでに製作していた。アメリカのプロデューサー、ジョゼフ・E・レヴィン（キングコング・レヴィンとゴダールはよんでいた）が「ブリジット・バルドーの裸に金をだす」ことになり、こうしてゴダールが監督に決まった――と、コリン・マッケイブの「ゴダール伝」（堀潤之訳、みすず書房）にはほぼそうした事情が述べられているのだが、ブリジット・バルドーの、言いたい放題の、じつにおもしろくあからさまな回想録（「ブリジット・バルドー自伝　イニシャルはBB」、渡辺隆司訳、早川書房）によれば、まるで黒澤明監督の『羅生門』（一九五〇）のピランデルロ式各人各説の証言のように話が食い違う——真相は「藪の中」だが！

まず、「この企画にブリジット・バルドーが乗り気になった」とゴダールが語っているのは「嘘」で、ゴダールをブリジット・バルドーに紹介したのも当時の愛人サミー・フレーではなかった。「ジャン＝リュック・ゴダールとその帽子と出会ったのは〔妹の〕ミジャヌーの夫のおかげである」とBB《べべ》は言うのだ。

ミジャヌー・バルドーも女優で、仏伊合作の『海賊黒鷹』（セルジオ・グリエコ監督、一九五八）などのヒロインを演じていたが、共演した（主役ではなかったが）「ハンサムな」俳優パトリック・ボーショーと結婚していた。「インテリ好みの映画に自分の進路を模索して」いたパトリック・ボーショーはヌーヴェル・ヴァーグという「新しい映画スタイルを作りあげた若い監督や俳優たちのグループ」に接近し、ジャン＝リュック・ゴダールがブリジット・バルドー主演で『軽蔑』を撮りたがっていることを知って、ゴダールを自分の妻の姉つまりブリジット・バルドーに紹介したということである。

いつも「真っ黒なサングラスをかけ、帽子をかぶっていた」ゴダールとの出会いをブリジット・バルドーは、こうして、「ジャン＝リュック・ゴダールとその帽子と出会ったのは……」と皮肉な調子でおもしろおかしく回想するのである。

「私たちはほとんど言葉を交わすこともできなかった。私はがちがちに緊張し、彼はすっかり気後れしていたようである。それでも、彼は私を使って『軽蔑』を撮るという決心を変えなかったし、固執し続けた。

私はずいぶんためらった。左翼かぶれの薄汚いインテリという種族にはいらいらする。彼はヌーヴェル・ヴァーグの旗手だったし、私は古典的作品のスターだった。
とんでもない取り合わせだった。」

撮影初日も、ゴダールは「ふにゃふにゃした手で握手してから、歓迎の言葉をもぐもぐ二言三言つぶやいた」だけ。ブリジット・バルドーによるこのゴダールの握手と挨拶の描写は、私自身も同じ体験をしているので、じつに、じつに言い得て妙だ。そうか、相手がブリジット・バルドーでもゴダールはあんな気のなさそうな、ふにゃふにゃした手で握手しただけなのか。握手など儀礼的にもしたくはないがしかたがないといった感じで手をだしているだけなのだ。「私は気が滅入り、怖じ気づき、家に帰りたくなった」とブリジット・バルドーはつづける。とても「乗り気になる」どころではなかった。

ゴダールを「左翼かぶれの薄汚いインテリ」とみなしていたブリジット・バルドーも、すでに書いたようにアルベルト・モラヴィアの原作小説は大好きで、「監督がゴダールとなるといつもの調子からずれた脚本と演出によって、原作がすっかり変形されてしまうだろうということもわかっていた」ものの、「自分自身のために賭けをするようなつもり」で出演を承諾した——「こうして私は一生でもっとも奇妙な冒険に船出した」。

というわけで、いずれにせよ『軽蔑』にアンナ・カリーナの出る幕は最初からなかったのだが、夫婦の「愛憎模様を屈折した心理を通じて綴る」シーンには、ゴダールが「小説の主要な素材はそのままつかい、ただ単にいくつかのディテールを変更するにとどめた」(「カイエ・デュ・シネマ」誌第146号)と語ってはいるものの、その「いくつかのディテール」にはゴダールとアンナ・カリーナの結婚生活が生々しく反映されているかのようである。『女は女である』の撮影中から幸福の絶頂期にあるはずのふたりは「危機感のある夫婦だった」というフランソワ・トリュフォーの証言もある(「トリュフォー最後のインタビュー」、「季刊リュミエール」)。

ブリジット・バルドーのこんな強烈に皮肉な証言もある。

「(『軽蔑』の撮影中)ゴダールと彼の帽子は、いつも、よく聞き取れない声で「一発で君が見え一発でわからなくなる」といったわけのわからないことを、薄汚い無精髭の中からぼそぼそとつぶやいていた。急いではいけなかった。その場所には、その場所の流儀がある。

ミシェル・ピッコリが湯につかっているとき、浴室のドアにもたれて、罵《のの》りの言葉を連呼するシーンで、私は感情を込めず、平板に次々と暗唱しなければならなかった。

確かめたわけではないが、たぶんアンナ・カリーナが怒るときはそんなふうだったのだろう。」

ずばり正鵠を射た指摘なのかもしれない。ついでながら、まったくつかぬことを思いだしてしまったのだが、アンナ・カリーナがゴダールと離婚したときのあるインタビューでは、「夜、ベッドでいっしょに眠っているときにもジャン゠リュックは片眼をあけていて、まるでわたしは見張られているみたいだった」と語っていたというのだ。

「ブリジット・バルドー(の演じるヒロイン)はもはや(アルベルト・モラヴィアの小説のように)エミリアとは呼ばれず、カミーユと呼ばれている。もっとも、だからといって、映画を見ていただければおわかりになるように、彼女はミュッセと戯れるような人物ではない」とゴダールは『軽蔑』について書いているのだが(「カイエ・デュ・シネマ」誌第146号、前出)、『女は女である』のアンナ・カリーナ(役名はアンジェラだった)が、アルフレッド・ド・ミュッセの戯曲「戯れに恋はすまじ」のヒロイン、カミーユの台詞をうれしそうに長々と、あたかもジャン・ルノワール監督の『黄金の馬車』(一九五二)

のアンナ・マニャーニ扮するカミーラ（フランス語名ではカミーユになる）のように朗読するところなどを想起せずにはいられない。

『軽蔑』の撮影についてのブリジット・バルドーの悪意と怒りと皮肉にみちた回想はさらに手ごわくつづく。

「ある日、ゴダールは私に、キャメラに背を向けてまっすぐ歩いていくようにといった。リハーサルをやっても、うまくないという。何故かたずねてみた。「君の歩き方がアンナ・カリーナに似ていないからだよ」と彼は答えた。

愉快な話だ。

私がアンナ・カリーナの真似をしなければならないというのだ。冗談もほどほどにしてもらいたい。本番は少なくとも二十回はくり返した。最後に私はこういった。「アンナ・カリーナを迎えに行ったらいいでしょう。私はほっといてちょうだい」

この映画では共演者と恋に落ちる可能性はなかった。ミシェル・ピッコリは尊敬するが、私のタイプではない。それに彼はいつでも帽子をかぶっていた。浴槽の中でもだ。ヌーヴェル・ヴァーグとは帽子をかぶることだったのである。〔ハリウッドのワンマン・プロデューサー役の〕気の毒なジャック・パランスは、問題にもならなかった。〔……〕

撮影は進行していたが、面白いとはいえなかった。ゴダールはいつも帽子をいじくりながら、才能の命ずるままに働いていた。あるいは、彼はその才能を、ひたすら帽子をいじくりまわすことにつぎ込んでいたのかもしれない。〔……〕

猿顔のジャック・パランスのほうは、自分が映画の中でどんな役割を果たしているのか皆目見当がつかない様子だった。」

ロバート・アルドリッチ監督のハリウッド内幕もの『ビッグ・ナイフ（悪徳）』（一九五五）では悪徳プロデューサー（ロッド・スタイガー）の犠牲者になるスターの役を演じたジャック・パランスだが、『軽蔑』ではハリウッドの暴君プロデューサーの役を演じる。アルベルト・モラヴィアの小説ではイタリア人のプロデューサーだが、映画ではジョゼフ・L・マンキーウィッツ監督の『裸足の伯爵夫人』（一九五四）に出てくるウォーレン・スティーヴンス扮するハリウッドのプロデューサーをモデルにしながらも、『暗黒の恐怖』（エリア・カザン監督、一九五〇）のペスト菌を持った犯罪者、『シェーン』（ジョージ・スティーヴンス監督、一九五三）の雇われ殺し屋ガンマン、『第二の機会《チャンス》』（ルドルフ・マテ監督、一九五三）の爬虫類を想わせる無気味な殺し屋、あるいはまた『異教徒の旗印』（ダグラス・サーク監督、一九五四）のアッチラ大王や『蒙古の嵐』（アンドレ・ド・トス監督、一九六一）の成吉思汗（チンギス・ハーン）といった蛮族などのジャック・パランスの悪役のイメージを結集しつつ（いつも不機嫌で攻撃的で、こわい顔をしている）、さらに、というか、とくに『軽蔑』の資金源であるアメリカ側のプロデューサー、ジョゼフ・E・レヴィンの悪らつぶりをも撮影中にそのままとりいれてつくりあげていったキャラクターだという。

映画は監督のものではない、「つくるのは俺だ、俺の金だ！」とジェレミー・プロコシュ（というのがジャック・パランス扮するアメリカ人プロデューサーの名前である）は言うのだ。ポケットにはいつも名言集のあんちょこをかかえているのだが、それはてのひらに入るくらいの赤い小さな辞典で、来たるべき文化大革命の毛沢東語録に似ているのである。ミシェル・ピッコリ扮する作家のポール・ジャヴァルに、フリッツ・ラング監督が撮影中の映画のために新しいシーンを書き加える仕事を依頼するときにも、「セックス・シーンでなくてもいい、もっと裸のシーンを入れろ」と言うのだが、実際、ゴダールはブリジット・バルドーの全裸シーンを撮らなければならず、得意の逆立ちをしてみせてはBBのご機嫌をとり、カプリ島のロケのときには「逆立ちして五十歩ごとにブリジット・バルドーに脱いでもらったんだ」と自嘲気味に語っている（ミシェル・ヴィアネイ「ゴダールを待ちながら」、奥村昭夫訳、筑摩書房）。それでも、ジョゼフ・E・レヴィンは『軽蔑』の完成試写を見て、ブリジット・バルドーの裸のために金をだしたのに、裸のシーンが少ない、もっと裸を見せろ、とゴダールに命じて、映画のはじまりのベッドに全裸で横たわるブリジット・バルドーのシーンを付け加えさせた。撮影は一九六三年六月七日に終わっており、ブリジット・バルドーをそのためにあらためてよび戻すことができなかったので（よび戻すことはできても、さらに支払う出演料を考えると「もう一本の映画ができる」ほどの高額で）、考えあぐねたゴダールはやむを得ず、十月になってから、吹替えつまりブリジット・バルドーのそっくりさんを使って撮り、赤や青のフィルターをかけてバレないようにしたが、イタリア公開版ではフィルターをかけないシーンがそのまま使われ、ゴダールは自分の名前をクレジットタイトルからはずすように要求したという。

ということで、映画のはじまりの「間に合わせ」のシーンの事情の面倒な説明になるのだが、要するに映画を救うためにやむを得ずアメリカの出資者からの「ブリジット・バルドーの裸をもっとたっぷり撮らなきゃ金は出さない」という絶対的要請にBBのそっくりさんを使って撮り足し、その余計な全裸シーンを撮って付け加えたときに冒頭の撮影風景をタイトルバックに使うことを考えついたとのこと。天才的なアイデアと言うほかない急場しのぎの見事な苦肉の策だったのである。映画のなかの映画のプロデューサー、ジャック・パランスとフリッツ・ラング監督との対立以上の緊張関係が現実にジョゼフ・E・レヴィンとゴダールとのあいだにあったようだ。映画のなかでも、通訳のジョルジア・モルの台詞に、「ミスター・レヴィンがニューヨークから電話を」というような伝言がある。チネチッタ撮影所の試写室で、ラッシュを見たあと、ジャック・パランスのプロデューサーとフリッツ・ラング監督とのあいだにかわされるはげしい対立と口論には、あきらかにジョゼフ・E・レヴィンに対抗するゴダール監督のたたかいが反映されているにちがいない。ホメロスの「オデュッセイア」の映画化のラッシュを見たプロデューサーのジェレミー・プロコシュ／ジャック・パランスはすべてが気に入らず、秘書のジョルジア・モルに映写室からフィルム缶を持ってこさせ、それを右手につかむや、古代ギリシアのオリンピアの円盤投げの選手さながらに、すさまじいいきおいでほうり投げる。その円盤投げのスタイルを見て、フリッツ・ラング監督は、シナリオライターのミシェル・ピッコリにフランス語で「あの男にもある種のギリシア的教養があるようだ」と皮肉を言う。さらに、映画作家としての立場を弁明するかのように、フリッツ・ラング監督はジャック・パランスのプロデューサーの横暴ぶりをナチス・ドイツの宣伝相ゲッベルスの仕打ちにたとえたあと、ドイツ語でヘルダーリンの「詩人の天職」という詩の最後の一節を引用する――「しかし詩人たる男子は、そうなくてはならないなら、怖れもなく／神の前にただひとりとどまっている。単純さが彼を守護し、／彼はいかなる武器も、いかなる策略も／必要とはしない、いつか神の不在が助けとなるまでは」（「ヘルダーリン全集2」、浅井真男訳、河出書房新社）。そして、「神の不在が助けとなるまでは」という最後の詩句は「神がわれらの近くにとどまっているかぎり」とヘルダーリンによって書き直されたのだとフリッツ・ラング監督は言い（もちろん通訳がフランス語でミシェル・ピッコリに伝える）、この矛盾はつまり、「神の不在」が詩人の助けになり、「武器」や「策略」の力を発揮する特権的な位置を詩人すなわち芸術家に授けるのだと説明する。

フリッツ・ラング監督は、現実にはそのころ実質的に引退しており（あるいはむしろ、引退したとみなされ、その後、一九六四年にジャンヌ・モロー主演で『キャリアウーマンの死』を企画するものの実現せずに終わる）、ドイツからハリウッドに亡命して一九五〇年代まで活躍しつづけたドイツ人監督という彼自身の役を演じているかのようである。モラヴィアの原作の小説では、フリッツ・ラングやG・W・パプストほどの高みにまではのぼりつめなかったが、その才能を認められてハリウッドで仕事をしたことのあるドイツ人の映画監督という設定だが、一九五三年にハリウッドのスター、カーク・ダグラスを招いてチネチッタ撮影所で撮られたイタリア人のマリオ・カメリーニ監督の『ユリシーズ』（ハリウッド資本による作品だった）をそっくり小説のなかにもちこんだような『オデュッセイア』の監督にやとわれるという設定は映画『軽蔑』のなかでもそのまま使われているので、フリッツ・ラング監督が『軽蔑』のなかで撮っている『オデュッセイア』（ラッシュ試写で上映されるカットはすべてゴダールが撮ったものだが、ゴダールは映画のなかでフリッツ・ラングの助監督の役を演じており、「したがってラングは、それらのカットは自分のB班のスタッフが撮ったカットだと言ってもよかっただろう」とゴダールは前掲の『軽蔑』についての一文のなかに書いている）は、もしかしたら英語題名『ユリシーズ』と日本語のスーパー字幕にも訳したほうがリアリティのある感じになっていたのかもしれない。

ビリー・ワイルダー監督の『サンセット大通り』（一九五〇）でほとんど本人自身を演じたエーリッヒ・フォン・シュトロハイムのように、フリッツ・ラングがフリッツ・ラング自身を演じるのだが、ゴダールはビリー・ワイルダーのような皮肉屋というわけではない。『軽蔑』という映画は「自分自身の役を演じるフリッツ・ラングによって象徴されている」とすらゴダールは書いている。「要するに、彼はこの映画の良心、この映画の誠実さを体現しているのである」（「カイエ・デュ・シネマ」誌第146号、前出）と。

第二次世界大戦直後のネオレアリズモの時代をへて、一九五〇年代後半から六〇年代に入るころのイタリア映画界は、アメリカのドルの経済的支配下にあり、それに第二次世界大戦後は戦前からの「長かったハリウッドのブームも過ぎさろうとしていたとき」（ロバート・スクラー「映画がつくったアメリカ」、鈴木主税訳、平凡社）で、『ベン・ハー』（ウィリアム・ワイラー監督、一九五九）、『エル・シド』（アンソニー・マン監督、一九六一）、『ソドムとゴモラ』（ロバート・アルドリッチ監督、一九六一）といったハリウッドの古代スペクタクル史劇大作がランナウェイ方式で――つまり本国ハリウッドで撮るのではなく、コストの安い海外で――とくにチネチッタ撮影所とスペイン・ロケで撮られ、そのあと残されたセットやエキストラ、スペイン・ロケ用に考案された、アメリカの砂漠地帯とはちがってごつごつした岩石地帯をジープのように移動できる、ゴム製のタイヤ付のクレーン（スペイン式クレーン grue espagnole とフランス語でよばれた）などを利用して、男性肉体美コンテストの覇者、ミスター・ユニヴァースことスティーヴ・リーヴス主演の『マラソンの戦い』（ジャック・ターナー監督、一九六〇）、『闘将スパルタカス』（セルジオ・コルブッチ監督、一九六二）、『大城砦』（ジョルジョ・フェローニ監督、一九六二）といった安手のマカロニ史劇が量産されていた。それらを安くまとめ買いしてアメリカで大もうけした配給業者が『軽蔑』のエグゼクティブ・プロデューサー、ジョゼフ・E・レヴィンだった。セルジオ・レオーネ監督（『ソドムとゴモラ』ではロバート・アルドリッチの助監督だった）がスペイン式クレーンを駆使してマカロニ西部劇（スパゲティ・ウエスタン）のブームを巻き起こすことになる『荒野の用心棒』を撮るのが一九六四年になる。

　ブリジット・バルドーとジャック・パランスが交通事故で死んだあと、ひとり取り残されたミシェル・ピッコリがカプリ島の断崖の上の別荘の階段――それも、屋上にまでつづく、ずばり屋上階段――を上っていくところをとらえたクレーン・ショットは、二〇一六年のカンヌ映画祭の記念ポスターにまでなったが、このカプリ島の海に面した、崖っぷちの「変な形」の忘れがたい建物（マラパルテ邸）は、屋根がなくて、というか、屋根がそのまま広大なテラスになっていて、囲みの柵のようなものもなく、たぶん海に面した方向は断崖絶壁なので、撮影もすごく危険だったにちがいないとずっと気にかかっていたものの、この別荘の持ち主で実質的な建築デザイナーでもあったらしいマラパルテという人物についても「変な形」の邸宅についても私はまったく何の知識もなく、『軽蔑』のキャメラマンのラウル・クタールにインタビューしたときにもこの肝腎なことをうっかり聞きそこねてしまったことが悔やまれ、とても心残りだった。

その後、鈴木了二氏の著書、「建築零年」（筑摩書房）と「ユートピアへのシークエンス」（ＬＩＸＩＬ出版）において、この謎のマラパルテ邸とゴダールの映画におけるマラパルテ邸の謎が見事に、映画的に解き明かされているのを知って快哉を叫んだ次第だ。

「壊れたヨーロッパ」という小説の作者として知られるクルツィオ・マラパルテには『禁じられたキリスト』（一九五〇）というネオレアリズモの監督作品もあり、ロベルト・ロッセリーニ監督の『イタリア旅行』（一九五四）の脚本にも協力していた。そしてアルベルト・モラヴィアという小説家の友人もいた。戦前から「無関心な人びと」といった小説を書いてはムッソリーニのファシスト政権下で禁書になっていたアルベルト・モラヴィアである。マラパルテはファシストからアンチ・ファシストになって、それからまた、いろいろとかなりとらえどころのない人物だったらしいのだが、ふたりはイデオロギーの違いを越えて友情が優先するという仲だったという。一九三九年、モラヴィアはエルサ・モランテという若く美しい詩人で作家（のちに「禁じられた恋の島」という一九六二年にダミアーノ・ダミアーニ監督によって映画化もされた美しい小説を書くことになる）とカプリ島に同棲していて、出来上がったばかりの（といっても骨格だけだったらしいけれども）マラパルテ邸をいっしょに訪れたときの写真も残されている。

アルベルト・モラヴィアとエルサ・モランテは愛し合って結婚するが、結婚生活はうまくいかず、戦後になって離婚してしまう。その夫婦の関係を描いたモラヴィアの小説が邦題「侮蔑」で、ゴダールの映画『軽蔑』の原作になった。原作の小説にも「広いテラスが海上に張り出ている」白い建物がプロデューサー（イタリア人でパッティスタという名だった）の別荘として出てくる——たぶんマラパルテ邸をモデルにしたものと推測したいところだが、そうなのかどうかはわからないけれども。

自分の住む家なのだからと設計に口出しをしすぎて「変な形」になってしまったマラパルテ邸にもちろん当人のマラパルテは住むことになったけれども、それも数年で、第二次世界大戦後の一九五九年に死んでしまい、この不思議な建築物はすっかり忘れ去られてしまった。

「ゴダールによって初めてマラパルテ邸は描かれた」のであり、「スクリーンのなかに初めて、この建築を介して、しかも、映画という場所で、マラパルテとモラヴィアとが出会い直したということに」なると鈴木了二氏は喝破する。

こうして、映画『軽蔑』のためにゴダールが発見した(「映画が建築となる」と鈴木了二氏は言う)マラパルテ邸は「ユートピアの行き止まり、あるいは、ユートピアが始まりの段階で切断されてしまい、その中枢部分が投げ捨てられてしまった抜け殻、ユートピアの残滓とでもいうか」と建築学的に、そしてそれ以上に映画的に分析をしつつ、ゴダールの水平線＝シネマスコープ論とともに愛の終末論に肉薄していく。

フリッツ・ラング監督はシネマスコープの不自然な横長の画面を嫌い、『軽蔑』のなかでも「蛇と葬列を撮るくらいしかできない」などと吐き棄てるように言うのだが、マラパルテ邸の屋上階段は、シネマスコープを愛したゴダールのあたかもフリッツ・ラングへの回答のように立ち現れるのである。


「断崖の上の「水平」性、それが「マラパルテ邸」である。それは海に向って突き出した巨大な拳のように見える岩塊を、先端だけ削りだし磨きあげた彫刻のようでもある。自然には、予め既成の「水平線」が準備されているのではない。陸と海と空との空隙に、このちっぽけな楔のような塊が座を占めるとき「水平線」が覚醒するのである。

そして「映画」と「建築」とが出会うのは、まさに「水平線」という場所、というより「場所」とは

もはや定義できない曖昧な圏域においてだ。〔……〕
ポール（ミシェル・ピッコリ）はたったひとり昇っていく屋上階段に対して真正面に構えたキャメラは水平の視線を維持しており、望遠レンズのために奥行が消え絵画のように平面化したスクリーンには、巨大な階段が何本もの平行な「水平線」となって映っている。ポールが上って行くにつれてキャメラもゆっくりと上にパンし、スクリーンの「縁」からつぎつぎと新たな「水平線」が現れ、そして消える。「シネマスコープ」の枠組としての特性がこれほどまでに発揮されたフィルムをわたしは知らない。これらの直線がスクリーンの枠組を越えてどこまでも広がっていること。しかもその「水平」が絶対的であること。海と空との「水平線」と等価であること。

したがって階段を上るとき、ポールは「水平線」を越えるのである。一本ずつ、次から次へと無数の「水平線」を越える。「水平線」それは「閾」だ。そして階段は積み重なる「閾」だ。この「閾」を用意したもの、それが「映画」であり、「建築＝マラパルテ邸」であることはもはや明らかだろう。」

そして、「建築の快楽、それはシークエンスのなかにしかありえない」とさらに鈴木了二氏は書く。「シークエンス、それは映画だ」と。

「〔階段を〕上りきれば、屋上では「映画」の撮影の真っ最中である。そこにはポールと同じ帽子をかぶったゴダールが助監督の役で忙しくスタッフに指示を与えている。通訳を介して発せられる「静かに！」という声はもはやフリッツ・ラングではなくゴダールそのひとのものだ。「映画」が映画の外にでる。ここはもう「閾」を越えた向こう側だ。

「世界の終わり」以後に属するもの、それこそが「映画」だ。

したがって当然のように、ゴダールは最後のショットで文字通りの「水平線」を画面いっぱいに見せてくれるのだが、そこに映った「水平線」は、海も空も区切りなく混ざりあった、まるで瞳孔の開いてしまったような乳白の光の拡がりだった。」

『軽蔑』のラストシーンは、劇中劇、つまり映画のなかの映画『オデュッセイア』の「シーン47、テイク1」の本番撮影のスタート・シーンである。真夏の地中海の水平線をはるかにのぞみ、オデュッセウスつまりユリシーズが右手に持った剣を高くかかげて立ち、そのうしろ姿をとらえながら移動撮影する情景をおさめたキャメラが、ゴダールの愛してやまなかった溝口健二監督の『山椒大夫』(一九五四)の、あの「永遠への挙手」とゴダールがよんだラストシーンを想起させるような、やるせないくらいゆるやかなリズムで、静かに横移動をつづけ、青い海と空をとらえて終わるのだが、その海と空はやがてアンナ・カリーナの出る『気狂いピエロ』(一九六五)のラストでついに見出された「永遠」とともに透明なまでに美しく溶け合うことになるだろう。

『軽蔑』ブリジット・バルドー　提供 © 日本ヘラルド映画／DR

『軽蔑』撮影ルポ――ジャック・ロジエ監督『パパラッツィ』『バルドー／ゴダール』

ジャン＝リュック・ゴダールがよく「フレール・ジャック（ジャック兄弟）」と親しく呼んでいた仲間がいて、それはジャック・リヴェットとジャック・ドゥミのふたりの監督のこととみなされてきたが、じつはもうひとり、そのトップにジャック・ロジエを加えてジャック三兄弟の意味だったにちがいないと思われた。『勝手にしやがれ』（一九五九）のヒットに次いで、ゴダールがプロデューサーのジョルジュ・ド・ボールガールに推挙したのがジャック・ドゥミ（『ローラ』、一九六〇）とジャック・ロジエ（『アデュー・フィリピーヌ』、一九六〇―六二）だった。

『アデュー・フィリピーヌ』はヌーヴェル・ヴァーグの「呪われた映画」（つまりは名作と知られながら興行的に惨敗した作品）になって、ジャック・ロジエはテレビの仕事を中心にして映画から遠ざかっていたかに見えたが、ゴダールの『軽蔑』の撮影には血が騒ぎ、矢も盾もたまらず駆けつけて、取材のルポというよりはまるで『軽蔑』の撮影スタッフのように親密にロケーションに加わって写真を撮ったりキャメラを回したりして、ホームムービーのような、小さな日誌の一部といった感じの二本の短篇ドキュメンタリー、『パパラッツィ』と『バルドー／ゴダール』を撮った。

『パパラッツィ』は一九六三年五月十七日、夕方五時に『軽蔑』のロケ地、カプリ島に到着したジャック・ロジエが、映画のヒロイン、当時人気絶頂のブリジット・バルドーを追いかけるカメラマンたちを中心にＢＢ《べべ》の人気、神話を分析する。地中海に面した崖っぷちの家（というより、崖そのものが邸宅になっているみたいな感じだ）、いまではすっかり有名になったマラパルテ邸に、海から船で近づき、入江から、岩陰から、森（のようにこんもりとした木立の茂み）から、ブリジット・バルドーの特写をねらって押し寄せるうるさいカメラマンたち。

『バルドー／ゴダール』では、満潮で荒波が押し寄せ、崖の下の浜辺に用意してあった撮影機材が台無しになって、予定されたシーンが撮れなくなってしまう不慮の災いが描かれる。荒波に呑まれずにかろうじて残った機材をロープで縛って崖の上に持ち上げるシーンもあり、マラパルテ邸と崖の下の浜辺との地理関係が奇妙に、よくわからなくなってくる。どうやら干潮のときには浜辺（昼間は日光浴ができるくらい広々としている）から崖のわきをとおってマラパルテ邸まで歩いて上がって行けるらしい。撮影中も撮影合間もミシェル・ピッコリがやさしく献身的にブリジット・バルドーに対してふるまい、海辺ではボートから、地上では高い場所から、彼女をらくらくと抱き上げて下ろしてやるところなどがとても印象的だ。彼女を抱いたまま石段を上っていくところもある。崖っぷちとは反対側の正面《おもて》（と言っていいのかどうか、わからないのだが）の階段をゴダールがBBの手を取ってうれしそうに走って上っていくところも瞬間的にとらえられるが、階段がそのまま屋根（というか、屋上のテラス）までつづいていることを思うと、その勾配がどの程度の傾斜なのか、まるでわからない、不思議な建物だ。幅広い、なだらかな階段かと思うと、だんだんばしごの石段のようだし、余計不安にかられてしまう。屋上のテラスでは、ゴダールがフリッツ・ラングの助監督の役で嬉々として声を上げ、動き回る。「わたしは尊敬の念を持ってフリッツ・ラングの助監督の役を自ら演じることにしたのです」とジャン゠リュック・ゴダールは語り、フリッツ・ラングが両手を上げて『オデュッセイア』の撮影を指示する姿は映画の偉大さそのものだ、と称賛するジャック・ロジエのナレーションが印象的だ。

恐竜と赤ん坊――フリッツ・ラングvsジャン＝リュック・ゴダール対談

『軽蔑』に本人自身として特別出演したフリッツ・ラングは「映画の良心」の象徴的存在であるとゴダールは言う。『軽蔑』のシナリオ序説（「ゴダール全評論・全発言Ｉ」、奥村昭夫訳、筑摩書房）にはこんなふうに記されている。

「この『怪人マブゼ博士』（一九三二）の作家《オートゥール》は、今から三十年前、あるいはほぼ三十年前、〈ナチス・ドイツの宣伝相〉ゲッベルスに執務室に呼び出され、ドイツ映画全体の指揮をとるようもちかけられた。ラングはまさにその日の夜、旅支度をし、国境を越えた。

今日のラングには、長時間にわたって瞑想をつづけ、ついに世界を理解した、思慮深くて心穏やかなインディアンの酋長といったところがいくらかある。そしてその酋長は今、戦いへの道を若くして騒々しい詩人たちに譲ろうとしているというわけである。

「私は嘘をつくには年をとりすぎたよ」――数週間前にミュンヘンを訪れた私に彼はこう言ったものだった。

ラングはその片眼鏡《モノクル》を通して、世界に明晰な視線をなげかけている。

彼はこの映画の良心になるだろう。

老境に達しつつあるすべての偉大な芸術家においてと同様――カール・ドライヤー、ロベルト・ロッセリーニ、Ｄ・Ｗ・グリフィスといった、自分の芸術の終わりの時期にさしかかりつつあるすべての芸術家においてと同様――ラングにおける主要な特徴は、知性であるとともに、善良さであり、度量の大きさである。

それに、映画の偉大な演出家を特徴づけるものは――この映画のなかでそれを見ることができるはずだが――謙虚さと優しさである。」

『軽蔑』のラストシーン、撮影中のフリッツ・ラング監督にシナリオライターのミシェル・ピッコリが別れの挨拶にやってくる。本番撮影の準備にあわただしく動き回る助監督役のジャン゠リュック・ゴダールがミシェル・ピッコリと同じ黒い帽子をかぶってそっくりに見える。現実のゴダールと映画の人物であるミシェル・ピッコリが一体化する。「では、また」「そう、いつの日か」とミシェル・ピッコリとフリッツ・ラングは挨拶を交わして別れる。

その「いつの日か」は一年後、一九六四年十一月にやってきた。アンドレ゠S・ラバルトとジャニーヌ・バザンのテレビ番組「現代の映画作家」でフリッツ・ラングとジャン゠リュック・ゴダールの対談がおこなわれることになった。題して『恐竜と赤ん坊』（アンドレ゠S・ラバルト監督）。テレビ放映は一九六七年になってからだが、その前に対談の内容は「ステュディオ」誌一九六四年十一月号に掲載された。

フリッツ・ラングはあくまでも謙虚に率直に、自分はもはや絶滅した古代の「恐竜」なのだと言い、ゴダールは自分はまだ生まれたての「赤ん坊」で、これから親である「恐竜」にお尻を叩かれて育っていくのですと語る。対談といっても、ゴダールはあくまで礼儀正しくフリッツ・ラングにインタビューするという感じではあるのだが、フリッツ・ラングは『軽蔑』を見てこれほどすばらしい映画はこの世にないと思った、ゴダールの天才に頭が下がるとまで絶讃する。映画『軽蔑』のなかでは、かつての巨匠監督の風格を見せるが、対談では、若きゴダールの前で不器用におどおどしているような感じで、なんだかフリッツ・ラングが哀れに思えるくらいだ。ラウル・クタールはつねづね、「ジャン＝リュックの天才的なすごさを本当に知ったら、現代の映画監督は誰もが、もう映画をつくることをあきらめるだろう」とまで言っていたが、若い世代は誰もがゴダールのように映画をつくってみせると豪語して臆することなく、フリッツ・ラングのように謙虚な——謙虚すぎる——反応を見せた例はたぶん他にないだろうと思われる。罪深いゴダールではある。

『軽蔑』フリッツ・ラング監督とブリジット・バルドー。右端にジョルジア・モル

提供 © 日本ヘラルド映画／DR

ヌーヴェル・ヴァーグによるヌーヴェル・ヴァーグ――『はなればなれに』の撮影風景

一九九五年になって、「ヌーヴェル・ヴァーグ」によって総括されたヌーヴェル・ヴァーグ」という興味深いドキュメンタリーがビデオ（東芝ＥＭＩ）で出た。フランスのテレビ番組で人気の高い、ジャニーヌ・バザンとアンドレ＝Ｓ・ラバルトによる「現代の映画作家」シリーズの「ヌーヴェル・ヴァーグ」篇で、一九六四年三月の『はなればなれに』の撮影風景からはじまる。

ＪＬＧになる前のジャン＝リュック・ゴダールのはつらつとした映画づくりが画面に息づく。ＪＬＧになってからは孤独につぶやきつづけるか、ただ、もう怒り狂ったようにどなりちらすか、どちらかという感じになってしまったが、まだ、スタッフ・キャストみんなと和気あいあい、撮影快調で「いいぞ《ボン》」とほがらかに大声で明るく機嫌よく叫び、「ボンがふたつでボンボンだ！」などとダジャレも飛びだして、たのしそうなゴダールである。おなじみの黒眼鏡の奥の眼もたのしげに笑っているようだ。キャメラ（防音カバー付のアリフレックス）を肩にかついで黙々と撮影をつづけるラウル・クタール。アンナ・カリーナも若々しく、美しい。

ヌーヴェル・ヴァーグをめぐるインタビューもたのしい。シネマテーク・フランセーズの館長アンリ・ラングロワは「何よりも映画を見ることからヌーヴェル・ヴァーグは生まれた」と語り、クロード・シャブロルは「遺産を注ぎ込んで自主映画からスタートした」と語り、ジャック・ドゥミは「カラーとセットによるミュージカルの夢」を語り、人類学者のジャン・ルーシュは「アマチュアの精神からこそ映画の革新がはじまる」と語り、アニエス・ヴァルダは「難解だろうと思考の映画こそ撮るべきだ」と語り、ジョルジュ・フランジュは「真実を表現するためのシュールレアリスムの手法」を語り、ジャック・ロジエは

「不意打ちのキャメラによって自然らしさが生みだされるのだ」と語り、フランソワ・トリュフォーは「即興がどのようにして生まれ、言葉より映像の力を信じる」と語り、ゴダールは「あらゆる意味で既成の映画文法を無視して慣習を破壊し、制度に反逆して自分だけのルールをつくることからしか新しい映画は生まれないのだ」と熱っぽく語る。冷静沈着に反省する証言もある。ジャン゠ダニエル・ポレは率直に「ヌーヴェル・ヴァーグは伝統の破壊にその新しさがあったものの未熟な技術で気取っていると批判された若さの暴走でもあった」ことを告白し、ジャック・リヴェットは「ヌーヴェル・ヴァーグの成功は幻想にしかすぎず、その真実は失敗にある」と喝破するのだ。

最後にまたゴダールの最新作『はなればなれに』の撮影風景になる。キャメラを右肩にかついで撮影をつづけるラウル・クタール。かたわらのゴダールがポンと軽くクタールの左肩をたたいて、撮影ストップの合図をする。午前中の撮影終了。「さあ、みんなで昼食をとろう」とゴダール。こんなにたのしそうなゴダールが見られるのはこれが最後になるだろう。短い撮影風景の断片ながら、少数編成のスタッフ、キャストによるささやかなロケーションの活気が伝わってくる。

『はなればなれに』
アンナ・カリーナ
コマ撮り ©DR

『はなればなれに』マディソン・ダンス。左よりクロード・ブラッスール、アンナ・カリーナ、サミー・フレー　コマ撮り ©DR

BANDE À PART

はなればなれに

ミシェル・ルグラン最後の（？）映画音楽
心やさしいオオカミ、ルーピー・デ・ループ
ジャック・ロンドン
引用とお遊び
またも「呪われた」映画
デヴィッド・リンチもクエンティン・タランティーノもマリン・カルミッツも
時代の寵児に
「フランソワ語」を学べ
自由間接主観
すばらしいマディソン・ダンス
レイモン・クノーの小説のように
すりかえの引用
古きものと新しきもの
T・S・エリオット
深い、深い、深い

『軽蔑』（一九六三）は「間に合わせ」の傑作にはなったが、にがい勝利にしかすぎなかったのだろう。その口直しにはやっぱりアンナ・カリーナをヒロインにした映画を撮るしかないといわんばかりに、ジャン゠リュック・ゴダール監督の長篇劇映画第七作『はなればなれに』（一九六四）は低予算ながら、そんな貧しい条件を逆手に取ったようなゴダール的快作になった。ヒロインはアンナ・カリーナだ。それだけでやさしさにあふれた映画、「美しい感情の表現」になる。

けたたましく、軽快に、まるでピアノの鍵盤が踊り狂い、飛び跳ねるような、調子のいいリズムとメロディーは作曲・演奏ミシェル・ルグランで、『女は女である』（一九六一）のナンバー「アンジェラ」の伴奏音楽をダイナミックにスピードアップしたような感じだ。一音一《ひと》コマごとに主役の青春トリオ、アンナ・カリーナ、クロード・ブラッスール、サミー・フレーのクローズアップが交互に、めまぐるしくとびだしてくる。目をパチパチさせて連続写真を見るようだ。その間に、アルファベットが一文字ずつ画面に現われ、メインタイトル『BANDE À PART』が形づくられるというたのしさだ。

アンナ・カリーナをめぐるふたりの青年――サミー・フレーとクロード・ブラッスール――という三角関係はほとんど『女は女である』のアンナ・カリーナをめぐるジャン゠ポール・ベルモンドとジャン゠クロード・ブリアリの三角関係と同じと言ってもいいくらいなのだが（少なくとも彼女をめぐる男たちは親友同士、それもほとんど一九六一年のフランソワ・トリュフォー監督の『突然炎のごとく』のジュールとジムのような仲のよさだ）、しかし、『女は女である』のようなおのろけはない。カラーのはなやいだ気分もなく、白黒の地味なイメージで、冬のパリ郊外の荒涼たる風景やネオンが寂しく点滅する寒々としたパリの暗い夜景が印象的だ。

メインタイトルにつづいて、交通のはげしいパリ郊外（パリ首都圏の建設工事現場の一画のようだ――映画は一九六四年二月に撮影された）の交差点を背景にスタッフ・キャストが出てくるのだが、「ジャンリュック／シネマ／ゴダールという映画的な自信にあふれた署名のようなクレジットタイトルとともに、「ミシェル・ルグラン／最後の（?）映画／音楽」という懐疑的な表記に、「さらばミシェル・ルグラン」の思いがこめられていたにちがいないであろうことはすでに――『女は女である』の章で――述べたとおりだ。『女は女である』、『女と男のいる舗道』（一九六二）、そして『はなればなれに』と三本のゴダール映画（そのほかに二本の短篇映画、一九六一年のオムニバス映画『新・七つの大罪』の第5話『怠けの罪』と一九六三年の『立派な詐欺師』がある）を活気づけたミシェル・ルグランとの音楽的コラボレーションもここで終わることになる。冒頭の自動ピアノのような陽気でにぎにぎしい演奏のあとは、ミシェル・ルグランの音楽も、どことなく物悲しく、アンナ・カリーナがカフェの地下のトイレに入りぎわにジュークボックスから流れてくる『シェルブールの雨傘』（ジャック・ドゥミ監督、『はなればなれに』と同じ一九六四年の作品である）のテーマ――もちろんミシェル・ルグラン作曲のおなじみのメロディーである――も、心なしか、せつなく、ノスタルジックにひびく。カフェの地下が窮屈なビリヤード室になっているのも、ミシェル・ルグランの音楽とともに、『女と男のいる舗道』のカフェの二階のジュークボックスがあるビリヤード室を想起させる。

『軽蔑』のミシェル・ピッコリのようにいつも黒い帽子をかぶっているサミー・フレーが『シェルブールの雨傘』のメロディーを口ずさむように静かに口笛を吹いているのも心に残る。

「ミシェル・ルグラン　クロニクル」（立東舎）の著者、濱田髙志氏も書いている。

「今さら語るまでもないことだが、『シェルブールの雨傘』（64年）は『おもいでの夏』（ロバート・マリガン監督、71年）とともに、ミシェルの名を世界的に知らしめた代表作のひとつであり、主題歌を聴いただけで映画の世界に浸ることができる実にポピュラーな楽曲である。一方、『はなればなれに』（64

年）はというと、我が国で永らく公開が待たれていた幻の作品であると同時に、ルグラン＝ゴダールのコンビによる〈最後の〉長篇映画という意味で両者のファンにとって常に気掛かりな作品であった。劇中で『シェルブールの雨傘』からの楽曲が引用されているという点も、まだ見ぬ映画への飢餓感を煽る一因となっていたのは言うまでもない。

なお、この作品が日本ではじめて劇場公開されたのは2001年のことである。軽快なホンキー・トンク・ピアノの演奏で幕を開けた直後、冗談とも本気ともつかぬ一文がスクリーン上に大きく映し出される。

〈ミシェル・ルグラン最後の（?）映画音楽〉。

この一件については以前ミシェルに訊ねたことがある。この当時の彼はハリウッド進出を目指して日夜音符と格闘しており、実際『プレイガール陥落す』（デヴィッド・スウィフト監督、63年）によってハリウッドとの接点を持ち始めていた。ある日、それまで友情に免じて低予算で音楽を請け負ってきた彼が「これを機に条件の見直しを図ってはもらえないだろうか」とゴダールに漏らしたそうだ。映画音楽のみならずジャズやクラシックなど幅広い分野に活動の場を求めていた彼は、あるいは他分野のギャラとの兼ね合いも仄めかしたのかも知れない。しかしそれは決して深刻なものでなく、軽い気持ちによる発言だった。そしてその言葉に対するゴダールの回答が件の一文――「ミシェル・ルグラン最後の（?）映画音楽」――という訳だ。「面喰らいはしたものの、それによって我々の関係に亀裂が生じた訳ではない」と語るミシェルだが、真実は当人が知るのみである。」

『女は女である』のときのシャルル・アズナヴールのようにミシェル・ルグランをうまくまるめこむ（などと言っては失礼かもしれないけれども、使用料を友情の名のもとに値切る）ことができなくなったくやしさもこもった表現なのだろうか。

そして「問題の『シェルブールの雨傘』からの楽曲引用」に濱田髙志氏はこんなふうに注目する。

「それは意外な形で我々の耳に飛び込んでくる。開幕後フランツ（サミー・フレー）が車を運転しながらアルチュール（クロード・ブラッスール）と会話を交わす場面、フランツが会話の合間に吹き続ける覚束ない口笛によって。

あまりに断片的なフレーズのため、ともすれば聴き流してしまいがちだが、彼は『シェルブールの雨傘』の主題曲、後年「I Will Wait for You」のタイトルでポピュラー・ヒットとなる例のメロディを、アルチュールの会話で度々寸断されながらも執拗に吹き続けるのである。フランツの口笛は後半でも繰り返されるが、もう一つ、明らかにそれと判る形で『シェルブールの雨傘』のメロディが引用される箇所がある。中盤のカフェの場面だ。曲は同作の第1部より「傘屋の店の中で（Dans le Magasin de Parapluies）」と同「駅：ギィの出発（La Gare : Guy S'en Va）」からのフレーズで、ジュークボックスから流れるメロディをなぞるアンナ・カリーナの映像は、彼女やゴダール、そして何よりもジャック・ドゥミのファンには堪らない場面といえるだろう。これは、ゴダールが、ドゥミにエールを捧げる意味をこめて引用したと捉えることができる、彼らの友情関係を物語る貴重なコラボレーションだ。」

『軽蔑』のミシェル・ピッコリは入浴中も黒い帽子をかぶっているのだが、『はなればなれに』のサミー・フレーも英語教室とカフェのなか以外ではいつも黒い帽子をかぶっている。ミシェル・ピッコリのようにヒロインの夫の役ではないけれども、愛に見放されて暗く落ちこんでいく。だが、黒い帽子を捨てたときに、愛するアンナ・カリーナと結ばれる。愛をたしかめ合う小道具――「愛の温度計」――とともにふたりが船出するラストシーンでは、サミー・フレーはもう黒い帽子をかぶっていない。ふたりの背後にいる白い小犬は偶然そこにいたということなのだが、まるで招き猫のような微笑ましさだ。そう、この悲痛な青春映画はハッピーエンドなのである――『アルファヴィル』（一九六五）のラストシーンと同じようにはかなく、希望的な。

サミー・フレーの役名はフランツというドイツ名で、ゴダールによれば「帽子をかぶったサミー・フレーはフランツ・カフカの肖像にそっくりだ」という印象に由来する。

フランツ／サミー・フレーはオディール（というのがアンナ・カリーナの役名だが、その由来は映画のなかに引用されるレイモン・クノーの小説「オディール」によって明らかにされることになる）に恋をしているのだが、その気持ちを打ち明けようとするたびにオディールが逃げようとするので、「僕がこわいのか」と訊くと、「だって、あんたは暗くて意地が悪そうなんだもの」と言われ、「とんでもない、僕はルーピー・デ・ループ、心やさしい狼だよ」。

狼といえば意地悪で狡猾で残酷なキャラクターというのが「イソップ寓話」以来おきまりになっているが、ルーピー・デ・ループというフランス狼は、そんな偏見をなんとか変えて狼の本性は善なのだと懸命に説きつづけるものの、ひどいフランス語訛りのあるブロークン・イングリッシュで誤解を招き、騒動を巻き起こすという、あの『トムとジェリー』シリーズで有名なハンナ&バーベラ――ウィリアム・ハンナとジョゼフ・バーベラ――のコンビが一九五九年に生みだした劇場用短篇アニメ『ルーピー・デ・ループ』の主人公で、シリーズとして一九六五年まで四十九本つくられることになる（アニメーション研究家の渡辺泰氏のご教示による）。

フランツ／サミー・フレーはさらに、「旅立つなら北方へ、ジャック・ロンドンの国へ」と言って、ジャック・ロンドンの最初の短篇小説集「狼の息子」から小説家が余生を送るつもりで建てた「狼の家」

まであたかも狼に取り憑かれたようなアメリカの小説家、ジャック・ロンドンの書いた未開と文明の物語を口早に語るのだが、もしかしたら狼がらみでジャック・ロンドンの名作として知られる二冊の動物小説――カリフォルニアで生まれた犬がアラスカで橇《そり》犬となったあと野生に戻り、狼の群れのリーダーになる物語「荒野の呼び声」と、逆に荒野の狼がカリフォルニアの一家で飼い馴らされ、文明化された犬になって終わる物語「白い牙」――のどちらかの引用かと思いきや、どちらでもなく、「狼」と呼ばれる残酷な船長（一九四一年のマイケル・カーティス監督による映画化作品ではエドワード・G・ロビンソンが演じた）を描いた海洋冒険小説「海の狼」のエピソードでもなく（といっても、もちろんそれらすべてを当然網羅したうえで）、丸木舟しか知らないインディアン仲間にミシシッピ河を下って見てきた帆船や蒸気船の話をしても信じてもらえず「嘘つき」よばわりされるナム・ボクというインディアン青年を主人公にした短篇小説（「ナム・ボク」）からの引用だということである。

フランツがオディールと知り合ったのは「ルイの英語教室」で（ダジャレのようにルイ・アームストロングのたのしくうきうきとしたトランペット演奏によるジャズとともに「ルイ」の表示が出てくる）、彼女に恋をするとともに、彼女が住み込みで働いている淋しい郊外の川べりの邸宅に大金ありとの情報を得て、クロード・ブラッスール扮する親友のアルチュール（なんと、姓はランボーである）とともに、オディールを巻き込み、日ごろの推理狂としての知識を実地に生かそうとたくらむのだが、それが青春をもてあましている、しがない「小さな兵隊」たちのはかない、しかし命がけの冒険の試みなのである。

実際、何をしたらいいのかわからない青春三人組だ。「何をしたらいいのかわからないことだけはわかっているけど」とオディールはカフェのなかで言う。「話すこともないのか。それなら、一分間、何も話さずに沈黙しよう」とアルチュールが提案する。三人は沈黙する。すると、画面から一切の音が消えて、純粋なサイレント映画のように完全な沈黙の一分間がおとずれる。一分間とはいえ、無限につづくかと思える、息づまるような沈黙だ。そんなシーンを、お遊びもいいところだ、と怒り、罵倒した批評家もいたとしても当然かもしれない。

しかし、お遊びにしてはうわついた感じがまるでない。一分間の沈黙が重くのしかかる。三人がルーヴル美術館のなかで足音高くかけっこをしたりするところも、おふざけいっぱいにはしゃぎまわっているにもかかわらず、自暴自棄の空騒ぎみたいで、なんとも言えぬ暗い憂鬱な雰囲気に包まれた映画なのである。バカなことやって、と思うだけではすまされないような重苦しい気分になる。

そのせいか、『はなればなれに』はパリのロードショーでまったくヒットせず、日本公開もあやぶまれていたが、一九九八年になって（製作から三十四年後である）、「アニエスb.《ベー》映画祭」で初めて上映されたあと、やっと劇場公開された。アメリカではメジャー系のコロムビア映画の配給で（日本公開版もコロムビア映画の自由の女神像のトレードマークが出るのだが、もしかしたらMGMを離れたハンナ&バーベラがコロムビア映画の傘下で新しくスタートしたアニメ・シリーズ『ルーピー・デ・ループ』の引用も、『はなればなれに』というほとんど「呪われた」映画の世界配給をひきうけてくれたコロムビア映画への、いかにもゴダールらしい挨拶の意味をふくめたものだったのかもしれない）、新世代のデヴィッド・リンチ監督（『ワイルド・アット・ハート』、一九九〇）やクエンティン・タランティーノ監督（自らのプロダクションを『はなればなれに』のフランス語の原題であるBANDE《バンド》 A《ア》 PART《パール》と名づけたほどである）に大きな影響を与えたことはよく知られているが、それもたぶん奥深い暴力的な衝動や、沈鬱な狂気とも言うべき内面的な共感、共鳴による影響のほうが強いようだ。

ルーヴル美術館がセーヌ川の向こうに見えたとき、アンナ・カリーナが「あの白い建物は？」と聞く。「ルーヴル美術館だ」。「白く塗ったのは勲章ものね」とアンドレ・マルローへの敬意を表するところもある。ドゴール政権下で一九六〇年から六九年にかけて文化相を務めたアンドレ・マルローがパリの建物の煤払いと白く塗り変える作業にとりかかったのである。余談だが、ルネ・クレマン監督はナチス・ドイツ占領時代のレジスタンス映画『パリは燃えているか?』(一九六六)を撮影するときに、重要なパリの建造物の大半がすでに白く塗り変えられていて、極力、逆光でとらえることにして、リアルに見せようと苦労したとのことである。

ルーマニア生まれのフランスのプロデューサー、マリン・カルミッツが一九九五年に出版した自伝の題名もゴダールの映画のタイトルに因んだ「はなればなれに」で、一九六一年、ゴダールの短篇『怠けの罪』(『新・七つの大罪』第5話)で製作担当の助監督についたのがゴダールとの出会いになり、ゴダールがアンナ・カリーナとともに友情出演したアニエス・ヴァルダ監督の『5時から7時までのクレオ』(一九六二)の助監督、ゴダールが『勝手にしやがれ』(一九五九)のプロデューサー、ジョルジュ・ド・ボールガールに紹介・推薦して製作されることになったジャック・ロジエ監督の『アデュー・フィリピーヌ』(一九六〇―六二)の製作管理、そして自主製作の『打撃には打撃を』(一九七二)の監督をへて、プロデューサーになり(自ら映画館も経営し、MK2という製作・配給会社も設立)、敬愛するゴダールの『勝手に逃げろ/人生』(一九七九)の製作にもかかわることになる。

ヌーヴェル・ヴァーグの衝撃作――まさに世界の映画史を変える衝撃作になる――『勝手にしやがれ』以来、ジャン゠リュック・ゴダールは飛ぶ鳥を落とす勢いでスキャンダラスな神話的存在になり、何を撮っても「こんなものが映画と言えるか!」と世界中の古典的・伝統的な映画監督や批評家を怒らせると同時に「これこそ新しい映画だ!」と世界中の若い映画作家や映画づくりをめざす若者を熱狂させ、やがて――一九六〇年代半ばに――フランスでは新旧のプロデューサーたちが競ってゴダールの映画を製作しようとするのだ。キャメラマンのラウル・クタールも言うように、ぜいたくなスノビズムと言ってしまえばそれまでだが、ゴダールのプロデューサーになることは、それだけで、作品が当たろうと当たるまいと

のだ。

『シェルブールの雨傘』の大ヒットでフランス映画界に躍り出たプロデューサー、マグ・ボダール女史は、一九六五年にジャン゠リュック・ゴダールとフランソワ・トリュフォーに、彼らの映画を一本ずつ製作したいという話をもちかけた。これはマグ・ボダール女史から直接聞いた話なのだが、ゴダールもトリュフォーも「まずロベール・ブレッソンの映画を製作すべきだ」と進言したという。ロベール・ブレッソン監督作品は当時興行価値ゼロの烙印を押されていたが、こうしてゴダールとトリュフォーの強い後押しで、『ジャンヌ・ダルク裁判』(一九六二)以来四年ぶりにブレッソンは『バルタザールどこへ行く』(一九六六)を撮ることができたのだった(この映画で作家のフランソワ・モーリアックの孫娘にあたるアンヌ・ヴィアゼムスキーが女優としてデビューした)。次いで、ということは『バルタザールどこへ行く』の成功でよみがえったブレッソンは『少女ムシェット』(一九六七)を撮ることになるのだが、このジョルジュ・ベルナノス原作の小説の映画化はゴダールもアンナ・カリーナ主演で企画していたものだった。もちろんゴダールは謹んでその企画をブレッソンに譲った(ブレッソンはすでに一九五一年にジョルジュ・ベルナノスの小説を映画化した『田舎司祭の日記』を撮っていた)。ブレッソンの『バルタザールどこへ行く』でデビューしたアンヌ・ヴィアゼムスキーは、アンナ・カリーナに次ぐゴダールの妻となり彼の映画のヒロインになり『中国女』(一九六七)と五月革命以後の『東風』(一九七〇)に主演、『ウイークエンド』(一九六七)、『ワン・プラス・ワン』(一九六八)、『ウラディミールとローザ』(一九七一)にも出演した。マグ・ボダール女史は、一九六六年に、フランソワ・トリュフォーと共同で――つまりパルク・フィルムとレ・フィルム・デュ・キャロッスの合作で――ジャン゠リュック・ゴダールの『彼女について私が知っている二、三の事柄』を製作した。映画のプレスブックにトリュフォーが書いたゴダールへの讃辞はすでに紹介した。

『はなればなれに』の最後には、エンドマークの出た直後に、広告のように原作はドロレス・ヒッチェンズ「愚者どもの黄金（Fools' Gold）」で、フランスではガリマール社の「暗黒叢書《セリ・ノワール》」で発売中、という字幕が出るのだが、いつもながらゴダールの映画の下敷き（というよりもヒント）になったドロレス・ヒッチェンズのスリラー小説は、リチャード・ラウド（「ゴダールの世界」、柄谷真佐子訳、竹内書店）によれば、大筋は「二人の少年たち、エディと、彼よりぐれているスキップ、そして少女カレン。彼女は義理の叔母と一緒に住んでいるが、その家のどこかにだれかが大金を隠している。カレンはこの情報を洩らし、少年たちが強盗を計画する」というもので、映画のプロットにほぼそのまま使われている。「フランス語に訳され、通俗的な《暗黒叢書《セリ・ノワール》》として出版された《安っぽい》アメリカのスリラー小説がフランスの映画監督たちにとっては豊富な材源となって」おり、すでにフランソワ・トリュフォーがデヴィッド・グーディスの「ダウン・ゼア」をフランス的に――フランスに舞台を置きかえて――映画化した『ピアニストを撃て』（一九六〇）という「見事な例」があり、フランソワ・トリュフォーならではの映画言語に昇華した「フランソワ語」をゴダールは称讃していた（「フランソワ語を学べ」、「ラヴァン゠セーヌ・デュ・シネマ」誌第48号、「ゴダール全評論・全発言I」所収、前出）。ゴダールが、とくにトリュフォーの影響から（少なくともトリュフォー的な発想から強い刺激をうけて）、アメリカン・スタイルの翻訳もの「暗黒叢書《セリ・ノワール》」の一冊を映画化したにちがいないことは、『ピアニストを撃て』のプロデューサー、ピエール・ブロンベルジェも指摘している。

「僕の話はここからはじまる」とゴダールの声でナレーションが入る。ゴダール自身の、あるいはゴダールの分身のような役のサミー・フレー扮するフランツの、一人称で語られる青春自叙伝かと思いきや、つづけて「オディールと知り合って二週間後、フランツはアルチュールに彼女の叔母の家を教えた」と唐突に、というか、ごく自然に、ナレーションが三人称になるのである。「フランツはアルチュールにオディールの膝にさわったかと聞かれて、柔らかい肌だったと答えた」（『柔らかい肌』は『はなればなれに』と同じ一九六四年に撮られたフランソワ・トリュフォー監督の作品の題名だ）というふうに、「僕の話」がいつのまにか三人称のナレーションになってしまうのだ。「僕の話」がいつのまにか「彼の話」「彼女の話」「彼らの話」として客観的な三人称話法に変わるのだが、それがまるで主観的な一人称話法と同じように自然なのだ。

それで思いだされるのは、ピエル・パオロ・パゾリーニがゴダールの『はなればなれに』を見た直後に書いた新しい映画言語――「ポエジーとしての映画」――についての論考（邦訳は塩瀬宏訳、「季刊フィルム」第2号所載）である。

「わたしの考えでは、すくなくとも記号論の語法を考慮にいれることなしに、映画について語ることは、今後、もはや不可能のようだ」とピエル・パオロ・パゾリーニは書く。たしかに、「僕の話は……」という作者の「内的独白」は文法上では直接話法にあたる「主観」であるが、「作者が作中の人物のこころのなかにくまなく入りこみ、作中人物の心理のみならず言語までをも自分のものとする」自由間接話法というものがあり、その、いわば「映画的な」接点というか、結合をパゾリーニは「自由間接主観」とよび、ロベルト・ロッセリーニを「いわばソクラテス的始祖」としてゴダールに至る新しい自由な映画の傾向、「ポエジーとしての映画」をめざす真の現代映画とみなしたのであった。

「〈自由間接主観〉の基本的特徴は言語学的性質をもつものではなく、文体論的性質をもつものなのだ。それは内的独白から、概念的哲学的な、それ故に抽象的な要素を取り去ったもの、というふうに定義することができよう」とパゾリーニは分析し、総括するのだが、もっと単純に、たとえば描写は――映像も言葉も——客観的だが、そこに必然的に作者の、映画作家の、主観が刻印されているところに映画の新しさ／現代性があるということでもあるのだろう。

「僕の話は……」と作者／映画作家の内的独白／モノローグのように語られはじめたナレーションがそのまま「彼の」「彼女の」「彼らの」物語として三人称で「客観的に」語られつづけたものが、映画のラストでは、また「僕の話はここで終わる」という一人称のナレーションに戻り、そうかと思うと、そのままつづけてまた三人称のナレーションとなるのだが、こうした自由な「ポエジーとしての映画」「詩的映画」に対して、最初から最後まで一つの話法で語られる古典的な映画を「散文としての映画」「散文的映画」ともパゾリーニはよぶのである。もっとも、そんな「気取った」呼称はモリエールの「町人貴族」のギャグ（というか屁理屈）みたいなもので、「サム・スピーゲルのようなちょっとばかり知性のあるハリウッドのプロデューサーだってそんなことは知っている」し、「ヒトラーがニーチェを読み直したような理論だ」（「オブジェクティフ65」誌一九六五年八月―九月合併号所収のインタビュー）とゴダールは一刀両断して突っぱねているのだが！

『はなればなれに』には、中途でそれまでのあらすじを要約するこんなナレーションもある——「遅れて映画館に入ってきて映画を最初から見ていない観客のために、物語の要点をざっと説明しよう。三週間前、大金、英語教室、川べりの家、ロマンチックな娘……」。

川べりの家——ゴダールが最も敬愛する映画作家のひとり、アメリカ時代のフリッツ・ラング監督の『ハウス・バイ・ザ・リバー』（一九四九）への挨拶かとも思われる。

『はなればなれに』には、もちろんヌーヴェル・ヴァーグの仲間への挨拶もある。一九六四年、『はなればなれに』と同時に撮影されていたクロード・シャブロル監督のスパイ活劇『虎は新鮮な肉を好む』（「虎」とよばれる００７／ジェームズ・ボンドばりにタフな秘密諜報員を演じるのは『勝手にしやがれ』にもチラッと友情出演していたロジェ・アナンである）への挨拶など、あまりにもそのものずばりで、思わず笑ってしまう——アンナ・カリーナが本当に虎（本物の生きた虎である）に新鮮な生肉を持っていって投げ与えるのだ！

一九六四年のカンヌ映画祭にはフランソワ・トリュフォー監督の『柔らかい肌』が出品されていたが不評であった。前述のごとく、『はなればなれに』でフランツがアルチュールにオディールの膝にさわったかと聞かれて、「柔らかい肌だったと答えた」というナレーションは、単にトリュフォーへの友情あるめくばせである以上に、カンヌ映画祭の観客に野次られたトリュフォーの映画『柔らかい肌』への心からの応援と讃辞がこめられていたものだったにちがいない。

アンナ・カリーナとサミー・フレーとクロード・ブラッスールの三人の思いにぴったり寄り添うかのようにこんなナレーションもある——「ここで括弧をひらいて、もう少しくわしく三人の心情を説明することもできるが、あえて必要ないだろう。むしろ映像に語らせることにして、括弧を閉じることにしよう」。「万事快調」という名のカフェで三人がアンナ・カリーナ振付によるマディソン・ダンスを踊るシーンである。横にならんで同じ方向を向き、それぞれ指を鳴らしてリズムを取り、おたがいに手をつないだり肩に手をのせ合ったりすることなく、別々に同じステップを踏むという新しい——といっても、そもそもは一九四〇年代のハリウッドのミュージカル・コメディーの人気タップ・ダンサーの黒人兄弟、ニコラス・ブラザーズが創始したといわれる——スタイルのダンスで、一九六一年のミュージカル映画『ウエスト・サイド物語』（ロバート・ワイズ／ジェローム・ロビンズ監督）の大ヒット以来「ザ・マディソン（the Madison）」の名で若者たちのあいだに大流行したステップだった。

マディソン・ダンスは米国オハイオ州コロンバス（マディソン・アヴェニューという名の目抜き通りがある）で生まれた一種のライン・ダンスが元になっているともいわれ、カウント・ベイシー楽団のロンドン公演でコーラス・ガールたちが初めて歌って踊ったのがきっかけになって一九六〇年代のヨーロッパで大流行し、その流行を映画的に過激に先取りしたかのような『はなればなれに』のアンナ・カリーナによる振付（マディソンのイニシャルMの字を描くように右に左に、前に後にステップを踏む）の影響が一九八七年になってつくられたジョン・ウォーターズ監督の青春ダンス映画『ヘアスプレー』（大ヒットのあとブロードウェイでミュージカル化）のなかの三人娘によるヒット・ナンバー「マディソン・タイム」にまでつらなることになる。

『はなればなれに』の最も印象的な名場面だが、ここでゴダールのナレーションは「ふたたび括弧を、こんどはひらいて」、三人の心情を語ることになる――「アルチュールは、踊るオディールの足を見つづけ、彼女のくちびるを、ロマンチックなキスを、夢想する……オディールは、ステップを踏むごとにセーターの下でゆれる自分の乳房に男たちふたりの視線を感じている……フランツは、すべてに思いをはせるものの何も考えられず、現実が夢なのか、夢が現実なのか、わからなくなっている……」。

ジュークボックスの前で軽やかにステップを踏む三人――フランソワ・トリュフォー監督の『突然炎のごとく』のジュールとジムとカトリーヌのように、三人いっしょでなければ生きてはいけない悲劇の青春トリオ――の姿には、どうしようもない孤独感を裏返しにした、しらじらしい陽気さが感じられる。

このマディソン・ダンスのときに、サミー・フレーは自分の黒い帽子をひょいとアンナ・カリーナの頭にのせてやるのだが、まるでそれが孤独の象徴でもあるかのように、アンナ・カリーナはひとり取り残されて踊りつづける（が、すぐにやめてしまう）ことになる。

生まれつき脚がなくて飛びつづけなくてはならず、空中で眠るしかなく、そして死ぬしかないという古代のインドの鳥の伝説を語るゴダールのナレーションは、あたかも根無し草のような絶望的な三人の青春を要約するかのようである。

死のイメージに彩られた風景を語るナレーション（アルチュール・ランボーの詩、とくに「地獄の季節」から引用された断片をコラージュしたもの）も一貫している――「水は淀み、空気は血の味がした」「生きた人間が不在の荒涼たる風景だった」「黒い木々は死の海を想わせた……」、等々。

映画がはじまってすぐ、クロード・ブラッスール扮するアルチュールは保安官パット・ギャレットに撃たれた西部の無法者ビリー・ザ・キッドの死をお遊びで演じてみせる。そのまま、ずっとアルチュールには死のイメージがつきまとうのである。

「ルイの英語教室」では、レイモン・クノーの「文体練習」にあやかって名づけられたような「翻訳練習」を英語の勉強法の基本にしている。

強烈なパロディーと諷刺、言語の可能性の限界に挑む造語の多用、方言や俗語やダジャレの過剰な濫用といった、膨大な言葉のたわむれと実験のなかに、貧しい庶民の精神風俗を暗いユーモアとともに描き出した「卑俗な文体を仮面に表向きは人をあざむく高貴な文学魂」とピエール・クララク編「ラフォン゠ボンピアーニ世界文芸辞典」に定義されているレイモン・クノーの初期の（一九三七年に初版が出た）小説「オディール」（邦訳は宮川明子訳、月曜社）。訳者宮川明子氏の解説にもあるように、戦後の「文体練習」や「地下鉄のザジ」などでクノーに馴染んだ読者には「クノーらしくないと思われる」かもしれない「一人の青年の遍歴と成長、通過儀礼の物語」「クノーの唯一つの恋愛小説」をヒントにつくられた映画なのだとゴダールは『はなればなれに』について語る。「アンナ・カリーナの演じるヒロインの名をオディールにしたのも、クノーの小説の題名にあやかったのだ」と。

アルチュール／クロード・ブラッスールが運転する車のなかで、フランツ／サミー・フレーがオディール／アンナ・カリーナに、「きみとそっくりな女の子が出てくる」小説の一節を読んで聞かせるところがある（アルチュール役のクロード・ブラッスールも聞き役である）。その一節はアングラレスが語る「ひとつのじつに馬鹿げた、じつに陰鬱な、じつに感動的な話」だ。

「ひとりの紳士がある日あるホテルにあらわれて、部屋を借りたいと申し出る。三十五号室に入ることになる。それから数分後、彼は部屋からおりてきて、鍵を事務室にあずけながらいわく、「すまないが、私はひどく忘れっぽいんだ。よかったら、外から帰ってくるたびに、ドゥルイ氏だ、と名前を言うからね、そのたびにかならず、部屋の番号を教えてくれたまえ。」――「承知しました。」まもなく彼は帰ってきて、事務室の扉をなかばあけながら、「ドゥルイ氏だ。」――「三十五号室です。」――「ありがとう。」一分後、おそろしく興奮したひとりの男が、服は泥にまみれ、血まみれで、ほとんど人間と思えないような顔になりながら、事務室に声をかける。「ドゥルイ氏だ。」――「なに、ドゥルイ氏ですって？　ご冗談を言わないでください。ドゥルイ氏はいま部屋にあがってらしたばかりですよ。」――「失礼、それが私なんだ……。いま窓からおっこちてしまってね。すまないが、私の部屋の番号を教えてもらえないか？」」


レイモン・クノー著「オディール」という本の表題も見えるので、当然、クノーの小説の一節かと思いきや、アンドレ・ブルトンのシュールレアリスム小説「ナジャ」（巌谷國士訳）の一節である。『勝手にしやがれ』（一九五九）以来のゴダールの引用の見事な、メリエス的なトリックにも匹敵する、クノーとブルトンの引用をすり替えたマジック的なコラージュなのである。『勝手にしやがれ』のなかの本のオビに引用されたレーニンの言葉や『軽蔑』の冒頭にアンドレ・バザンの言葉として引用された映画の定義と同じゴダール特有のすり替えのテクニックなのかもしれない。

「きみに似たヒロインが出てくる」小説は、「美は痙攣《けいれん》的なもの」という結論に至るブルトンの「ナジャ」

のヒロインでもあるということなのだろう。小説「オディール」の語り手の「僕」がレイモン・クノーで、アングラレスがアンドレ・ブルトンをモデルにしていることはよく知られているが、実際、アングラレスというのはアンドレ・ブルトンが自ら名のっていた別名とのこと。巌谷國士氏の解説（「ナジャ」、白水Uブックス）によれば、このアングラレスすなわちアンドレ・ブルトンの語る物語のなかのドゥルイDelouit氏とは、「D……嬢という本名をもつナジャその人の似姿なのか、それとも『私』を問い、『私』を追いつつも客観的偶然の窓から落ち、見るかげもない顔に変貌してしまうブルトン（雙面のルイ《ドゥ・ルイ》）の似姿なのか……」ということになる。いずれにせよ、この引用の一節にも（ということは映画全篇に）自殺への誘惑にも似た死のイメージがあるということにおどろかずにはいられないだろう。「かつてあったものはすべてもはや存在せず、将来あるべきものはいまだ何も存在しない」という、まるで世紀病に冒されたアルフレッド・ド・ミュッセのような絶望的な青春の嘆き節が聞こえてきそうである。

「ルイの英語教室」では、女教師（ダニエル・ジラール）がシェイクスピアの「ロミオとジュリエット」の書き取りと翻訳を担当、ページをめくって気分をだして朗読し、やはり死のイメージと予感にみちた台詞をいくつか抜粋・引用してみせる。福田恆存訳で引用させていただくと――

「**ジュリエット**　ああ、胸騒ぎがする！　こうして見ているると、下に立っているあなたが、墓の中の死人のよう。

これは？　杯《さかづき》だ、どうしてこれが愛する人の手に？　毒薬に違いない、これを呷《あお》り非業《ひごう》の最期を、あ あ、ひどい！　みんな飲み干してしまうなんて、後を追う私に一滴も残してくださらなかったの？　その唇にくちづけを。そこにまだ毒が残っているかもしれない。その効き目で私も死ねるだろう。」

「**夜警一**《いち》　あたり一面血だらけだ。酷たらしい事を！　ここに伯爵様が、それにジュリエット様も血を流して、まだ温かい、今亡くなったばかりとしか思えぬ。」

「**合唱団**　処は花のヴェローナ、いずれ劣らぬ名門の両家をめぐり、古き遺恨は新しき不和を招き、血で血を洗う忌《いま》わしき物語。敵《かたき》同士の親を持つ非運の子ら、痛ましくもその死によりて両家の宿怨《しゆくえん》を葬る。生きては添えぬ恋の悲しき顛末《てんまつ》、吾《わ》が子の死を見るまで、ついに止む事なかりし親の確執、委細はこれより二時間に亙《わた》り舞台の上に繰り拡げられましょう。皆様、もし御辛抱いただけますなら、吾ら一同、至らぬ節は勉《つと》めて補い、精一杯の処を御高覧に供したく存じます。」

この英語教室の「翻訳練習」のはじめに、女教師が黒板に「classique = moderne」つまり「クラッシック＝モダン」（「古典＝現代」「古きもの＝新しきもの」「伝統＝創造」）というゴダール映画の精神というか、その映画づくりの神髄をずばり書いて、生徒のオディール／アンナ・カリーナに「偉大な英国の詩人」T・S・エリオットの言葉として「すべての新しきものは、それ自体、古き伝統にもとづく」というゴダール映画の「新しさ」「現代性」の秘密と意味を明かす一文を引用させる。「ひとつの新しい芸術作品が創造されると、それに先立つあらゆる芸術作品にも同時におこるようななにごとかが起こる」というT・S・エリオットの「伝統と個人の才能」（「エリオット全集」、深瀬基寛訳、中央公論新社）のなかの文章も想起される。

「伝統には、なによりもまず、歴史的感覚ということが含まれる。そしてこの歴史的感覚には、過去がすぎ去ったというばかりでなくそれが現存するということの知覚が含まれるのであり、この歴史的感覚は、時間的なものばかりでなく超時間的なものに対する感覚であり、また時間的なものと超時間的なものとの同時的な感覚であって、これが作家を伝統的ならしめるものである。そしてこれは、同時にまた、時の流れのうちにおかれた作家の位置、つまりその作家自身の現代性というものをきわめて鋭敏に意識させるものでもあるのである。」

ゴダールは長篇映画第一作『勝手にしやがれ』以来、彼の映画は過去の古典の作り直しであり伝統の再創造にすぎないのだと自任していたが、T・S・エリオットはすでに――一九四四年の――「古典とは何か」(「エリオット全集」、岡本豊訳、前出)という講演で、ゴダールを代弁するかのごとく、古代ローマの偉大な詩人、ウェルギリウスの「言語と文体の成熟」について、こんなふうに述べている。

「……ウェルギリウスの文体は、彼以前の文学なしには、又、それを深く知ることなしには、あり得なかったであろう、ということは繰返す価値があります。以前の詩人の辞句や趣向を借りて、これをよいものにする場合の如く、彼は、ある意味では、ラテン詩を書き直していたのであります。彼は学識のある作家であり、彼の学識のすべては、彼の仕事に適わしいものでありました。彼に先立つ文学は、彼が利用するのに充分な量があり、しかも、多すぎることはありませんでした。」

「書き直し」、つまりはパラフレーズ、敷衍《ふえん》、と言ってもいいだろう。ゴダールは「絵画に模写の伝統があった」ように映画にも巨匠たちの作品をつくり直したり研究分析しながら「自分自身の映画」を撮るという方法があるのだと何度も語っているのだ。

自分の作品がかつてない新しい創造なのだと過信することの傲慢さを認識するところからゴダールとヌーヴェル・ヴァーグが出発したことは周知のとおりだ。映画史の創世記にはすでに「D・W・グリフィスがすべてを創造していた」ことを知ったうえで、映画をつくりはじめた世代だったのである。

「ルイの英語教室」で、アルチュール／クロード・ブラッスールは音読みだけのひどい英語とフランス語を混ぜこぜにして「tou bi or not tou bi / contre votre poitrine / it iz ze question（イキルベキカシヌベキカ／君の胸の谷間に／ソレガモンダイダ）」と紙切れに書いて（フランス語の「君の胸の谷間に」以外は音だけで綴りはデタラメだ）調子よく口説く。両側の耳もとで髪をくるくる巻いた北欧の少女っぽいオディールの髪型を「ダサイ（démodé——流行遅れ）」と、初めて口説く女の子に対してクギをさすあたりも女にもてるプレイボーイらしく手なれたもの。

アルチュールとオディールは恋人になり、夜のパリの街を歩く。「ヌーヴェル・ヴァーグ」という名の店（実際にパリにあった、たしか安価な靴の専門チェーン店だったと思う）のネオンの前をとおり、「そして、地下へ、地球の中心に向かって」というナレーションとともに、地下鉄の入口を降りていくのである。

アルチュール（父親と同じ名で、その姓もランボーというのはすでに述べたとおりである！）は、クリシー広場の射的場で射撃の名手としての腕前を見せる。

詩人のアルチュール・ランボーは、詩作をやめたあと、武器密売商などにもたずさわり、射撃の名手でもあったようだ。早熟な詩才を（十六歳のときである）ポール・ヴェルレーヌに認められて「来たれ、大いなる魂よ」と招かれ、相携えて放浪の旅に出るものの、ふたりの関係がやがて極度に緊張した果てに、ヴェルレーヌに拳銃で撃たれ、軽傷だったが、この事件後、詩作と決別し、散文詩集「地獄の季節」を印刷したあと（十九歳のときである）、自ら持ち帰って焼却したという。あえて自ら「呪われた」存在たらんとした反逆の詩人（ジャック・リヴィエール「ランボオ」、山本功、橋本一明訳、人文書院）であった。

映画という形式を次々に破壊し、無数の讃美者、追随者、模倣者を生み、幾多の新しい傾向や新しい運動の先駆者、啓示者として祭り上げられたのち一九六八年の「五月革命」を契機に、ラジカルに変貌し、ついに商業映画と縁を切ったゴダールを、人びとは一斉に（少なくともフランスでは）詩作を捨て、文学と絶縁したランボーに比較したものだが、もちろん、ゴダールの決別はランボーほどに乱暴で徹底したものではなかった。ランボーは「文学の、芸術の極限をさまよった」果てに詩作を「未練気もなくふり捨てて旅立った」が（『ランボオ詩集』、小林秀雄訳、東京創元社）、ゴダールは映画作りをやめたわけではなかった。それどころか、いったんは捨てた商業映画にまた復帰するといった未練がましさである。だが、まさに絶頂期に達した観のあった一九六八年にその栄光に別れを告げたゴダールの決断には、ランボーの「地獄の季節」の最終章、「別れ」の一節を想起させるものがあった。

「俺はありとある祭を、勝利を、劇を創った。新しい花を、新しい星を、新しい肉を、新しい言葉を発明しようとも努めた。この世を絶した力も得たと信じた。扨《さ》て今、俺の数々の想像と追憶とを葬らねばならない。芸術家の、話し手の、美しい栄光が消えて無くなるのだ。」

『はなればなれに』は一九六四年の作品であり、五月革命はまだ数年先のことである。ただ、アンナ・カリーナとの「別れ」だけがおとずれる。それも、ひとつの死ではあるにちがいない。『はなればなれに』のクロード・ブラッスール扮するアルチュールがいつも死の予感にとり憑かれているかのように死の演戯をすること、保安官パット・ギャレットに撃たれて二十一歳で生涯を閉じた西部のならず者ビリー・ザ・キッドの死を大仰に演じてみせることはすでに述べたとおりだ。そして、やがて、こそ泥という小さな冒険の果てに本当に西部の決闘まがいの撃ち合いで死んでしまうのだ。演戯あるいは模倣と真実あるいは本物との二重の死。まるで嘘から出た真実《まこと》のような苦渋な笑い。虚構と現実が相反するものではなく、どちらがどちらなのか、渾然として悪夢の様相を呈してくる。『小さな兵隊』（一九六〇）にも象徴的に引用されていたジャン・コクトーの「山師トマ」の最後の一節が想起される――「ギョームは逃げた。弾丸だ、と彼はつぶやいた。死んだふりをしないとこれでおしまいだ――だが、彼には虚構と現実の区別がなかった。ギョームは死んでいた」(「ジャン・コクトー全集」、佐藤朔訳、東京創元社)。

アルチュールは不良ぶっているが、文学的教養に毒されているような感じもある。オディールの叔母の邸宅に忍び込んで大金のありかをさがすときも、エドガー・アラン・ポーの盲点トリックを利用した推理小説の古典的名作「盗まれた手紙」に言及する――「とくに隠さないほうが気づかれないものだ」。家から追いだされそうになると、家主の叔母にジャン・ジロドゥの「シャイヨの狂女」を引用して叫び、ののしる――「シャイヨに幽閉されちまえ、この狂女め!」。「こんな歩き方をした男を見た」と言って、「ジーキル博士とハイド氏」のジャン・ルノワール監督版『コルドリエ博士の遺言』(一九五九)のジャン゠ルイ・バローの演じるオパール氏の奇怪なあるきかたをまねしてみせるところもある。もちろん、コルドリエ博士/ジーキル博士とオパール氏/ハイド氏もまた、現実と虚構が一体になって死んでしまう二重人格、雙面《ドウ》のルイなのである。もはや、どちらかが生きのびることなど、あり得ないのだ。「山師トマ」のギョームのように流れ弾に当たらなくても、本物の拳銃で撃ち合うことになり、そうでなくても気狂いピエロのように自爆だってあり得るのだ。

ヌーヴェル・ヴァーグならではの、若々しいのにはつらつとした明るさや未来に向かう若さのない「青春うんざり」映画を撮りつづけてきたゴダールだが、『はなればなれに』はその憂鬱もここにきわまった感じだ。「巴里の憂鬱」のボードレール的な詩的告白(「人影のない広い公園」「射撃場」「迷路における星の瞬き、燈火の煌《きら》めき」)もゴダール自身のナレーションに引用される。

オディール/アンナ・カリーナが夜の地下鉄のなかでアルチュール/クロード・ブラッスールに詠《うた》って聴かせるアラゴンの詩(「詩人たち」のなかの「私は一人称で歌う」)のレオ・フェレ作曲の(レオ・フェ

レ自身が詠《うた》う以上にアンナ・カリーナが詠《うた》うと絶唱と言いたいくらいの悲しみにみたされる）メロディーによる一節、その「深い、深い、深い」悲しみ（服部伸六訳では「それ（不幸）は根深く　根深く　根深いのだ」となっている）。すでに『勝手にしやがれ』にふれて、フランソワ・トリュフォーがゴダールの映画の真実をそこに見出さずにはいられなかった悲痛な叫びだ。その途中で――「自由《リベルテ》」という名の地下鉄の駅名が一瞬とらえられ、ドアがひらかれても、そこでふたりは降りて「自由」に向かうわけではないのだ。ふたりは「自由になるため　生れてきた」のではなかったのか、「幸福になるために　生れてきた」のではなかったのか――エルザの書いた小説「幻の薔薇」に対する註釈としてアラゴンが書いた長詩「エルザ」（大島博光訳）のように？

「エルザのパリなくして私にパリはない」とうたうアラゴンのように「アンナのパリなくして私にパリはない」と『女は女である』のゴダールならおのろけを言ってみせたかもしれない。だが、すでにパリは『アルファヴィル』（一九六五）のようなポール・エリュアール的「苦悩の首都」だ。

『軽蔑』のポール・ジャヴァル／ミシェル・ピッコリのように黒い帽子をかぶりつづけるフランツ／サミー・フレーが『軽蔑』のミシェル・ピッコリのように生き残って、その苦渋を嚙みしめ、「あの孤独な人間が泣いている暗い伝説」の苦悩を一身に背負うことになる――彼の夢はオートレーサーになって若くして壮烈な死をとげるはずだったのに。

映画のラストは、アルチュールが死んだあと、取り残されたふたり――フランツとオディール――がお互いに慰めようもなく孤独になって船出するシーンである。

ナレーションはまた一人称に戻り、レイモン・クノーの小説「オディール」の終章のように「僕の話はここで終わる」ことになる。

オディールとフランツは船で南へ――フランツが夢みていたような北へではなく――旅立つことになり、

『はなればなれに』アンナ・カリーナとサミー・フレー
提供 © アヌーシュカ・フィルム／ DR

「海を見る」ことになるのだが、ここでゴダールはレイモン・クノーの小説「オディール」からきちんと引用し、三人称のナレーションとして読むのである。

「それは一つの劇場だった。「劇場なるもの」だった。舞台は山並みの一部になって、まさに地平線の上にあった。その向こうには、もう空しかなかった。空にはしみ一つなかった。人間のつくったものが自然をそこなわずにいるのと同じように。ここでは何一つ衰微するものはなく、何一つ品位を汚すものはなく、何一つ威厳を失墜させるものはなかった。一面の波になって広がるこの調和あるものを前に、僕はもう限界も矛盾も感じなかった。」（宮川明子訳）

「僕」のところが「フランツとオディール」と三人称になっていることは言うまでもないだろう。そして「ふたりの熱帯地方での冒険を次回はテクニカラー・シネマスコープで語ることにしよう」と予告するのである。『気狂いピエロ』がたぶんその「次回」作になるのである。

『はなればなれに』は、ゴダールがアンナ・カリーナとともに設立したプロダクション「アヌーシュカ・フィルム」（アヌーシュカはゴダールがアンナ・カリーナをその名でよんでいたという愛称だったことはすでに述べたとおりだ）の第一回作品であったが、『はなればなれに』完成後の一九六四年十二月二十一日にふたりは離婚した。

原作と映画化（1）——Fools' Gold／鳩が飛ぶ／はなればなれに

一九五〇年代末から六〇年代にかけて、フランス映画はヌーヴェル・ヴァーグ（新しい波）とよばれた革新的運動に突き動かされて活気づいていた。映画研究誌「カイエ・デュ・シネマ」の批評家出身の急進的グループが中心になり、なかでもフランソワ・トリュフォーとジャン＝リュック・ゴダールが好敵手として盟友として結束し、拠点を固めていた。のちにゴダールはこんなふうに回想、分析することになる。

（『ゴダール／映画史』、奥村昭夫訳、筑摩書房）

「ヌーヴェル・ヴァーグの力というものが生まれたのは、あるいはまた、ヌーヴェル・ヴァーグがある時期のフランス映画を突き破ることができたのは、ただ単に、われわれ三、四人の者が互いに映画について語りあっていたからです。〔中略〕映画史上に《……派《エコール》》と呼ばれるものが生まれたときにはいつも、そうした語りあいが大いになされていました。〔中略〕イタリアン・ネオリアリズムについても同じことが言えます。ロッセリーニはある時期、フェリーニとよく語りあっていました。それだけで十分だったのです。なにかを語りあう必要を感じ、それを実行していたのです。互いになにかを感化する必要を感じていて、その感化の手段として選んだのが、本よりはむしろ映画だったのです。そうでなければ、ひとは映画をつくったりはしないのです。」

一九六八年五月の動乱——五月革命——を機に盟友ふたりが骨肉相食《は》むがごとき、あられもない（?!）ののしり合いの大喧嘩《おおげんか》の果てに袂《たもと》を分かったあとのゴダールの発言なので、かつての同志トリュフォーを映画作家としては「不誠実」でむしろ「本屋になりそこなったような」奴《やつ》と嘲笑《ちようしよう》しているのだが、友情ある仲間同士だったヌーヴェル・ヴァーグの時代にはトリュフォーと「よく語りあって」、「感化」され、長篇処女作『勝手にしやがれ』（一九五九）からしてトリュフォーの原案と企画による作品だったことは周知のとおりである。

トリュフォーは「本屋になりそこなったような」奴とゴダールに言われてもしかたがないくらいの読書人で、好きな本は書斎にも一冊、寝室の枕元《まくらもと》にも一冊、仕事場／事務所にも一冊とそなえて読みつづけていた。しかし文学の名作の映画化にはとくに用心深く、マルセル・プルーストの「失われた時を求めて」の映画化を依頼されたときなど「プルーストはレモンのようにしぼりさえすれば簡単に味も香りもいい汁が出るような代物《しろもの》ではないので……」とことわっている。映画化が可能かもしれない「スペクタクル（見世物）性が内在する」文学作品はごく限られていると厳しく考えてゴダールもトリュフォーも親密に真剣に論じ合っていたようだ。レイモン・クノーはトリュフォーもゴダールも大好きで、とくに自伝的恋愛小説「オディール」の映画化は実現しなかったけれども、一九六四年のゴダール作品『はなればなれに』のヒロイン（アンナ・カリーナが演じた）の名に残ることになる。

トリュフォーは批評家時代に古本屋で無名の老作家アンリ＝ピエール・ロシェの小説「ジュールとジム」（邦訳「突然炎のごとく」）を発見し、長いあいだ老作家と文通しながら映画化を構想して、一九六一年に、伝統的な文芸映画とはまったく異なる、現代的な恋愛映画『突然炎のごとく——ジュールとジム』を撮った。ジュールとジムという二人の男に愛され、同じように二人の男を愛した自由奔放なヒロイン、カトリーヌをジャンヌ・モローが演じ、「純愛の三角関係」という宣伝文句でフランスのみならずアメリカでも（とくにニューヨークで）大ヒットし、大きな話題をよんだ。

ゴダールは一九六三年にイタリアのスキャンダラスな人気作家、アルベルト・モラヴィアの原作によるカラー・スコープの大作でブリジット・バルドー主演の『軽蔑』を撮ることに成功したが、いろいろ問題を残すことになる。映画の出来上がりを見たアメリカ側の資本家、ジョゼフ・E・レヴィンから「ブリジット・バルドーの尻《ケツ》をもっと見せろ、さもなくば金を出さんぞ！」と文句をつけられ、ブリジット・バルドーのそっくりさんを何人か雇って（尻《ケツ》だけがＢＢ《ベベ》にそっくりの女優もふくめて）急きょ撮り直しをして追加、再編集をしなければならなかった。自ら進んでひきうけた映画化だったが雇われ仕事はもうまっぴらだとゴダールは、ささやかながら独立プロ「アヌーシュカ・フィルム」（アヌーシュカはゴダールが個人的に、愛をこめて、愛妻のアンナ・カリーナをよぶときのまさに愛称だった）を設立し、低予算ながらその第一回作品にはアンナ・カリーナをヒロインにして愛の映画を構想する。

トリュフォーの『突然炎のごとく』に最も刺激され、「感化」され、祝福されたゴダール版「純愛の三角関係」が、アンナ・カリーナのオディール（最初はアヌーシュカというのがヒロインの名だった）、サミー・フレーのフランツ、クロード・ブラッスールのアルチュールという三人組の物語で、『はなればなれに』というタイトルはまだ決まっていなかった。

『突然炎のごとく』に刺激され、「感化」されて、「純愛の三角関係」の映画化を考えたのはゴダールだけではなかった。ニューヨークの「エスクァイア」誌の記者だった映画狂のロバート・ベントンとデヴィッド・ニューマンはトリュフォーの映画を見て以来、映画づくりをめざして（のちに二人とも映画監督になる）、たまたま「エスクァイア」誌の特集記事のためにコンビで取材中の、大恐慌《だいきょうこう》時代のアメリカ南西部を荒らしまわった女と男の二人組銀行強盗の実話をもとに、「ボニーとクライドのバラード」というシナリオを書いた。のちに、紆余曲折《うよきょくせつ》をへて映画化され（一九六七年のアーサー・ペン監督『俺たちに明日はない』）、アメリカン・ニューシネマの時代を切り拓くことになる作品のもとになったシナリオである。当初はモスというもう一人の仲間がクライドとともにヒロインのボニーを愛して「純愛の三角関係」

をなす物語だったらしいが、結局、モスはクライドとボニーを密告する役になって三人組から抜け、傍役《わき》になった。

　ロバート・ベントンとデヴィッド・ニューマンから「ボニーとクライドのバラード」の映画化の企画をもちこまれたトリュフォーは、一時、アレクサンドラ・スチュワルトのボニー、テレンス・スタンプのクライドという配役で映画化を考えるが、前々から企画中だったレイ・ブラッドベリのSF小説「華氏四五一度」の映画化を急ぐことになり、ゴダールの独立プロ（アヌーシュカ・フィルム）の第一回作品『フランツとアルチュールとアヌーシュカ』の下敷きになるストーリーに「ボニーとクライドのバラード」（ロバート・ベントンとデヴィッド・ニューマンに協力してシナリオにかなりの手を入れていたようだ）を考えて、ロバート・ベントンとデヴィッド・ニューマンをゴダールに紹介したが、その間に、「ボニーとクライドのバラード」の映画化権がウォーレン・ベイティ（当時はウォーレン・ビーティの表記だった）の製作・主演でハリウッドのメジャー会社、ワーナー・ブラザーズ映画に買われてしまっていたというような事情もあって、その代わりに（というわけでもないのだろうが）、トリュフォーが愛読していたパリのガリマール出版のセリ・ノワール（暗黒叢書《そうしよ》）の一冊、「鳩が飛ぶ（Pigeon Vole）」がゴダールの手に渡ることになるのである。「鳩が飛ぶ」というのはフランスの子供の遊びで、親になった者が「飛ぶものの名を言ったときはいっせいに手をあげ、飛ばないものの名で手をあげれば罰則がある」（「白水社仏和大辞典」）というごっこ（ゲーム）とのことだが、この、単なる犯罪小説にしてはなにやら洒落《しやれ》た感じのフランス語の題名が付けられたドロレス・ヒッチェンズの「Fools' Gold」が、『勝手にしやがれ』から七作目になるジャン＝リュック・ゴダール監督の長篇映画『はなればなれに』の原作になるのである。本邦初訳（矢口誠訳）、これから読むのが本当にたのしみだ。

　それにしても、何もかも、ここに至るまで、アンナ・カリーナなくしてゴダールの映画はないと見抜いていたにちがいないトリュフォーの友情ある目論見《もくろみ》だったのだろう（としか思えない！）。

ゴダールも「この小説を貸してくれたのはトリュフォーだ。ぼくは企画の種が切れると、そのつど彼に会いにゆく。そして彼がアイデアを与えてくれる……」と率直に語っている。（「レ・レットル・フランセーズ」紙一九六四年五月十四日号掲載のインタビューより。アラン・ベルガラ「六〇年代ゴダール――神話と現場――」、奥村昭夫訳、筑摩書房）

ゴダールにはつねにすばらしい無限のアイデアがあってその数々の多彩なアイデアを引用や抜粋の形で表現するための下敷きになるストーリーが必要だったが、それは画家が絵を描くためのカンバス（画布）のようなもので、いろいろなアイデアを絵具のように重ね塗りしたり上塗りをしたり、明暗濃淡をつけたり、即興的に大胆に塗り変えたりする。それがゴダール流の映画づくりの画法なのだ、とトリュフォーは感嘆しながら分析していたものである。しかも、その下敷きになるカンバスは真っ白な画布とはかぎらない。ゴダール自身は映画の下敷きになるストーリーは黒板のようなものだと言った。黒板にいろんなアイデアをいろんな色のチョークで描いたり、描いたものをまた消したり、書き足したりするのだ、と。

映画『はなればなれに』はゴダールが原作の小説「鳩が飛ぶ」というカンバスにさまざまな引用という絵具を塗りたくった形で「深い、深い、深い」悲しみを詠《うた》ったアラゴンの長詩（「詩人たち」のなかの「私は一人称で歌う」）や、アンナ・カリーナ振付による青春トリオの、三人いっしょに踊りつづけながらはなればなれにならざるを得ない運命の象徴のような、マディソン・ダンスを感動的に描き上げていく。

フランツ（サミー・フレー）がオディール（アンナ・カリーナ）に、「きみとそっくりな女の子が出てくる」小説の一節を読んで聞かせるシーンもある。それはアングラレスという主人公が語る「ひとつのじつに馬鹿げた、じつに陰鬱な、じつに感動的な話」なのだが、映画のなかでは表題が見えるレイモン・クノーの小説「オディール」からの引用ではなく、シュールレアリスム運動のリーダーとして知られるアンドレ・ブルトンが一九二八年に発表した超現実の世界に生きる不思議な女、ナジャとの出会いを物語った自伝的シュールレアリスム小説からの一節である。アンドレ・ブルトンのシュールレアリスム運動に共鳴して作家活動に入ったレイモン・クノーがアンドレ・ブルトンとシュールレアリスム運動からの袂別を描いたといわれる一九三七年刊行の「オディール」は、アルチュールの死のあと、フランツとオディールが水平線のかなたに向かって船出する映画のラストで引用される。そして「ふたりの熱帯地方での冒険を次回はテクニカラー・シネマスコープで語ることにしよう」という、『気狂いピエロ』（一九六五）を予告するようなゴダール自身の声によるナレーションで終わるのである。

（ドロレス・ヒッチェンズ「はなればなれに」、矢口誠訳、新潮文庫、解説）

『モンパルナスとルヴァロワ』
――『女は女である』から遠く離れて、『恋人のいる時間』に限りなく近く

一九六四年から六五年初めにかけて（その一年前の一九六三年末から六四年初めにかけて、という記録の文献もあるのだが）、ジャン゠リュック・ゴダールは、バルベ・シュレデール（一九六三年の『カラビニエ』では自動車販売店の店員として出演し、エリック・ロメールと共同でプロダクション「レ・フィルム・デュ・ロザンジュ」を設立したばかりだった）からの依頼で、オムニバス映画『パリところどころ』の一篇（第５話）を急きょ撮ることになり、『女は女である』（一九六一）のなかでジャン゠ポール・ベルモンドがカフェでアンナ・カリーナに話す一口噺《ひとくちばなし》をそっくりそのまま映画化することを思い立つ。「親友の妻」アンジェラ／アンナ・カリーナをくどきながら、アルフレッド・ルビッチ／ジャン゠ポール・ベルモンドは、「きみに似た女の子」のこんな話をする。

ふたりの男（愛人）に即日配達の快速便で手紙をだした直後、彼女は封筒の住所と手紙を間違えてしまったことに気がつき、あわてて、まず第一の男のところへかけつけるが、さいわい手紙はまだ届いていなかった。「快速便がもうすぐ届くけど、手紙に書いてあることを信じないでね」と彼女は一所懸命、弁解しようとする。男は怪訝そうにわけをたずねる。彼女は打ち明けざるを得なくなる。男は怒って彼女を追いだす。「ひとりはだめになったけど、もうひとりがいる」と彼女は考え、第二の男のところへ急ぐ。手紙はすでに届いてしまっていたが、男は全然気を悪くしていないかのようだ。むしろ、これまで以上に愛が深まったような感じですらある。「怒ってないのね。あたしをゆるしてくれるのね。やさしい人ね」

と彼女は感謝して、すべてを打ち明ける。すると、男は快速便を見せ、「このスベタめ！」とどなって彼女を追いだしてしまう。彼女はそのとき、じつは手紙を封筒に入れ違えていなかったことに気づくのだ。

ゴダールはのちに、「この物語の骨子はジャン・ジロドゥが若いころに書いたある短篇小説をもとにしている」と語っているが（「カイエ・デュ・シネマ」誌一九六五年十月第171号）、作家のジャン・ジロドゥが無名時代、フランスの朝刊新聞「ル・マタン」の編集部に勤めていたころに書いた短篇小説（というよりもむしろ一口噺《ひとくちばなし》といった感じのコント）をまとめた「Les contes d'un matin」（ずばり「朝」という意味のパリの朝刊紙「ル・マタン」の定冠詞「ル（le）」に代えて不定冠詞の「アン（un）」を付けて「ある朝《マタン》のコント集」という題名にしたもの）の一篇（「勘違い」La méprise）がその出典で、主人公は男で、とんだ勘違いから婚約者と愛人を同時に失ってしまうという話。それをハワード・ホークス的に男を女に入れ替えて語ったもの。ところが（などと言っては失礼なのだが）ヒロインの入れ替えはどうもうまくいかなかったとしか思えず、どう見ても悲惨なほどアンナ・カリーナのそっくりさんに仕立てようとしたとしか思えないカナダ生まれのジョアンナ・シムカスをヒロインに、リチャード・リーコックに次ぐシネマ・ヴェリテ／ダイレクト・シネマの先鋭のひとり、アルバート・メイスルズを撮影に迎え、映画のクレジットタイトルは「Un action-film/organisé par/Jean-Luc Godard/et filmé par/Albert Maysles」（ジャン゠リュック・ゴダールによって組み立てられ、アルバート・メイスルズによって撮影された、あるアクション゠フィルム）と記されているように名手アルバート・メイスルズのアクション・フィルミングとも言うべき即興的な同時録音撮影のキャメラの実験だけが目立って、まるでアンナ・カリーナの亡霊を見ているような印象だけが残った。

ゴダールがやさしさを見せるのは（それも過剰なまでに）、アンナ・カリーナに対してだけなのである。ヒッチコックのように、ヒッチコックの『めまい』（一九五八）のジェームズ・スチュアートのように、身代わりのヒロインに対しては残酷なまでに手厳しく容赦がない。

「わたしはわたしの「意味するもの（signifiant）」としてのシナリオを書いて提示し、そのシナリオに「意味されたもの（signifié）」を俳優が体現して「意味表象（signe）」をもたらし、撮影のアルバート・メイスルズがそれらの連合的総体として「意味作用（signification）」すなわち伝達をおこなったのだ。これは意味論（sémiologie）における三つの段階に対応している。〔わたしはひとつの物語を〕書き、次いで俳優たちにその物語の展開や台詞や身を置くべき舞台背景を与えたうえで、その物語を自分の好きなように演じ直すように——生き直すように——求めた。そのあと、キャメラマンのアルバート・メイスルズが、あたかも現実の出来事を前にしているかのように、またその出来事に少しも影響を及ぼすことなく、ニュース映画のキャメラマンのようにふるまった。」（「ゴダール全評論・全発言Ⅰ」、奥村昭夫訳、筑摩書房）

とゴダールは述べ、自分はその出来事をまったく「演出」しなかったし、キャメラにとらえられたその出来事を「できるだけうまく『組み立て《オルガニゼ》』ようとしただけ」なのだという。そして、「メイスルズとは互いによく理解し合うことができた」ので、「いつか彼と一緒に、すべてがこの原則にしたがって組み立てられる、これよりも大きい映画をつくることになるはずだ」とも語っているのだが、『恋人のいる時間』はもしかしたら——キャメラはアルバート・メイスルズではなく、ラウル・クタールだが——その最初の「大きい映画」の予感的な試みだったのかもしれない。ヒロインの人妻を演じるマーシャ・メリルが街路で転倒してしまう——観客として見ていても痛みを感じるような——一瞬をとらえてしまうラウル・クタールのキャメラは、まさに「たとえ交通事故でも殺人事件でも、その瞬間にシャッターボタンを押さなければならない」、そしてもしポルノ映画として撮られたなら「ぞっとするような」リアルな本番のシーンでも撮らなければならないというダイレクト・シネマの迫真性の小さな一例と言えるのかもしれない。

だが、そのようなアクション＝フィルムの「原則」は、「劇映画をドキュメンタリーのように撮る」ジャン・ルーシュ監督の『私は黒人』（一九五八）にならって撮ったゴダールの長篇第一作『勝手にしやがれ』から、すでに見事にリアルに洗練されて生かされていたような気もする。しかし、ゴダールとしては、『恋人のいる時間』は「演出された」映画ではなく、現実のアクションそのものを生々しく記録したフィルムであり、ゴダールはただ構成／組み立てをしただけなのだとあえて言いたいのかもしれない。『恋人のいる時間』には、シネマ・ヴェリテふうに、ダイレクト・シネマふうに、七つのインタビューもあり、「1記憶」（夫のフィリップ・ルロワが語る）、「2現在」（妻のマーシャ・メリルが語る）、「3知性」（特別出演のロジェ・レーナルトが語る）、「4幼年時代」（夫妻の息子、クリストフ・ブールセイエが語る）、「5ジャヴァ」（家政婦のリタ・メダンが語る）、「6快楽と科学」（産婦人科の医師——たぶん本物の——が語る）、「7芝居と愛」（巡業劇団の俳優、ベルナール・ノエルが語る）という字幕とともに全体が構成されているが、「5ジャヴァ」の項（シーン）ではアコーディオン演奏によるクロード・ヌガーロのヒット曲「ジャズとジャヴァ」（ジャヴァはフランスのポピュラーなダンス曲でテンポの速いワルツ）が流れるシーンで、リタ・メダンの演じる妙に図々しく下品な家政婦、マダム・セリーヌにルイ＝フェルディナン・セリーヌの小説「なしくずしの死」（画面に大きく表題が出る）からの引用を彼女のセックス体験として語らせるといったやらせふうのインタビューもある（もっとも、セリーヌ夫人を演じるリタ・メダンは本当に作家のセリーヌの未亡人との説もあり、そうだとすればこれこそ掛値無しのシネマ・ヴェリテということになるのかもしれない）。

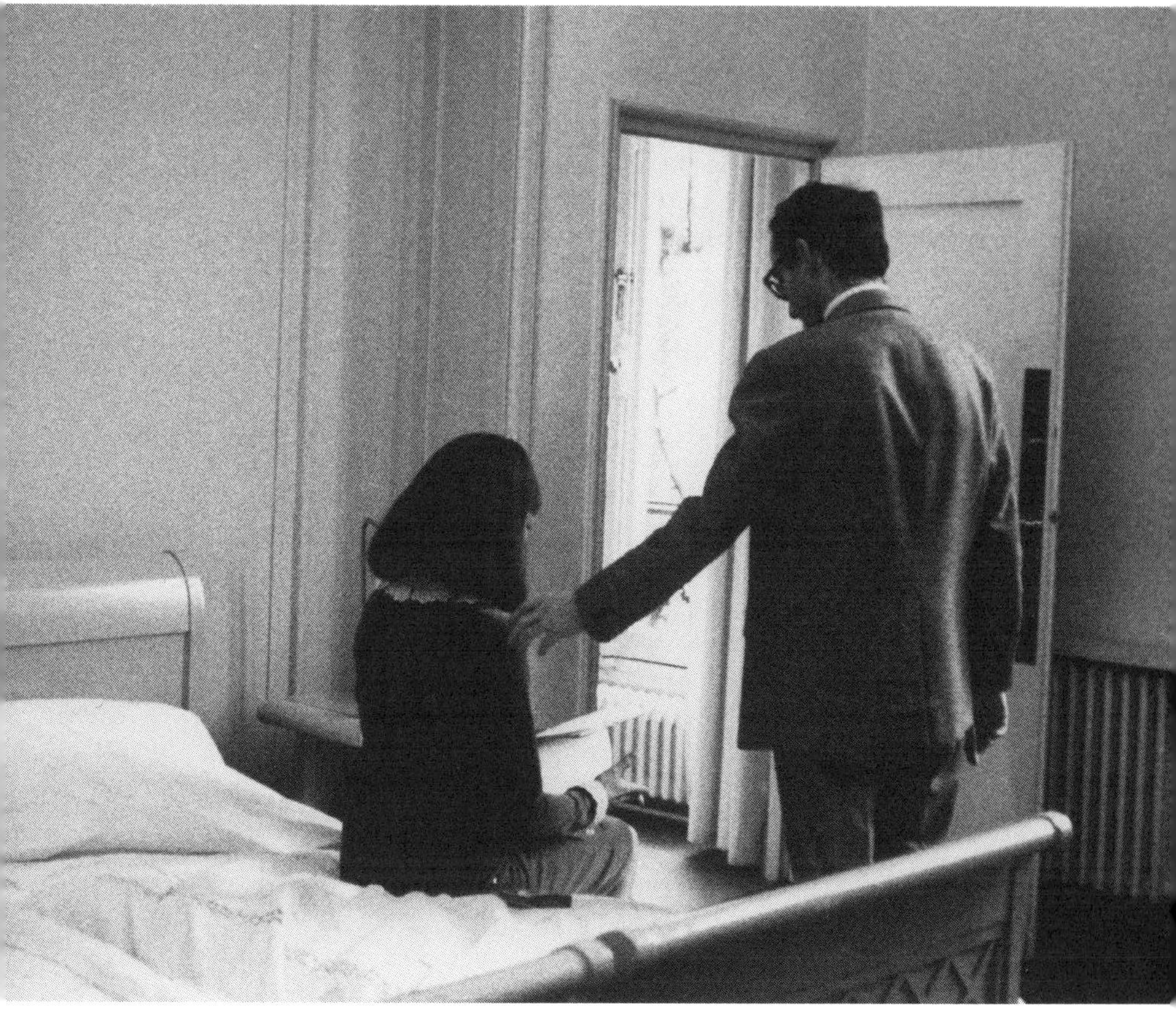

これはアンナ・カリーナを演出中のゴダール（『アルファヴィル』）だが、このようなやさしさは『モンパルナスとルヴァロワ』にはまったく感じられない。（撮影／山田宏一）

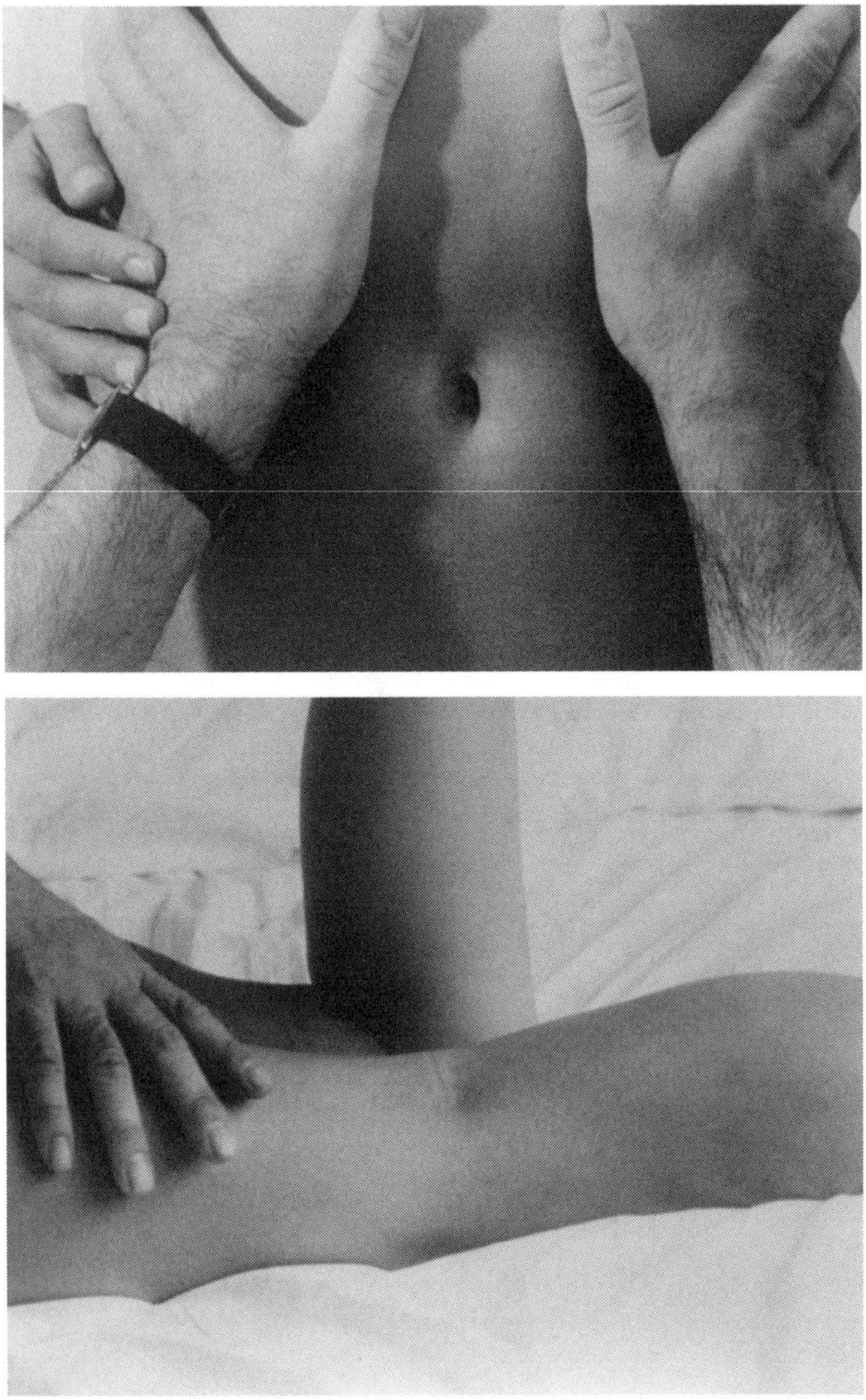

『恋人のいる時間』コマ撮り © アヌーシュカ・フィルム／DR

UNE FEMME MARIÉE
恋人のいる時間

ヴェネチア国際映画祭からの依頼で
ロジェ・レーナルトの特別出演
ある人妻の二十四時間
彼女は「エル」を読んでいる
キャメラによるコラージュ
ロラン・バルトに特別出演をことわられて
大胆にポルノ的ではなかった
映画がはしゃぎまわる
シルヴィー・ヴァルタンの「悲しきスクリーン」

『はなればなれに』（一九六四）のラストで、生き残ったふたり、オディールとフランツの「熱帯地方での冒険を次回はテクニカラー・シネマスコープで語ることにしよう」というジャン＝リュック・ゴダール自身によるナレーションが予告した「次回」作の前に、二本の白黒・スタンダード作品、『恋人のいる時間』（一九六四）と『アルファヴィル』（一九六五）を、長篇映画第八作および第九作としてゴダールは撮ることになる――それも注文あるいは依頼で。

一九六〇年代のゴダールはじつに多忙で、エネルギッシュで、豊饒な創作活動をつづけることになる。神話的売れっ子とも言うべき映画作家だったのである。

『恋人のいる時間』は、ヴェネチア国際映画祭からの依頼だった。ヴェネチア映画祭は八月末の最後の日曜日か九月の最初の日曜日からはじまるので、それまでに間に合うならぜひ上映したいという映画祭側からの依頼と招待に応じて――国際映画祭でジャン＝リュック・ゴダールの新作を招待上映することが当時すでにどんなに「売りもの」になるものだったかが推測されよう――ゴダールは、準備から仕上げまでにギリギリ一か月間しかないことを承知で、このチャンスに「挑戦」するのだ。

一九六四年、七月中に『恋人のいる時間』の撮影を終え、八月には前作『はなればなれに』がパリで公開されることになり、そのキャンペーン（インタビューやらテレビ出演やら）に付き合いながら、その間に『恋人のいる時間』の編集に入り、九月八日には第二十五回ヴェネチア映画祭でプレミア上映されることが決まった（パリ公開は十二月になる）。

『恋人のいる時間』は、『はなればなれに』に次ぐゴダール／カリーナのプロダクション「アヌーシュカ・フィルム」の第二回作品だが、アンナ・カリーナはすでに恋愛中と噂された俳優、モーリス・ロネの第一回監督作品『ティビダボの泥棒』（一九六五年完成）のスペイン・ロケ中で、そのあともイタリアでヴァレリオ・ズルリーニ監督の『国境は燃えている』（一九六五）の撮影に入ることになっていたので、

『恋人のいる時間』にアンナ・カリーナの出るチャンスも余裕もなく、といっても、ゴダールの旺盛な創造的インスピレーションがアンナ・カリーナだけではなかったであろうことは当然ながら、それにしてもアンナ・カリーナの出ないゴダール映画はまるで「ユウモアのない一日」のように寂しい。

ヒロインの人妻を演じるマーシャ・メリル（のちにミシェル・ルグラン夫人になるというのも他生の縁とでも言うべきか）は、『女と男のいる舗道』（一九六二）のアンナ・カリーナのようなショート・カットで、特別出演のロジェ・レーナルト（綴りはRoger LEENHARDTだが、映画のなかでは「レーナール氏」とよばれる）が、マーシャ・メリルの赤褐色の髪を見て（映画は白黒だが）、アポリネールの「きれいな赤毛の女」という詩を想起させると讃えるシーンがある。「おお太陽よ　いまは燃える理性の時だ／理性はすてきな赤毛の女の／魅力的な姿をもつ」（飯島耕一訳）という詩の一部も引用し、「理性（la raison）」は女性名詞であり、だから、フランス語では「美しいもの」「偉大なもの」はすべて女性名詞なのだとたくみに言いつのり、女性定冠詞「la」の付く「若さ（la jéunesse）」、「美徳（la vertu）」、「共和国（la République）」、「フランス（la France）」などの例を挙げる。

ロジェ・レーナルト扮するレーナール氏はナチのユダヤ人収容所のあったアウシュヴィッツをめぐる歴史の研究などにかかわる知識人で、映画とは無関係のようだが、ときとしてたぶん映画作家ロジェ・レーナルトとして、「すべてのユダヤ人とすべての床屋を殺せば……」などと『チャップリンの独裁者』（一九四〇）にそれとなく言及したりする。

『勝手にしやがれ』（一九五九）に特別出演したジャン゠ピエール・メルヴィル監督のように、ロジェ・レーナルトもヌーヴェル・ヴァーグに大きな影響を与えた先駆的監督だったが（そして、アンドレ・バザンのようにヌーヴェル・ヴァーグの理論的支柱となった批評家でもあるのだが）、メルヴィル監督とは違って、いかにもきまじめな感じで『女と男のいる舗道』でアンナ・カリーナを相手に人間の生きかたと自己責任について語る特別出演の哲学者ブリス・パランのようにシリアスではあるのだが、「生きた知性」として引用された特別出演としてはずっと印象が薄い。『恋人のいる時間』という映画そのもののヒントになったといわれる「神話作用」の著者、記号学者であり構造主義者である新批評《ヌーヴェル・クリティック》の旗手ロラン・バルトが特別出演してその哲学を語るはずだったともいわれるけれどもことわられ（ロラン・バルトは次の『アルファヴィル』にも特別出演をことわってゴダールをくさらせるのだが）、ヒロインのマーシャ・メリルの話に戻すと、純白のシャツ型ブラウスに膝丈のプリーツ・スカートで軽快に歩きまわる感じはさわやかながら恋人のアパルトマンで裸になると、むちむち肌（というのか、やや太り肉《じし》）で、もちろんアンナ・カリーナとは似ても似つかぬマーシャ・メリルなのである。役名は、『勝手にしやがれ』以前のゴダールの短篇映画、『男の子の名前はみんなパトリックっていうの』（一九五七）と『シャルロットとジュール』（一九五八）でアンヌ・コレットが演じていた女の子と同じシャルロット。

『恋人のいる時間』の原題は『Une Femme Mariée（ある人妻）』で、邦題のように、夫のほかに恋人のいる人妻である。パリの最新のファッション、とくに「スキャンダル」の名で売り出されて大ヒットするセクシーな女性用下着の研究に熱心なわりには、恋人の前で（恋人のアパルトマンの屋根裏部屋から屋根づたいにそのまま外へ出たりするのだが）、とてもおしゃれな下着とは思えない――ダサイと言うべきか、といっても、ごく自然でよく似合うのでむしろ実用的とも言うべき――デカパン一枚で歩きまわる（ゴダールが映画のために選んだ下着よとマーシャ・メリルはインタビューなどでたのしそうに語っているのだが、アンナ・カリーナにはとても考えられないデカパンだ）。映画の原題も当初は定冠詞の付く『La Femme Mariée』だったのが検閲にひっかかり、「人妻というのはこういうもの」といった普遍的・断定的な感じになる定冠詞を避けて『Une Femme Mariée（ある人妻）』と不定冠詞にして公開されることになったというのだが、「人妻とはこういうもの」という定冠詞付のイメージは、たぶん、ロラン・バルトの言う「市民社会《ブルジヨワ》」の豊かな――時間的にも経済的にも余裕のある――消費生活をたのしむパリの平凡な、平均的な一主婦という役柄そのものに反映しているように思える。

一九六四年に撮影されたパリのある人妻の二十四時間（ある日の昼下りから翌日の午後まで）を描いた映画のいくつかの断片（Fragments）にすぎないという、ことわり書きのような字幕が映画の冒頭に出るのだが、断片だけでも、まるでこの人妻は、恋人のいる時間もいない時間もセックスに明け暮れているような印象をうける。

恋人は地方巡業劇団の俳優で、アパルトマンの壁にはモリエールの肖像画がかかっており、ラシーヌの「ベレニス」に出演することになっていて、情事の合間に台詞をおぼえようとしたり、フランスの古典劇、モリエールやラシーヌやコルネイユをふくむ演劇攻撃の書として名高い十七世紀の説教師・神学者ボシュエの「劇についての箴言と省察」を朗読したりするのだが、ベルナール・ノエルという俳優が恋人としても俳優としてもあまり魅力がないせいか、引用もあまり印象に残らない――と言っては失礼ながら。

人妻のシャルロットは昼下りの情事のあと、恋人のアパルトマンから出て（このあたりはじつにテンポもよく、サスペンスもある息せききったタッチも快く）、門や木陰から周辺を注意深く見まわし、ひと目をはばかるようにして、すばやく恋人の車に乗りこみ、途中で降りて、なお、まるで追手をまこうとするかのようにタクシーからタクシーに乗り換えたりして、情事のあいだあずけていた子供を迎えに行き、子供の手を取って、一週間ぶりに仕事を終えて帰ってくる自家用飛行機のパイロットである夫（フィリップ・ルロワ）に会いに飛行場（というか、自家用飛行機の駐車場である）へ向かう。その夜は夫とセックスをし、昼間寝た恋人も愛しているが夫も愛していることを確認し、翌日は女性週刊誌「エル」の編集部の女友だちと会って、プールサイドで水着のモデルたちの写真撮影に立ち会い、そのあと、約束をとってあった産婦人科の医師のところへ行くと妊娠を告げられるが、父親が夫なのか恋人なのかわからず、産む決心がつかない。午後四時半にはオルリー空港内の映画館で恋人と待ち合わせて、恋人がマルセイユに発つ前に空港のホテルに入る。こうして映画の最初と最後がベッド・シーンになり、まるでセックスに明け暮れるかのような、パリの人妻の生活（というよりも生態）が描かれるのである。

ナチ占領下のフランスでレジスタンス運動に加わった経験もあるらしい知識人のレーナール氏がナチのユダヤ人収容所、アウシュヴィッツの話をすると、妊婦の胎児催奇形性物質、サリドマイドと混同してしまって笑われる人妻のシャルロットだが、恋人と寝たベッドで全裸のまま、エルザ・トリオレの小説「魂」を手に取るところもあるので、彼女の「市民《ブルジョワ》」的教養が女性週刊誌「エル」の星占いや下着の誇大広告の知識によるものばかりではないことがわかる（映画がパリで公開された当時、フランスの週刊誌「レクスプレス」の映画評にヌーヴェル・ヴァーグの名付け親としても知られるフランソワーズ・ジルー女史が「彼女《エル》は『エル』を読んでいる」と書いていたのを思いだす）。

「エルザの瞳」で知られる詩人、アラゴンが、エルザの書いた小説「魂」に対する応答として詩集「エルザの狂人」を書いて出版した直後であった。「女は男の未来だ」「女は男の魂をいろどる色どりだ」「男は女のために生れ　愛のために生まれてくるのだ」（大島博光訳）とまさにエルザの狂人になってエルザをうたったアラゴンであった。

だが、ゴダールは、映画のなかでエルザ・トリオレの小説「魂」（L'AME）の文字を画面いっぱいにとらえたかと思うと、やがてそれは、じつは「にがにがしい」「苦渋」の意味の「AMER」の一部にしかすぎず、電飾看板の「AMER」と読めた文字にキャメラが寄ると頭のAを切り落と《トリミング》してしまうので、単に底知れぬ「MER（海）」になってしまう。

「神話」とは「ことば」であり、「記述または表象によって形づくられ」「書かれた文章、また写真、映画、ルポルタージュ、スポーツ、興行物、広告、これらすべてが神話のことばの媒体たりうる」（ロラン・バルト「神話作用」、篠沢秀夫訳、現代思潮社）のであり、こうした「現代の日常生活の神話」が現代の都会の代表的なひとつであるパリには氾濫しており（「神話」はここでは歴史をしのいで記憶された物語のことではなく、単に時代の流行、現代社会に根づいて蔓延している種々の文化現象、風俗事象の総括と、その意味および意味作用を分析する口実、きっかけとなる）、キャメラはまるで言葉遊びのように絶えず「現代生活」のこうした神話的な記号や文字をフレームにおさめ、「MAIN（手）」と読めた文字がキャメラのきわどいパンで「DEMAIN（明日）」になったり、「CINE（映画）」がじつは「PISCINE（プール）」からえぐり取られた綴りだったり、「LIBRE（自由）」と読めた文字が単にタクシーのメーターの「LIBRE（空車）」の表示にすぎず、ヒロインの人妻が乗ったとたんに「LIBRE（自由）」の文字が横に倒され、「DANGER（危険）」と書かれたハイウェイの道路標識にキャメラが寄っていくと、左右一字ずつ切り落とされて《トリミング》「ANGE（天使）」になるかと思えば、「PAS SAGE（身持ちがよくない）」という二カットで二文字に見えたのはじつは「PASSAGE（通路）」と一文字で書かれた表示だったりする。急ぎ足の人妻が道路を横切ろうとして転倒するところでは、「EVE（イヴ）」の文字が看板に大きく書かれた「REVE（夢）」の部分だったことがわかる、等々といったぐあいだ。ゴダール的切り貼り《コラージュ》がラウル・クタールの自由自在なキャメラに操られて、たのしくテンポよく快調に展開、躍動する。それだけで映画的快感があるというすばらしさだ。

なかでもパリ中に氾濫する広告によって「市民《ブルジョワ》」の夢は、必需品でないもの、つまりぜいたく品を買う方向にどんどんふくらんでいき、こうして消費文化は過剰なまでに豊かになるばかりということになる。女の根源であるイヴ（EVE）もそんな現代生活のいわば管理された夢（REVE）の一部にすぎないというわけなのだろう。性《セックス》は生活必需品だが、不倫はぜいたく品なのである。不倫の人妻、シャルロットは「女はどこまで愛／セックスにおいて大胆になれるか」という週刊紙の日曜版の特集に示唆され、女性誌を読んでバストのサイズの測りかたを学ぶ。その他、いろいろと――。

不倫がやがて売春の名でよばれることになる『彼女について私が知っている二、三の事柄』（一九六六）につらなるゴダールのパリ考現学（「パリという名の女のスカートをめくればセックスが見える」）、現代文明論のはじまりである。ゴダールの関心が、明らかに、否応なく、個人的な問題よりも社会的な主題に向かっていく――それも次第に「映画」を超え、「映画」から遠く離れて。

いきいきとしたキャメラとともに映像と言葉による情報はあふれんばかりに詰めこまれているにもかかわらず、『恋人のいる時間』が、どこか空疎な感じがするのは、人間に対するゴダールの愛がまったく感じられず、情感のない映画になっているせいだろう。のちに（一九六七年）ロラン・バルトが「モード雑誌における衣服記述の意味作用」を記号学的に分析した「モードの体系」を出版したとき、ゴダールは――『恋人のいる時間』に次ぐ『アルファヴィル』に「生きた知性」としてロラン・バルトに特別出演を依頼してことわられたあとだったとはいえ――「あの本が読むにたえない」のは「モードというのは身につけられるもの、したがって生きられるものであって、だから見かつ感じとるべき現象であるわけだが、そうした現象を彼はただ読んでいるからなんだ」「モードに本当に興味をもっているわけじゃない」「モードそれ自体を好きなわけじゃなく、すでに死んだ言語としての、したがって解読可能な言語としてのモードが好きなだけなんだ」とロラン・バルトを皮肉っぽく、揶揄的に批判するのだが（「ゴダール全評論・全発言Ⅱ」、奥村昭夫訳、筑摩書房）、じつは同じことをゴダールの映画『恋人のいる時間』にも――少なくとも、大胆な構図が評判になった三つのベッド・シーンには――言えるような気がする。まるで木製の人形で体位を説明したセックス読本の類の図版さながら、冒頭、白いシーツに女の手がのびて（「オヤ、女の指には結婚指輪があるぞ」と日本公開当時のプレスには古波蔵保好氏が「すでに不倫の暗示らしきものを感じる」と書いている）、さらに男の毛深い腕がのびてきて（腕時計をしたままなので、男が時間を見ながらセックスをする暗示になる）、女の手をつかみ、女の手も男の手をにぎりしめるという構図からして、たしかに、大胆で美しいのだが、いわば愛撫の体系のえぐり撮られた断片にしか見えず、たとえば男の両手が女のへそのまわりを撫でさする腹部のアップが、あるいは脇腹の肉を男の手がつまみながら愛撫するアップが、画面を圧倒し、その構図だけがグロテスクに近い強烈な印象を与えるだけで、エロチックな興奮をかきたてない。ゴダールが言うように、肉体が物体／オブジェとして描かれているからなのだろう。情事の時間で、唯一、いやらしいくらい生々しくエロチックなシーンは、洗面台で恋人たちの手と手が石鹸を渡し合って、いっしょに、黙々と、しつこく洗いつづけるところ。ベートーヴェンの「弦楽四重奏」の旋律が高まって――そう、ゴダールはのちにこの映画をずばりポルノ映画として撮ることもできただろうと回想するのである。

ゴダール　私がいま残念に思うのは、この映画がより大胆にポルノ的ではなかったことです。古典的な意味でのポルノ的なものをもっと見せることができたはずです……ポルノ雑誌でどぎつい色彩の尻とか陰毛とか見るときに抱くような、あるいはまた、肉屋の店頭に立つときに抱くような、ぞっとするような気持ちを抱かせることができたはずです。（「ゴダール／映画史Ⅰ」、奥村昭夫訳、筑摩書房）

夫が過去の記憶にこだわるのに対して、「現在」の「この瞬間」しか考えないという不倫の人妻、シャルロットの行動も、とぎれとぎれに、こまぎれに、断片的に描かれる。ベッド・シーンでは、恋人のいる時間も、いない時間（とくに夫とのセックス・シーン）も、男と女の対話が画面にかぶさるのだが、彼女がひとりでパリの街を小走りに急ぐところは低く小さな声でつぶやくような彼女のモノローグがたえず入り、ときにはマレーネ・ディートリッヒのヒット曲「花はどこへいった」を口ずさむところもあって（彼女の部屋には映画のテーマ曲として使われているベートーヴェンの「弦楽四重奏」のレコードとともにマレーネ・ディートリッヒのレコードもある）、彼女がいつも誰かに追われて逃げ回るかのように（実際、夫が興信所にたのんだ探偵の追跡をまくつもりらしい）、タクシーを乗り換え、デパートのなかを通り抜け（いや、あれは、夜、夫をベッドで迎えるために女性週刊誌「エル」の広告で見たセクシーな下着を買うために、女性下着売り場に急いでいたのか？）道路を急いで横切って――偶然、事故のように――転んでしまうといった一瞬一瞬を、ドキュメンタリーのように、シネマ・ヴェリテふうに、ダイレクト・シネマのように、即物的に、その場でその瞬間にしか起こらない一回性に賭けて、生のままとらえることを、ゴダールは、ラウル・クタールのキャメラとともに、たのしんでいるかのようだ。

『恋人のいる時間』を撮り終えたゴダールは、「要するに、それは映画が映画でしかないことの自由と幸福とを感じてはしゃぎまわる作品なのだ」と書いている。（「カイエ・デュ・シネマ」誌一九六四年十月第159号）

たしかに、「はしゃぎまわる」といえば、シャルロット／マーシャ・メリルが子供の手を取って飛行場に夫を迎えに走るシーンでは、突然、キャメラが90度回転して、横倒しになった画面の奥で小型飛行機が一直線に降下するように見えるといったお遊び（？）もある。プールサイドのシーンでネガ・ポジ反転の画面が意味もなく（？）たのしくくりかえされたりするのも、映画そのものがはしゃいでいる感じだ。

数々の映画的記憶に彩られた小さな断片の数々にも「映画が映画でしかないことの自由と幸福」が感じられる。特別出演のロジェ・レーナルトがジャン・コクトーの壁画（「ジャン・コクトー、一九六二年」のサインがある）の前をとおるところもあれば、アルフレッド・ヒッチコックの実物大の肖像写真の看板のある空港の映画館でアラン・レネの『夜と霧』（一九五五）の上映がはじまり、そこで待ち合わせをした恋人たちが映画館を出てホテルの密会の部屋に向かうときに、男がたぶん『夜と霧』と二本立て

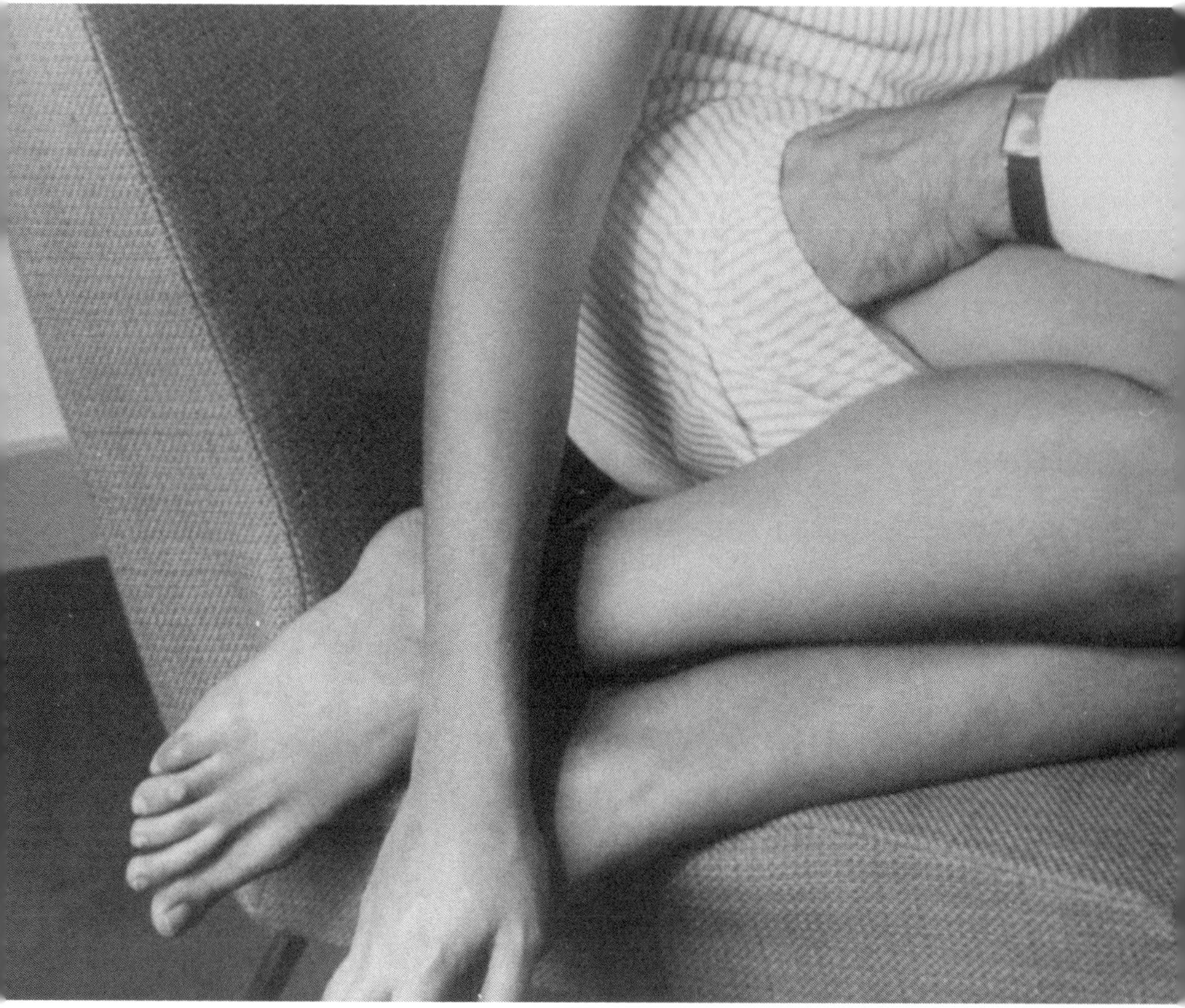

『恋人のいる時間』　提供 © 松竹映配／ DR

上映中のヒッチコック監督の『汚名』（一九四六）の鍵を暗示するような、ルーム・ナンバーの記された約束の密会の鍵を女の前で落としてひろわせるところもある。顔と顔の超アップが画面からはみ出そうな『恐るべき親達』（一九四九）のジャン・コクトー的構図もあれば、『イタリア旅行』（一九五四）のロベルト・ロッセリーニや『ローラ』（一九六〇）のジャック・ドゥミや『柔らかい肌』（一九六四）のフランソワ・トリュフォーへのめくばせもあり、プールサイドでたわむれる水着の若い娘たちがネガ出しで──ネガティヴに⁉──うつしだされたあと、イェーイェー歌手シルヴィー・ヴァルタン（ヌーヴェル・ヴァーグのアイドルであり、ゴダールは当時、彼女とリチャード・バートンの組み合わせでナボコフの小説「マルゴ」の映画化を企画していたが、シルヴィー・ヴァルタンに蹴られたあとだった）の歌うヒット曲「悲しきスクリーン」が流れ、プールサイドのカフェでシャルロットが女性週刊誌「エル」のスキャンダルという名のスキャンダラスな下着の広告に目を走らせながら、思わず聞き耳を立てる背後のふたりの女の子の会話の話題はパトリックという名前の男の子のことで（カフェの騒音のため対話が聞き取りにくいのでスーパー字幕が追加されている）、当然ながらエリック・ロメールの短篇シリーズ「シャルロットもの」の一本で、ロメールの脚本をかつてゴダールが映画化した『男の子の名前はみんなパトリックっていうの』を想起させる。そして、恋人がラシーヌの「ベレニス」に出演するという話が出てくるのだが（一九六〇年にロラン・バルトの「ラシーヌについて」が出版されていた）、けっこう饒舌に語られるもののつまらない印象しかなく（本当におもしろい「人間」がこの映画には出てこないのだ）、ひょっとしたら、「ベレニス」は「ベレニス」でも、それは、ゴダールの敬愛するエリック・ロメールが一九五四年に16ミリで撮ったエドガー・アラン・ポーの短篇小説にもとづく自主製作映画『ベレニス』へのはるかな挨拶でもあったのではないかと思いたいくらいだ。

ALPHAVILLE, UNE ETRANGE AVENTURE DE LEMMY CAUTION

アルファヴィル

冒頭のタイトルバックの図像
一九五七年のモスクワ、若者の祭典
アルファヴィルはモスクワだった…
破壊工作員としての旅立ち
ボルヘスと闇からの声
神の声の吹替え
セマンティックスとサイバネティックス
レミー・コーションの新たな冒険
アンナ・カリーナとともに愛の物語がはじまる
その後のレミー・コーション

『アルファヴィル』のクレジットタイトル

『アルファヴィル』（一九六五）はジャン゠リュック・ゴダール監督の長篇映画第九作。

真っ黒な画面に白字で（映画は白黒である）一行ずつ、

アンドレ・ミシュラン（パリ）フィルムスタジオ（ローマ）共同製作

ジャン゠リュック・ゴダール監督長篇第九作

〔高感度フィルム〕イルフォードＨＰＳでラウル・クタールによる撮影

ポール・ミスラキの音楽

モリトーン〔編集機〕でアニエス・ギユモによる編集

と次々にすばやくクレジットタイトルが現われては消え、『アルファヴィル』というメインタイトルが出ると同時に、これから何かがはじまるぞといった感じの、通俗的な、と言いたいくらいおどろおどろしくドラマチックな音楽が高鳴り（戦前からフランス映画の最もポピュラーな音楽家のひとりで、一九五九年のクロード・シャブロル監督『いとこ同志』『二重の鍵』、一九六〇年のベルナール・ボルドリー監督『左利きのレミー』、六二年のジャン゠ピエール・メルヴィル監督『いぬ』などの音楽も担当していたポール・ミスラキの耳なれた音楽だ）、巨大なライト（プロジェクターのランプ、あるいはむしろ自動車のヘッドライトのアップのような）が画面いっぱいに点滅する。

壁画なのか、壁あるいは幕のようなものに大きく貼られたポスターなのか、大砲のようなもの（じつは戦車であることがわかる）を大勢の人間が押して崖の上から海に落とそうとしている絵が描かれていて、その前を通りすがりのような男の姿が下のほうに小さく見える。キャメラが上のほうにパンしていくと、伝書鳩を放とうとしているように一羽の白い鳩を両のてのひらにかかえた絵のアップがとらえられる。

それが何の図像なのか、壁画なのか、ポスターなのか、などと考えたりする間もないくらいなのだが、画面左に「レミー・コーションの」という文字が、画面右にエディ・コンスタンチーヌ、次いでアンナ・カリーナ、そしてエイキム（アキム）・タミロフの名前が出てくる。同時に画面左には「不思議な冒険」の文字がつづき、『レミー・コーションの不思議な冒険』という副題になり、クレジットタイトルが終わる。

大きなポスターらしい不思議な図像が目に入る。あれは何の図像なのだろう——長いあいだ気にかかっていた謎がやっと解けたところから、このささやかな論考をはじめることにしよう。

その前に、クリス・マルケル監督の記録映画『サン・ソレイユ』（一九八二）を見たとき、「まるでジャン゠リュック・ゴダールの『アルファヴィル』のイメージのようだ」というナレーションがそのきっかけになった。というのも、一九六〇年代のフランス映画は、「ヌーヴェル・ヴァーグ」の主要な映画作家たちがSF映画を企画するという現象が注目されたのだが、その先鞭をつけたのがクリス・マルケル監督の「フォト・ロマン」（女の瞳のアップが一瞬のまばたきとともにとらえられるワンカット以外は全篇静止画による二十九分の短篇）、『ラ・ジュテ』（一九六二）であったからだ。クリス・マルケルの親友でSF冒険漫画《コミックス》の大ファンだったアラン・レネ監督は、ベルギーの幻想小説家ジャン・レイの「名探偵ハリー・ディクソン」シリーズからレーザー光線や遠隔操作などを使ったSF的なエピソードを「ロンドンの上空に未来都市を想定した」スペクタクル・ファンタジーとして映画化を企画（『ハリー・ディクソンの冒険』）、フランソワ・トリュフォー監督もアメリカのSF作家レイ・ブラッドベリの長篇小説「華氏四五一度」の映画化を企画したが（『華氏451』）、ともにヌーヴェル・ヴァーグらしからぬ大がかりなセット撮影のため資金繰りがつかず（当時はまだ白黒作品よりも倍以上かかるカラー作品として企画された）、実現に手間取っている間に、夜のパリと郊外（とくに超近代的建築が林立するパリ西北のデファンス地区）でオール・ロケによる、ヌーヴェル・ヴァーグ的低予算の白黒作品で、ジャン゠リュック・ゴダール監督

『アルファヴィル』が一九六五年一月に撮影に入ることになる。

クリス・マルケルはおたがいにアンドレ・バザンを師と仰ぐアラン・レネと共同監督で『彫像もまた死す』（一九五四年ジャン・ヴィゴ賞受賞）を撮ったあとドキュメンタリー作家として独自の活躍をしているのだが、なぜかヌーヴェル・ヴァーグの仲間として認めないジャック・リヴェットのような、厳格な、頑固な、というよりほとんど偏見、毛嫌いと言ったほうがいいくらいの牽強附会の評価もあるもの の、ヌーヴェル・ヴァーグをパリのセーヌ川の右岸に住む映画人と左岸に住む映画人という区分けをして「右岸派」と「左岸派」とよんだのは映画史家のジョルジュ・サドゥール（「世界映画史」）で、ジャン＝リュック・ゴダールもヌーヴェル・ヴァーグの中核がアレクサンドル・アストリュック、ピエール・カスト、ロジェ・レーナルトらの先輩も加えてフランソワ・トリュフォー、クロード・シャブロル、それにゴダールらの「カイエ・デュ・シネマ」誌のグループによる「右岸派」であるとしながらも、アラン・レネ、クリス・マルケル、アニエス・ヴァルダ、ジャック・ドゥミらの「左岸派」も加えなければならないと語っている（「カイエ・デュ・シネマ」誌一九六一年十二月第138号／ヌーヴェル・ヴァーグ特集）。一九六七年には、ゴダールはクリス・マルケルのよびかけに連帯、共闘する形で、集団反戦映画『ベトナムから遠く離れて』の製作に参加する。

というようなことから、ここまでは、じつは、ひょっとしたらという期待と推測と予感のようなものにすぎなかったのだが、ついに、『アルファヴィル』の冒頭のタイトルバックに使われた図像が一九五七年にクリス・マルケル撮影によるモスクワ市街に貼られた「若者の祭典」のポスターであることを発見してくれたのは若き映画研究家の大久保清朗氏である。

世界中を旅するドキュメンタリー作家、クリス・マルケル監督のCD‐ROM作品『いつ？　どこで？――遠い記憶のかなたに』（二〇〇八）のなかにそのポスターの写真があり、といってもCD‐ROMなどにはまるで無知無縁の私にはなかなか見る機会がなく、やっと旧知の——前「話の特集」編集部、現メディアフロント代表である——鈴木隆氏の協力を得てその動かぬ証拠を確認できたときには心がときめいた。そのCD-ROM作品『いつ？　どこで？——遠い記憶のかなたに』の「モスクワ篇」にはクリス・マルケルによる親密感あふれるコメントとともに『アルファヴィル』の冒頭に使われた図像そのものの写真が出てくる。コメントも大久保清朗氏に訳出してもらった。

「**若者の祭典**　モスクワ、一九五七年
世界の人々が一致団結して戦車を海に突き落としている（とはいえ、ハンガリーとチェコでのちにその実態が明らかになるので、全世界の人々とはいえないのだが）——この象徴は十分にはっきりしている。だが、平和の鳩を解き放とうとしているのは誰の手であろうか？　女性の手、そうだ、いや、もしかしたら天使の手かも知れない。「ああ、いかに私が叫んだとて、〈いかなる天使が／はるかの高みからそれを聞こうぞ？〉……」（リルケ詩集「ドゥイノの悲歌」、手塚富雄訳）。ゴダールは彼の映画『アルファヴィル』のクレジット画面《スクリーン》にこの画像を挿入したとき、リルケのことを考えていたのだろうか？」

というコメントである。そして、クリス・マルケル監督は自分の写真に重ね合わせて『アルファヴィル』のクレジット画面《スクリーン》をさりげなくムーヴィーで流してみせる（『ラ・ジュテ』のように静止画の連続のなかで一瞬そこだけが動画になるのだ）。ゴダールの引用に対する返礼の引用であろう。

第三次世界大戦後の荒廃したパリを描いたクリス・マルケル監督のSFフォト・ロマン『ラ・ジュテ』にヒントを得たにちがいないゴダールの『アルファヴィル』はいわば一九五七年の一時的な「雪解け」後の荒廃／冷戦悪化したモスクワを描いたハードボイルドタッチのSF的寓話の形を借りた「政治映画」

だったのである。「政治映画は歴史のくりかえしと軌を一にする」とゴダールは批評家時代にすでに書いている（「ラ・ガゼット・デュ・シネマ」誌一九五〇年九月第3号所載の「政治映画のために」）。

一九五三年三月にスターリンが死に、九月にはフルシチョフが政権の座につく。威圧的恐怖政治と「個人崇拝」によって神聖化されていた独裁者スターリンの時代が終わり、五六年二月にはソビエト共産党第二十回大会で――「秘密演説」ではあったが――史上初めての「スターリン批判」がおこなわれ、「雪解け」（この年、その語源になったイリヤ・エレンブルグの小説「雪解け」が発表された）、東西両陣営間の対立緊張の緩和が期待されたが、十月には早くもハンガリー事件（「非スターリン化」を求める人民と政府側との武力衝突）が起こって、ソ連が軍事介入して親ソ政権が樹立、「雪解け」は短期に終わり、ふたたび冬の時代に入る。（山田和夫「ロシア・ソビエト映画史　エイゼンシュテインからソクーロフへ」、キネマ旬報社）

「ハンガリーの雪解け」がはじまったとき、「モスクワは、共産主義体制を守るためには〔軍事〕介入する以外に選択の余地はなかった」と「ソヴィエトの悲劇／ロシアにおける社会主義の歴史1917－1991」（白須英子訳、草思社）の著者、マーティン・メイリアは書いている。「〔共産主義体制をゆるがす〕不穏な形勢にモスクワの指導者たちは警戒心を強め」たのであり、「東欧の不安定状態」がモスクワにまで飛び火する前に鎮圧しようとしたのであった。「介入は明らかにフルシチョフの第一の選択ではなかったが、いったん決断すると彼はためらわずに〔ハンガリーの首都〕ブダペストを戦車で破壊し」た。

しかし、文化的には（とだけ言っていいのかどうかわからないけれども）、「フルシチョフは彼なりのやり方で、国民が人間的、経済的な潜在能力を十分発揮することができるような体制を実現させ」ようとしていたのであり、その「文化的」影響が翌一九五七年の夏の「若者の祭典」を生みだすことになる。

マーティン・メイリアはつづけて次のように書いている。

「ソヴィエト国内では、フルシチョフの秘密演説が東欧のように議論を呼ぶことはなかったが、知識人のあいだに異論派を生みだした。一九五六年、E・N・ブルジャーロフのような歴史家たちが、一連の論文を発表し、フルシチョフのソヴィエトの過去についての慎重な見直しからさらに進んで、一九一七年にはじまるスターリンの『ソ連邦共産党史小教程』を真っ向から否定しはじめた。〔……〕さらに重要なのは、ボリス・パステルナークが『ドクトル・ジバゴ』のなかで、革命を非難するに等しい評価を下したことである。この小説の原稿をソヴィエトの評論雑誌『ノーヴィ・ミール（新世界）』が受けつけなかったので、パステルナークはこれを一九五七年に国外で出版した。これがいわゆる「地下出版《サミズダート》」の脈々たる伝統の走りである。この小説は主要外国語すべてに翻訳され、全世界でたちまちベストセラーとなり、一九五八年にパステルナークはノーベル賞を授与された。モスクワの面子はまるつぶれだった。パステルナークは受賞の辞退を強いられ、作家同盟の同僚の大半は彼を非難するように強要された。だが、このことは、東欧と同様に、雪解けはロシアでも手に負えなくなっていることを示していた。」

こうして、一九五七年には、まさにふたたび冬の時代に入る直前、「雪解け」は熱い夏を迎えたのであった。

初めて（そして一度だけ）、鉄のカーテンが開かれ、世界の百三十か国から三万四千人もの若者がモスクワに集まり、民族音楽、ジャズ、ロックンロールに沸き立つ「若者の祭典」が催された。若者たちはジーンズといった自由な恰好で踊りまくった――ビートルズやミニスカートの出現する五年も前のことだ。アメリカの若い魂の解放の宴といわれたウッドストック・フェスティヴァルが一九六九年夏の三日間、それより十二年も前のことだ。自由なスピーチ、自由な語り合いもおこなわれた。祭典は二週間つづいた。かつてない盛り上がりをみせたこの「若者の祭典」のメッセージが、戦争と弾圧の象徴としての戦車を海に突き落とし、平和のシンボルとしての白い鳩を放つ図像だったのだ。

クリス・マルケルの写真によってこの祭典を知って青春の血がたぎるような興奮を覚えたにちがいないゴダールがモスクワにおけるこの「若者の祭典」に参加できなかったことへの悔恨とともに（ゴダールはそのころ二十六歳、パリで映画批評を書いていた）、クリス・マルケルに敬意を表しつつ、この写真を『アルファヴィル』の冒頭に引用したことは明らかだろう。一九五〇年に書いた「政治映画のために」という評論の次のような書きだしを読めば、一九六八年の「五月革命」のときにジガ・ヴェルトフ集団（といっても、ジャン゠ピエール・ゴランとふたりだけの「集団」だったが）としてクリス・マルケルの「新しい作品を世に問う」集団ＳＬＯＮ（スロン）と共闘しつつ「真の」政治映画をめざして、若者たちとともに、学生たちとともに、「革命」のなかに身を投じたゴダールの心情／信条も推測されよう。

「ある午後のこと、われわれはゴーモン社のニュース映画の最後に、ドイツのコミュニストの青年たちがメーデーの祭典に行進している姿を見て、歓喜の眼を見開いたものだった。空間は突如として若々しい口唇と肉体そのものにふくれあがり、時間は宙にいきおいよく振り上げられた拳の流れと化していた。これらの若き〔殉教者〕聖セバスチャンたちの顔には、古代の神々の彫像からロシア映画に至るまで幸福な表情につきものの微笑みが見出された。〔……〕これらの若者たちは、彼らを活気づけていたプロパガンダの力だけで、「二十歳の美しい肉体は素裸で歩くのにふさわしい」とうたったランボーの詩（「ランボー全詩集」、宇佐美斉訳、ちくま文庫）さながら、美しかったのである。」

一九六九年のジャン・コントネーとの「赤い映画＝対談」（「ゴダール全集３」、保苅瑞穂訳、竹内書店）においてゴダールは「五月革命とは、生命の変革であり、歩みを前進させることだった」と語るように、まさに「素裸で歩くのにふさわしい」二十歳の美しい肉体が五月革命のさなかに見出されたのだろう。しかし、それはまだずっと先のことだ。一九五七年のモスクワにおける「若者の祭典」のあと、鉄のカーテンはふたたび閉じられ、冷戦は米ソ核開発競争などの形で激化し、一九六八年の――パリの「五月革命」と同時期に――「プラハの春」として知られることになるチェコの自由化・民主化運動もソ連とワルシャワ条約機構（一九四九年にソ連の脅威に対抗してアメリカとヨーロッパ諸国によって創設された北大西洋条約機構に対して、一九五五年に創設されたソ連圏に属する東欧諸国の統一軍事組織）の軍事干渉によって弾圧される。鉄のカーテンは、ふたたび、よりいっそう堅く閉じられてしまう。「スターリンは、一九五三年に肉体的には死んだあとも、この体制が一九九一年に崩壊するまで、人々の意識のなかにも政治的にも生きつづけた」（「ソヴィエトの悲劇」、前出）のである。

『アルファヴィル』は一九六五年、いや、ゴダールによれば冷戦（という言葉が生まれた一九四七年）から三十年後の一九七六年の物語である。一九八五年のゴルバチョフによる「ペレストロイカ」、そして一九九一年のソ連邦解体まで、スターリニズムは生きつづけ、冬の季節がまだまだ終わりそうにないソ連へ、モスクワへ、スターリンの亡霊とも言うべき電子頭脳《コンピューター》α60が独裁支配するアルファヴィルという名の――もしかしたら「東欧の共産主義帝国」の都市かもしれない――全体主義体制の自由のない闇の世界へ、エディ・コンスタンチーヌ扮するＦＢＩ捜査官、レミー・コーションが破壊工作の任務を負ったスパイとして潜入する、というところから、映画『アルファヴィル』ははじまるのである。

アルファヴィルはモスクワだった……スターリン批判の渦中、一九五六年に刊行されたルイ・アラゴンの詩集「未完の物語」のなかの一篇「わがモスクワ」のこんな詩句が想起される――「わたしは　穴のなかに落ちて　傷口を数えている／わたしは　夜の果てまでは　辿りつけないだろう」（大島博光訳）。

『アルファヴィル』の冒頭に一九五七年のモスクワにおける束の間の「雪解け」の祭典の反戦と世界平和を訴えるポスターをクリス・マルケル監督への挨拶とともに引用したタイトルバックにつづいて、ドラマチックな音楽がまた高鳴り、画面いっぱいに巨大なライトが明滅し、この世ならぬ、いかめしく、しわがれた、喉にひっかかったような、重々しい声が、「現実は複雑に過ぎて、たぶん口承伝達には適していない。だから伝説は口伝いに世界に広まって行けるように、本質だけは変えないようにして現実を作り変えるのである」と告げる。

『カラビニエ』（一九六三）に次いで、またもホルヘ・ルイス・ボルヘスからの引用である。エッセイ集「異端審問」（「続審問」の題で文庫化、中村健二訳、岩波文庫）のなかの仏陀伝説にふれた「伝説の諸型」からの引用なのだが、ボルヘスに心酔していたかに思えたゴダールらしからぬ（と言ってもいいような）、批判的、というか、悪のシンボル、独裁者の言葉としての引用である。スターリンの死後もスターリンの亡霊が支配していた冷戦時代を象徴するような、まさにスターリンの亡霊にふさわしい電子頭脳《コンピューター》、α60の声――まるで神のお告げ、御託宣のような絶対的口調で、「余は伝説である。余がすべてをわかりやすく単純に記号化して明快に論理的に世界に伝達しよう」と言っているかのようである。それもジャン＝リュック・ゴダール自身の声なのだ。

じつはこのα《アルファ》60の声を最初はロラン・バルトの声にしたかったのだがやはりことわられて、ゴダール自身が吹き替えることになったのだということなのである。蓮實重彦氏の以下のような証言を引用させていただこう。

〔一九六六年五月に〕ちょうどバルトが来たのと前後してゴダールも日本に来ていました。ゴダールはたまたまその時に東京であるフランス映画（『ＯＳＳ１１７　東京の切札はハートだ』）に出演中だったマリナ・ヴラディにご執心で、次回作の出演交渉のためだとか、いろいろいわれていましたが、来日の正しい理由は全くわかりません。ただし、ゴダールが来ているあいだに、世田谷の誰かのお宅に行った時に、なぜかそこで『アルファヴィル』の話になって、「バルトは反動的だから私の『アルファヴィル』に出なかった」というようなことをゴダールがポツリと洩らしていた記憶があります。あのアルファ何とかいうコンピューターの声を、バルトの声にして、彼自身にも出演を依頼して、断られたというのが真相らしい。そのことをバルトに訊いてみると、「ゴダールは反動的だから記号や情報に関してあのような反動的な態度しかとれなかった」といって、両者が互いに「反動」よばわりをしていたことを覚えていますが、一方はまだ生きている人、一方はもう亡くなった人の両方が、互いに相手のことを「反動」だと口にしたと証言する権利がはたして私にあるかどうかはわからないので、いまの話は聞いたらその場で忘れてください。それにしても当時、ゴダールとバルトの両方に興味があったのは私くらいしかいなかったので、そんな「証言」を東京で引き出せたのかもしれません（笑）。いわゆるヌーヴェル・ヴァーグとヌーヴェル・クリティックの両方に興味がある人は、パリでもまだ少なかったはずです。

〔……〕

バルトは必ずしも映画は好きではないと公言もしています。映画もまた流れはするのですが、その流れが方向を持ち、終わりを目指す物語を作ってしまうことに彼は恐ろしい恥ずかしさを覚えたのではないかと思います。バルトの流れはせせらぎであって、どこに流れていくのかはわからないのですが、いま足をひたしているその流れが心地よい。ところが映画の場合は、船に乗るように、その流れに身をまかせて河口をめざし、外界の風景を見たり、滑走感を享受したりする。バルトにおける文章の流れ方と映画のそれとでは、運動への距離の取り方において決定的に違うと思います。バルトの「第三の意味」でのエイゼンシュテインの分析にしたってスチール写真が主な対象でしょう。

私のフランス滞在中の「カイエ・デュ・シネマ」(一九六三年九月第174号)にバルトのインタヴューが載っていたりしましたが、映画が彼の感性を揺るがすものではないということはすぐにわかりました。(「せせらぎのバルト」、「ユリイカ」二〇〇三年十二月増刊ロラン・バルト追悼総特集号、青土社)

α60のいかめしい御託宣のような声は「反動」の、保守反動の、歴史の流れに逆行する思想の、声だったのだ。結局、ジャン゠リュック・ゴダール自身が「反動」を演じ、マイクロフォンを自分の喉にあてて録音したものだというのだ。「ひとは他人の声を耳で聞き、自分の声を喉で聞く」というアンドレ・マルローの言葉をゴダールはよく引用していることが想起される。もっとも、ゴダール自身は「声帯の手術を受けたあと、もう一度しゃべれるようになった」、つまり「人工声帯を持つ人」の吹替えなのだと故意に種明かしをしているのだが(「ゴダール/映画史Ⅰ」、奥村昭夫訳、筑摩書房)、この種明かしもゴダール特有のすりかえ、はぐらかしのようだ。『アルファヴィル』でヘッケルとジャッケルというポール・テリーの残酷漫画映画シリーズの悪ふざけの好きなカササギのコンビの名前を持つα60の中枢機関であるコンピューター室直属のふたりの技師を演じた当時の「カイエ・デュ・シネマ」誌の編集長ジャン゠ルイ・コモリと副編集長ジャン゠アンドレ・フィエスキは、よくテープレコーダー(「カイエ・デュ・シネマ」誌の編集部にはインタビュー用につねにテープレコーダーが三、四台置かれていた)のマイクを手に取って喉にあて、アルファヴィルを支配する電子頭脳α60の声をまねてみせた。ゴダール自身がそのようにしてα60の声の吹替えをやっていたとのことだった。のちにゴダールは同じ方法で、『ゴダールの決別』(一九九二—九三)で神の声の吹替えをやるのだが(ここでもゴダールは、人工声帯の持ち主が神の声を吹替えたのだとかたっている)、全知全能の電子頭脳α60が、『アルファヴィル』の冒頭から宣告するように、アルファヴィルという記号化された世界の造物主であり、つまりはゴダール自身の声が神の声（の吹替え）だったのである！

α60の中枢でもあるコンピューター調整室では、フォン・ブラウン教授の指揮下にプログラミングをつかさどる技師たちが働き、α60が何か話すと、それにつれて旧式の扇風機のような羽根車がくるくるまわる。「3ドルで買える、フィリップス社の小さな扇風機をつかい、それに下から照明をあてて撮りました」とのことである（「ゴダール／映画史Ⅰ」、前出）。このコンピューター調整室で、単なるジャーナリストではないらしい素性を怪しまれたレミー・コーションはα60に二度も尋問されることになる。「アルファヴィルにやってくるために銀河系宇宙を通過しながら、何を感じたか？」という問いに対して（「銀河系宇宙」とは「鉄のカーテン」にほかならないのだが）、レミー・コーションはパスカルの「パンセ」から、「この無限の空間の永遠の沈黙がわたしを怖れさせる」（松浪信三郎訳）という有名な言葉を過去形にして引用し、「夜を光に変えるものは何か？」という問いに対してはジャン・コクトーの定義よろしく、ずばり「詩《ポエジー》だろう」と未来形で答えてみせる。アルファヴィルの果てしない夜の世界では、「電力不足」で誰もが悲しい顔つきをしている。明るい昼の光をもたらすのは詩《ポエジー》だけなのだ。

ローマ字で用いる二十六文字のようにアルファベットとよばれるアルファヴィルの住人は、ひとりひとり首筋に番号を打たれ、記号／数字として住民登録されている。そして、電子頭脳α60の御託宣によって洗脳され、マインド・コントロールされているかのようだ。「ウイ」と言いながら首を横にふり、「ノン」と言いながらうなずくかと思えば、日常的に使う言葉も多くが禁じられ、とくに「なぜ」と問うことは禁じられ、誰にもゆるされた最後の挨拶語は「元気です」「ありがとう」「どういたしまして」だけ（自動販売機にコインを入れても、たばこや飲み物は出てこず、「ありがとう」と書かれた紙きれが出てくるだけというギャグもある）、まるでジョルジュ・ヌヴー脚本、マルセル・カルネ監督の『愛人ジュリエット』

（一九五一）の忘却の国のように過去の記憶も思い出も失われてしまっているのである。

過去も未来もなく、ただ現在があるだけなのだとα60は告げる。アルファヴィルとは未知の数値をあらわすギリシア語のα《アルファ》という名の付く都市《ヴィル》なのだが、レミー・コーションはアルファヴィルには、過去も未来も存在せず、とくに「未来の未知なるものをすべてなくす」ことがα60にみちびかれたアルファヴィルの真のイメージなのだと説明され、「それじゃα都市《アルファヴィル》でなくて、0都市《ゼロヴィル》とよぶべきだ」と言うところがある。

α60のネットワークには「一般意味論研究所」という教育／洗脳機関があって、記号学、構造主義の理論的出発点になったというフェルディナン・ド・ソシュールの「一般言語学」とチャールズ・ウイリアム・モリスの記号論的分類による「言語の使用者を捨象し、表現とその指示対象のみを分析する」研究としての「意味論《セマンティックス》（semantics）」を合わせたような講義がおこなわれているのだが（この一般意味論研究所の講師の役にもじつはロラン・バルトをゴダールは考えていたとのことだが、結局ことわられた）、これがなんとも味気なく、しらじらしい、空疎な恐怖の教室なのである。むしろ電子頭脳α60の命令によって、言語的表現のすべてが記号化され、コード化されることの論理的な正しさを説く講義のようでもあり、さらにはそうした記号操作の規則を定式化する論理学――記号論理学――の講義のようでもある。そのようにして、「論理的に」記号化／コード化できない「非論理的な」言葉は禁じられ、抹殺されていくのだろう。

アルファヴィルの市民は、まるで、こうした特殊な環境（実際、「銀河系星雲都市」アルファヴィルは宇宙空間のような特殊な環境なのだろう）に適合するように器官の一部が電子機械でつくられた改造人間、サイボーグみたいである。

サイボーグ（cyborg）はサイバネティック・オーガニズム（cybernetic organism／人工頭脳的有機体）

の短縮語であり、もとになったサイバネティックス（cybernetics）／人工頭脳工学とは、「人間の制御機能と、それに代わるように設計された機械的電気的組織を研究」し、「通信・自動制御などの工学的問題から、統計力学、神経系統や脳の生理作用までを統一的に処理する理論の体系で、一九四七年頃アメリカの数学者ノーバート・ウィーナーの提唱に始まる学問分野」という「広辞苑」の定義がある。「ブリタニカ国際大百科事典」にも「人間と機械に共通で本質的な問題をとらえ、特に脳・神経系の作用と、生理・肉体活動の関連を解析し、コンピューターと機械作業、情報通信と経済動向などに応用」され「研究範囲は数学、統計学、経済学、工学、生理学、心理学と幅広い。将来の展望としては、学習する機械、自己増殖する機械も考えられ、人工臓器、完全な義足義手などが完成しつつある」という解説があるものの、私にはほとんどちんぷんかんぷんながら、フランソワ・トリュフォー監督の『華氏４５１』撮影日記（「ある映画の物語」、草思社）にはこんな愉快な一節があることを思いだした。

一九六六年四月十日（日）

〔パリのわが家で復活祭の休暇をすごしたあと〕ロンドンに向かう飛行機のなかで、美術評論家アラン・ボスケがサルバドール・ダリにインタビューした「ダリとの対話」というすばらしい本を読む。なかにこんなケッサクなやりとりがあった。

ボスケ　科学に関して何か付け加えることがありますか？

ダリ　サイバネティックスというのがあるね。『アルファヴィル』という映画をつくったジャン＝リュック・ゴダールという監督なんかにとって、それは強迫観念になっているらしい。

ボスケ　ゴダールはたしかにある種の才能がある若者ですが、映画はまったくばかげていますよ。

ダリ　マルセル・デュシャンが言うには、あれはここ数十年来の最も注目すべき映画だということだよ。

ボスケ　しかし、マルセル・デュシャンというのは……

ダリ　あんたの意見なんかより、マルセル・デュシャンの言うことのほうがわたしには興味があるね。

ボスケ　でしょうな。まあ、サイバネティックスの話をすることにしましょう。

トリュフォーとゴダールは一九六八年五月までは、周知のように、最も親しい仲間で、しょっちゅう会って、おたがいの企画を話し合い、刺激し合い、アイデアを交換したりゆずり合ったりしていた。トリュフォーの『華氏４５１』がロンドン郊外のパインウッド撮影所でクランクインするのは『アルファヴィル』よりも一年後の一九六六年一月だが（因みにアラン・レネの『ハリー・ディクソンの冒険』はついに映画化されなかった）、その前にいつものようにゴダールは『アルファヴィル』の脚本をトリュフォーに見せた。その脚本では、アルファヴィルの爆破がラストシーンだったという。じつは『華氏４５１』のラストも爆破シーンになる予定だったので、「ラストシーンがそっくりになってしまうぞ」とトリュフォーはゴダールに言った。「ゴダールは、友情から彼の映画のラストの爆破シーンをカットしてくれた」のだが、その後、トリュフォーは『華氏４５１』を撮ることになったものの、いろいろな事情から、ラストはまったく別の——予定されていたロケ地が思いがけない大雪に見舞われ、急きょ、書物人間たちが雪のなかで書物を暗記しながら歩きまわるという——シーンに変更せざるを得なくなった。「そんなわけで、ゴダールの『アルファヴィル』からも、わたしの『華氏４５１』からも、爆破シーンは消えてしまったのです」とトリュフォーは語っている（「トリュフォー最後のインタビュー」、平凡社）。

『アルファヴィル』ではレミー・コーション／エディ・コンスタンチーヌのナレーションによって、α

60という電子頭脳《コンピューター》が支配していたアルファヴィルの爆破が暗示される。アルファヴィルの全機能を統御する電子頭脳α60の発明者でプログラマーのレオナルド・フォン・ブラウン教授（ハワード・ヴェルノン）は、かつてレオナルド・ノスフェラトゥの名で、ロス・アラモス（一九四二年にアメリカのニュー・メキシコ州の砂漠に設立された秘密軍事兵器研究所）に送りこまれて原子爆弾製造のマンハッタン計画に加わったあと、アメリカを去ってアルファヴィルに亡命したロボット工学者という役である。実際にドイツからアメリカに亡命し、一九五八年にはアメリカ最初の人工衛星エクスプローラーの打ち上げに成功し、一九六九年に月面着陸するアポロ11号のためにサターン・ロケットを開発する宇宙技術者、ヴェルナー・フォン・ブラウンの姓に、イタリア・ルネサンス期の画家・彫刻家・建築家そして詩人でもあり発明家でもあったレオナルド・ダ・ヴィンチの名を合成し、F・W・ムルナウ監督の『吸血鬼ノスフェラトゥ』（一九二二）に、そして、マンハッタン計画、ロス・アラモス、トリニティ（原爆実験をおこなったトリニティ・スポット）の三語で原子爆弾の製造を暗示したロバート・アルドリッチ監督の『キッスで殺せ』（一九五五）にもちょいとめくばせした役名なのだろう。もしかしたら、これも実際にマンハッタン計画に参加したハンガリー生まれの物理学者で、のちに「水爆の父」とよばれるエドワード・テラー博士などもモデルになっているのかもしれないが、最初の役名は『カラビニエ』の人物たちのようなレオナルド・ダ・ヴィンチだったということである。

　一九六一年のオムニバス映画『新・七つの大罪』の第5話『怠けの罪』のエディ・コンスタンチーヌは、たぶん、単純にギャグとしての起用だったのかもしれない。その後、エディ・コンスタンチーヌをアクション・スターに仕立て上げたＦＢＩ捜査官レミー・コーションの冒険シリーズは一九六二年からはじまった００７／ジェームズ・ボンドのスパイ活劇シリーズに取って替わられ、急速に人気を失い、一九六四年になってジャン゠リュック・ゴダールに「エディ・コンスタンチーヌを使って映画を一本つくってみないか」とあるプロデューサーから依頼があったとき、そのプロデューサーはたぶんゴダールが『怠けの罪』にエディ・コンスタンチーヌを使ったことをおぼえていたにちがいないと思われたが、そうではなかったらしい。アンドレ・ミシュランは有名なタイヤ製造業者でホテルやレストランを星の数で格付けする案内書（ミシュラン・ガイド）の発行者のジュニアで、遺産相続で得た大金を映画に注ぎ込んで、まずベルトラン・ブリエ監督の第一作『ヒトラーなんか知らないよ』（一九六三）を製作、次いで念願のゴダール映画の製作に挑戦したとのこと。そこでゴダールはすかさずエディ・コンスタンチーヌで長篇映画を撮ることにする。

ゴダール　エディ・コンスタンチーヌはフランスの探偵映画の大スターでした。でもそれは、私が映画をつくりはじめる以前のこと。当時はすでに落ち目になっていたから、もうそうした映画には出演していない状態でした。

（「ゴダール／映画史Ⅰ」、奥村昭夫訳、筑摩書房）

とゴダールは語る。

こうして、『アルファヴィル』では映画スターとしてのエディ・コンスタンチーヌが復活する――ハードボイルド・ヒーロー、レミー・コーションである。

最初のタイトルは『レミー・コーションの新たな冒険』で、明らかにアラン・レネ監督が当時企画中だった『ハリー・ディクソンの冒険』を意識したものだった。一九六五年二月の初めに、私はジャン゠ピエール・レオー（『アルファヴィル』では助監督のフォース――四番目の意味だが、スタジエール／見習い、実習生についていた）の紹介で、パリのオペラ座に近いグランド・ホテルの一室でおこなわれていたゴダールの撮影見学に行ったのだが、そのときも『レミー・コーションの新たな冒険』の題で進行していた（グランド・ホテルの地下から、世界最初の映画興行、一八九五年十二月二十八日、スクリーンに上映された「シネマトグラフ　リュミエール」がはじまり、映画史が築かれてきたことなどが想起される）。

夕闇というより夜景とずばり言ったほうがいいような高層ビルのシルエットを背景に、高架線の地下鉄《メトロ》が音もなく画面をよぎっていく。地下鉄高架線（métro aérien）はパリでも、どこの都市でも、よく見られる光景のはずなのだが、すべての音が消された画面のなかで幽霊列車のように走りすぎていくので、それだけですでに不思議の国の予感があり、一台のアメリカ製の車、エディ・コンスタンチーヌ扮するレミー・コーションの運転するフォード・ギャラクシー（もちろんギャラクシーは「銀河系」の意味である）をとらえ、「私がアルファヴィルに到着したのは、大洋州時間で二十四時十七分であった」というレミー・コーション／エディ・コンスタンチーヌのナレーションが聞こえてくるや、もうまったく異次元の世界に入っているのである。

『勝手にしやがれ』（一九五九）のときにはまだ写真用のフィルムでしかなかったＡＳＡ４００という高感度フィルムのイルフォードＨＰＳを何本かつないで一本のロールフィルム（二十メートル巻き）にして、パリのシャンゼリゼなどの夜景をノー・ライトで撮っただけだったが、その後映画用のイルフォードＨＰＳが製造され、『アルファヴィル』は全篇――映画の冒頭に記されているように――イルフォードＨＰＳを使ってノー・ライトで撮られた（撮影はもちろんラウル・クタール）。パリの夜景は、ビルからもれる光やはるか遠くネオンがまたたく人影のない街の暗闇の風景で、月夜でもなく星空も見えず、夜が明けることもけっしてないような、モノクロの果てしない夜の世界だ。レミー・コーション／エディ・コンスタンチーヌはアルファヴィルに到着したその夜からセリーヌ的な「夜の果てへの旅」をつづけることになるのだ。

アルファヴィルの住民はみな笑うことを禁じられて「悲しい顔つき」をしているのだが、それは「電力不足」のせいでもあるという説明が出てくることはすでに述べたとおりである。

フランスの右翼系日刊新聞「ル・フィガロ」とロシア（旧ソ連）の共産党中央委員会の機関紙「プラウダ」を合わせたような「フィガロプラウダ」紙の特派員として、イワン・ジョンソン（これもイワン雷帝とかイワン・デニーソヴィチのようなロシア名とベトナム戦争拡大政策をとって泥沼化にみちびいた悪名高き大統領リンドン・ジョンソンのようなアメリカ的な姓を合成した名前である）になりすまして銀河系星雲都市アルファヴィルに潜入した秘密諜報員（のちに「殺しの番号」は007ならぬ003であることが電子頭脳《コンピューター》α60に見抜かれる）レミー・コーションの任務は、原子爆弾開発のマンハッタン計画のあとアメリカからアルファヴィルに亡命した（あるいは、もしかしたら拉致されたのかもしれない）、「死の光線の発明者」フォン・ブラウン教授を地球に連れ戻すこと（もし拒絶した場合は射殺すること）、そしてレミー・コーションと同じ任務で先にアルファヴィルに潜入したまま消息を絶ったヘンリー（アンリ）・ディクソン探偵をさがしだして救出すること、である。

亡命した（あるいは拉致された）科学者を奪回・救出したり、亡命とみせかけた売国奴を暗殺するために命がけで敵国に潜入するという話は鉄のカーテンから冷戦時代の数々のハリウッドのスパイ映画を想起させる。とくに、『アルファヴィル』を撮るにあたってジャン゠リュック・ゴダールの脳裏にあったにちがいないナチ占領下のヨーロッパへ潜入するアメリカの物理学者（ゲーリー・クーパー）のスリリングな冒険を描いたフリッツ・ラング監督の『外套と短剣』（一九四六）などその最初の傑作の一本と言えるだろう。社会主義国（ソ連・東欧諸国）が資本主義国（西欧諸国）に対して自己防衛のために障壁をつくっているとして英国の首相ウィンストン・チャーチルが演説のなかで「鉄のカーテン」という言葉を用いたのは一九四六年三月、第二次世界大戦後の米ソ関係を砲火を交えないものの戦争と同じ対立抗争の状況としてアメリカの政治評論家ウォルター・リップマンがその著作のなかで「冷戦」とよんだのは一九四七年のことであった。翌一九四八年にはハリウッドで早くもウィリアム・A・ウェルマン監督の『鉄のカーテン』がつくられた。ヘンリー・ディクソン探偵（『ハリー・ディクソンの冒険』を撮る企画を進めていたアラン・レネ監督へのめくばせとともにたぶん遠慮もあってハリー Harry をヘンリー Henry に変えているが、レミー・コーション／エディ・コンスタンチーヌはフランス語の発音でアンリとよぶ）がアルファヴィルに潜入したまま行方不明になる話は、これも「迷路の形而上学者」とよばれるアルゼンチンの作家ホルヘ・ルイス・ボルヘスの「伝奇集」のなかの「死とコンパス」で語られるギリシアの迷路にヒントを得たエピソードだった。篠田一士訳（集英社「世界文学全集34」）から引用させていただくと——

「すでに夜になっていた。埃っぽい庭から無益な鳥のなき声がおこった。最後にもう一度、レンロットはシンメトリカルで周期的な死の問題を考えた。

「おまえの迷路には線が三本余計だよ」と彼はついにいった。「おれはギリシアの迷路のことは知っているが、それはただ一本の直線だ。この線にそってたくさんの哲学者が迷いこんだから、たかが刑事のおれが迷うのも当たり前だろう。シャルラッハ、また生まれかわっておれを追うときはだな、A点で犯罪をおかすふりをする（または実際におかす）、それからA点から八キロのB点で次の事件、それからAとBから四キロで、二点の途中半分のところにあるC点で第三の事件をおこせよ。それからD点、つまりAとCから二キロのところでまた両方の半分に当たるD点でおれを待て。D点でおれを殺すんだ。今おまえがトリスト・ル・ロワでおれを殺そうとしているようにな」

「この次あんたを殺すときには」とシャルラッハがいった。「ただ一本の直線でできた迷路を約束するよ。目に見えなくてどこまでもつづく直線だ」

彼は二、三歩さがった。それから、非常に慎重に、拳銃を発射した。」

レミー・コーション／エディ・コンスタンチーヌは、ルイ＝フェルディナン・セリーヌの小説「夜の果てへの旅」に言及したあと、「ディクソンが話したギリシアの迷路に似たまっすぐな道を走った。そこではもう何人もの哲学者が迷ったくらいだから、ひとりの秘密諜報員が迷ったってしかたがない」というナレーションにボルヘスのテクストを引用する。

一九六五年二月、パリで『アルファヴィル』の撮影見学のあと、何人かのフランスの取材記者にまじって、ゴダールの口から初めてボルヘスの名前を聞いたことが思いだされる。「ユニフランス・フィルム」誌一九六五年二月－三月号にそのときのルポ記事とともにゴダールの発言を私なりに訳してみた。

ゴダール　この映画のアイデアはいくつかのコミックスや幻想小説から得たものが多く、言ってみれば、人間の思考がまったく異なった論理の世界で生まれ育ったドラマです。それはひとつのアンケート、調査、ある種の探偵小説のような捜査に似たドラマなのですが、とくにボルヘスの「伝奇集」に着想を得たところが大きい。そのなかにこんな話があります。ギリシアの迷路の話で、その迷路に多くの哲学者たちが迷いこみ、その調査にのりだした私立探偵も自分の足跡を見失ってしまう。わたしの映画もほぼこのような雰囲気のものになると思います。

因みに、ホルヘ・ルイス・ボルヘスの「伝奇集」のなかの短篇小説「死とコンパス」は一九九六年、アレックス・コックス監督によって映画化された（邦題『デス＆コンパス』）。

『アルファヴィル』でフォン・ブラウン教授を演じたハワード・ヴェルノンはジャン＝ピエール・メル

ヴィル監督の長篇映画第一作『海の沈黙』（一九四八）、フリッツ・ラング監督がアメリカからドイツに戻って撮った『怪人マブゼ博士』（一九六〇）に出演したあと、そしてヘンリー（アンリ）・ディクソン探偵を演じたアキム（エイキム）・タミロフはとくにオーソン・ウェルズ監督の『アーカディン氏／秘密調査報告書』（一九五五）、『黒い罠』（一九五八）、『審判』（一九六二）に出演したあと、ゴダールのたっての要望で『アルファヴィル』に特別出演格で出ることになった。

ヘンリー（アンリ）・ディクソン探偵／アキム・タミロフが語る「ギリシアの迷路」はボルヘスの小説からの引用であるとともに、オーソン・ウェルズ監督の『審判』の夜の迷宮のイメージを想起させるし、フォン・ブラウン教授／ハワード・ヴェルノンが発明者でありプログラマーでもあるコンピューター、α60の命令のままに動く技師たちは、まさに、レコードに録音され、拡声器を通じて流れるおどろおどろしい声とカーテンにうつる無気味な人影におびえて絶対服従を誓い、犯罪指令を実行するフリッツ・ラング監督の、とくに一九三二年のトーキー版『怪人マブゼ博士』の子分たちとそっくりである。

『アルファヴィル』という映画そのものも、サイレント時代のフリッツ・ラング監督の閉鎖的な巨大都市を描いたＳＦ映画の先駆的超大作『メトロポリス』（一九二六）の精神――映画の最初と最後にくりかえされるメッセージ「頭と手をつなぐものは心である」――を踏襲しているかのようだ。フリッツ・ラング的「恐怖省」ならぬ「懲罰省」でおこなわれるスターリン的粛清「処刑劇場」のシーンもある。知的な記憶やセンチメンタルな思い出とともに生き「非論理的」な行動をする者は、室内の閉ざされた空間の、プールサイドに立たされて見せしめの刑に処せられるのである。愛する妻の死を悲しんで泣いたり、ポール・エリュアールの愛と自由の詩（「生きるために前進するだけ／愛するものすべてにむかって……」、嶋岡晨訳「不死鳥《フェニックス》」）を暗誦するような、「非論理的」なおこないをする者は機関銃で撃たれてプールに落とされ、死にきれずにあがき、もがいているところを、ビキニ姿の若い女たちが短刀を持ってとびこみ止どめを刺すという「処刑劇場」のシーンは一九六三年の『新世界』（オムニバス映画、『ロゴパグ』第2話）を想起させる。

ハリウッドのスパイ活劇ではきまって主人公は任務を遂行していく途中で、美女と出会い、恋におちるという定石どおり（アメリカ時代のフリッツ・ラング監督の『外套と短剣』のゲーリー・クーパーはレジスタンスの若く美しい女闘士リリー・パルマーと恋仲になる）、レミー・コーションもアルファヴィルに潜入してすぐナターシャという美女に出会う。

ナターシャはもちろん、アンナ・カリーナである。

煙草に火をつけ、ハンフリー・ボガートのようにトレンチコートの襟を立てて、ハードボイルド・ヒーロー、レミー・コーションはさっそうとアルファヴィルに到着する。左利きのレミーは左手に拳銃を、右手に愛読書らしいハードボイルド小説、レイモンド・チャンドラーの「大いなる眠り」（一九四六年のハワード・ホークス監督『三つ数えろ』の原作である）を持って、ホテルのベッドに横になる。と、やにわに起き上がり、いきなり棚の上に置いたライターをねらい撃ちして点火する。そこへ、ハワード・ホークス監督の『脱出』（一九四四）のローレン・バコールのデビューさながらに、部屋の入口に立ち、煙草を指にはさんで口もとに持っていき、「火はあって？」と言ってアンナ・カリーナが登場するのだ。「もちろん」とレミー・コーション／エディ・コンスタンチーヌは答える。「きみに火をもたらすために九千キロもの旅をしてきたんだ」と――まるでギリシア神話のプロメテウスが自分の創造した人類のために、最高神ゼウスの怒りを買うことを承知で、天上の火を盗み出してもたらすかのように、誇らかに。

ゴダールの永遠の口説きとおのろけもここにきわまると言いたいくらい美しく、せつなく、気恥ずかしいくらいの名台詞だ。

アンナ・カリーナとともに愛の物語がはじまる。

中性子による人工放射能を実現したという物理学者の名が付けられたエンリコ・フェルミ街の安宿「赤い星」（「赤い星」とは共産主義国家の象徴でもあり、「レッド・スター」つまり「火星」のことでもあり、そしてもちろん一九三八年のオーソン・ウェルズの名高いラジオ・ドラマ「火星人襲来」へのめくばせでもあるのだろう）に、ヘンリー（アンリ）・ディクソン探偵は廃人同様になってくすぶっていた。α60の洗脳的拷問責めと「誘惑婦」の性的攻撃にあって自殺と恍惚死のあいだを抵抗しつつさまよっている状態である。落ちぶれた無精ひげのディクソン探偵／エイキム・タミロフは、オーソン・ウェルズ監督の『審判』のみじめにおびえる罪人のイメージだ。『審判』の暗い迷宮を貧しく狭くしたような安宿の二階の廊下で再会したレミー・コーションとヘンリー（アンリ）・ディクソンの頭上に、アルフレッド・ヒッチコック監督の『サイコ』（一九六〇）の老婆の亡骸の寝室のシーンを想起させる裸電球がゆれる。

汚い一室の簡易ベッドで「誘惑婦」になおも攻めつづけられたディクソンは、ついに恍惚死する直前に、枕の下に大事に隠してあった禁じられた書物の最後の一冊――ポール・エリュアールの詩集「苦悩の首都」――をレミー・コーションに手渡し、「α60を自爆させよ」「涙を流す者を救え」という最後の言葉《メッセージ》を遺《のこ》す。――「日ごとに記憶が失われていく」とおそろしげに告白し、「心だ……やさしさだ……」とつぶやきながら。

ホテルの部屋にナターシャ／アンナ・カリーナを迎えたレミー・コーション／エディ・コンスタンチーヌは、セックス・マシーンのような「誘惑婦」はことごとく退けるが、かすかな愛の記憶にゆらぐ「接待婦」のナターシャにだけは心をゆるし、ポール・エリュアールの詩集を見せる。愛を、心を、よみがえらせるための儀式のはじまりでもあるかのようだ。

ナターシャ／アンナ・カリーナは詩集「苦悩の首都」を手に取り、ページをひらいて読む。

「ぼくらは生きる　ぼくらの変身への忘却の中で
けれどあのこだまは一日中うねる
苦悩や愛撫の時間のそとの　あのこだま
ぼくらの心にぼくらは近いのかそれとも遠いのか」
（「ぼくらのうごき」、嶋岡晨訳、詩集「耐え続けることへのかたくなな願い」より）

「あなたの瞳は　きまぐれな国からもどってきた
そこでは　だれも　まなざしとはなにかをけっして知らなかったし
瞳の美しさも〔……〕知らなかった」
（「両性の平等」、高村智訳、詩集「死なないがゆえに死ぬ」より）

つづいて詩集「苦悩の首都」のページをキャメラがすばやくなめるようにしてもうひとつの詩を紹介・引用する。

「真実の裸像
（ぼくにはよくわかっている）
絶望の肩には翼《はね》がない、
愛にはもはや
顔がない、

語りもしない、
僕は動かず、
絶望をも愛をもみつめない、
語りもしない、
けれどもぼくは生きている、まぎれもなくぼくの絶望や愛とおなじに。」
（「真実の裸像」、嶋岡晨訳、詩集「不死の死」より）

次いで、レミー・コーション／エディ・コンスタンチーヌが、詩集のページをめくって、「これはどう?」「これは?」とナターシャ／アンナ・カリーナに、「会話のなかの死」「死なないがゆえに死ぬ」（あるいは「不死の死」）「罠に捕えられるために」「変わりゆく人間たち」といった詩の題名を引用するのだが、「会話のなかの死」は詩集「苦悩の首都」の一篇、「不死の死」（あるいは「死なないがゆえに死ぬ」と訳者によって異なるが）は別の詩集の題名、「罠に捕えられるために」はその詩集「不死の死」のなかに収められた詩の一篇、「変わりゆく人間たち」はまた別の詩集「小さな正義」に収められた一篇で、引用の出典が「苦悩の首都」よりも、むしろポール・エリュアールのその他の詩集についての数々の記憶（あるいはメモ）にもとづくものであり、あたかも（いや、たぶん、そうにちがいないのだが）ゴダールがアンナ・カリーナに捧げるために記憶のなかから精選した最も美しい詩句の数々を、映画的にカットをつなぐように新しく組み合わせて一篇の長詩のように仕立て上げたゴダールならではのモンタージュ／引用とコラージュなのである。

ナターシャ／アンナ・カリーナはポール・エリュアールの詩を読んだあと、「わたしの知らない言葉がある」と言う。それは「conscience」（彼女が「le《ル・》 conscience《コンシャンス》」と男性定冠詞をつけて発音すると、「la《ラ・》

conscience《コンシャンス》」と女性定冠詞を付ける女性名詞であることをレミー・コーションに教えられる）という語で、「意識」と訳されることが多いのだが、嶋岡晨訳では「心」になっていて、単純なことながらじつに名訳という気がする。ヘンリー（アンリ）・ディクソン／アキム（エイキム）・タミロフが死にぎわにつぶやく「心」も「conscience《コンシャンス》」である。

　アルファヴィルの「聖書」には、もちろん、「心」という言葉はない。朝食を運んできたホテルのボーイ（ジャン゠ピエール・レオーが演じている）が乱暴にナターシャの手から古い辞書を奪い、新しい「聖書」を渡すが「心」という言葉はやはりない。「愛」と同じように呪われた言葉、失われた言葉なのである。あらゆる感情、あらゆる思考が禁じられた世界なのである。

　しかし、彼女は「何かを思いだす」と言う。ボルヘス的に、アラン・レネ的に、世界のすべての記憶が失われつつある記号図書館のようなアルファヴィルでナターシャ／アンナ・カリーナだけが過去の記憶を完全には失っていないのだ。愛の記憶がどのようにして――じつに複雑な回路をへて――よみがえってくるかが最も感動的なクライマックスになるが、それはラストシーンまで待たなければならない。

「愛するとは、どういうことなのかしら」と言って、ナターシャ／アンナ・カリーナはふたたびポール・エリュアールの詩集を読む。オフ――画面外からの声――で、アンナ・カリーナの瞳のアップから闇のなかで点滅する光に照らしだされた彼女の顔、壁を背にしてたたずむ姿、エディ・コンスタンチーヌと抱擁し合うカットなどが断続的に画面に出てくるところにかぶさって朗読されるのだが、『はなればなれに』（一九六四）の走行中の夜の地下鉄のなかでアンナ・カリーナがクロード・ブラッスールにもたれかかるようなポーズで、ルイ・アラゴンの詩集「詩人たち」のなかの「私は一人称で歌う」を詠唱するシーンに匹敵する美しく感動的なシーンだ。「あなたの声　あなたの眼　あなたの手　あなたのくちびる／わたしたちの沈黙　わたしたちの言葉」という詩句もあれば、「立ち去ってゆく　ひかり／またもどってく

る　ひかり」という詩句もある。「沈黙のうちに　あなたの口は／幸福になることを約束した」という詩句もあれば、「ぼくは見た　二人の愛の姿そのままに／昼の光を創《つく》り出す　夜のかなたを」という詩句もある。「恋びとたちの　対話のように／こころは　ただひとつの口しかもたないのだ」という詩句もあれば、「ぼくは行った　きみのほうへ　光のほうへ」という詩句もある。「生きるためには　前進するだけ／愛するもののすべてにむかって」という詩句もあれば、「まなざし　ことば／ぼくがきみを愛している事実／いっさいが動いている」という詩句もある。「愛撫によって／わたしたちは／わたしたちの幼年時代からぬけだす」という詩句もあれば、「おお　みんなから愛されるひとよ／そしてただひとりから愛されるひとよ」という詩句もある。「もっと遠くへ遠くへと、憎悪は言う／もっと近くへ近くへと、愛は言う」という詩句もある。（引用はすべて高村智、嶋岡晨、根岸良一、宇佐美斉の各氏の訳による）

ナターシャ／アンナ・カリーナが詩集「苦悩の首都」を胸にかかえて、その表紙をこちらに向けて窓ぎわにたたずむシーンがつづくので、すべてが「苦悩の首都」からの引用のような印象を与えるのだが、遠山純生氏の分析どおり（「未来都市の迷路を抜けたら宇宙が発狂していた」、「ユリイカ」一九九八年十月号／60年代ゴダール特集、青土社）、すべて他の詩集から引用された断片をゴダール的な、ゴダールならではの「コラージュによって構成」したものなのである。

α60の中枢のコンピューター室の主任技師（ラズロ・サボ）はレミー・コーションの正体をすでに見破っていて、ずばり言う。「宇宙的な発明家、フォン・ブラウン教授を、外部の、つまり地球の各国の政府が奪い返そうとしてアルファヴィルにスパイを送りこむ、あなたもそのスパイのひとりかもしれませんな」。

α60の前に突きだされたレミー・コーションは、「フィガロプラウダ」紙の特派員イワン・ジョンソンとは偽名であり、その正体があばかれてしまうが、論理一点張りで尋問するα60に対してはむしろ問いで答えるほうが優位に立つ戦略によって、逆に謎をかける。というのも、α60はギリシア神話に出てくる怪物スピンクス（スフィンクス）が「朝は四脚、昼は二脚、夜は三脚で歩くものは何か？」と旅人たちに謎をかけ、解けない者をかたっぱしから食いつくしたという伝説に似ているからなのだが、レミー・コーションは、オイディプスが「それは人間である」と答えてスピンクスを自殺に追いやるように、答えは同じだが、「昼も夜も変わらないもの、それゆえに過去は未来を示し、そしてそれは一直線に進み、だが最後にはまた出発点に戻るものとは何か？」という謎をα60にかけ、その謎が「論理的」にとけたときにはα60が自爆せざるを得ないように仕向けるのである。

自爆寸前のα60は、苦悶しつつ、息絶え絶えになって、最後の御託宣を告げる。α60の最後の言葉もまた、ボルヘスの評論集「続審問」（中村健二訳、前出）のなかの「新時間否認論」からの引用である。但し、最初の「現在」は、ボルヘスの原文では、「われわれの運命」、最後の「α60」は「ボルヘス」であることを先に記して、以下に引用させていただくと――

「「現在」はその非現実性ゆえに恐ろしいのではない。不可逆不変であるがゆえに恐ろしいのだ。時間はわたしを作りなしている材料である。時間はわたしを運び去る川であるが、川はわたしだ。時間は、わたしを引き裂く虎であるが、虎はわたしだ。時間はわたしを焼き尽くす火であるが、火はわたしだ。不幸なことに世界は現実であり、不幸なことにわたしは「α60」である。」

ナターシャに恋をしてしまったレミー・コーションだが、フォン・ブラウン教授が彼女の父親であることを知りながらも、親子の関係や情愛がアルファヴィルでは言葉や記憶と同じように失われ（ナターシャは父親とともにアルファヴィルにやってきてから、一度も父親には会っていないというのだ）、そもそも家族関係などというものが存在しないのだから、教授はもちろん外の世界へ「いっしょに帰る気もない」ということがわかるや、α60の発明者でプログラミングの責任者でもあるフォン・ブラウン教授を容赦なく――ハードボイルド・ヒーローならではの冷酷さで――射殺する。それがそもそもの目的であり任務であったのだ。

自爆に向かうα60は自動的に作動しなくなる。そのとたんに、アルファヴィルの住民は教祖を失って右往左往する信徒さながら、たちまち平衡感覚を喪失してまともに立って歩行もできなくなり、壁や床に這いつくばってしまう。ここはネガ・ポジ反転の映像のくりかえしでホテルの廊下や地下の駐車場に特異な奥行きを感じさせて迷宮の印象を生みだすのだが、そうした混乱に乗じて、レミー・コーションは、ただひとり「涙を流す者」ナターシャを救出して、核爆発のあと海へ逃れるロバート・アルドリッチ監督『キッスで殺せ』のマイク・ハマーと秘書のゼルダのように、爆破寸前のアルファヴィルを脱出するのである。

ゴダールは『アルファヴィル』について、こんなふうに語っている。

ゴダール　映画の冒頭ですでに、エディ・コンスタンチーヌ演じるこの人物が登場し、アルファヴィルに到着するわけですが、われわれにはまだ、この人物がどういう人物かわかりません。ついでわれわれは、もっぱら彼がほかの人たちとかわす会話を通して、彼に関するいくつかの事柄を発見してゆきます。たとえば『リオ・ブラボー』など、西部劇の場合と同じです。だれかが町にやってきて酒場の扉を押し、カウンターに向かい……というわけです。〔……〕ある保安官がどこかに到着し、ある囚われ人をさがし出し、ついでその囚われ人を連れ帰るという西部劇と同じです。（「ゴダール／映画史I」、前出）

ゴダールが批評家時代に「おそらく西部劇には三種類しかない」と書き、「イメージで語る」映画としてジョン・フォード監督の『捜索者』（一九五六）、「観念で語る」映画としてフリッツ・ラング監督の『無頼の谷』（一九五二）、「イメージと観念で語る」映画としてアンソニー・マン監督の『西部の人』（一九五八）を挙げていることはすでに述べたとおりだ。

ゴダール　といっても、私はジョン・フォードのこの映画は一連の美しいイメージだけでできていると言おうとしているわけではない。むしろその反対である。それにまた、フリッツ・ラングのこの映画にはどんな造形的ないし装飾的な美しさもまったく欠けていると言おうとしているわけでもない。私が言おうとしているのは、フォードにおいてはまずイメージがあって、そのイメージが観念を指向するのだということ、それに対してラングにおいてはむしろ逆に、まず観念があって、その観念がイメージを指向するのだということである。そして最後にアンソニー・マンにおいては、観念からイメージへの移行がなされ、そのあと、エイゼンシュテインがしようとしたと同様、観念への復帰がなされるのである。

例をあげよう。『捜索者』のなかの、ナタリー・ウッドを見つけ出したジョン・ウェインが腕を伸ばしていきなり彼女をかかえあげるところでは、われわれは様式化された仕種から感情へ、突然身動きできなくなったジョン・ウェインから、「オデュッセイア」で二十年後にやっと故国にたどり着いて〔愛する息子の〕テレマコスと再会したユリシーズへと移行する。」（「ゴダール全評論・全発言I」、奥村昭夫訳、筑摩書房）

ゴダールが『アルファヴィル』のプロットを西部劇に比較したときには、おそらくはハワード・ホークス監督の『リオ・ブラボー』（一九五八）よりも、むしろジョン・フォード監督の『捜索者』が脳裏にあったのではないかと思われる。『捜索者』のフランス公開題名は『荒野の囚われ人』（La Prisonniére du Désert）で（「囚われ人」は女性形になっている）、荒野のコマンチ族に幼いころさらわれて囚われていたナタリー・ウッドをジョン・ウェインがさがしだして連れ帰るように、『アルファヴィル』ではエディ・コンスタンチーヌがアルファヴィルという記号化された社会に幼いころから連れてこられて囚われていたアンナ・カリーナを救出して連れ帰るのである。ジョン・ウェインがナタリー・ウッドを抱き上げ、「うちへ帰ろう《レッツ・ゴー・ホーム》」とやさしく言うように、エディ・コンスタンチーヌもアンナ・カリーナの身体をささえるようにかかえ、「愛という言葉を考えるんだ」とはげまし、「ふたりで幸福に向かって出発するのだ」と言うのである。

ゴダールはエディ・コンスタンチーヌを西部劇のキャラクターとしてはジョン・ウェインよりもランドルフ・スコットのような無口なヒーローに見立てたとも語っているのだが（「オブジェクティフ65」一九六五年八月‐九月第33号）、『アルファヴィル』のレミー・コーションはバッド・ベティカー監督の『反撃の銃弾』（一九五七）や『決闘コマンチ砦』（一九六〇）のランドルフ・スコットのように寡黙な感じではなく、本来の（？）「歌って殴って恋をする」左利きのレミーに近い。饒舌とまではいかなくても、よくしゃべるヒーローだ——少なくともナターシャをくどくことにかけては。

「王女さま」とレミー・コーションはナターシャをよぶ。そして、ジャン・コクトーがオルフェ神話を映画化した（オルフェ／ジャン・マレーは死の世界に愛する妻ユーリディス／マリー・デアを迎えに行くのだが、けっしてふりかえって見てはいけないユーリディスのほうをふりかえってしまう）『オルフェ』（一九四九）のように、死の世界のような暗闇の都市アルファヴィルに赴き、囚われの美女（アンナ・カリーナ）を連れて帰る途中、「ふりむかないで」と言うのだ。

『アルファヴィル』エディ・コンスタンチーヌとアンナ・カリーナ
(撮影/山田宏一)

アルファヴィルから脱出して夜のハイウェイを走る車のなかで、ナターシャ／アンナ・カリーナは、運転席のレミー・コーション／エディ・コンスタンチーヌに、「愛する」という言葉を、最初は片言のように、とぎれとぎれに、やがてはっきりと発音できるようになる。ハイウェイの街灯が次々車窓に映じて回転プロジェクターによるスポットライトのように明滅する。ポール・ミスラキのせつないくらいの甘く抒情的な音楽が流れて、ふたりだけの愛の旅立ちを祝福するかのような美しいラストシーンだ。ただ、アンナ・カリーナのひややかな表情だけは、ナターシャを初めて見たときのレミー・コーションの印象そのままなのである――「彼女の微笑と小さな鋭い歯は、かつてシネラマ館で上映されていた古い吸血鬼映画を思いださせた」。

ナターシャ・フォン・ブラウン（というのが彼女の名前である）は、もちろん『吸血鬼ノスフェラトゥ』と同じノスフェラトゥという名で知られていたフォン・ブラウン教授の娘なのである。

夜のハイウェイは果てしなく、そして果てしなく夜はつづく。夜は明けることなく、それはもうひとつの夜の果ての旅のはじまりのようである。

『アルファヴィル』から二十六年後の一九九一年、『ゴダールの新ドイツ零年』ではすっかり老人になったレミー・コーション／エディ・コンスタンチーヌが、東西分断の象徴だったベルリンの壁の崩壊（一九八九年十一月の出来事だった）も知らずにひそかに孤独に、東西冷戦の終了したあともなお、東ドイツに潜入していたのが発見される。そして、レミー・コーションは帰還するのだが、それは『アルファヴィル』の続篇というよりは、レミー・コーション／エディ・コンスタンチーヌの末路のようだ。もちろん、ナターシャ／アンナ・カリーナの姿はない。

その後もエディ・コンスタンチーヌは何本かの映画に出演したが、一九九三年二月二十五日、七十三歳で亡くなった。死因は心筋梗塞だったという。

PIERROT LE FOU
気狂いピエロ

芸術とは何か、ジャン゠リュック・ゴダール？
賛否両論
サミュエル・フラーの特別出演
映画は戦場だ
失われた時を求めて
夜の果てへの旅
新方式テクニスコープ
ギニョルズ・バンド
地獄の季節
わたしたちはみんな気狂いピエロだ
見出された永遠

『気狂いピエロ』(一九六五)はジャン゠リュック・ゴダール監督の長篇映画第十作。

一九六五年八月のヴェネチア国際映画祭に出品された『気狂いピエロ』は賛否両論、いや、批判、非難、ブーイングの嵐で、当然ながら賞の対象にもならなかった。グランプリ(サン・マルコ金獅子賞)はイタリアのルキノ・ヴィスコンティ監督の『熊座の淡き星影』に授与された。しかし、『気狂いピエロ』を映画祭で見てきたフランスの詩人で小説家でシュールレアリストでもあったルイ・アラゴン(一九六七年に七十歳で亡くなるのだが、一九六〇年には詩集「詩人たち」、六三年には詩集「エルザの狂人」、六四年には詩集「わたしにはエルザのパリしかない」、六五年には小説「死刑執行」を出版、意気軒昂だった)が、その直後、文芸週刊紙「レ・レットル・フランセーズ」(一九六五年九月九日-十五日第1096号)に「芸術とは何か、ジャン゠リュック・ゴダール?」と題する『気狂いピエロ』論を書き、「今日の芸術とはジャン゠リュック・ゴダールにほかならない」と絶讃するに至って、ゴダールの「芸術的」な評価は決定的になったと言っていいだろう。一九二〇年代後半のフランスのシュールレアリスム運動のさなかではルイス・ブニュエルとの交遊もあり(ブニュエルが画家のダリと共同でシュールレアリスム映画の金字塔になる『アンダルシアの犬』を撮って発表したのが一九二八年だった)、「アニセまたはパノラマ」という連続活劇をテーマにした映画的な小説も書いているアラゴンは、真の「現代芸術」としての映画の代表的作家としてチャップリン、ジャン・ルノワール、ブニュエルとならぶ最も重要な存在としてゴダールを称揚したのである。そのために、ゴダールの映画はいっそう、よきにつけ、あしきにつけ、通俗的な「大衆性」を失うことになったということもあるかもしれないのだが……。

ゴダールはシナリオも書けない、まともにストーリーも語れない、ただ知ったかぶりであれやこれやと古今東西の知識をひけらかしては観客を煙に巻き、鼻持ちならないスノッブなインテリで、早口のおしゃべりで教訓を垂れ、キャメラをやたらに振りまわし、アクションのつながらないモンタージュ、いや、モンタージュとも言えないつなぎ間違い（のちにそれはカットがとんでとぎれとぎれになるジャンプ・カットとよばれることになることはすでに述べた）、そんな支離滅裂な奔放さがいかにも現代的で自由で若々しい息吹きを伝える手法のごとくみせかけ、日常的な小さな出来事から、書物や絵画や映画などのさまざまな体験とドキュメントに至るまで、思いつくままに何でも持ちこんではそれを「引用」と称して図々しく強引に「映画」にしてしまうだけだというアンチ・ゴダール派の批評に対して、アラゴンはゴダールの「引用」を絵画における「コラージュ」に比較し（ゴダールの映画的手法の本質と体系を引用によるコラージュと分析したのはこれが初めてではなかったにしても、その定義が最も権威ある芸術的な評価を与えられたのは決定的な事件だった）、「ゴダールにあっては手段がつねに目的であり、方法がつねに批評になる」として「最も現代的な」芸術なのだと擁護顕揚したのであった。それに、「新しいもの、偉大なもの、崇高なものは芸術においてはつねに罵倒を浴び、軽蔑や凌辱をうけるものだ」とも言った。

弦楽器による悲しげなメロディーが静かに奏でられ、真っ黒な画面に真っ赤な小さいアルファベットのAがまばらに現われ、次いでB、C、Dと順に次々とつづき、Eから青い文字になり、音楽がリリカルにゆるやかに高まるにつれて「ジャン゠ポール・ベルモンドとアンナ・カリーナ主演」（赤）、メインタイトル『気狂いピエロ』（青）、「ジャン゠リュック・ゴダール監督作品」（赤）とクレジット画面《スクリーン》が仕上がっていく。

ジェラール・ド・ネルヴァルの詩を思いださせるようなパリのリュクサンブール公園の明るく美しい緑に囲まれたテニスコートで純白のスカートとセーターの若い娘たちがテニスをしている光景に、ジャン゠ポール・ベルモンドの朗読の声がかぶさって聞こえてくる。

「ベラスケスは五十歳を超えると、もはや決して対象を明確な輪郭線で描くことはなかった。彼は空気や黄昏とともに対象のまわりを彷徨い、背景の透明感と影のなかに色調のきらめきを不意にとらえ、この眼には見えないきらめきを核として静かな交響楽を奏でた。彼が世界のなかにとらえるのは、いかなる衝撃、いかなる激発であろうとも、その歩みを露呈させたり中断させたりすることのない密やかで弛みのない進歩によって、形態と色調が互いに浸透しあう神秘的な交感以外のなにものでもない。空間が支配している。空間は表面をかすめる大気の波のように、その表面から目に見えて湧き出るものを吸収し、輪郭づけ、形作る、そして芳香のごとくいたるところへと拡散する、ごく軽い塵となって四方に拡がりゆく反響さながらに。」

のっけから「引用」である。エリー・フォールの「美術史4／近代美術史〔Ⅰ〕」（谷川渥、水野千依訳、国書刊行会）のベラスケス論の一節なのだが（原本の「美術史」のポケットサイズの廉価版第五巻が当時フランスで出版されたばかりだった）、『カラビニエ』（一九六三）の冒頭に引用されたホルヘ・ルイス・ボルヘスの言葉のように、ゴダール自身の映画的意図を表明し、ひいては映画論にもなっている引用だ。いつもながら、ゴダールは映画の冒頭の引用に、映画の精神を、主題を、あるいはテーマを、ずばり要約してみせるのだ。「もはや決して対象を明確な輪郭線で描く」ことはない――『気狂いピエロ』は、まさに、「人生における確固たるものの不在」を喚起させる映画なのである。それはラストシーンの水平線のかなたに太陽が海と溶け合う崇高なイメージ――『軽蔑』（一九六三）のラストシーン以上に美しい、「明確な輪郭線」の不在のイメージ――に完結する。いつもながら、映画を撮ることがそのまま「映画とは何か」を問い、追究することでもあるヌーヴェル・ヴァーグの映画作法／映画論のきわみと言ってもいい作品なのである。「私は少しずつ、映画というのは、事物そのものではなく、事物と事物の間にあるもの、だれかとだれかの間にあるもの、諸君と私の間にあるものだということに気づくようになりました。」

とゴダール自身語っている。（「ゴダール／映画史Ⅰ」、奥村昭夫訳、筑摩書房）
『気狂いピエロ』のなかでもジャン゠ポール・ベルモンドがミシェル・シモンの物真似で、「もう人間の生きかたなどを描かずに、単に人生を、人生だけを描こう――人間と人間のあいだにあるものを、空間と音と色彩だけを」と語るところがある。ジェイムズ・ジョイスが「フィネガンズ・ウェイク」という小説で試みたように「進行中の仕事（work in progress）」を、できたらさらにそれ以上のものを、試みるべきだとも言う。

田舎の公民館か体育館みたいな、がらんとしたダンスホールが「ラ・マルキーズ（侯爵夫人）」という名で、備え付けのジュークボックスからは「侯爵夫人は不調そのもの……」という歌の歌詞が聞こえてくる。ジュークボックスからはアントワーヌ・デュアメル作曲のうきうきとした感じの軽快なメロディーが流れて若い女の子がいきなりツイストを踊るが、もちろんアンナ・カリーナはもうジュークボックスから流れる音楽に合わせて踊ることはない。ポール・ヴァレリーが現代小説の問題にふれて、伝統的な物語の「客観的な」叙述の方法を根底から否定し、自分に関するかぎり、たとえば「侯爵夫人は五時に外出した」といったような文章を書くことはぜったいにおことわりだね、とアンドレ・ブルトンにきっぱり言い切ったという「超現実主義《シュールレアリスム》宣言」（生田耕作訳、中公文庫）の一文が想起される。『気狂いピエロ』もまた、従来の物語的叙述、説話的時間を根底から疑い、破壊した映画だったのである。

映画の冒頭でジャン゠ポール・ベルモンドがエリー・フォールの「美術史」を朗読するあいだに、オルダス・ハックスリーの未来小説の題と同じ「すばらしい新世界」という名の本屋（実際にパリ十七区のクリシー広場にこの名の本屋があったと思う）で、ジャン゠ポール・ベルモンドが何冊もの本をかかえて買うところが出てくる。たぶん、そのなかに、エリー・フォールの「美術史」もふくまれているのだろう。「空間が支配している」と読むところに、セーヌ川の夜景が入り、次いでセーヌ川沿いのパリ十六区の高級アパルトマンのなかでジャン゠ポール・ベルモンドが、『軽蔑』のミシェル・ピッコリのように、帽子をかぶったままではないけれども、浴槽に入って本――エリー・フォールの「美術史」――をひらいて読んでいる。

小さな女の子が入ってくる。ジャン゠ポール・ベルモンドは女の子に「よくお聞き」と言って朗読をつづける。

「憂愁に満ちた精神が漂う。しかしこの苦しめられた少女には、醜さも、悲しさも、陰鬱で残酷な感覚も見られない。

ベラスケスは夜の画家、そして空間、沈黙の画家である。真昼に描こうが、閉ざされた室内で描こうが、戦争や狩猟が彼の周りで荒れ狂うときでさえもそうだ。スペインの画家たちは、空気が焼けつくように熱く、太陽が何もかもを鈍らせる日中にほとんど外に出ないため、おのずと宵と心を通わせた。」

「どうだ、美しいだろ」とジャン゠ポール・ベルモンドは小さな女の子に言う。「こんな子供にそんなもの読んで聞かせたって、わかりっこないでしょ」と母親が――強いイタリア語訛りで――言って娘を連れ去る。

というところで、ジャン゠ポール・ベルモンドがイタリア人の、イタリア語訛りが抜けない、そんなことにまでいらいらさせられるものの、裕福なブルジョワ女性と結婚して何不自由ない凡庸な生活にうんざりしながら孤独に本ばかり読んでいるらしいことがわかる。

ブルジョワ夫人（グラツィエッラ・ガルヴァーニ）は大金持ちの両親（大手の広告会社の経営者らしい）、エスプレッソ夫妻の催す夜会に出かけるための身支度にいそがしい。下着には――『恋人のいる時間』（一九六四）にも出てきた――ヒップを美しくセクシーに見せる最新のパンティー・ガードル「スキャンダル」だ！　ジャン゠ポール・ベルモンドは失業中で、広告関係の仕事が見つかるかもしれないからと妻に説得され、ひきずられるようにパーティーに出ることになる。

パリの退廃的なブルジョワ夜会では、汗ばんだ男たちが半裸の、あるいは全裸の若い女たちと酒を飲んでいる。次々に赤や青のフィルターがかけられていく画面の連続のなかで、フェルディナン（というのがジャン゠ポール・ベルモンドの演じる主人公の名だ）の孤独と倦怠が明滅する。「あんたはしゃべりすぎる」と軽蔑したように言う裸の女に、フェルディナンは「孤独だから」と答えるのだ。

画面が正常のフルカラーに戻り、ゴダールによる「生きた知性」の引用、サミュエル・フラー監督の特別出演になる。

サミュエル・フラーはボードレールの詩集「悪の華」をもとにフランス映画を撮る企画のために――結局は企画だけに終わるのだが――パリに来ていたところだった。トレードマークの長く太い葉巻をくわえ、「アメリカの映画監督、サミュエル・フラー」として実名で出演、「映画とは何か？」という質問に対して、「映画とは戦場のようなものだ。愛、憎しみ、アクション、暴力、そして死。ひとことで言えば感動《エモーション》だ」と答え、映画についての最も美しい定義のひとつとして知られることになる。

「映画とは何か」という問いに対するこの答えは、じつはゴダール自身が「ずっと以前から言いたいと思っていたことだ」という。「それを彼（サミュエル・フラー）に言ってもらったわけだ。もっとも、感動《エモーション》という言葉を見つけたのは彼だ」。（「ゴダール全評論・全発言I」、奥村昭夫訳、筑摩書房）

引用はこうした芸術論、映画論のほかにもさまざまな形で多岐にわたり、アラゴンの言うように絵画における「コラージュ」に相当する映画技法としてかがやく。少なくとも私たちは、あたかもスクリーンに上映された世界最初の映画の一本、ルイ・リュミエールの『列車の到着』（一八九六）におどろいた観客のように、『気狂いピエロ』の新しさに目をみはる。それは新しい、そしてこれこそ「映画」の誕生だったのである。

『気狂いピエロ』はジャン゠リュック・ゴダールの、少なくとも一九六〇年代のゴダールの、「アンナ・カリーナ時代」のゴダールの、集大成であり総決算とも言うべき作品だ。一九六〇年代のゴダールの映画的頂点と言ってもいいだろう。映画が映画であることでかがやく奇跡、映画的魅惑のきわみとも言いたいくらいである。そして、ひとつの時代の――アンナ・カリーナ時代の――実質的に最後の作品であり、総括であり、遺言にもなっている。『気狂いピエロ』はゴダール自身による一九六〇年代のゴダールの墓碑銘でもある。

あらためて「コラージュ（collage）」について辞書で調べてみると、「美術用語」で「貼りつけ」を意味するフランス語として、次のように説明されている（「ブリタニカ国際大百科事典」）――「画面に印刷物、布、針金、木片、砂、木の葉などさまざまなものを貼りつけて構成する絵画技法、あるいはこのような技法によって制作された作品をさす。一九一二～一三年頃ピカソ、ブラックなどがこれを発展させ、キュビズムを深めた。キュビストたちは純粋に画面の美的構成の手段として始めたが、ダダイスト、シュールレアリストたちは画面のなかに唐突な物をおき、異質の物を組合わせることにより、比喩、象徴、幻想など意想外の効果を生み出した。一九一九年頃の画家マックス・エルンストや彫刻家ハンス（ジャン）・アルプの作品は以来コラージュと呼ばれるようになった」。

そして、アラゴンによって、ゴダールの映画が「現代のコラージュ」とよばれることになったのである。言葉、色、音が炸裂し、渦巻き、氾濫し、疾走する。ニコラス・レイ監督の西部劇『大砂塵』（一九五四）が、ハワード・ホークス監督のコメディー『ヒズ・ガール・フライデー』（一九四〇）が、ジュリアン・デュヴィヴィエ監督のギャング映画『望郷』（一九三六）が、ジャン・ルノワール監督の悲喜劇『牝犬』

（一九三一）が、アベル・ガンス監督の社会劇（あるいはむしろメロドラマ）『戦争と平和』（一九一九）が、ゴダール自身の映画『立派な詐欺師』（一九六三）の抜粋が、『勝手にしやがれ』（一九五九）や『小さな兵隊』（一九六〇）や『女は女である』（一九六一）のパロディーが、ベトナム戦争のなまなましいニュース映画が、ピカソの「道化《ピエロ》に扮した少年」が、シャガールの「エッフェル塔の恋人たち」が、モディリアーニの「黒いネクタイの女」が、ピエール゠オーギュスト・ルノワールの「少女」や「裸婦」が、ゴッホが耳を切る決意をした「星の夜のカフェ」が、ニコラ・ド・スタールが自殺する直前に描いたという、抽象とも具象ともつかぬ「南仏《ミディ》の光」が、ルイ゠フェルディナン・セリーヌの小説「夜の果てへの旅」「ギニョルズ・バンド」「なしくずしの死」が、バルザックの小説「セザール・ビロトー」が、スコット・フィッツジェラルドの小説「夜はやさし」が、レイモン・クノーの小説「わが友ピエロ」が、マルセル・プルーストの小説「失われた時を求めて」が、ウィリアム・フォークナーの小説「響きと怒り」が、ルイ・アラゴンの小説「死刑執行」が、エドガー・アラン・ポーの短篇小説「ウィリアム・ウィルソン」が、ジュール・ヴェルヌの小説「神秘の島」が、レイモンド・チャンドラーのハードボイルド小説「大いなる眠り」が、映画の原作（というよりも、出発点）になったライオネル・ホワイトのミステリー小説「妄執《オブセシオン》」（ガリマール社の「暗黒叢書《セリ・ノワール》」で「十一時の悪魔」の題でフランス語訳が出ていた）が、ベルナルダン・ド・サン゠ピエールの小説「ポールとヴィルジニー」が、ジュフロワ・ド・ヴィラルドゥアンの十字軍戦記「コンスタンチノープルの征服」が、フランス中世の作者不詳の歌物語「オーカッサンとニコレット」が、武勲詩（シャンソン・ド・ジェスト）「ギヨームの歌」が、アルチュール・ランボーの詩集「地獄の季節」が、ジャック・プレヴェールの詩集「パロール」が、フェデリコ・ガルシア゠ロルカの詩「イグナシオ・サーンチェス・メヒーアスを弔う歌」が、その他数え切れないほどの映画や絵画や文学の引用や言及がニーチェ的悦ばしき知識として、多彩に画面に流れ（イメージとして、言葉として、ギャグとして、パフォーマンスとして、アクションとして、メロディーとして）、そして、色彩が、赤が、青が、白が、黄色が、黒が、作品のテーマを要約し、状況に注釈を加え、人物の行動を批評し、心理を告発し、それらすべてが相互の鏡となって存在そのものを反射するのである。

『気狂いピエロ』を見ることは、あたかも万華鏡《カレイドスコープ》をのぞくと色とりどりの細片がかぎりなく増殖し、衝突し合い、結合し、離散しながら千変万化する紋様が形づくられて躍動するのに目を奪われ、魅せられるようなものだ。めまいに襲われるようなものだ。

『気狂いピエロ』では、たとえば危険信号のように赤が絶え間なく出てくる。ネオンの赤、マリアンヌ／アンナ・カリーナのワンピースの赤、フェルディナン／ベルモンドのワイシャツの赤、アパルトマンのソファーの赤、白い壁に真っ赤なペンキで書かれたＯＡＳ（アルジェリア独立に反対した右翼の秘密軍事組織）の文字、ダイナマイトの筒の赤、そして血の赤（「血ではない、赤なんだ」とゴダールは言う）……。赤という赤が衝突し合いながら膨張し、拡張し、からみ合い、つらなり合い、まるで加速度がついて火達磨のように転がっていくかのようだ。アラゴンの詩的《ポエティック》な表現を借りれば、「そこでは赤が妄執《オブセシオン》のように歌っている」のである。

淫らな裸の女たちと汗ばんだ男たちが酒を飲みながらスノッブな対話を交わしているブルジョワ夜会にうんざりしたフェルディナン／ベルモンドは、途中で妻に、『世紀の戦い』（クライド・ブラックマン監督、一九二七）のローレル＆ハーディさながらのパイ投げで別れを告げ（散乱したパイの破片がパリの夜を彩る花火の炸裂につらなる）、その夜、偶然再会したマリアンヌ／アンナ・カリーナに恋をし、そのまま家出をしてしまう。

フェルディナン／ベルモンドがマリアンヌ／アンナ・カリーナを送る車のなかで、パリの夜空に炸裂する花火とともに、恋が燃え上がる——一瞬のきらめきとともに消える最後の生のかがやきのように。

ナターシャ／アンナ・カリーナの口からついに「愛する」という言葉が出る『アルファヴィル』（一九六五）の忘れがたいラストシーンにつづいて、こんどはカラーで、色とりどりのネオンや街の灯が車のフロントガラスに美しく反映する。

ゴダール　夜のパリを車で走るとき、わたしたちの眼に映るものは何か。赤い灯、青い灯、黄色い灯だ。わたしはこうした印象を表現したいと思ったが、現実にあるがままの形ではなく、むしろ記憶に残っているイメージを描こうとしたのです。点滅する赤や青の光、さっとよぎっていく黄色のきらめき……『気狂いピエロ』ではそうした感覚を再創造しようと思ったのです。（「カイエ・デュ・シネマ」誌一九六五年十月第１７１号所載のインタビュー、「季刊フィルム」一九六六年十月創刊号）

とゴダールは語る。

ロマンチックな美しいシーンだ。夜のパリを走るその車のなかで、マリアンヌ／アンナ・カリーナはフェルディナン／ベルモンドを「ピエロ」とよぶ——レイモン・クノーの小説「わが友ピエロ」にあやかって。「俺の名はフェルディナンだ」というのに、「だって、わが友フェルディナンとは言わないもん」と——それも、〽月のあかりにわが友《モナミ》ピエロ……という童謡（であるとともに猥歌としても歌われるという）のひそやかなメロディーとともに。

「あなたが望むことなら、あたし、何でもするわ」

「俺もだ、マリアンヌ」

「あなたの膝に手を置くわ」

「俺もだ、マリアンヌ」
「あなたの体じゅうにキスするわ」
「俺もだ、マリアンヌ」

ギターの伴奏と口笛のメロディーとともに、軽やかにせつなく美しい歌が流れる――〽なんてきみは美しい、なんてきみは美しい、なんてきみは美しい……

フランソワ・トリュフォー監督の『二十歳の恋』（一九六二）にもほんの一小節流れていた（〽そしてふたりの恋のゆくえは？ と歌う）ギー・ベアールのシャンソンのメロディーが想起される。

マリアンヌ／アンナ・カリーナは、最初、『はなればなれに』（一九六四）のオディール／アンナ・カリーナと同じ北欧の女学生みたいな髪型で登場するので、一瞬、『はなればなれに』の続篇のように錯覚するぐらいだ。だが、同時に、『勝手にしやがれ』（一九五九）の続篇のようでもある。フェルディナン／ベルモンドはマリアンヌ／アンナ・カリーナとの再会を「四年ぶりだ」と言うが、「五年半よ」とマリアンヌ／アンナ・カリーナはもっと正確に言う――「最後にあったのは五年半前の十月だったわ」。五年半前の十月、ゴダールはアンナ・カリーナに花束を送り、永遠に向かって出発したはずだった。ゴダールの長篇映画第一作『勝手にしやがれ』のためにアンナ・カリーナは撮影前にゴダールと出会っただけで、出演を――小さな役だったが「裸になることはいや」だと――ことわったのだが、次回作『小さな兵隊』（一九六〇）のためにふたたび出会うことになったのだった。

不意打ちの再会のように新しい出会いの衝撃となって、『気狂いピエロ』のフェルディナン／ベルモンドの冒険がはじまるのだ。短い凝縮した緊張と熱狂が、めくるめく危険の感覚が、長々とだらだらつづくかにみえた日常性の平穏と倦怠に代わって、まるで死が一足飛びに襲いかかってきたかのように、フェルディナンを熾烈な戦いにも似た冒険に旅立たせるのだ――運命的な邂逅《めぐりあい》（とフェルディナンは思いこむものの、それは計画された罠にすぎない）と謎にみちた女にみちびかれて。フィルム・ノワールの犯罪的プロットと運命の女《ファム・ファタール》にあやつられ、誑《たぶら》かされて。

通称「気狂いピエロ（Pierrot le fou）」という、犯罪史上名高い人物が実在したそうである。第二次世界大戦中、ナチ占領下のフランスで悪名を馳せたギャングのボスで、本名ピエール・ルートレル（ピエロはピエールの愛称である）、一味は一九四六年に銀行強盗をくりかえし、同年十一月六日の宝石店襲撃で「気狂いピエロ」が死ぬまでつづけられた（アルフレッド・フィエロ著「パリ歴史事典」、鹿島茂監訳、白水社）。ギャング出身の小説家として知られるジョゼ・ジョヴァンニが彼をモデルに「気ちがいピエロ」という小説を書いているが、ロジェ・ボルニッシュという刑事上がりのミステリー作家による実録小説もあり、ジャック・ドレー監督で一九七六年に映画化され、アラン・ドロンが「気狂いピエロ」（たぶん、ジャン゠ポール・ベルモンドの役名に敬意を表して、「いかれたピエロ」ぐらいの意の Pierrot le dingue になっていたが）を演じ、日本でも『友よ静かに死ね』の題で公開された。

ゴダールの『気狂いピエロ』では、ジャン゠ポール・ベルモンド扮する主人公の名前は、フェルディナン・グリフォン――ルイ゠フェルディナン・セリーヌの自伝的小説「夜の果てへの旅」の主人公、フェルディナンとルイス・キャロルの幻想的童話「不思議の国のアリス」に出てくる神話的怪獣、グリフォンを合わせたような名前だ。

運命の女になるアンナ・カリーナの演じるヒロインの名前は、マリアンヌ・ルノワール――ジャン・ルノワール監督の「陽気な悲劇」（とルノワール監督自身が名づけた映画）、『ゲームの規則』（一九三九）のもとになったアルフレッド・ド・ミュッセの戯曲「マリアンヌの気まぐれ」のヒロインの名と画家のピエール゠オーギュスト・ルノワール（もちろんジャン・ルノワール監督の父である）の姓をいただいたような名前だ。

マリアンヌ／アンナ・カリーナが初めてフェルディナン／ベルモンドと出会うときから、ピエール＝オーギュスト・ルノワールの「少女」の絵が出てくる。『勝手にしやがれ』のヒロイン、パトリシア（ジーン・セバーグ）がピエール＝オーギュスト・ルノワールの「少女／イレーヌ・カーン・ダンヴェール嬢」のポスターの前に立つシーンが想起される。

椅子に腰かけたマリアンヌ／アンナ・カリーナが、壁にかけられたルノワールの「少女」のデッサンの下で、「ピエ・ニクレ」の漫画本（映画の冒頭、フェルディナン／ベルモンドが書店「すばらしい新世界」で買った本の一冊で、第一次大戦直前に大流行したという「レパタン」紙連載のルイ・フォルトンによるドタバタ冒険漫画を一冊にまとめて復刻した豪華本が当時フランスで出版されたばかりだった）のページをひらいたまま、『小さな兵隊』に初登場するときに持っていた仔犬の形のハンドバッグ（は別物だったとアンナ・カリーナは語っているのだが）といっしょに膝の上に置いて、眠っている。彼女のアパルトマンの壁にはベトナムの戦場の写真などとともにシャガールの絵（「エッフェル塔の恋人たち」）、ピカソの絵（「鏡の前の少女」）、そしてとくにルノワールの絵（「草束を持つ少女」）やデッサン（「浴女」）などが貼ってある、といったぐあいだ。

マリアンヌのアパルトマンで一夜をともにしたフェルディナンは翌朝から、血ぬられた人生を歩まなければならなくなる。マリアンヌ／アンナ・カリーナはシャワーを浴びたあとのバスローブ姿で、朝食の準備をし、まだベッドにいるフェルディナン／ベルモンド（背後の壁にはピカソの「道化《ピエロ》に扮した少年」の絵はがきが貼ってあるのが見える）の前を行ったり来たりして、〽一生愛するとは言わなかったわ……と歌う。フランソワ・トリュフォー監督の『突然炎のごとく』（一九六一）のなかでジャンヌ・モローが歌ったシャンソン「つむじ風」に感動したゴダールが、作詞・作曲のセルジュ・レズヴァニ（バシアクの名でも知られる）に依頼した曲だった。

マリアンヌのアパルトマンには、すでに、血みどろの男の死体が倒れている――首にハサミを突き刺されて、モディリアーニの「黒いネクタイの女」の絵がかけられた壁の下のベッドに。

アルフレッド・ヒッチコック監督のイギリス時代の名作『三十九夜』（一九三五）やそのほとんど（というか、新しい）リメークと言ってもいいアメリカ時代の名作『北北西に進路を取れ』（一九五九）の果てしない逃亡／冒険の発端を想起させる。

死体の処理もそこそこに、マリアンヌに急がされて、フェルディナンもいっしょに逃げだすことになる。死んだ――殺された――男の一味かと思われる（中東戦争で金もうけをしている武器密売ギャング団の仲間であることがすぐのちにわかるのだが）、ノッポ（ハンス・メイヤー）と小人《チビ》（ジミー・カルービ）がどこからともなく駆けつけてきて、逃走するフェルディナンとマリアンヌを目撃する。死体、逃げるふたり、そしてふたりを追うノッポと小人《チビ》をたがいちがいにすばやくとらえたきれぎれのカットバックが交錯する。マリアンヌはフェルディナンに、ただ、「わけはあとで……」とくりかえすだけである。

こうして、愛に狂ったフェルディナン／ピエロの冒険の、夜の果てへの旅の、第一章がはじまる。ベートーヴェンの交響曲第五番「運命」の序曲がいかにも「はじまるぞ」といわんばかりに、いたずらっぽく、ギャグのように、一瞬、高鳴る。失われた時を求めて。希望。マリアンヌ・ルノワール。それはあたかも、パリという名の苦悩の首都あるいはα都市《アルファヴィル》を脱走して、永遠に向かって船出する『はなればなれに』のフランツ／サミー・フレーとオディール／アンナ・カリーナの新しい冒険のはじまりのようでもある。ロマンチックな、荒唐無稽な旅立ちだが、フェルディナン／ピエロの人生はいよいよ不可解な事件に血ぬられることになる。ドタバタ冒険漫画「ピエ・ニクレ」の悪漢三人組の口ぐせをまねて、「アロンジ・アロンゾ！（行こうぜ、やろうぜ！）」とフェルディナン／ベルモンドは腰を上げる。「時よ、とまれ。きみは美しい」とゲーテのようにうたい、フォークナー的な、マクベス的な、響きと怒りの物語に付き合うことになるのだ。

フェルディナン／ベルモンドはフェルディナン／ピエロになり、気狂いピエロになって、マリアンヌが「天気がいい」と言えばそのとおりなのだ、彼女がそう言う姿だけがすべてなのだ、と葦——考える葦？——の茂みのなかで、キャメラに向かって、アラゴンの最後の自伝的・集大成的な大作とも言うべき恋愛小説「死刑執行」（一九六五年に『気狂いピエロ』の撮影寸前に出版されたばかりだった）の一節を引用する。三輪秀彦訳（「新集　世界の文学34」、中央公論社）を参考に訳出させていただくと、ゴダールの引用では「フジェール」という女の名が「マリアンヌ」になり、二人称（「きみ」）から三人称（「彼女」）になっているけれども——


「たぶん、ぼくは立ったまま夢を見ているのだろう。彼女はぼくに音楽を想わせ、彼女の顔がぼくの心にやきつく。ぼくたちは二重人間の時代に生きている。鏡はいらない。鏡の向こう側で起こることはちゃんとわかるのだ。

マリアンヌが、天気がいいと言うとき、いったい彼女は何を考えているのか？　ぼくは天気がいいと聞く、それだけなのだ。ぼくは彼女についてこの外観しか持っていない。そして彼女が天気がいいと言うとき、ぼくの心をとらえる狂おしい解釈への欲求を許してくれる必要がある。

ぼくたちが夢と同じ糸で織られているように、夢はぼくたちで織られているのだ。

天気がいい、愛する人よ、夢と、言葉と、死のなかは。天気がいい、愛する人よ、人生のなかでは。」

豪華な漫画本一冊だけを携えての逃亡の旅——自由で気ままな道中だ。追い剝ぎ、強盗。『勝手にしやがれ』のパロディー的な自動車泥棒。ガソリン・スタンドでは極楽コンビ、ローレル＆ハーディのギャグをまねて、ガソリン代を払わずに逃げる。途中で自動車事故に出くわすや、盗んだ車を事故に見せかけて爆破する。ガソリンに発火するためにライフル銃で狙い撃つのはマリアンヌだ。一九六三年十一月にダラスでケネディ大統領が暗殺されたときに使われたライフル銃だとマリアンヌは言う。彼女は殺人的なハサミの使い手であるとともに、殺人的な射撃の名手でもある。

車を捨てたふたりは徒歩で野原を越え、逃亡の足跡を消すために（？）川を渡って、おおらかにフランスを縦断していく。

自然のなかで、ふたりが官能的な幸福に酔い痴れて、ミュージカル・コメディーのように――「あたしはミュージカル・コメディーのヒロインになりたかったのよ！」という『女は女である』（一九六一）のアンジェラ／アンナ・カリーナの台詞が想起される――アンナ・カリーナが〽あたしの運命線《マ・リーニュ・ド・シャンス》……と歌うと、ジャン＝ポール・ベルモンドが〽きみの腰の線《タ・リーニュ・ド・アンシュ》と応じる気恥ずかしくも心ときめくデュエットのナンバーを歌い、踊る松林の向こうには、『軽蔑』のカプリの海と太陽のように、フォークナー的な八月の光のように暗く重く運命をひきずりながらも、まぶしくかがやく太陽とすきとおるような青さのコートダジュールの海が、ふたりを待っているのである。

マリアンヌははしゃぐ。はしゃぎすぎる。「でしょ？」とフェルディナンはふりむいて、キャメラに向かって言う――サイレント時代のドタバタ喜劇の憂鬱な主人公、ハリー・ラングドンのように。

「誰に話してるのよ」とマリアンヌ。「観客にさ」とフェルディナン。マリアンヌも陽気にキャメラに向かってウィンクしてみせる――『女は女である』のアンジェラ／アンナ・カリーナのように。

和気あいあいのロケーション風景が目に見えるようだが、『女は女である』の撮影のときのようなおのろけ気分とはまったく違っていたようだ。『アルファヴィル』の助監督のフォース（四番目つまり実習生とも言うべき見習い助監督）につづいてサード（三番）についた俳優のジャン＝ピエール・レオー（ジャン＝ポール・ベルモンドが映画を見るシーンに観客のひとりとして出演もする）の話では、撮影中、ゴダールはずっと神経質そうに言葉少なく、不機嫌で誰とも親しく話もせず、ざっくばらんで気さくなジャン＝ポール・ベルモンドを中心に宴会のような夕食会がしょっちゅう催されたが、ゴダールだけはみんなといっしょに飲んだり食事をしたことなど一度もなかったという。みんなゴダールを尊敬していたので、ゴダールのご機嫌をうかがうようにして、キャメラマンのラウル・クタールも、スクリプターのシュザンヌ・シフマンも、助監督たちも、スタッフも、俳優たちも、それぞれの役割をきちんと果たしていたが、ジャン＝ポール・ベルモンドとアンナ・カリーナだけは、撮影に支障をきたすようなわがままを言ったりすることはなかったけれども、リラックスして陽気にふるまっていたとのこと。

　ゴダールとアンナ・カリーナは一年半前の一九六四年、『はなればなれに』を撮って、その年の十二月に離婚したあとの、『アルファヴィル』につづく三本目の「別れの詩《うた》」と言ってもいいゴダール／カリーナ作品が『気狂いピエロ』だった。

　『気狂いピエロ』は一九六五年の六月から七月にかけて南仏のニースに近いイエールとその沖合のポルクロール島でロケーション撮影されたが、その前に、ゴダールは五月のカンヌ国際映画祭に姿を見せていた。その年の特別招待作品、市川崑監督『東京オリンピック』（一九六五）を見にきたのだと思う。一九六四年にイタリア・テクニカラー社で開発されたばかりの新しいワイド・スクリーン――ふつうの35ミリフィルムの1《ひと》コマを横に2《ふた》コマに使って歪曲《アナモフィック》レンズを使わずに撮影してシネマスコープ・サイズの画面がつくれる「テクニスコープ」という新方式――が大きな話題をよんでいた。『東京オリンピック』では部分的に実験的に試みられていただけらしいのだが、『気狂いピエロ』は全篇テクニスコープで撮影された。テクニスコープによる代表的作品といえば、一九六八年のセルジオ・レオーネ監督『ウエスタン』

や一九七三年のジョージ・ルーカス監督『アメリカン・グラフィティ』が挙げられるが、一九六五年のゴダールの『気狂いピエロ』はその点ではずいぶん先取りしていたことになる。ゴダール（と、もちろん、ラウル・クタール）の実験精神がこうした技術面にもうかがわれる。キャメラマンのラウル・クタールは、ゴダールがどんなキャメラマンよりもキャメラやフィルムのことに精通していることに驚嘆していたものである。

『アルファヴィル』から『気狂いピエロ』の撮影のころ、アンナ・カリーナは俳優のモーリス・ロネと熱愛中で（一九六四年のモーリス・ロネの初監督作品『ティビダボの泥棒』に出演して以来の付き合いだった）、ロネが出演中のアメリカ映画『名誉と栄光のためでなく』（マーク・ロブスン監督、完成は一九六六年になる）のロケ先のスペインに、毎日のように電話をかけていたという。アンナ・カリーナが電話で恋人と連絡がつかずに、よくしょげていたりいらついていたりするのを見て、「スペインのホテルに電話してもつないでくれないよ。スペイン人はずぼらで面倒くさがり屋だからね。呼出しもしてくれない。外出中だとかなんとか適当に言われるだけさ」とジャン＝ポール・ベルモンドがアンナ・カリーナをからかうようになぐさめていたよ、とジャン＝ピエール・レオーが笑いながら話してくれた。

ジャン＝ピエール・レオーに『気狂いピエロ』のスクリプト（台本）のことを聞くと、二十七のシーンから成るストーリーを大雑把に要約した三十ページほどの台本らしきものが配られただけとのことだった。もちろん、キャメラの位置とかアングルなどについての指定もなければ、俳優のための台詞も書かれていない。前の晩か、当日の朝、台詞はゴダールがそのときどきに即興で書くが、俳優たちはコピーも渡されず、カットごとにゴダール自身が口伝てで教えるだけ。まれに、ちょっと長い台詞の場合にかぎって、撮影の一、二時間前にゴダールが学生ノートに青のボールペンで書いたものが俳優に渡されることもある。キャメラの位置が決まると、演技リハーサルも簡単にすませ、ほとんどすぐ本番撮影になる。ジャン＝ポール・ベルモンドはとくに何度も同じ台詞をくりかえすのが苦手できらいなので、一回か二回の本番テイクで見事にきめていたという。葦の茂みのなかでフェルディナン／ベルモンドが、もう鏡はいらない、鏡のなかの自分を見なくても自分のことはよくわかっている、と言いながらも、まるで鏡のなかの自分に向かって自問自答するようにアラゴンの小説「死刑執行」の一節を引用するところなども、ここはアリフレックスという軽量のキャメラをラウル・クタールが肩にのせてクローズアップを撮り、ゴダールがアラゴンからの引用を画用紙に大きく書いて見せ、ベルモンドには「キャメラをのぞきこむようにしゃべってくれ」と言っただけ。同時録音撮影で、ゴダールは最初のテイクのあと、ベルモンドに「もう少し短く、縮めて」と簡単に指示し、二番目のテイクで文句なしに「オーケー」になった。

スタッフに配られたゴダールの台本は短く、余計なことはまったく書かれていなかったが、主人公が若いヒロインに夢中になり、恋に溺れて犯罪に足を踏み入れるという話は敬愛するジャン・ルノワール監督の『牝犬』（一九三一）にヒントを得ているとか、フェルディナンとマリアンヌの道中はチャップリンの『モダン・タイムス』（一九三六）のラストで恋人たちが仲よく道を歩き去っていくようにとか、ルイス・ブニュエル監督が一九五二年に映画化した『ロビンソン漂流記』のようにフェルディナンとマリアンヌはしばし自然に帰った生活をするとか、ロバート・フラハティ監督の『極北の怪異（極北のナヌック）』（一九二二）のようにマリアンヌはヤスで魚を突き刺すとか、フェルディナンがセリーヌの「ギニョルズ・バンド」を読むとか、引用の出典は具体的に記してあったということである。

フェルディナンとマリアンヌは道中のあいだに、いろいろな人物に出会う――というよりも、ストーリーとはまったく無関係な（と言ってもいい）人物へのインタビューやら街頭風景などが断片的に織りこまれる。そのなかには、ゴダール映画の常連傍役《バイプレーヤー》、ラズロ・サボがラズロ・コヴァックスの名で出演するところもある。ラズロ・コヴァックスは『勝手にしやがれ』のミシェル・ポワカール／ジャン＝ポール・ベルモンドの別名でもあり（たしかラズロ・コヴァックス名義のパスポートも隠し持っていたと思う）、そもそもはクロード・シャブロル監督の『二重の鍵』（一九五九）でジャン＝ポール・ベルモンドが演じた無国籍の不良青年の名前である。アメリカン・ニューシネマのキャメラマンとして、ピーター・ボグダノヴィッチ監督の『殺人者はライフルを持っている！』（一九六八）やデニス・ホッパー監督の『イージー・ライダー』（一九六九）の撮影を担当したハンガリー出身の実在のキャメラマン、ラズロ・コヴァックスは、『気狂いピエロ』のころはまだその名が知られていなかったと思う。

『気狂いピエロ』を撮ることは「ひとつの出来事をたどること」だったとゴダールは語る。（「カイエ・デュ・シネマ」誌一九六五年十月第171号のインタビュー）

ゴダール　ひとつの出来事は、それ自体、他のいろいろな出来事から成っている。だから、ひとつの出来事をたどれば、当然、他のいくつもの出来事に出合うことになる。映画作りは冒険のようなもので、戦争で軍隊が未知の国へ進軍し、そこの住民たちにたよって食糧を供給してもらったりするようなものなのです。その場合、必然的に、これらの住民たちのことも語らねばならなくなる。それが現実というものでしょう。映画的な意味においても、ジャーナリスティックな意味においても。それは日々の出会いであり、読書であり、会話であり、実生活そのものなのです。

フェルディナンとマリアンヌは、道中、飢えれば人前で身の上話やいろいろな物語を語ったり即興劇を演じたり、休暇中らしいアメリカの海兵隊には、マッチに火をつけてナパーム弾による爆撃とベトナム戦争を大道芸人のお芝居のように再現して喝采を浴び、兵隊たちが笑って油断しているそのすきに金を奪い取って、また車を盗み、逃走する。

フェルディナンが言うように、人生なんて単純そのもの、車のハンドルを右に左に回すだけでいいんだ。「右へ！　右へ！」とマリアンヌは叫ぶ。右へ右へとハンドルをぐいぐい回すフェルディナン。車は、『アルファヴィル』でレミー・コーション／エディ・コンスタンチーヌが乗っていたフォード・ギャラクシーである。それも真っ赤なボディーだ。車は道路から外れて、河口の岸辺の砂浜に下っていき、そのまま、いきおいよく水中に突っこんでいく。その瞬間、水しぶきが噴水のように上がって美しい虹をつくる。

河口の鄙びた一画の掘立小屋で、フェルディナンとマリアンヌは、鸚鵡と狐を飼い、弓で狩りをし、ヤスで魚を突いて、自然と原始に帰ったような生活をする。肩に鸚鵡をとまらせたフェルディナンの姿はダニエル・デフォーの小説の挿絵で見たことのあるロビンソン・クルーソーのようだ。フェルディナンは学生ノートに日記をつけはじめ、たぶんゴダール自身もそのようにしてしょっちゅうメモをとっていたのだろう（実際、それはゴダール自身が書いた文字なのだ）、その日記の日付もロビンソン・クルーソーが孤島で出会った黒人の従者フライデーよろしく、金曜日《フライデー》からはじまるのだ——と同時に、もちろん、ハワード・ホークス監督の『ヒズ・ガール・フライデー』にもめくばせしつつ、「マイ・ガール・フライデー」と書いたりする。

『小さな兵隊』のブリュノ・フォレスチエ（ミシェル・シュボール）や『軽蔑』のポール・ジャヴァル（ミシェル・ピッコリ）のように、フェルディナンも孤独な夢想家であるがゆえにいっそう明晰への意思にとり憑かれた男であり、自分がはまりこんだ複雑で不条理な状況をできるだけ論理的に分析し、響きと怒りにみちたフォークナー的冒険のプロットをできるだけ明快に把握しようとするのだが、明晰になろうとすればするほど混沌のなかに、そして最後には狂気のなかに、自失していくのである——官能的な幸福感に酔い痴れながら。

「私は火！……まったき光……私は奇跡！……もうなんにも聞こえない……昇る！……宙を行く……ああ！　こんなことって！……超自然の激情で！……嬉しさのあまり私は吠える……目の前に私は幸せを見た……それに私はもうてんでなんにも分からなかった！……左手をちょっと伸ばす……思い切って……こわごわ……触れる、かすめる……わが仙女の髪！……ヴィルジニー！……

まったき幸せ！……ああ！　私はただもう茫然自失、呆気にとられて、もう息もできなかった……心臓が膨らみ……私が燃え……私もすっかり炎になって……空中を踊って！……わが気まぐれ娘にしがみつく、ヴィルジニー！」

と、フェルディナン／ベルモンドはルイ゠フェルディナン・セリーヌの小説「ギニョルズ・バンド」のページをひらいて読む（高坂和彦訳、国書刊行会）。まるでベルナルダン・ド・サン゠ピエールの小説の孤島の恋人たちが永遠の離別に逆らい、ポールがヴィルジニーによびかけるかのようだ。

しかし、マリアンヌは機嫌が悪い。「ふたりだけで生きる」なんて、退屈でおもしろくない、と彼女は言うのだ。気まぐれで、奔放で、恋する男には手に負えない、絶望的に魅力的な女だ。「何ができる？何をしたらいいの？」とふてくされてくりかえしながら、マリアンヌ／アンナ・カリーナは波打ち際の水を裸足で蹴って歩いてくる。日記を書いていたフェルディナン／ベルモンドはその手を休め、「悲しそうだね」と声をかける。「だって、あなたは言葉でしか語らないから。あたしは感情で見つめているのに」と彼女は言う。フェルディナンも黙ってはいない。「だから、きみとは会話ができないんだ。思想がない。感情ばかりだ」。「そうじゃないわ、思想は感情のなかにあるのよ」と彼女は反論する。

彼女が好きなものは、花、動物、青空、音楽……彼が好きなものは、野心、希望、物事の動き、偶然……と、当然ながら女と男のように、というか、女らしく男らしく具象と抽象のように相反し、嚙み合わない。「おたがいに絶対にわかり合えっこない」と言って、彼女はまた水を蹴って去っていく。「何ができる？　何をしたらいいの！」（「どうすりゃいいのさ、どうしようもないじゃないの」）とでも訳したらいいか）。

もう孤島のロビンソン・クルーソーやロバート・スティーヴンスン的宝島ごっこやジュール・ヴェルヌ的長すぎる休暇／漂流を終えて、ダシール・ハメットやレイモンド・チャンドラーの犯罪小説の世界に出発するのよ、車と拳銃と夜の世界に、とマリアンヌは叫んで、さっさと立ち去っていく。追いすがるフェルディナン。「アンナ〔・カリーナ〕が本能的自然であるとすれば、日記をつけるベルモンドは内的思考をあらわす」とゴダールは『気狂いピエロ』について語っている（「カイエ・デュ・シネマ」誌一九六五年十月第171号所載のインタビュー、前出）。こうして、マリアンヌ／アンナ・カリーナはますます自由奔放にサディスティックな官能美にかがやき、フェルディナン／ベルモンドはいよいよ内省的に沈んでいき、マゾヒスティックなストイシズムに落ちこんでいく。

次章――絶望。地獄の季節、マリアンヌ・ルノワール。

フェルディナンは日記を書きつづけ、風景のなかに死の香りをかぎ、セリーヌの小説の題名「なしくずしの死」を引用したり、自分を「休暇中の死者だ」と書き綴ったりする――『勝手にしやがれ』でも「死の音楽」としてモーツァルトの「クラリネット協奏曲」が流れるときにモーリス・サックスの小説「アブラカダブラ」のカバーのオビにレーニンの言葉として引用されていた言葉である。そして、「映画とは活動中の死をとらえることだ」――ゴダールがよく引用するジャン・コクトーの映画の定義である。日記は気狂いピエロの遺言になるだろう。

コートダジュールの美しい港町リヴィエラに着くや、フェルディナンはふたたび不可解で血なまぐさい事件に巻きこまれる。謎の小人とノッポがふたたび出現し、小人は、ハサミで首を突き刺されて死ぬ。そして、マリアンヌは姿を消してしまう。ノッポの一味にとらえられたフェルディナンは『小さな兵隊』を想起させる残虐な拷問責めにあう。そこで彼は、武器密売をめぐって国際的な政治団体らしいギャング団の対立があり、マリアンヌの兄（じつは情夫であることがのちにわかる）がその一方の首領であって、マリアンヌはそのために女子学生を装ってパリに敵方の情勢を偵察に行っていたのだということ、そして、フェルディナンはマリアンヌがリヴィエラに帰るまでの隠れ蓑的な道具であり、彼女の命をねらう敵からの弾よけに利用されていたにすぎないことを否応なしに悟らされる。裏切られ、虚仮にされた男の、寝覚めの悪さ。

夢みる男にとって、現実はつねにおそろしい罠である。気狂いピエロも、当然ながら、夢を見すぎたために現実にしっぺ返しを食う。フェルディナン／ピエロは、もはや、『小さな兵隊』のブリュノ・フォレスチエのように生きて老いていく知恵も求めず、『軽蔑』のポール・ジャヴァルのように生き残ることの苦渋に耐える気もなく、ただ死だけを夢みるのである。

しかし、なかなか自殺を決行できない。一度は線路の上に覚悟して腰を下ろし、近づいてくる貨物列車に圧し潰されて死ぬつもりだったが、あっさり未遂に終わる。「ああ、午後のおそるべき五時！」「ぼくは血を見たくない！」というフェデリコ・ガルシア＝ロルカの詩「イグナシオ・サーンチェス・メヒーアスを弔う歌」（「ロルカ詩集」、長谷川四郎訳、みすず書房）をつぶやくフェルディナン／ベルモンドのモノローグがうつろに物悲しくひびく。列車が迫ってくるとあわてて立ち上がり、線路から飛び退いてしまい、トボトボと立ち去っていく滑稽であわれなフェルディナン／ピエロの姿は、孤独な散歩者の夢想というにはあまりにも悲しい。しかし、もはや、致命的な愛だけが気狂いピエロに残された唯一の存在理由なのだ。リヴィエラのアパルトマンに小人の死体を残して消えたマリアンヌにトゥーロンの港で再会したフェルディナンは、だからこそ、「やさしくて残酷／現実的で超現実的／恐ろしくて滑稽／夜のようで昼のよう／月並で突飛／すべてが最高」とジャック・プレヴェールの詩集「パロール」からの引用（かと思われる）を「あたしの詩よ」と捧げられ、「だから、気狂いピエロ！」と親密なからかい口調でやさしくよばれると、たちまち、「このうそつき女め、とことん信じてやる！」と何もかもゆるしてしまうのだ。

フェルディナン／ベルモンドが港に停泊中の豪華なヨットから降りてくる異様な扮装の老女（大きな真珠の首飾りに真っ赤なバラ、ピンク色のドレスに純白のケープ、黄色く染めた髪に黄金のヘアバンドというでたちである）に手をさしのべてやるシーンがあるのだが、ゴダール映画のなかでも異色の特別出演で、「あまり知られていない現実の人物を映画のなかにもちこもうとしたことがある」という典型的な例かもしれない。この奇怪な老婆はアイシャ・アバディという「十年前にレバノンから追放された王妃」で、ゴダールはニュース映画で、この王妃が「レバノンは痩せ衰えた国で、いずれ社会主義の運動がおこるだろうと主張していた」のを見ていたという。「派手な衣装の狂女のようにみえて、そうではなかった」。一九六五年五月のカンヌ国際映画祭のときに（『気狂いピエロ』がカンヌのすぐ近くのイエールでクランクインする二週間前だった）、ゴダールは「彼女が、かつて映画で見たとおりの恰好をし、映画で語ったようなことを言いながら通りを歩いて」いたのを見かけ、同じことを映画のなかで言ってくれないだろうかと申しこんだ。「まさに現実の人物」の引用なのだが、ときとして現実はフィクションをしのぐ不思議さに彩られるということでもあるのだろう。ちょっとおもしろそうだから撮ってみようといういいかげんな発想もありそうなのがそうではなくて奇妙な現実味を帯びてくる。ゴダールの引用の不思議な魅力でもある。

フェルディナン／ピエロはマリアンヌの明かす「わけ」のすべてがうそと知りながら、なお一抹のはかない夢にすべてを賭けて、ギャング団の抗争に身を投じる。しかし、殺し合いを終えて、フェルディナンのうつろな目にとびこんできたのは、マリアンヌが兄と称する男（ダーク・サンダース）の腕に抱かれて恍惚としている姿である。フェルディナンを埠頭に置き去りにして、モーターボートで、地中海の孤島に去っていくふたり。フェルディナンの絶望は狂気に彩られる。音楽と女のイメージに取り憑かれて発狂した港の男、レイモン・ドゥヴォスに会うのは、このときだ。あの狂人、それこそたしかに彼、崇高な気違い……この狂気の漫談を聞かせるレイモン・ドゥヴォスも、ゴダール的な「生きた知性」としての特別出演と言えるかもしれない——知性とは対照的に明晰さを失った存在ではあるのだが、異種の「生きた知性」、狂気という名の知性としての特別出演なのである。主人公の狂気を反射する鏡の役を果たしている点ではブレヒト的な異化効果と言うべきかもしれない。ブレヒトの「演劇のための小思考原理」には、こんな一文がある——「……谷で演説している男を想像してみたまえ——この男は演説しながら、時々意見を変えたり、矛盾した語句をしゃべったりする。すると、山彦がそれをくりかえしながら、これらの語句との対決を行う。」（千田是也訳）

だが、気狂いピエロは狂気を異化することなく、愛に狂う甘美な決意を固める。ゴダールの愛のロマンス／メロドラマのきわみだ。

マリアンヌとその愛人を地中海の孤島にまで追いかけて追いつめたフェルディナンは、灼熱の太陽のもとで彼らを射殺する。息も絶え絶えのマリアンヌの口から、「ごめんね、ピエロ」という彼女の初めてのやさしい言葉がもれる。だが、もう遅すぎる。それに、「俺の名はフェルディナンだ」。

地中海の青と真夏のまぶしすぎる黄色の太陽のあいだで、死が待っている。青ペンキを顔に塗りつけ、死に向かう儀式をおこなうピエロ。青ペンキが乾いたピエロ／ベルモンドの顔は、ジャン・ルーシュの民族誌フィルムの気違い祭司のようでもあり、ギリシア悲劇の仮面のようでもある。それは、「シンボル事典」（水之江有一編、北星堂書店）の定義そのままに「万物が生まれ、帰っていく原初の創造物」を表わし、人間の「生」と「死」を表わし、「永遠」を表わす海の色として「底知れぬもの」の表象として

『気狂いピエロ』ジャン＝ポール・ベルモンドとアンナ・カリーナ
提供 © 日本ヘラルド映画／ DR

の青に、永遠としての死に、取り憑かれた気狂いのピエロの夢のようでもある。不幸を元の幸福の次元に回復するのではなく、むしろそれを死に至るまで極限化することによって自己実現に至ろうとするのが、この男の悲壮で滑稽な念願なのだろう。死によってのみ夢をみつづけることができた『カラビニエ』（一九六三）のユリシーズとミケランジェロの兄弟のように、フェルディナン／ピエロもまた、死によって海の青と一体化しようとするかのようだ。しかし、鉄道自殺を図って死にきれなかったように、いざダイナマイトで自爆をしようと導火線にマッチで火をつけるものの、あわてても み消そうとする。だからこそ、「わたしたちはみんな気狂いピエロだ」とアラゴンも書かずにはいられなかったのだろう。そうなのだ、私たちはみんな、あわてて火をもみ消そうとしたけれども間に合わず自爆してしまったドジな気狂いピエロなのだ。

ラストのダイナマイト自爆から、キャメラが広大な海へ静かにパンしていくところは、かつて、批評家時代にゴダールが溝口健二監督の『山椒大夫』（一九五四）のラストのキャメラの静かな美しいパンを「永遠への挙手」とよんで絶讃した美しい表現そのままに果てしなくはるか遠くを仰ぎ見つづけるかのようである。それはすでに、『軽蔑』（一九六三）のラストで溝口健二への心からのオマージュを捧げた崇高なキャメラワークの見事な延長であり、ニコラ・ド・スタールの「南仏《ミディ》の光」にヒントを得たといわれるその究極のイメージとも言えるのが『気狂いピエロ』のラストシーンになる。そこでは太陽の最後のかがやきが海のきらめきと一体化するのだ。フェルディナンとマリアンヌとの夢の対話として引用されたアルチュール・ランボーの詩句そのままに、夢と現実がひとつになって永遠に結びつくのである――「見つかった！／何が？／永遠が！／海に融けこむ／太陽が！」。

『気狂いピエロ』ジャン＝ポール・ベルモンドとアンナ・カリーナ
提供© 日本ヘラルド映画／ DR

原作と映画化（2）——妄執／11時の悪魔／気狂いピエロ

フィルムの劣化が進むなかで映画史の名作が次々にデジタル（4Kや2Kやら）でレストア（修復）されつつある。人間や組織なら若返り（restore youth）ということになるのだろうが、映画はフィルムの傷を取り除いたり色彩の調整をしたりノイズ（雑音）を消したりして元の画質や音質をより精細によみがえらせる作業になる。

ジャン＝リュック・ゴダール監督、ジャン＝ポール・ベルモンド主演の二本の名作、ヌーヴェル・ヴァーグ（新しい波）の金字塔的作品になった『勝手にしやがれ』（一九五九年、ゴダールは二十八歳、ベルモンドは二十六歳だった）とヌーヴェル・ヴァーグの頂点をきわめた『気狂いピエロ』（一九六五年）が、こうして、また、二〇二二年に劇場で見られることになった。二〇二一年九月に八十八歳で亡くなった国民的スター——映画俳優としては異例のフランス政府主催による国葬が営まれた——ジャン＝ポール・ベルモンドの追悼上映の一環でもあろう。『勝手にしやがれ』は一九六〇年にパリで初公開されてセンセーショナルな映画的事件になって以来六十年目の、二〇二〇年の4Kレストア版、『気狂いピエロ』は二〇〇〇年にアメリカのクライテリオン社から一九六〇年代のゴダール作品がビデオ化されて発売されたときに撮影監督のラウル・クタール（『男性・女性』を除く「六〇年代ゴダール」のすべての長篇作品のキャメラを担当した）の監修によって美しく鮮明な画面が再生された修復版を基本にした二〇一五年の2Kレストア版である。そんなさなかに、『気狂いピエロ』の原作として知られる（というよりも、知る人ぞ知るというか、むしろ知られざる）ライオネル・ホワイトの小説が翻訳、出版されることになった。訳者は矢口誠（これ以上の適役は考えられない訳者だろう）。もちろん、本邦初訳である。

ゴダールは――ゴダールばかりでなく、ヌーヴェル・ヴァーグの映画作家たちは――即興的な映画づくりで知られ、原作があってもその痕跡をとどめないまでに換骨奪胎してしまう映画化とみなされて、『気狂いピエロ』の原作についても語られたことはほとんど（どころか、まったく）なかった。ただ、ゴダール本人は、一九六四年に『はなればなれに』を撮ったときに、「ル・モンド」紙だったか「ル・コンバ」紙だったかのインタビューで、次回作は「11時の悪魔」（というのがライオネル・ホワイトの小説「Obsession（妄執）」のフランス語版の題名だった）の映画化になるだろうと語っていたと思う。そのころ注目されていたアメリカ映画の気鋭の監督、スタンリー・キューブリックの「とりたてて独創的とも言えない」ギャング映画『現金《げんなま》に体を張れ』（一九五六年）の原作者の「ロリータ」風の小説だとゴダールは述べていたが、一九六二年にナボコフの小説「ロリータ」を映画化したスタンリー・キューブリック監督の作品が「思いがけず的確な台詞《せりふ》による単純で明快な映画」であることにおどろき、そんなこともあってか、ライオネル・ホワイトの「ロリータ」風の小説の映画化が彼自身の妄執のようなものになっていたのかもしれない。ロリータ的小悪魔の役にはまだ二十歳になるかならないかくらいの人気絶頂のアイドル歌手、シルヴィー・ヴァルタンを、ロリータ的悪女に魅せられて破滅していく中年男の役にはリチャード・バートンを考えているとも語っていた。いや、この配役で映画化する予定で一九六四年の初めに映画化権を買い取ったが、シルヴィー・ヴァルタンにはことわられ、リチャード・バートンはすっかり「ハリウッド化」してしまっていて、この配役による映画化はあきらめざるを得ず、その代わりに同じ「暗黒叢書《セリ・ノワール》」の一冊、ドロレス・ヒッチェンズの「愚者どもの黄金（Fools' Gold）」をフランソワ・トリュフォーが「面白いぞ」と言って貸してくれたのを読んで、映画化権もわりと安かったので買い取って（たしか映画のエンドマークとともに「原作の『Fools' Gold』はニューヨークのダブルデイ社およびパリのガリマール社から出版、発売中」みたいな一枚タイトルの広告付きだったから、映画化権は「わりと安かった」というよりバーターで、広告の交換にタダ同然だったのかもしれないが）「わたしなりに脚色して」撮ったのが『はなればなれに』だったとのこと。週刊紙「レ・レットル・フランセーズ」（一九六四年五月十四－二十日号）のインタビューでは、こんなふうに語っている。「フランソワ（・トリュフォー）はセリ・ノワールのすべての小説を読んでいて、この小説を貸してくれたのも彼です。わたしは企画の種が切れると彼に会いに行く。そのつど彼はアイデアを与えてくれ、わたしはそれが自分のために役立ち、自分の血肉と化すまで、手直しをし、すべてにわたって手を加える。『勝手にしやがれ』も『女と男のいる舗道』もそうでした」。

映画批評誌「カイエ・デュ・シネマ」の同人だった時代から、短篇映画の共作（一九五八年、ゴダールの『シャルロットとジュール』のナレーション・台詞をトリュフォーが書き、トリュフォーが撮影した『水の話』を編集して完成させたのはゴダールだった）、そして一九五九年、ゴダールの長篇映画第一作『勝手にしやがれ』は三面記事にヒントを得たトリュフォーのオリジナル・シナリオの映画化だった……といったように、ゴダールとトリュフォーはお互いに意識し合い、刺激し合い、尊敬し合って最も親密な付き合いをしていた。まさに同志、盟友だったのである。一九六八年の五月革命をきっかけに骨肉相食《あいは》むがごとき大喧嘩のあと袂別《けつべつ》する二人だが、「当時のわたしたちは映画同人誌「カイエ・デュ・シネマ」の仲間として、しょっちゅう会って話し合ったり、いっしょに行動していたので、どの作品も共感と共通の体験にもとづく共同作業といった感じでした」とトリュフォーも述懐している。「ゴダールとわたしは、映画づくりに関して、お互いに何をやるかを気にかけ、注目し合い、話し合い、シナリオもお互いに読み合って、よし、それならこんどはこっちはこうやるぞとかいったぐあいにやり合ったものです。アイデアを譲り合ったりもしました。『勝手にしやがれ』のときにゴダールからこんな手紙をもらったことを思いだします。わたしは『ピアニストを撃て』を準備中で、シャルル・アズナヴールを主役に起用するつもりでしたが、まだ契約をしていませんでした。ゴダールからの手紙は、やっぱりアズナヴールを使うつもりかい？　もし使わないなら、ぜひ『勝手にしやがれ』に使いたいんだが……というような文面でした。わたしは『ピアニストを撃て』にアズナヴールを使うことに決めて契約しました。『勝手にしやがれ』には別の若い俳優を使うことにするよとゴダールは言い、ジャン゠ポール・ベルモンドを起用することになった。一九六八年の五月までは、わたしたちはとても仲よく付き合っていました。しょっちゅう会ったり手紙を書いたりして情報交換したり企画を語り合ったりしていた。わたしがSF映画『華氏451』の企画の実現に手間取っていたとき、ゴダールがやはりSF映画『アルファヴィル』を企画して、脚本を読んでくれといって見せてくれたのですが、そのラストシーンはアルファヴィルという都市の爆破になっていた。『華氏451』のラストも都市の爆破シーンになるので、わたしはゴダールに、これではどちらもそっくり同じ結末になってしまうぞと言ったのです。ジャン゠リュックは、友情から、わたしの映画のために、『アルファヴィル』のラストの爆破シーンをカットした。ところが……いろいろな事情で、『華氏451』のラストの爆破シーンも撮れなくなり、結局、どちらの映画からも爆破シーンがなくなってしまったのです。」

『気狂いピエロ』についても、「ゴダールはわたしの『突然炎のごとく――ジュールとジム』を彼に対する一つの挑戦とみなし、自分もいつかジュールとジムの物語を撮ろう、美しい自然の風景のなかで大きなひろがりのある物語を撮ってみよう、と言っていたものです。『気狂いピエロ』がその答えでした。『突然炎のごとく』でジャンヌ・モローが歌ったシャンソン「つむじ風」を作詞作曲したセルジュ・レズヴァニ（バシアクのペンネームで知られる）に新しい歌を注文してアンナ・カリーナに歌わせたりしたのも、そんな理由からです。『気狂いピエロ』はゴダール流のジュールとジムの物語だったのです」。

『突然炎のごとく』は一九六一年の作品だから、ゴダールは、ライオネル・ホワイトの「ロリータ」風の小説に出合う前から、『気狂いピエロ』の構想を抱いていたことになる。ライオネル・ホワイトに直接会って「妄執」の映画化権を得て、リチャード・バートンとシルヴィー・ヴァルタンのカップルに代えてジャン゠ポール・ベルモンドとアンナ・カリーナのカップルで撮ることになって「すべてが変わった」とゴダールは語っているが、「美しい自然と抒情性」が印象的なジャン゠ジャック・ルソーの書簡体小説「新エロイーズ」やゲーテの叙事詩「ヘルマンとドロテーア」の恋物語に近い物語になるだろうとも語っているから（アラン・ベルガラ「六〇年代ゴダール──神話と現場──」、奥村昭夫訳、筑摩書房）、トリュフォーの『突然炎のごとく』へのゴダール的な挑戦に立ち帰ったのかもしれない。いろいろな刺激をうけ、すべてに敏感に反応してイメージをふくらませながら映画をつくり上げていくのがゴダール流の即興でもあったのだろう。

「わたしはシナリオを書くことをしない。撮影の段階で適宜に即興していく。ところでこの即興は、あらかじめ内面で深められていた作業の結果でしかなく、集中力を前提としている。事実、わたしは撮影の時にだけ映画を作るのではなく、夢想する時、食事する時、読書する時、みんなと話をする時にも映画を作っているのだ」（「ゴダール全集4／ゴダール全エッセイ集」、蓮實重彥、保苅瑞穂訳、竹内書店）というのがゴダールによるゴダール的即興の定義なのである。

アンナ・カリーナは、ゴダールの即興について「ジャン゠リュックが台詞をその場でどんどん変えるなんてことはなかったし、その場で思いつきの演出をしたことなど一度もない」と言った。「シーンを周到に準備して、キャメラ・リハーサルも何度もおこないました。とくに『気狂いピエロ』のときはミッチェルという大きな重いキャメラで撮っていましたから即興演出なんて不可能でした。それに同時録音撮影ですからね。即興なんて絶対無理です。演技リハーサルもきちんと何度もやって本番でミスが出ないようにしていた。即興なんていう簡単なものではなかった。効率よく早撮りするのがジャン゠リュックのやりかたでした」。

『気狂いピエロ』は一九六五年五月に撮影に入ったが、題名はまだ決まっておらず、というか、ライオネル・ホワイトの原作のフランス語題と同じ『11時の悪魔』の題で進行していた。『Le Demon de 11 heures』というのがフランス語の題名で、「十一時（onze heures）」が算用数字（というか、アラビア数字）で「11時」となっているのはたぶんフランス語特有の「連音」の表記で「Le Demon d'onze heures」と字の肩に省略の記号アポストロフィを付ける表記になるのを避けるためだろうと思い、ついでに特別の意味があるのかどうか、いつもながらフランス語のことでお世話になっている学習院大学フランス語圏文化学科教授の中条省平氏にうかがってみたところ、「一般論しか申し上げることができませんが」と、いきなり、「onze heures」を用いた熟語として「bouillon d'onze heures」（直訳すれば「十一時のスープ」ぐらいだろうか）という表現があって、「毒の入った飲み物」という意味になると教えられて仰天してしまった。ここからの類推で「11時の悪魔」とは「隠された悪の素」「日常生活に潜む悪の衝動、きっかけ」のような意味で使うことが可能なような気がするのですが……というのだ。

「暗黒叢書《セリ・ノワール》」そのものがそんな毒々しい洒落《しゃれ》っ気のある犯罪ミステリー小説の集成シリーズのような気がする。血なまぐさい犯罪やスキャンダラスな姦通《かんつう》などあくどい三面記事ばかりを特集した「デテクティヴ」という週刊紙と同じように「暗黒叢書《セリ・ノワール》」を愛読していたフランソワ・トリュフォーに、そこから『柔らかい肌』（一九六四）のような姦通をテーマにした繊細な傑作が生まれた秘密をたずねると、「とくに映画で死を描くときの参考になるので興味深く読んでいるだけで……」と照れながら口ごもっていたけれども、リアルでなまなましい三面記事と同じようにノワールなアメリカン・スタイルの犯罪ミステリー小説をヌーヴェル・ヴァーグの偏愛的とも言える映画的宝庫とみなしていたことは間違いない。デヴィッド・グーディスをダシール・ハメットをしのぐミステリー作家と偏愛的にみなしていたフランソワ・トリュフォー監督の『ピアニストを撃て』（一九六〇）やスタンリイ・エリンの「ニコラス街の鍵」を映画化したもうひとりの「暗黒叢書《セリ・ノワール》」の熱狂的愛読者クロード・シャブロル監督の『二重の鍵』（一九五九）がこうして生まれた。

フレイドン・ホヴェイダの「推理小説の歴史はアルキメデスに始まる」（三輪秀彦訳、東京創元社）には「暗黒叢書《セリ・ノワール》」の監修者マルセル・デュアメルのこんなマニフェストが引用されている。いわく、「《暗黒叢書《セリ・ノワール》》の各巻は誰が手にしても危険がないというわけではない。シャーロック・ホームズ流の謎解きがお好きな読者は、しばしば引き合わないと思うだろう」「背徳性は、この叢書ではお上品な感情、さらには無道徳そのものとまったく同様に、大きな顔をして居坐っている。画一的な考えの持主はめったに登場しない。警官たちが追いかける悪人どもよりもっと腐敗している場合もある。好感の持てる探偵が必ずしも謎を解決しない。時には謎が存在しないこともある。さらには時として、探偵がぜんぜんいないことさえある」「ではいったい何があるのか。そこで、後に残るのは行動であり、苦悩であり、暴力であり……殴り合いであり殺しである」「いい映画に見られるように心の状態は行為によって表現される」「そこにはまたふしだらな情欲の、むしろけだものじみた愛情とか、容赦なき憎悪など、文明社会ではまったく例外的にしか見られないさまざまな感情が登場する」「要するに、われわれの目的はごく単純である。諸君の眠りを邪魔したいのだ……」。

『11時の悪魔』の題で撮られていたジャン＝リュック・ゴダールの十本目の長篇映画は、アンナ・カリーナがジャン＝ポール・ベルモンドを、レイモン・クノーの破天荒な構成の小説「わが友ピエロ」の、日常生活では愚かしい失敗ばかりくりかえす貧しいお人好しの主人公のようにピエロと呼び、「やさしくて残酷／現実的で超現実的／恐ろしくて滑稽／夜のようで昼のよう／月並で突飛／すべてが最高」というジャック・プレヴェールの詩を捧げて、「だから気狂いピエロ！」としめくくり、即興的に『気狂いピエロ』という映画のタイトルに決まったような印象をうける。『Pierrot le fou（気狂いピエロ）』というタイトルは実はそのずっと前からゴダールの頭にあったにちがいないが、面倒なことにすでに通称気狂いピエロという犯罪史上名高い人物が実在していた。第二次世界大戦中、ナチ占領下のフランスで悪名を馳せたギャングのボスで、本名ピエール・ルートレル。一味は派手な銀行強盗を重ね、一九四六年十一月に気狂いピエロが殺されるまでつづけられた。暗黒街出身の作家・映画監督、ジョゼ・ジョヴァンニがこの実在した犯罪者をモデルに書いた小説「気ちがいピエロ」が日本でも出版されているが、ロジェ・ボルニッシュという判事上がりのミステリー作家による実録小説もあり、その映画化の企画が進んでいた。結局、企画は競合することなく、ゴダールの『気狂いピエロ』のあと、それも一九七六年になってから、実在の気狂いピエロを主人公にしたほうは映画化されることになった。日本でも公開されたジャック・ドレー監督の『友よ静かに死ね』である。フランス語の原題はずばり『ギャング（Le Gang）』。気狂いピエロを演じたのはアラン・ドロンであった。役名は、たぶんジャン＝ポール・ベルモンドの気狂いピエロ（Pierrot le fou）に遠慮してか、それとは別物・別人であることを単に示すためか、「いかれたピエロ」ぐらいの意の Pierrot le dingue になっていたと思う。

ジャン＝ポール・ベルモンドが演じた気狂いピエロは、愛に狂った男である。愛は死に至る病だ。愛のために女を殺し、身の破滅を招く。「運命の女」アンナ・カリーナの赤いワンピースが血の色に見えてくる。「血ではなく、赤なんだ」とゴダールは言う。赤が妄執《オブセッション》のように歌う。失われた愛を求めて、真っ赤な太陽が沈んで海にとけこみ、消え去っていく、そのはかなくも美しい一瞬の水平線のかなたに、「見出された永遠」とは死にほかならないのだが（アルチュール・ランボーの詩句が死によってしか結ばれないカップルの対話のように密《ひそ》やかに朗誦される）、なんとロマンチックな映画だろうと見るたびに思う。

（「気狂いピエロ」、矢口誠訳、新潮文庫、解説）

MASCULIN FÉMININ
男性・女性

十五の明白な事実による仮借なき痛烈な青春白書
マルクスとコカコーラの子供たち
アントワーヌ・ドワネルの新しい冒険
コケティッシュな女
世界の中心は？
ゴダール的マッチョイズム？
ブリジット・バルドーとアントワーヌ・ブールセイエの特別出演
つねに不完全な調書

『男性・女性』（一九六六）はジャン＝リュック・ゴダール監督の長篇映画第十一作。『気狂いピエロ』が一九六五年十一月、パリでロードショー公開されているとき、ジャン＝リュック・ゴダールはすでに『男性・女性』の撮影に入っていた。翌六六年一月にはプレス試写がおこなわれ（たしかクロード・ルルーシュのプロダクション「フィルム13」の新しいビルの豪華な試写室で）、私も「カイエ・デュ・シネマ」誌の仲間たちといっしょに、期待に胸をふくらませて見に行ったことを思いだす。『気狂いピエロ』に熱狂して昂揚していた誰もがまるで冷水を浴びせかけられたような思いだった。『気狂いピエロ』の華麗な色彩と大きな画面、「美しい風景のなかで女と男の物語を撮ろう」というゴダールの言葉どおりの荒唐無稽なまでにロマンチックな物語のあと、『男性・女性』の白黒スタンダードの小さく硬質な画面は寒々としてせせこましく（撮影もラウル・クタールでなく、ベルギーのテレビ出身のキャメラマンで、一九六五年にアニエス・ヴァルダ監督の『創造物』でフランス映画界に入ってきたばかりのウィリー・クラントである）、生々しくリアルだが、のちにフランソワ・トリュフォーがゴダール宛の袂別の私信にずばり書いているように（「トリュフォーの手紙」、平凡社）「昆虫を観察する学者の視点のようで息がつまりそう」な、ぶっきらぼうでなまなましく残酷なドキュメンタリーを見る感じで、その印象はあらためてまた見ても変わらない。『気狂いピエロ』のダイナマイト自爆のあと、やさしさとか愛などといった甘ったるい感情をかなぐり捨てたかのように、ゴダールは「世界と人間を、感情移入／同化でなく、異化のまなざしでとらえる」ベルトルト・ブレヒト的教訓に徹して、新しく「澄みきった眼で」（「はじめからやり直すような気持ちで」ともゴダールは語っている）すべてを見つめ直し、何もかも「客観的に」突き放して描いているとも言えよう。『男性・女性』の冒頭のマニフェスト的な説明字幕のように出てくる副題「十五の明白な事実」、あるいはまた、ゴダール自身がつくった『男性・女性』の予告篇に映画の惹句のように使われている「現代のフランスの青春と性《セックス》についてのいくつかの明白な事実を描く」という表現のなかの「明白な」に相当するフランス語は「précis」で、「確かな」「的確な」「明確な」「まさにずばり」とも訳されうるだろうし、「正確には（十五の）事実だけ」というような厳格なニュアンスも感じられ、一切の手心を加えない、「客観的な」、という容赦のない、冷酷なリアリズム感覚にもとづいているような気がする。

「十五の明白な事実」は、「哲学者と映画作家は存在論、世界観において共通する」とか、「消費社会の産物との対話」とか、「もはや女と男と流血の海だけ」とかいった、そのつど鋭い銃声のような音を伴って出てくる字幕とともにエピソードふうに紹介されるが、「1965（年）」の1と6と5が銃声のような鋭い音とともに消え落ちて「9」だけが残って「第九章」のようになったり、ただ「12」の数字が出てそのまま「第十二章」になったりする。『女と男のいる舗道』（一九六二）のブレヒト的映写字幕のような「十二景」のタイトルや『カラビニエ』（一九六三）の戦場からの手紙の挿入のようなものだが、もっとずっと断片的で唐突なモンタージュだ。銃声とともに現実の破片が飛び散るような感じだ。なかに「この映画のまたの題名は」「マルクスとコカコーラの子供たち」という字幕があり、『男性・女性』に描かれる人物たちがゴダール（当時三十五歳になったばかりだった）よりもずっと若い、「十歳も年下の」、新しい時代の若者たちであり、「当然ながらレジスタンスもアルジェリア戦争も知らない世代だが、共産主義思想に感化されていると同時にアメリカ的生活様式の影響もうけているという意味で、マダム・マルクスとムッシュー・コカコーラのあいだの子供たちと名づけたのだ」とゴダールは述べている。（『男性・女性』のシナリオ序文）

『男性・女性』の冒頭、製作会社の名前とともに、これまでまだ三、四本しかつくられていない「フランス語をしゃべる百二十一本の映画」の一本を光と影とともに提供するという意味の字幕が出てくる。アルジェリア戦争の時代にジャン゠ポール・サルトルが起草した名高い反戦パンフレット「百二十一人宣言」

を想起させるが、『男性・女性』に登場するのはベトナム戦争反対の若者たちである。時は一九六五年の冬。「ベトナムと007／ジェームズ・ボンドの時代」だ。一九六五年の十一月から十二月にかけて「いくつかの――正確には十五の――確かな事実を手がかりに、映画という手段を用いて青春を描こうとした」とゴダールは述べているが（『男性・女性』の宣伝パンフレット、「ゴダール全評論・全発言I」、奥村昭夫訳、筑摩書房）、そこで語られる「青春」は痛切だが、もはやゴダール自身の青春ではない。『小さな兵隊』（一九六〇）のようなゴダール自身のひきずっていた情念や悔恨とは無縁の「若きウェルテル」の子孫や労働運動と反戦活動に挺身する若者や、歌手志望の女の子の生活、というよりも、生態なのである。「若さ、不安、孤独、絶望といったものが、年をとって、まったくなくなったわけではないが、切迫感はなくなった」とゴダールはのちに、どこかで語っていたと思う。若者たちの存在や生きかたにもちろん――研究対象としての――興味が示されるものの、絶対的な共感はないということなのだろうか。

といっても、ベトナム戦争だけは「十歳も年下」の若者たちの問題というよりはゴダール自身の新しい「映画的」問題になる。若者たちの反戦運動、政治活動を描くことによってゴダール自身の「政治的」メッセージを提示することになるのだが、それはリチャード・ラウドの指摘のように、「その後のゴダールの全作品の基礎を形成する、あの現実性と抽象性との弁証法的緊張を表現しているのだ」（「ゴダールの世界」、柄谷真佐子訳、竹内書店）。「愛と政治の二重構造」とアラン・ジュフロワはゴダールの映画の本質を分析することになるのだが（「愛と政治の地平線のかなたへ――ゴダール論」、仲川譲訳、「季刊フィルム」一九六八年十月創刊号）、「愛」は性《セックス》そのものに、さらには売春に収斂、抽象化されて、「政治」とともに映画的命題になっていくのである。

『男性・女性』のゴダールは新しい映画の方向に、「政治化」への確信にあふれて、冷徹な姿勢をつらぬき、強化していくかのようだ。右往左往する若者の生態もひややかに鋭くえぐりだすだけだ。背筋が寒くなる瞬間もある。ジャン＝ピエール・レオーの暗い絶望的なまなざしに耐えられない瞬間もある。仮借なく痛烈な青春白書だ。

「十五の明白な事実」は、「劇映画をドキュメンタリーのように撮る」シネマ・ヴェリテの形式で構成され、若者たちへのインタビューが中心になっているが、登場人物たちの対話も、ゴダールによれば（「ゴダール／映画史Ⅱ」、奥村昭夫訳、筑摩書房）、「台詞は書かれた台詞ではなく、私自身が聞き手になっておこなった俳優たちへの実際のインタビューをもとにしてつくられた台詞」とのこと。もっとも、俳優たちには彼らの演じる人物の身になって答えるようにあらかじめ指示しておいたので「フィクションの部分も含まれて」いるのだが、ゴダールとしては「現実の俳優たちに関することをあれこれと聞き出す」ことに興味があり、そうやって「聞き出した」ことを「混ぜ合わせ」て会話の形に構成したのであった。個々にインタビューしたものを組み合わせて若者たちが「二人で話しあっている」ように、つまりそれが「真実なものであると思わせよう」としたのであった。ゴダールは、たしか、どこかで、シネマ・ヴェリテ（映画＝真実）はシネマ・マンソンジュ（映画＝虚偽）なのだと語っていたと思う。しかし、それ以上に、ゴダールは自分とは十歳以上も年齢の違う若い世代に「昆虫を観察する学者の視点で」興味を持っただけなのかもしれない。「マルクスとコカコーラの子供たち」はゴダールにとっては興味深いひとつの社会現象（ゴダールによれば「政治的」な出来事）にすぎなかったのかもしれない。

「政治の季節」というのはゴダール自身が命名したものなのだが、といっても、「映画のわきで進行」する政治運動ではなく、「新聞の三面記事の領域の政治……三面記事の形をとった政治的大事件」が『男性・女性』という映画の「政治的要素」なのだと語る。（「ゴダール／映画史Ⅱ」、前出）

ポーリン・ケイルやアニエス・ヴァルダや斉藤綾子氏が指摘する「男性・女性という二つの性／ジェンダーが並置されているという状況」が呈示され、「性《セクシャリティ》」と「性差《ジェンダー》」の問題が「政治的な広がりを持つという視点」（斉藤綾子「男性・女性、オトコとオンナの間」、一九九八年にリバイバル公開されたときのパンフレット）をもふくむ現代的な――根底的な《ラジカル》――異議申し立てとしての「政治化」と言うべきか。『男性・女性』はすでに『中国女』（一九六七）の予告篇とも言える作品だ。すでに「五月革命」に向かってまっしぐらに疾走しているかのようだ。あるいはむしろ、『中国女』は『男性・女性』のカラー版であり、カラーによるある種のリメーク（とまでは言わなくとも、その延長線のような作品）とも言えるだろう。一九六〇年代のゴダール映画は、カラー・ワイドスクリーンか、白黒スタンダードか、どちらかだったのだが、『中国女』だけはカラーでスタンダード・サイズなのである。

一九九七年にラウル・クタールにインタビューをしたとき、つい質問しそこねたのだが（一瞬、こんなことを質問するのは失礼なのではないかとひるんでしまったのだ）、一九五九年から六七年の『中国女』『ウイークエンド』に至る、「五月革命」以前のゴダールの長篇映画十五本のうち、『男性・女性』だけがなぜラウル・クタールのキャメラで撮られなかったのかということがちょっと気にかかっていた。「ゴダール伝」（堀潤之訳、みすず書房）の著者、コリン・マッケイブも、気狂いピエロのダイナマイト自爆とともに「何らかの断絶」がゴダール作品にはあり、次の『男性・女性』では「これまで不可欠だった〔キャメラマンの〕ラウル・クタールがいなくなり、〔チーフ助監督の〕シャルル・ビッチが、〔ヘアメイクの〕ジャッキー・レイナルがいなくなり」「新しいプロデューサー（一九五九年の『勝手にしやがれ』以来のジョルジュ・ド・ボールガールでなく、アナトール・ドーマンになる）、新しいスター（ジャン＝ピエール・レオー、シャンタル・ゴヤ）、ほぼ完全に新しい製作チームを得た」と短絡的に指摘している。

しかし、『男性・女性』のあと、すぐまた、『メイド・イン・USA』（一九六六）では、アンナ・カリーナ主演ということもあるにせよ、撮影のラウル・クタール、チーフ助監督のシャルル・ビッチ、ヘアメイクのジャッキー・レイナル、記録のシュザンヌ・シフマンがスタッフを固め、アンナ・カリーナの出ない『彼女について私が知っている二、三の事柄』でも同じスタッフで（もっとも、『メイド・イン・USA』と『彼女について私が知っている二、三の事柄』は同じスタッフだったからこそ同時進行で撮影できたのだろうけれども）、そして『ウイークエンド』も撮影はラウル・クタール、記録はシュザンヌ・シフマンである。

『男性・女性』は、『気狂いピエロ』のあと、「スウェーデンとの合作で一本つくらないかという話がもちこまれ、主題は自由に選んでいいということだった」とゴダールが語っているように（「ゴダール／映画史Ⅱ」、前出）、いつものように、たとえば、ヴェネチア映画祭からの注文／依頼で急きょ撮った『恋人のいる時間』（一九六四）のように、早撮りせざるを得なかった作品であり、急な話で、いつものスタッフがすでにほかの仕事に入っていたというだけのことだったのかもしれない。実際、一九六〇年代のゴダールの短篇映画の撮影をみても、『立派な詐欺師』（一九六三）以外はラウル・クタールの担当ではないのである。引く手数多《あまた》のキャメラマンだったラウル・クタールがすでに他の監督の作品と契約してしまっていて、ゴダールの『男性・女性』に参加できなかったというだけのことだったのかもしれない。とはいえ、やはり「断絶」は一時的にせよ、いや決定的に、あったにちがいない。アニエス・ヴァルダ監督の『創造物』（一九六六）の撮影にも立ち会い、そのラッシュ試写も見てウィリー・クラントの撮影ぶりを研究したというゴダールのことだから、それまでのラウル・クタールのキャメラによる「アンナ・カリーナ時代」との決別はすでに明確に意図されていたのかもしれない。

一九六〇年代のゴダールの精力的な仕事ぶりは目がくらむようなすばらしさで、とくに『男性・女性』を撮った一九六五年は、『アルファヴィル』と『気狂いピエロ』を撮った年でもある。一月から二月にかけて『アルファヴィル』を、六月から七月にかけて『気狂いピエロ』を撮ったのである。

一月から二月にかけて七週間で『アルファヴィル』を、六月から七月にかけて八週間で『気狂いピエロ』を、それぞれ『勝手にしやがれ』以来の相棒であるラウル・クタールのキャメラで、そしてさらに十一月から十二月にかけて四週間で『男性・女性』をウィリー・クラントのキャメラで撮った。その年の五月には『アルファヴィル』が公開され、十月にはオムニバス映画『パリところどころ』（一九六三年十二月から六四年一月にかけてアルバート・メイスルズのキャメラで撮られた第5話『モンパルナスとルヴァロワ』）が公開され、十一月には『気狂いピエロ』が公開された。『男性・女性』の完成は翌年一月、公開は四月になる。

絶好調のゴダールとは対照的に、フランソワ・トリュフォーは、一九六四年の『柔らかい肌』の不評と興行的失敗のあと、『華氏４５１』の企画が実現せずに低迷していた（フランスにおける製作が不可能になった『華氏４５１』がイギリス映画として映画化されるのは一九六六年になってからである）。この時期に、フランソワ・トリュフォー監督の自伝的処女作『大人は判ってくれない』（一九五九）の主人公、アントワーヌ・ドワネル少年の役でデビューしたジャン゠ピエール・レオーが、「ドワネルもの」の二作目になるオムニバス映画『二十歳の恋』（一九六二）のフランス篇「アントワーヌとコレット」のあと、トリュフォーの分身のイメージから抜け出て、いや、むしろそのイメージの連続としてゴダールの世界に接近することになる。『男性・女性』のなかで、ジャン゠ピエール・レオー扮するポールが電話で「ドワネル将軍だが……」と偽って内務省から迎えの車をださせるというギャグは言うまでもなくトリュフォーへの挨拶なのである。トリュフォーはアントワーヌ・ドワネルを主人公にしたシリーズを構想していたが、思うように映画が撮れず、ジャン゠ピエール・レオーをゴダールにあずける形になった。こうして、アントワーヌ・ドワネルはゴダールの映画にずれこむことになるのである。あるいは、アントワーヌ・ドワネルがゴダールによって引用され、借用されたのだとも言えよう。ジャン゠ピエール・レオーは『男性・女性』に次いでゴダールの『メイド・イン・ＵＳＡ』（一九六六）、『中国女』（一九六七）、『ウイークエンド』（一九六七）、『楽しい科学』（一九六七年に撮影、六九年に完成）に出演、すっかりゴダールの世界になじんだあと、一九六八年、「ドワネルもの」の第三作、『夜霧の恋人たち』でトリュフォーの世界にまた帰っていくのである——たぶん利息まで付けられて。ゴダールによって、ゴダールのおかげで、ジャン゠ピエール・レオーがトリュフォーの分身を演じる「ドワネルもの」のシリーズ化が逆に刺激され、決定的に促されたとも言えるかもしれないのだ。

ジャン゠ピエール・レオーは映画狂で、俳優をやりながら監督を志し（ヌーヴェル・ヴァーグの影響で誰もが映画作家になろうという熱い想いにかりたてられていた）、『柔らかい肌』ではトリュフォーの下で現場見習い（あるいは実習生というか、フランス語では「スタジエール」というのだが、助監督としては四番目《フォース》になり、すでにちょっと述べたように、まずこの段階をへなければ正規のスタッフに入れないのである）につき、次いでゴダールの『恋人のいる時間』（一九六四）、『アルファヴィル』、『気狂いピエロ』の助監督のフォース、サード、セカンド（までいったかどうかわからないが）として働いた。私が『アルファヴィル』の撮影を見学できたのも、ジャン゠ピエール・レオーの口ききのおかげだった。

一九六五年十二月には、「ゴダールに見出された」新鋭、ジャン・ユスターシュ監督がジャン゠リュック・ゴダールの製作でジャン゠ピエール・レオー主演の中篇映画『サンタクロースの眼は青い』を撮った。ジャン・ユスターシュは、その後、一九七二年にやはりジャン゠ピエール・レオー主演で長篇映画『ママと娼婦』を撮り、「最後のヌーヴェル・ヴァーグ」と絶讃されたが、一九八一年にピストル自殺をした。

ジャン゠ピエール・レオーのすばらしさは、いつもジャン゠ピエール・レオーそのものという感じで、映画のなかの役になりきってしまうというより、役のほうがジャン゠ピエール・レオーにとり憑いてしまうといった印象を与えることだろう。青春の息吹きなどといったありきたりの表現も、ジャン゠ピエール・レオーの息づかいによって心がふるえるような、生々しく、いきいきとしたものになる。『男性・女性』で、たとえば、ポールが遊戯場の「一分間であなたの声がレコードに」と書かれた自動録音ボックスで、コインを入れ、恋人のマドレーヌへの愛の言葉を吹き込んでいるうちに、語調につられて、突然、煙草の宣伝文句を口走ったり、高揚して「こちら管制塔、ボーイング737へ……ポールからマドレーヌへ！」と叫んだとたんに時間切れになるといった、せつないくらいのおかしさは、ポールというキャラクターなのか、アントワーヌ・ドワネルなのか、いや、ジャン゠ピエール・レオー自身なのかわからない見事さだ。

映画館で上映されている作品のフレームが正確でないと怒って映写室にかけこむところなども、映画狂のジャン゠ピエール・レオーそのものとしか思えないおかしさなのである。

プロデューサーのアナトール・ドーマンの注文が「主題は自由に選んでいいということだったので」、ゴダールはかつて批評家時代に短篇自主映画として断片的に撮ったことのあるギー・ド・モーパッサンの二本の短篇小説、「ポールの恋人」と「合い図」を合わせて、『男性・女性』のプロットを組み立てる。ポールが恋をしたマドレーヌには同性愛の愛人がいたという話と良家の若い人妻の売春の話で、ポールとマドレーヌの話はジャン゠ピエール・レオー扮する「現代の若きウェルテル」的な作家志望の青年とシャンタル・ゴヤ扮する歌手志望の女の子の話（シャンタル・ゴヤにはいつも同性愛らしいマルレーヌ・ジョベールがくっついている）になり、人妻の売春の話は「スウェーデンとの合作」だったので、スウェーデンのスタッフ・キャストで、一九五四年に初めて撮った記録映画『コンクリート作戦』に次ぐ劇映画第一作『コケティッシュな女』（一九五五）のリメーク（というよりむしろ続篇）としてパリの映画館で上映される「映画のなかの映画」、「スクリーンの劇中劇」になった。「ゴダールの世界」（前出）の著者リチャード・ラウドは、『コケティッシュな女』を見たという少数の幸運なひとりで、こんなふうに紹介している。

「ある意味では、ゴダールのすべてが、当然未熟な形ながら、すでにそこに見出される。これは後に『男性・女性』に出てくるいわゆる《スウェーデン》エピソード、映画のなかの映画の源泉となった、あのモーパッサンの小説「合い図」が原作である。プロットは一人の良家の若妻が、売春婦が客を引くときの誘い顔に魅了されて、自分もやってみようという気になるという話である。ただ効果があるかどうかをためすだけだったのに、ほんとうに成功してしまう。見知らぬ男にアパートの戸口まで追ってこられて、彼女はついに負けてしまう。〔……〕この短篇はストーリーをひとすじにたどってゆくが、ずうずうしい男がむりやりアパートに入った瞬間ピタリと止まってしまって、奇異な感じを与えている。この後に起こることが、『男性・女性』のなかのエピソードの主題を形成している。」

『コケティッシュな女』にはすでに「ゴダール的な」すばやい切り返し、手持ち《ハンディ》キャメラ、台詞がそのまま画面にもあらわれること、アメリカ製の大型乗用車、言葉《ナレーション》と映像のズレ、女優が頭をゆすって髪を波うたせること、等々が印象的で、「最後に、ゴダール自身が売春婦の客の一人となって映画に登場する」という。

そのつづき――寝室における男と女のセックス・シーン――が、『男性・女性』の映画館で上映されるスウェーデン映画のシーンになる。ミシェル・ヴィアネイ著「気狂いゴダール」（奥村昭夫訳、筑摩書房）によれば、「ゴダールがノートに書きつけた」そのシーンのシナリオは以下のようなものであった。

「男の手で無理やりおし拡げられた女の脚。男は女に、ベッドに上がってひざまずき、頭にシーツをかぶるよう命令する。男は女を従わせるため、剃刀の刃をとりにゆく。女はスリップを脱ぎ、ベッドの端に腰をかける。女の前に男が股をひろげて立ちはだかる。男は女の頭を手でおさえ、下を向かせる。女はじっと動かない。それを見おろす男。女がもがく。男が唸る。女はもう動こうとしない……」

スクリーンに上映されるのはもっと断片的なシーンばかりだが、ゴダールのシナリオそのままにポルノ的なイメージを強烈に喚起する。男が言葉ではなく「唸る」だけで女にいろいろな性的要求を迫るところが、いかにも女を見下した男のいじましくも率直な欲望の滑稽な表現にみえる。女は屈辱を押しつけられているようだが、金で身を売ったのだから、男の意のままになるのが当然というわけなのだろう。男はただ「ウー」と唸っては女に着ているものを脱がさせ、「ウー」と唸っては尻を突きださせて撫でまわし、「ウー」と唸っては股間に女の頭を突っ込んで押さえつける。そのものずばりを見せる当時のスウェーデン・ポルノ（などとよばれていたもの）のスタイルを借りて、それ以上にいやらしくエロな印象を与える。

映画館のシーンではなく、別のシーン――カフェのシーン――だが、例の与太者コンビ――『女は女である』（一九六一）では盲目の物乞いを演じた――アンリ・アタルとドミニク・ザルディがポルノ雑誌を交互に奪い合い、競い合ってあられもなく大声で読み上げるシーンもある。

愛の身振りなどといったロマンチックな甘いニュアンスは、もはや、ない。映像でも言葉でも性戯が描かれるだけ。それも、あえてフェミニズムや性的ジェンダーの問題を逆撫でし、挑発するように、男が女を金で買って言いなりにするのだ。そして、女のほうもあたりまえのように、それが自然の理にかなうかのように、売春をおこなう。カフェの奥で話がもつれ、夫に淫売《サロップ》とののしられて子供を奪われた妻はピストルをハンドバッグから取りだして追いかけ、夫を射殺するが、のちに、カフェでゆきずりの男をつかまえて金額の交渉をしていて、売春を生業にしているらしいことがわかる。深夜の地下鉄のなかでは白人の女が黒人の男ふたりに愛なんてふざけたことを言うな、この売女め、とののしられ、ハンドバッグからピストルをだして……夜の闇に銃声が轟く。当時パリでフランス語では「幽霊列車《メトロ・ファントーム》」の題で上演中だったリロイ・ジョーンズ作のヒット舞台劇「ダッチマン」の一場面の引用で、舞台と同じ俳優たちがそのまま引用されて出演していた（女優はシャンタル・ダルジェ、演出のアントワーヌ・ブールセイエの夫人だった）。

こうした売春と死の殺伐たる風景が次々にポール／ジャン゠ピエール・レオーの眼前に現出する。心理描写のようなものはまったくないのだが、ジャン゠ピエール・レオーという存在をとおして（おそらくジャン゠ピエール・レオーだからこそ）、多感な傷つきやすい青春の衝撃や動揺が伝わってくる。肺結核で咳きこむ伝説的娼婦、椿姫の成功の秘訣を友人のロベール／ミシェル・ドゥボールに露骨な猥談のように笑って指で演じてみせたりして話しながら、突然虚無的な表情になるところなど強烈に印象に残る。性と死が紙一重なのだ。ここもジャン゠ピエール・レオーの暗い絶望的な表情はまるでアントワーヌ・ドワネルだ。

パリ郊外ヌイイのアメリカ病院の前でベトナム戦争に抗議して焼身自殺する男、ゲームセンターで突然自分の腹にナイフを突き刺して死ぬ男（イヴ・アフォンゾ）……死のイメージが映画につきまとう。

ポール／ジャン゠ピエール・レオーは歌手志望のマドレーヌ／シャンタル・ゴヤに恋をしていて、とつとつと不器用にくどくのだが、突然、彼女に「世界の中心は?」と聞かれて、おどろき、戸惑いながらも、「それは愛だと思う」と真剣に答える。ところが、女のほうは自分が世界の中心だと確信している。そして、「人間はひとりで生きられると思う?」とも聞く。ポール／ジャン゠ピエール・レオーは「ひとりでは生きられない」と言う。「愛がなくては生きられない」と。「娼婦と寝たことある?」とも聞かれて、「うん、まあ……でも娼婦は嫌いだ。悲しくて、冷たくて……」としどろもどろに弁解口調のポール／ジャン゠ピエール・レオーに、「いいのよ、別に」と女は興味も示さない。もちろん、彼女は『大人は判ってくれない』の感化院の精神科医ではないのだ。

シャンタル・ゴヤは当時、あどけなく愛らしく、日本でもすごく人気のある歌手で、『男性・女性』のなかでも歌っている「乙女の涙」が大ヒットした。

ポールは二十歳から二十一歳になり、意を決してマドレーヌに結婚を申し込むのだが、マドレーヌはレコード吹込みの初日だから、いまは急ぐの、時間がないの、と素っ気ない。マドレーヌ／シャンタル・ゴヤはあくまでもあどけなく愛らしく、まるで気がない風情だ。

「MASCULIN（男性）」には少なくとも「MASC（マスク）」と「CUL（尻《ケツ》）」があるけれども、「FÉMININ（女性）」には何もない、という台詞もあれば、メインタイトル『MASCULIN FÉMININ（男性・女性）』の「FÉMININ（女性）」の文字のなかの「ÉMIN」が銃声のような鋭い音とともに射ち落とされて、残った「FIN（終）」がエンドマークになるという、ここもあえて挑発的に女性蔑視ともとられかねない疎外感というか、排他主義は、アメリカの――最も知的な文芸週刊誌「ザ・ニューヨーカー」の――辛口評論家として知られたポーリン・ケイル女史などによってとくに強く非難されたが、純真で誠実なポール／ジャン＝ピエール・レオーに対するマドレーヌ／シャンタル・ゴヤの心ない仕打ちを見れば、かならずしもいわれないゴダール的マッチョイズム（とポーリン・ケイル女史は痛烈になじった）でもなさそうで、微妙に複雑な思いにとらわれよう。マドレーヌはポールと「寝てもいい」という気になり（「愛している」わけではない）、ベッドをともにして、ポール・エリュアールの「愛すなわち詩」の一節を口ずさむのだが（「愛よ、愛よ……」）、すぐポールのつぶやくような声が入る――「すべては最も残酷な星／地球の石より冷たい人間の物語」。そして、人形がギロチンにかけられる処刑玩具が出てきて、サディズムの元祖、マルキ・ド・サドの名前と引用がつづく――「フランス人よ！／共和主義者たらんとせば／いま一息だ」（「閨房哲学」、澁澤龍彦訳）。

「モグラは無意識に一定方向に土を掘って進む」というマルクスの名言（？）とか、相変わらずゴダールらしい多彩な引用にあふれてはいるのだが、そのつど、そのつど、思いつきのギャグのように刹那的に出てくるだけで、『気狂いピエロ』におけるように引用と引用がぶつかり合い、反射し合い、イメージをふくらませ、言葉を肥大させて、映画をまぶしいくらいにかがやかせ、豊かにし、ドラマの進行のリズムに加速度をつけるようなことはない。

いつも映画にこだわっているポール／ジャン＝ピエール・レオーの発する映画的引用だけが心に残る。『殺人狂時代』（一九四七）のチャップリンの有名な台詞とルイス・ブニュエルの映画の題名を合わせて「大量殺人なら英雄、皆殺しなら天使」といった類だ。

「幽霊列車《メトロ・ファントーム》」の題でリロイ・ジョーンズの戯曲「ダッチマン」を演出したアントワーヌ・ブールセイエが、ゴダールの『軽蔑』（一九六三）のヒロインを演じたブリジット・バルドーとともに、ベルギー生まれのフランスの劇作家、ジャン・ヴォーチエの戯曲「奇跡」の台詞の読み合わせをしているカフェのシーンも、ポール／ジャン＝ピエール・レオーの目線でとらえられているようで、親密感あふれる引用だ。

ゴダールとアントワーヌ・ブールセイエの友情ある付き合いが始まったのは、一九六三年の二月に、ゴダールの企画で、アンナ・カリーナが主役を演じるドニ・ディドロ原作の「修道女」の舞台での上演をブールセイエが芸術監督としてひきうけたときからだった（演出はジャック＝リヴェットが担当することになった）。その年、イギリス海峡に臨むフランス北西部のノルマンディーの夏の演劇祭では、アントワーヌ・ブールセイエ演出によるジャン・ジロドゥの戯曲「ルクレチアのために」の主役にアンナ・カリーナが起用された。その後、ゴダールがアンナ・カリーナと別れたあとも、ゴダールとブールセイエの友情はつづき、一九六七年の『中国女』はアントワーヌ・ブールセイエのアパルトマンで撮影されたことはすでに述べたとおりだ。ゴダールは、プロダクション「アヌーシュカ・フィルム」の代表としてブールセイエのためにテアトル・ド・ポッシュというパリのモンパルナスの小劇場に出資し、そこがブールセイエの芝居の拠点となった。『男性・女性』のなかで自分の腹にナイフを突き刺して死ぬ男を演じているイヴ・アフォンゾはブールセイエのテアトル・ド・ポッシュの俳優で、ゴダールの『メイド・イン・USA』（一九六六）にデヴィッド・グーディスの役で出演したあと、ジャック・ロジエ監督の『メーヌ・オセアン』（一九八五）にも出演することになる。

『男性・女性』のポール／ジャン゠ピエール・レオーは、『気狂いピエロ』のあとのゴダール自身でもあるかのように、「マリリン・モンローが急速に年老いた」と感想を述べ（マリリン・モンローは一九六二年に急死する）、映画を見つづけるが、「ぼくらの夢みた映画」を見出すことができなかったとナレーションで語る――「ぼくらがつくりたい映画、ぼくらが心の底から生きたいと思う映画とは別のものばかりだった」。

「マルクスとコカコーラの子供たち」の青春白書も、ゴダールにとっては「心の底から生きたいと思う映画とは別のもの」だったのだろうか。一九六五年十二月に『男性・女性』を撮り終えたあと、ゴダールは「〔翌年の〕一月のある朝、私は若者たちからも映画からも遠く離れ、またひとりになっていた。両者から私の手元に残されたのは、一本の映画という、つねに不完全なこの調書、つまりたえず完全なものにしようとしつづけるべきこの調書である」と書いているのである（「ゴダール全評論・全発言Ⅰ」、前出）――「したがって、また別の映画にとりかからなければならない」と。

『男性・女性』は一九六六年ベルリン国際映画祭に出品され、ジャン゠ピエール・レオーに主演男優賞が与えられた。

MADE IN USA

メイド・イン・USA

ジャン＝リュック・ゴダール監督の長篇映画第十二作『メイド・イン・USA』（一九六六）と第十三作『彼女について私が知っている二、三の事柄』は二本同時につくられた。

一九六六年、ジャン＝リュック・ゴダールは二本の長篇映画をかけもちで撮ることになったのである。かけもちとはいっても、まったく同時に企画がスタートしたわけではなく、最初はアナトール・ドーマン製作の『彼女について私が知っている二、三の事柄』を撮る準備をしていたが、その間にジョルジュ・ド・ボールガール製作の『メイド・イン・USA』が飛び入りで先に、何の準備もなしに撮影に入り、七月から八月にかけて四週間、まず『メイド・イン・USA』を、次いで、八月八日から二十七日まで『彼女について私が知っている二、三の事柄』を撮影、八月二十八日からは二本同時に別々の場所で撮り分けて九月八日に撮了。ダブって撮影したのは実質的に十二日間、同じスタッフで二本の映画を午前と午後に分けて撮ったという。「この二本の映画は、まさに同時につくられたのです」（『ゴダール／映画史Ⅱ』、奥村昭夫訳、筑摩書房）。

そんないいかげんな映画のつくりかたをしてもいいのかと話題になり評判になった。ゴダール・ファンにとっては痛快な出来事だった。まるで「たのまれれば何でも引き受ける」という「映画屋稼業」に徹した、わがマキノ正博／雅弘監督のごとしである。

そもそもは、『男性・女性』（一九六六）に次ぐアナトール・ドーマンの製作で『彼女について私が知っている二、三の事柄』を企画していたところへ『勝手にしやがれ』（一九五九）以来親密な付き合いをしていたプロデューサーのジョルジュ・ド・ボールガールから電話があり、ジャック・リヴェット監督、アンナ・カリーナ主演の『修道女』（一九六六）が公序良俗に反するとの理由で公開禁止になり（情報大臣による検閲が入りいくつかの修正があって、公開は一九六七年になる）、「月末の支払いのための金に困って」いるので、「三週間以内に映画の撮影を始めてくれないかな。いや、どんな映画でもいいんだ。そうしてくれれば、その映画のための金を借りることができるし……」ということで、ゴダールは「じゃあ、少し時間をください。一日か……いや二時間でいい。その間に街角の本屋で探偵小説を一冊見つけてきますから。そしてその小説を脚色し、映画に撮ることにしましょう」ということになった。「この映画はこんなふうにして始められたのです」。

ゴダールにたのめば、とにかく、なんとか映画を、それも安く速くつくってもらえるという信頼がプロデューサー側にはあったのだろう。ゴダールのほうも、いつだって、思いつきで、どんな映画だってつくれるんだという自負のようなものがあったにちがいない。とにかく、なんとか売れる映画をさっとつくろう、というわけである。まさに「間に合わせ」の名匠、早撮りの達人、マキノ正博／雅弘もかくやといったところ。「早い安い面白い第一主義」のゴダール的実践である。

ゴダールが「街角の本屋」で映画のネタとして見つけた一冊の「探偵小説」は、リチャード・スタークの「悪党パーカー／死者の遺産」であった。いつもながら、ゴダールはこのハードボイルド・ミステリーを、「映画化」するというよりは、単にきっかけとして、ベースにして、出発点にして、自分の問題——政治的な関心事——を映画にすることになる。ゴダールとしては「小説のあらすじにはきわめて忠実なつもり」だったが、プロデューサーは「かなり多くの変更が加えられているのだから、これでは著者も自分の小説を脚色したものとは思わないだろうと考え、原作料を払おう」とはしなかった。その点については「原作者」リチャード・スタークが鈴木布美子氏のインタビューに答えて語っているところがじつにおもしろいので、ちょっと長くなるけれども、以下に引用させていただくと——

——あの映画（『メイド・イン・ＵＳＡ』）ではゴダールとトラブルがあったと聞いたことがあります。

スターク　ゴダール自身には問題はなかったんだ。最初、プロデューサーは作品の映画化権を買っていたんだが……。

――プロデューサーはジョルジュ・ド・ボールガールでしたね。

スターク そうだ。当時彼は全財産を投じた『修道女』が発禁処分になって破産寸前だった。そこで救いの手をさしのべたゴダールに私の「悪党パーカー／死者の遺産」を見せて、これをもとに1本映画をつくることにしたんだ。ところがゴダールの脚本が原作とかなりかけ離れたものだったので、ボールガールは製作途中で映画化権の契約をキャンセルした。ゴダールには内緒にだ。ゴダールはそんなことは知らないので、イギリスの映画雑誌「サイト・アンド・サウンド」のインタビューで、「今、アメリカの作家のリチャード・スタークのハードボイルド小説を映画化している」と喋ってしまったんだよ（笑）。それで私は著作権侵害の裁判を起こした。結果は私の勝ちだった。

――損害賠償金をもらったのですか。

スターク いいや。相手は文無しだったからね。代わりにあの映画の北米大陸における配給権を貰ったんだ。

――ゴダールはあなたのファンなのですか。

スターク さあね。会ったことないから。

――『メイド・イン・USA』を見たときの印象はどうでしたか。

スターク ゴダールは『彼女について私が知っている二、三の事柄』を午前中に撮影し、午後に『メイド・イン・USA』を撮影する。これを12日間やったんだ。だから雑な作品だということがよくわかる。例えばアンナ・カリーナが道を歩いてガレージに向かうとき、あるショットではブルーのドレスを着ているが、別のショットではオレンジのドレスを着ているんだ。

――ゴダールの映画は好きですか。

スターク　ああ。彼の映画ではいつも予期しないことが起きるからね。一番好きな作品は『ウイークエンド』だ。

（「キネマ旬報」一九九九年六月下旬号）

ゴダール自身も、『メイド・イン・ＵＳＡ』は「よくできた映画とは言えない」「〔物語を語ろうとしたが〕まったく足が地についていなかった」「はっきり言って出来の悪い映画だ」とあちこちで堂々と発言している。『彼女について私が知っている二、三の事柄』に比べれば、「野心」を欠いた「純粋に商業的なやり方で組み立てられている」作品だというのだ（「ゴダール／映画史Ⅱ」、前出）。『勝手にしやがれ』と同じことをまたやろうとした――つまりアメリカの犯罪映画を模倣した――「退嬰的な」作品だというのがゴダールの自己批評なのである。映画は「ニックとサミュエルに」、つまりニコラス・レイとサミュエル・フラーに捧げられているが、あれもこれもアメリカ犯罪映画からのあられもない引用、イタダキのオンパレードだ。

リチャード・スタークの小説から発想を得たゴダールは、たまたまパリの映画館でハワード・ホークス監督の『三つ数えろ』（一九四六）がリバイバル上映されているのを見て、アンナ・カリーナを探偵にして、ハンフリー・ボガートのようにトレンチコートを着せ、拳銃を持たせ、不可解な謎の事件に取り組むという「ある種のリメーク」を考えた。しかし、これが退嬰的なのだとゴダールの自己批評はつづく。アンナ・カリーナが舞台で演じた「修道女」の映画化をプロデューサーのジョルジュ・ド・ボールガールに薦めたゴダールにしてみれば、映画が公開禁止になってプロデューサーを苦境に立たせ、しかもアンナ・カリーナをかつて自分が監督した『小さな兵隊』（一九六〇）と同じ憂き目に遭わせることになってしまったことへの責任感のようなものもあったのかもしれない――と思ったら、そんなことはなく、まったくのなれあいから『メイド・イン・USA』のヒロインにはアンナ・カリーナを使うことになっただけだというのだ。だから、もはや愛もなく、不満だらけで、またも自己批評になる。

ゴダール　この映画でアンナ・カリーナをまたつかったのは……というか、私には、習慣から以外には、彼女をつかって映画を撮る理由はなにもありませんでした。このことは彼女にとっても、あまり誠実なこととは言えません。彼女に金の必要があったのなら別ですが（もっともその場合は、私が用立てることができたはずです）、でも、まずはじめに問題がそうした形で提起されたわけじゃありません。〔……〕それは習慣からのことだったからです。そしてそれが映画からも感じられるのです。もはやどちらにも、映画をつくりたいという……一緒に映画をつくりたいという欲望がなく、〔……〕だから、それは習慣だったのです。そうした映画が、軽蔑的な意味で明らかに商業的な映画であるのはそのためです。（「ゴダール／映画史II」、前出）

撮影現場でも、ゴダールはアンナ・カリーナに冷たくつらく当たり、「彼女にあまりに意地悪なので、〔キャメラマンの〕ラウル・クタールでさえ、そんなにひどく接するべきではないとゴダールに意見したほどだったという」（コリン・マッケイブ「ゴダール伝」、堀潤之訳、みすず書房）。

アンナ・カリーナが初々しくいきいきとしていた幸福な（としか言いようのない）ゴダールの初のカラー作品『女は女である』（一九六一）にくらべようもないくらい、ぐっと成熟して肉感的になって、化粧もどぎつく、もちろん無邪気をよそおうことなどもなく、図太く、悪意にみちて、非情にふるまう。彼女の役は残酷な殺し屋なのだ。ハンフリー・ボガートの女性版なんてものじゃない。

彼女は読みかけのポケットブックの一冊を胸にのせたまま、ホテルのベッドでうたた寝している。

「さらば人生《アデユー・ラ・ヴイ》、さらば愛《アデユー・ラムール》」という本の題名からして映画そのもののすべてを予告しているかのようだが、それはホレス・マッコイの小説「明日に別れの接吻を」（一九五〇年にジェームズ・キャグニー主演のギャング映画になっている）のフランス語版の題名である。

片手にリボルバー、片手にウイスキーのグラスを持ち、そして外出するときには白いトレンチコートを着こみ、ハードカバーのぶ厚い「美食百科《グルメ》」のなかをくりぬいて拳銃をかくし、時がくると冷酷に容赦なく男たちを射ち殺す。ドナルド・シーゲルとして長いあいだB級ギャング映画を早く安く面白く量産していた初期のドン・シーゲル監督の傑作『殺し屋ネルソン』（一九五六）の主人公を思いださせるポーラ・ネルソンというのがアンナ・カリーナの演じるヒロインの名前だ。

血みどろの顔、ときには髑髏《どくろ》が、死のイメージを喚起する――といっても、ゴダール自身も言うように（「この映画はむしろ劇画なのです」）、当時流行のポップ・アート調のけばけばしい、爆発的な色彩が強烈に目を射るダイナミックなコミックスのような感じだ。「ウォルト・ディズニー＋《プラス》流血」というナレーションも入る。切り札は死、血の赤だ。ポーラ・ネルソン／アンナ・カリーナは血みどろの不思議の国のアリスといったところ。「ルイス・キャロルとともにアリスの国へ」という台詞（だったか、字幕だったか）も出てくる。

この映画のすべての人物が、アメリカ映画の、ハリウッドの、実在の俳優や監督やシナリオライターや、あるいは映画のタイトルやヒーローやヒロインの名前になっていて（映画だけでなく、アメリカ大統領になる以前のリチャード・ニクソンや国防長官ロバート・マクナマラが殺し屋として出てきたりするが）、まさにその意味でも題名どおりのメイド・イン・USAなのだが、そもそも映画そのものもニックとサミュエルに、つまりニコラス・レイ監督とサミュエル・フラー監督に捧げられていることはすでに述べたとおりだが、これは「ハンフリー・ボガート主演のウォルト・ディズニー映画」な

『メイド・イン・USA』のクレジットタイトル
上、メインタイトル『メイド・イン・USA』
下、映像と音響のわが育ての親であり師であるニックとサミュエルに

のだと定義され、〔ハワード・ホークス監督の『暗黒街の顔役』（一九三二）のシナリオライターの名前である〕ベン・ヘクト街や〔『堕ちた天使』（一九四五）や『歩道の終わる所』（一九五〇）などのフィルム・ノワールの監督の名前である〕オットー・プレミンジャー通りで殺人が起こる。『疑惑の渦巻』（オットー・プレミンジャー監督、一九四九）のホセ・ファラーが怪演した奇怪な催眠術師、コルヴォ博士が検死担当医になって（いや、医師は一九四九年の『怒濤の果て』の監督、エドワード・ルドウィグの名だったかもしれないが、演じるのは何という俳優だったか）、やがて『暗殺者の家』（アルフレッド・ヒッチコック監督、一九三四）の歯科医のシーンを想起させる検死台のような椅子に寝かされた男の顔に巻かれた血にまみれた包帯をとると血みどろの頭蓋骨がぬっと顔を出す等々、といったぐあいに、ゴダールが愛した数々のアメリカ映画の記憶を「劇画」的に誇張して合成したモザイク画をつくりあげることになる……とリチャード・ラウドは分析し、しかしながら「たとえてみれば、ばらばらになったモザイク画、あまり小さなはめ石でできているために像が浮かびあがらないモザイク画のようなもの」とも書くのだが（「ゴダールの世界」、柄谷真佐子訳、竹内書店）、そのとおりかもしれない。

支離滅裂な印象を与えるのはしかたがないとしても、何もかもばらばらに散乱して筋道が立たない。雑然といえば雑然、混沌といえば混沌、デタラメといえばデタラメかもしれない。だが、なんという鮮烈な色彩の洪水、あざやかな原色の官能的な乱舞。そのなかをハードボイルド・ヒロイン、悪党カリーナが泳ぎまわり、闊歩する。

この映画に取柄があるとすれば、とくに色彩だろうとゴダール自身も言うのだ――謙虚に、率直に、「色彩に関してはある種の研究のあとが見られます」（「ゴダール／映画史Ⅱ」、前出）と。

カラー映画というだけで映画的快感があるのである。青、白、赤、それに黄色が、衣裳にも装置にも、建物の壁や窓枠にも、車やドラム缶にも、空や水にも、標識や広告やポスターや漫画やヌード写真にも、文字や風景にも、生々しく（ふれたら真っ赤な血のようにべっとり色がつきそうなくらい）塗られ、いつまでも乾かずに濡れているかのようだ。ゴダール自身が、いつものように、見事にその魅惑の秘密を解明してくれる。

ゴダール　ミケランジェロ・アントニオーニの『赤い砂漠』（一九六四）を見ると、色彩がキャメラの中にある、つまりこの映画をこしらえあげたのはキャメラそのものだという印象をうけるのです。わたしの『軽蔑』（一九六三）の場合は、一方にキャメラがあり、他方にはキャメラの前に存在する被写体があった。色彩は被写体とともにキャメラの外にあったわけです。わたしはアントニオーニのようにキャメラそのものによって映画をこしらえあげることができるかどうかわからないが、その欲望を感じはじめていた。その欲望の最初の表現が『メイド・イン・USA』だったのです。それゆえに、この映画はよく理解されなかったのです。観客はこの映画が何かを表現しているものと思いこんで見てしまったからです。なぜなら、何が表現されているのかを理解しようと努めたからです。じつは観客はたやすくすべてを感じていたはずなのに、逆に何も理解できないと思いこんでしまったわけです。

わたしがうれしかったのは、ジャック・ドゥミがこの映画をすごく好きになってくれたことです。実際、わたしはこの作品を「歌われた」映画と考えていました。『メイド・イン・USA』はジャック・ドゥミの『シェルブールの雨傘』（一九六四）に最もよく似た映画なのです。人物こそ歌いはしないが、映画は歌っているのです。（「カイエ・デュ・シネマ」誌一九六七年十月第194号所載のインタビュー、仲川譲訳、「季刊フィルム」一九六八年十月創刊号）

まさに色彩という名の映画が歌っているかのような魅惑のファンタジーなのだ。不思議の国《ワンダーランド》の劇画的な

（とゴダール自身も言っている）冒険活劇なのである。

とはいえ、ゴダールはひとつの「明白な事実」、当時のフランスで大スキャンダルになった政治的事件、フランスとモロッコの両政府をゆるがすほどの暗黒事件にもとづく「きわめて現実的な映画」でもあるというのである。

ゴダール　なぜなら、この映画はベン・バルカ事件のある証人の失踪の物語だからです。その証人はフィゴンという名前で、事件のあと行方をくらまし、二週間後に警察に暗殺されました。それというのも、彼は生き残っていたごく少ない証人の一人だったからです。それにフィゴンには女が一人いて、私はその女にサンジェルマン・デ・プレで会ったことがあります。（「ゴダール／映画史Ⅱ」、前出）

ベン・バルカ事件というのは、フランスに亡命していたモロッコの左派の政治家――人民勢力全国同盟を組織してハッサン国王と対立して国外に逃れた――ベン・バルカが一九六五年十月、パリのサンジェルマン・デ・プレでモロッコの官憲により誘拐され（フランスの秘密警察もかかわっていたといわれる）、暗殺された事件。フィゴンというのはベン・バルカ誘拐に加わったフランスの秘密警察の手先であるやくざで、一九六六年一月、約束の金を払ってもらえなかったので、週刊誌「レクスプレス」に事件の一部始終を暴露してセンセーションを巻き起こした。その直後、フィゴンは逮捕される直前に自殺したと報じられたが、じつはモロッコとフランスの外交関係が一時途絶するほどの事件のあぶない証人になるので口封じのために殺されたともいわれた。

ゴダールはこのベン・バルカ事件を「まじめな政治的映画」としてつくろうとするなら、「実在のジャーナリストの登場人物をつかって一種のドキュメンタリー」にするほうがよかっただろうと言い、しかしそれではプロデューサーからの「商業的」要望には応じられそうにもないので、「何十億ものアメリカの探偵小説のなかで見つけることのできる、古典的な物語」を利用し、じつはフィゴンというのはベン・バルカ事件を調べていた「パリの大きな週刊誌の編集長」で、死んでおらず、身の危険を察知して「地方にのがれ、恋人を呼び寄せようとして手紙を書くというふうに想像した」というのである。「そして恋人は、指定された住所にやってきてはじめて彼が本当に死んでいるのを発見する」のだが、「彼女自身もその週刊誌の記者をしていたので、彼女は彼への愛から、探偵の役まわりを演じることになる」。

その恋人の女性記者がアンナ・カリーナだ。

こうして、ウイリアム・アイリッシュ原作、ロバート・シオドマーク監督の『幻の女』（一九四四）のヒロイン、エラ・レインズのように——のちにフランソワ・トリュフォー監督の遺作になったチャールズ・ウィリアムズ原作（「土曜を逃げろ」）による『日曜日が待ち遠しい！』（一九八三）でやはりファニー・アルダンが演じるように——アンナ・カリーナは単身、捜査にのりだすことになるわけだが、敵の巣窟に単身のりこむ、危険が身に迫る、ついに事件を解決する、といったアメリカ的なギャング映画やフィルム・ノワールによくあるようなパターンを踏襲して、たとえばラオール・ウォルシュ監督の『白熱』（一九四九）でエドマンド・オブライエンがFBIの密偵として、ジェームズ・キャグニーを首領とする強盗団にギャング仲間として潜入するように、あるいはサミュエル・フラー監督の『東京暗黒街　竹の家』（一九五五）でロバート・スタックが同じようにFBIから、ロバート・ライアンがボスとして君臨する東京暗黒街にもぐりこむように、いや、それほどの目的やはっきりとした使命感があるとも思えないものの、「おまわりとやくざがからみ合う、ある秘密組織に捕えられたりし」つつ、謎の犯罪事件を起こした一味を殲滅するという役なのである。

アンナ・カリーナ扮するポーラ・ネルソンがやってきたフランスの地方都市は、アトランティック・シティという「アメリカナイズされた」原色の街だ。言うまでもなく、アトランティック・シティというのは、オーソン・ウェルズ監督の『市民ケーン』（一九四一）の堕ちたオペラ歌手、ケーンの二番目の妻だったスーザン・アレクサンダーのキャバレーがある都市の名で、ルイ・マル監督もアメリカ時代に――オーソン・ウェルズに敬意を表して――『アトランティック・シティ』（一九七九）という映画を撮っている。

謎の犯罪事件はポーラ・ネルソン／アンナ・カリーナをアトランティック・シティで待っていたはずの婚約者、リシャール・ポ……の死からはじまる。次々に現われては怪しげな言葉を口走る怪しげな人物たちはみな、リシャール・ポ……が暗殺されたことだけは知っているらしく、リシャール・ポ……のにぎっていた「秘密」やら暗殺の背後にある「政治的陰謀」やらをほのめかすものの、「マンハッタン計画、ロス・アラモス、トリニティ」という三語にすべてのヒントを秘めたロバート・アルドリッチ監督のハードボイルド映画『キッスで殺せ』（一九五五）さながら、リシャール・ポ……の名前そのものに――「ポ」は「ポリティック（政治的）」のポか、「ポリシエ（探偵もの）」のポか、「ポエティック（詩的）」のポか？　いや、もしかしたら（もしかしたらだが）、ポリス（警察）のポか……？――すべての「秘密」がかくされているらしいことはたしかなのに、その名前が映画のなかで誰かの口から発せられるたびに、ジョゼフ・フォン・スタンバーグ監督のロマンチック・スパイ・コメディー『ジェット・パイロット』（一九五五）のように、突如、電話のベルやら自動車のエンジンの音やらジェット機の轟音やらに妨げられ、リシャール・ポ……までしか聞こえないので、「ポ」が何の「ポ」かついにわからず、オットー・プレミンジャー監督のフィルム・ノワール『バニー・レークは行方不明』（一九六五）よろしく、死体の行方も秘密も不明のまま、ありとあらゆる、と言いたいくらい、さまざまなアメリカ映画のプロットやテクニックやキャラクターの寄せ集め、組み合わせ、コラージュによるメイド・イン・ＵＳＡ――アメリカ製――で、さらにまた、それだけでなく、やがてリシャール・ポ……が残した録音テープが発見され、ついにこれが、ビリー・ワイルダー監督のフィルム・ノワール『深夜の告白』（一九四四）のフレッド・マクマレーがディクタフォンに録音した告白のように事件の真相を明かす決め手になるかと思いきや、故意に――たとえばふたりいっぺんにしゃべって聞き取りを不可能にするシーンもあるように――すべてを撹乱して混乱させ、聞きづらくするために（としか思えない！）雑音を入れてうるさくしたような再生で、それもどなりちらすような政治演説集であり（フランス革命のときの恐怖政治のさなかに暗殺されたマラーや第一次大戦直前に暗殺された社会主義指導者ジャン・ジョレスの言葉などもふくむ引用とのことで、朗読する声の主は明らかにα60ならぬジャン゠リュック・ゴダールだ）、ゴダールが『気狂いピエロ』（一九六五）のきちんとした脚本を書いて提出するようにプロデューサーから求められたとき、完成した脚本を書いてしまうと撮る気が失せるという理由で何も書きたがらないゴダールのために勝手に代筆したという何でも屋――劇作家、放送作家、オペラ作家、漫画評論家、俳優――のレモ・フォルラーニが出演して、「ヘーゲル的」な理念の弁証法的発展とともにルイス・キャロルの「不思議の国の論理学」まがいの言葉遊び、数字遊びに興じるカフェのシーンのように、「秘密」が明かされるどころか、いよいよすべてが混乱をきたすばかり。犯罪事件も政治的陰謀も、リシャール・ポ……の死の謎も、まったく解明されることなく、わがアンナ・カリーナは、モロッコの情報屋とつながっていて「未完の小説」という題の小説を未完のままの作家デヴィッド・グーディス（ハリウッドではサミュエル・フラーと同時代にシナリオを書いていた作家で、演じるのはアントワーヌ・ブールセイエの劇団出身の、ちょっとジャン゠ポール・ベルモンドになりそこねたようなイヴ・アフォンゾ）やドナルド・シーゲル――ドン・シーゲル監督――にはもちろん、ドナルドはドナルドでもあひる《ダック》にもなれないマザー・コンプレックスとおぼしきスパイ、ドナルド（この映画の助監督のサードについていたジャン゠ピエール・レオー）やサミュエル・フラー監督のハードボイルド・スリラー『拾った女』（一九五三）のリチャード・ウィドマーク気取りの秘密警察《ポリス・パラレル》の幹部リシャール（リチャード）・ウィドマーク（ラズロ・サボ）の死体を残しただけで、ロベール（ロバート）・アルドリッチ刑事（ジャン＝クロード・ブイヨン）はどうなったやら、最後は、何人もの知識人たちにギャラの問題もたぶんあって（それほどの予算不足で）特別出演をことわられたゴダールが、『男性・女性』の撮影中に取材にきた気鋭のジャーナリスト、フィリップ・ラブロがヨーロッパNo.1放送局のために取材にやってきたついでにその車を使って特別出演してもらったということなのだが、映画のラストで「総括」の役を演じるには小物の印象がまぬがれず、のちに『刑事キャレラ　10＋1の追撃』（一九七二）、『相続人』（一九七三）、『潮騒』（一九七四）などの監督になるフィリップ・ラブロではあるものの単に運転しているだけという感じで、『アルファヴィル』（一九六五）のラストのように「帰還」するというラストシーンも、愛に向かっての旅立ちにはなりうべくもなく、まさに「さらば人生、さらば愛」の思いをかみしめてハリウッドを去ったニコラス・レイ監督のハードボイルド・タッチの戦争映画『にがい勝利』（一九五七）さながらの、にがい、といっても後味の悪いというわけでもない、中途半端なわりにはさっぱりした、素っ気ない幕切れだ。ポーラ・ネルソン／アンナ・カリーナはバルザック的「暗黒事件」から抜け出てきたと言葉では言うものの、何も解決されたわけでなく、シューマンの「交響曲第四番」が「希望」にみちたライトモチーフとして流れ、「左翼零年」の題字が画面いっぱいに出てくるのだが……その回答は（回答としてというよりは問題提起として）、このあと、もはやアンナ・カリーナが出てこない――その代わりにゴダールの第二の妻、アンヌ・ヴィアゼムスキーが新左翼の、毛沢東派《マオイスト》の女闘士として出てくる――『中国女』（一九六七）に見出されることになるということなのか。

『メイド・イン・USA』には、イギリスの歌手マリアンヌ・フェイスフル（当時、ミック・ジャガーの恋人だった）が、突然、まるで、やがて『ワン・プラス・ワン』（一九六八）でローリング・ストーンズにゴダールが出会うことになるさきがけのように出てきて、一九六四年のデビュー曲「涙あふれて」をア・カペラで、ということは伴奏音楽なしで口ずさむ。同じように、『私の詩集』（一九六四）という知られざる日本の自主映画に出演した小坂恭子が、溝口健二へのめくばせとともにアルフレッド・ヒッチコック監督の『知りすぎていた男』（一九五六）に出演した歌手のドリス・デイをモジってドリス・ミゾグチの役名でギターを弾きながら日本語で一曲歌うシーンがあり、そこは寝室で、ベッドには死体が横たわっているのだが（リチャード・ラウドはこの「日本娘が歌う意味不明の歌」に「ゴダールの求めている不条理の感覚」を見出すのだ！）、それもじつは彼女にビリー・ワイルダー監督のハードボイルド・セックス・コメディー『ねえ！キスしてよ』（一九六四）のレイ・ウォルストンのTシャツ（ベートーヴェンの肖像を大きくプリントしたもの）を着せるための口実だったように思える。

引用はゴダールの御家芸のようなものだが、『メイド・イン・USA』はタイトルそのままにアメリカ映画の通俗的な記憶——映画狂的記憶——の集大成、めくるめく尻取りゲームのようなゴダール映画なのである。そのすべてがアンナ・カリーナとともに消え去って行くかのようなラストシーンである。

2 OU 3 CHOSES QUE JE SAIS D'ELLE

彼女について私が知っている二、三の事柄

パリという名の都会のスカートをめくればセックスが見える
「彼女」とはパリ首都圏のこと
「売春」の定義
哲学と映画の同期化
ブヴァールとペキュシェ
決別——新しい映画に向かって

ジャン゠リュック・ゴダール監督の長篇映画第十三作『彼女について私が知っている二、三の事柄』（一九六六）は第十二作『メイド・イン・USA』と同時に撮影されたことはすでに述べたとおりだ。「2」あるいは「3」の数字が交互にすばやく、くりかえして画面に出て、「2」か「3」かと迷い、決めかねているかのように「私が知っている事柄」がタイトルになる。

『男性・女性』（一九六六）に描かれる現代の青春を「マルクスとコカコーラの子供たち」とずばり名づけたように、ジャン゠リュック・ゴダールは『彼女について私が知っている二、三の事柄』の主題あるいはテーマも見事にこんな惹句／キャッチフレーズに要約してみせる――「パリという名の都会のスカートをめくればセックスが見える」。

映画のタイトルの「彼女」とは「〔パリ〕首都圏」のことをさすという字幕説明が出て、一九六四年に制定された地域都市開発整備計画にもとづいて建設進行中のパリ郊外の道路や公団住宅とその一帯――首都圏――が映画の主要な舞台であり、Région parisienne（パリ地域圏）は女性名詞なので「彼女」つまりヒロインになるというわけである。団地に住む主婦――マリナ・ヴラディ扮するジュリエット・ジャンソン――とその生活ぶり（それも一九五五年のゴダールの16ミリによる自主映画『コケティッシュな女』以来の強迫観念《オブセシオン》と言ってもいい売春である）も描かれるが、ゴダールによれば（シナリオ研究誌「ラヴァン゠セーヌ・デュ・シネマ」誌一九六七年五月第70号）、それは社会的・政治的な全体構造としての「大きな集合体」の部分のひとつであり、したがってマリナ・ヴラディ演じる「売春主婦」は主役ではないので、その売春行為も個人的な冒険のようには描かれない。もちろん、ロマンチックでもメロドラマ的でもなく、何でもない。それは社会的現実のひとつの事象、現代という「大きな集合体」の構成要素のひとつにしかすぎないというのだ。まだ歴史化されてはいない現代の流行を生きた「神話」として分析しようという試みなのである。

『男性・女性』を撮り終えたあと、ゴダールは「私の手元に残されたのは、一本の映画という、つねに不完全なこの調書、つまりたえず完全なものにしようとしつづけるべきこの調書である。したがって、また別の映画にとりかからなければならない」と書いたが（「ゴダール全評論・全発言Ⅰ」、奥村昭夫訳、筑摩書房）、その「別の映画」がこの『彼女について私が知っている二、三の事柄』という、「つねに不完全な」ために「たえず完全なものにしようとしつづけるべき」ひとつの「調書」だったことがわかる。

個人としての「人間」ではなく、「人間という基本的単位が、それを凌駕するいくつかの集団的法則によって支配されているような全体的構造」を描くことが映画の「真のテーマ」であり、その意味では最も「野心的な映画だ」とゴダールは語る。「現代の文明」論でもあり、「パリ地域圏の都市開発という問題をあつかっている意味ではドキュメンタリー」でもあり（最新のパリ考現学のようなものといったところか）、「映画のなかで、たえず、自分はなにをつくりつつあるのかを自分に問いかけているという意味では純粋な探求の映画」でもあるというのだ。単なる映画ファンとしてはもう、何が何だか……取り付く島がないという不安に駆られる。

工事中のブルドーザーの音が耳をつんざく。スイスのダム建設現場を撮ったゴダールの初の自主映画でドキュメンタリー『コンクリート作戦』（一九五四）に戻ってしまったようなはじまりである。建設現場の騒音、クレーンの動く音、道路工事の現場のざわめき……。「大きな集合体」である公団住宅の主婦、マリナ・ヴラディの演じるジュリエット・ジャンソンが紹介され、テラスに立っている姿がとらえられるが、逆光をうけて顔もよく見えない。

現代生活に必要不可欠なスーパーマーケットの日用品のパッケージや、婦人雑誌のページに氾濫する商品広告が、広告のうたい文句の文字とともに、大きく画面いっぱいにうつしだされ、人間よりも商品広告のようなイメージのほうが印象的なのである。フランスの国旗――青、白、赤の三色旗――のようにあざやかな原色のセーターやスカートが画面をよぎり、団地の主婦マリナ・ヴラディや彼女がよく行く美容院に勤めていてやはり売春を副業にしているアニー・デュペレーのファッションというより、そんな鮮やかな原色を身につけた女たちも商品として画面を彩るデザインの素材みたいだ。

壁という壁には無数の（と言いたいくらい）いろいろな、各国の主として航空会社や観光のポスターが所狭しとばかりに貼り付けられている。窓から子供たちが遊ぶ公園がすぐ目の前に見えるアパルトマンの二階が小さな託児所兼簡易売春ホテルになっていて、その壁にもポスターばかり。キャメラがパンすると、『女と男のいる舗道』（一九六二）の娼婦アンナ・カリーナを描いた絵が貼ってあったりする。『恋人のいる時間』（一九六四）の不倫の人妻マーシャ・メリルが女性週刊誌「エル」のモード情報欄を読んでいたように、団地の売春主婦マリナ・ヴラディも週刊誌「レクスプレス」のはさみこみの最新流行通信「マダム・エクスプレス」の愛読者だ。

変動、変貌する首都圏の環境や現代生活の考現学／ドキュメンタリーにゴダールのささやくような、つぶやくような声が果てしない自問自答のナレーションとして入ってくる。社会学者のレイモン・アロン（一九四五年にジャン゠ポール・サルトルを中心に、メルロ゠ポンティらとともに「レ・タン・モデルヌ（現代）」誌を創刊した哲学者としても知られる）の著書、「変貌する産業社会」からの引用が数多くあり（本の表題も何度か画面に出てくる）、ゴダール自身のつぶやきのナレーションとともに現代社会に関する「情報」として「省察」として全篇に流れることになるのだが、まるで『アルファヴィル』（一九六五）の洗脳教室の頭が痛くなるような「一般意味論」講義のようだ。

『恋人のいる時間』では不倫だったものが『彼女について私が知っている二、三の事柄』では、たぶん個人的な次元から社会的次元に拡大されて、売春ということになるのだろう。週刊紙「ル・ヌーヴェル・オプセルヴァトゥール」に載ったパリ郊外の団地の主婦の売春についてのアンケートにもとづく映画化ということなのだが、売春は女だけの問題ではなく、「今日のパリの社会で生きていくためには、どんな生活水準にいる人であれ、またどんな社会的地位にいる人であれ、何らかのやり方で売春をせざるをえない」とゴダールは言うのである。つまりは労働もまた売春であるというのである。働かざる者は食うべからず。とすれば、「食う」ために働くように、「食う」ために売春せざるを得ないのだから、と。

現代の産業社会では誰もが「なんらかのやり方で売春をせざるをえない」――労働者は工場で一日中身を売って働き、銀行でも郵便局でもみんなそうやって、つまり身を売って、「好きでもない仕事をやって、その報酬として給料をもらって」、売春と同じことをしているのだというのである。自主映画『コケティッシュな女』から、『女と男のいる舗道』をへて『未来展望』(『二〇〇一年愛の交換〝未来〟』、一九六七)に至るまで妄執のようにつきまとう「売春」のテーマが、もはや単なる物語としてではなく、ドキュメントとして、個人の生きかたとしてでなく、現実の事象として、物件として、社会的に「明白な事実」として、現代生活の本質として、追及され報告される。これは「フランスという国家についてのある報告書」であり「ニュース映画」なのだというのである。

マリナ・ヴラディの演じる売春主婦は、個人としてはあつかわれないとはいうものの、個人的な意見を積極的に述べる。若い男を客に取って、セックスの前に裸になるところを男に見られたくない、「女はみな恥ずかしがり屋なのよ」と言う。「でも、性交渉で女だからといって恥ずかしがるというのも変ね」。そして、長々とこんな弁明をする。

売春婦(マリナ・ヴラディの声) 特別の男に性的に縛られるのはいいけど、不安だわ。でも自分を蔑《さげす》むのはよくないと思う。悲しいことね。恥ずかしがるのも同じことかもしれない。でも、羞恥心があると、相手との口論を避けたり、自分の行動を規制することができる。羞恥心を忘れて他人を非難したりするのは、やっぱり悲しいことだし、よくないわ。結局、自分を蔑むことになるのよ。

こんなこともつぶやく――「セックスするにしても、幸福か無関心しか感じないというのでは恥ずかしい。男の性器がわたしの股をひらいて突っこまれる。ただ、それだけといえばそれだけ。腕には腕の重さがあるのと同じこと。夫と別れるべきかもしれない。出世欲がない人なの、現状に不満を持ったことがない。最初からそうだった……」。

薄汚れた壁に「美（BEAUTÉ）」の文字が逆さに（というか、裏返しに）書かれている。「人類学入門」という本の表題が画面いっぱいにとらえられる。女の手が若い男の髪を撫でる。「どんな体位がお好み？イタリア式でいく？」と女の声。

マリナ・ヴラディはふてぶてしくたくましい、生活力のある、太めの体形の主婦そのものといった感じで、台所の流しに向かって立つ姿など堂々としているものの、「義務でない愛」を夢みるせつなさ、悲しさはまったく感じられない。

キャメラは、もちろん、マリナ・ヴラディだけでなく、失業中の女やら、田舎から出てきたばかりの若い娘やら、女物の服の売り場の案内係やら、ほとんど行き当たりばったりにとらえてインタビューをつづけるのだが、断片的で、とりとめがない印象をまぬがれない。ベートーヴェンの「弦楽四重奏曲第16番」がシーンの末尾に流れては断片がバラバラにならないようにまとめ、次のシーンに移る感じだ。

マリナ・ヴラディが夫の働くガレージにアニー・デュペレーと車でやってくる。洗車をするあいだ、ゴダールの低くつぶやくようなささやくような、自問自答のナレーションが入る。

ゴダール　これらのことをいかに描くか？　彼女が夫の職場のガソリンスタンドに、彼女の女友だちとやって来た。このことをいかに言葉と映像で記述したらいいか？　意味と無意味、何が意味で何が無意味かを、いかに正確にとらえて表現できるか？　もちろん、ジュリエット（マリナ・ヴラディ）がいて、夫がいて、ガソリンスタンドがある。だが、なぜこの言葉か？　ほかにも記述の方法がありうるのではないか？
　わたしのナレーションの声の強さは……キャメラによるわたしの視点の距離は……正確と言えるか、どうか？

「これは映画でなく、映画の試みなのだ」とゴダールは言うのだが、映画の試みどころか、試行錯誤しつつ、いや、もしかしたら試行錯誤をたのしみながら自問自答しているだけのようだ。

キャメラはガソリンスタンドの隣のガレージの先にある小さな公園の緑ゆたかな樹木をとらえる。

ゴダール　たとえば木の葉がゆれる。それだけでウィリアム・フォークナーの小説「野生の棕櫚」のドラマが生まれるだろうが、彼女（ジュリエット／マリナ・ヴラディ）とは、直接、関係はない。

キャメラはガソリンスタンドのわきに立つ見知らぬ若い女性をとらえる。

ゴダール　彼女については何も語れない。しかし、彼女が前を見つめることをやめて、うしろを向けば、曇り空と壁の文字（「中古車買います」）が見えるだろう。

洗車の仕上がりの工程が描かれる。ふたりの女、ジュリエット／マリナ・ヴラディとマリアンヌ／アニー・デュペレーがたばこをすって待っている。つぶやきのゴダールのナレーションがつづく。

ゴダール 言語への疑いを招くしかない記号の氾濫で、わたしは意味と無意味の泥沼に首まで浸り、現実は想像力の洪水に溺れる。映像はよしあしを越えて自由だ。わたしの乱れた理性の前で良識が再出発する。人間よりも物《オブジェ》のほうを注意深くあつかう理由、それは物《オブジェ》のほうがより存在しているからだ。死んだ物《オブジェ》はつねに生きており、生きた人間は最も多くの場合、すでに死んでいる。

まったく、なぜこの言葉なのか、なぜこの映像なのか、と問わずにいられないが、その間もなく、「わたしは人間が幸福に生きる理由を探究しているのだ」とゴダールのナレーションが迫る。

ゴダール 問題を一歩進めると、人間が生きる理由はひとつしかないことがわかる。過去の記憶がまずあって、次に現在があり、現在を享受する能力があれば、生きていく過程で生きる理由をつかみ、個々の状況でそれが見出された数秒間が生きる理由を心にとめる瞬間なのだ。人間世界における最も単純なものの誕生、人間の精神によるその瞬間の所有、人間と物とが正しい融合を実現する新しい世界、それこそわたしの希求していたものだ。詩的であるとともに政治的なもの、それが表現の怒りを解き明かしてくれるだろう——作家にして画家たるわたしの怒りを。

「怒り」がすでにゴダールの内面に燃えたぎっていたのだろう。もうすぐ——「五月革命」とともに——その怒りは画面いっぱいに爆発しはじめ、つぶやきのゴダールよりも怒りのゴダールが表面化してくることになる。

『彼女について私が知っている二、三の事柄』は、まだ「怒り」を抑えて私たちに静かに話しかけてくる作品だ（と思う）。

ジュリエット／マリナ・ヴラディが樹木の下を急ぎ足で通っていく。木の葉が静かに風にそよぐ。ラウル・クタールのキャメラがさりげなくゆらぐ。ゴダールのつぶやきがとても「詩的」なナレーションになる。


ゴダール　午後四時四十五分。語るべきは、ジュリエットのほうか、木の葉のほうか。いずれにせよ、両方同時に語るのは無理だ。

（キャメラはそっと、さりげなく、ゆれる木の葉に近づいていく……）

　だから、どちらも十月のある夕暮れにやさしくそよいでいたと言っておこう。


「詩的」なエモーションは、その前に、昼下りの静かなカフェのシーンで、エスプレッソ・コーヒーに砂糖とミルクを入れてスプーンでかきまぜると、ゆるやかに渦を巻くカップのなかのコーヒーが画面いっぱいにとらえられ、まるで「旧約聖書」の天地創造を想わせるような（「地は混沌《こんとん》であって、闇《やみ》が深淵《しんえん》の面《おもて》にあり、神《かみ》の霊《れい》が水《みず》の面《おもて》を動いていた」——「聖書」新共同訳、日本聖書協会）、何かが地殻変動のようにうごめく混沌のイメージに重なって（いや、もしかしたら、それは「ヨハネ黙示録」の永遠の闇に包まれた「底なしの淵《ふち》」のイメージなのかもしれないのだが）、ゴダール自身のささやくようなつぶやきのナレーションが、「兄弟よ、同胞よ」とよびかけ、ジャン＝ポール・サルトルの「聖ジュネ—殉教と反抗—」からの引用（「主観的な確信」と「客観的な真実」との乖離、孤独、自己欺瞞、革命の不可能性、等々をめぐる断想）を中心に果てしなくつづくところがある。ささやくとも、つぶやくとも言えぬ自問自答のナレーションである。

ゴダール　意識――すなわち、原理的に自己の肯定であるもの――にとっては、己の過誤と己の死とを納得することは困難なのだ。〔……〕社会関係は多義性をもち、つねに部分的挫折をはらんでいるがゆえに、個々の思想は結合の力とともに分裂させる力をもつものであるがゆえに、あらゆることばは、その表明するものによってひとびとを接近させ、その黙殺するものによってひとびとを孤立させるものであるがゆえに、一つの越えがたい深淵《しんえん》が、わたしたちがわたしたち自身についていだく主観的な確信と、他人たちに対してわたしたちがもつ客観的真実とを分つものであるがゆえに、わたしたちは、自分自身無垢《むく》であると自分では感じているときでさえも、自分自身に有罪の判断を下すことをやめないものであるがゆえに、偶然の出来事が歴史の上においてのみではなく、家庭生活のなかでさえもわたしたちの最も善意にみちた意図を罪ある意志に変貌《へんぼう》させてしまうものであるがゆえに、わたしたちは後になってふりかえってみて、決して裏切り者にならないという確信は誰一人いだきえないものであるがゆえに、わたしたちは、たえず意志をつたえ、愛し愛されることに失敗し、そしてその挫折のたびごとにわたしたちは孤独を骨身にしみて感じさせられるものであるがゆえに、わたしたちは、ある場合には、へり下って告白することによって、わたしたちの罪深い独異性を解消しようと夢見るかと思えば、またある場合には、その独異性を全的にわが身にひきうけようという空《むな》しい希望をもって、それを不遜《ふそん》な態度で肯定しようと夢見たりするものであるがゆえに、わたしたちは白日のもとでは順応主義者でありながら、他人に見えぬ魂の中では敗者の意識をもつひねくれた人間であるがゆえに、罪人のかけがえのない拠《よ》り所であり、そのただ一つの威厳であるものとは、梃《てこ》でも動かぬ強情さ、ふてくされ、自己欺瞞《ぎまん》、および怨恨《えんこん》の情であるがゆえに、結局、わたしたちは、どんな場合においても、実現不可能の無価値性であるがゆえに。（白井浩司、平井啓之訳、人文書院／新潮文庫）

しかし、主観を排除した事物描写の極致をきわめる「物の味方」の詩人フランシス・ポンジュ的な「描写の試み」からメルロ゠ポンティ的な「哲学的記述」に至る回路は、そんなに単純なものではなさそうだ。『彼女について私が知っている二、三の事柄』を撮るにあたってゴダールが最も刺激をうけたというメルロ゠ポンティの難解にして晦渋な哲学書「意味と無意味」（邦訳、みすず書房）のなかの「人間のうちなる形而上学的なるもの」（木田元訳）と題する論考に、こんな一節がある。

「もしわれわれがゲシュタルト（形態）心理学の哲学的意味を先入見なしに定義しようと思うなら、この心理学は、「構造」とか「ゲシュタルト（形態）」というものが存在の還元不可能な成分であることを示すことによって、「物としての存在」か「意識としての存在」かという古典的な二者択一をふたたび疑問に付し、客観的なものと主観的なものとの交流やそのいわば混淆物とでもいったものの存在することを確証し、もはやこうしたもろもろの類型的な全体を解体するのではなく、むしろそれらにもう一度生気を与えることによって、それらの動きに身を合わせ、それらを理解することを本領とするような心理学的認識を新たな仕方で構想するものだ、と言わねばなるまい。」

メルロ゠ポンティには「映画を主題的に論じた」（一九四五年にパリの高等映画学院ＩＤＨＥＣでおこなわれた講演だという）「映画と新しい心理学」と題する論考もある。これも難解ながら、ゴダールが『彼女について私が知っている二、三の事柄』において提示してみせる哲学と映画の同期化、その反省と技術的作業がいかに同じ方向に進むべきかという問題に対応する論考かと思われるので、以下に結論だけを引用させていただくと――

映画は、精神と身体との、また精神と世界との合一を顕わにして、一方の中で他方が表現されるありさまを示すのにとりわけ適している。だから、ある映画に関して、批評家が哲学を思い起させることがあるとしても驚くには当らない。〔……〕芸術は観念を説明するために作られているのではないし〔……〕、現代哲学の本領が概念をつないでゆくことではなく、意識の世界の混淆、意識の身体への自己拘束《アンガージュマン》、その他の意識との共存を記述することにあり、そしてこの主題こそはすぐれて映画的だからである。

最後に、もしわれわれがいったいなぜこの現代哲学がまさに映画の時代に発達したのかを反省してみるなら、映画がその哲学に由来しているなどとは言ってはならないことは明らかであろう。映画は何よりもまず技術的な発明であって、そこでは哲学は何ものでもないのだ。かといって、この哲学が映画に由来し、映画を観念の平面で翻訳するのだと言ってもならないであろう。というのも、われわれは映画をうまく利用できないということだってありうるし、また本当の映画が作れるようになるためには、一度発明された技術的道具を、再度発明された道具でもあるかのように芸術的意志によって改めて捉え直さなければならないからである。したがって、もし哲学と映画が同調しており、反省と技術的作業が同じ方向に進んでいるとすれば、それは、哲学者と映画人が共通に一つの世代に属する或る在り方、或る世界観をもっているからである。思想と技術が互いに呼応し合い、ゲーテの言葉を借りれば、「内にあるものはまた外にある」ことを検証するもう一つの機会がここにあるわけである。（滝浦静雄訳）

「哲学を遊泳する」(とバルテレミー・アマンガルが評した)ゴダールの無数の、あるいはむしろ無限の引用と「反省」の渦に溺れるか、さもなくば遠くの岸辺に呆然とたたずむしかない私たちに、檄を飛ばすかのように、ゴダールはこうも言うのだ――「これから前進しようとする者は過去の自分をもはや存在しないものとみなす。過去にこだわる者は、老人の大半がそうだが、衰えたくないので時の流れを拒むのだ」と。

ゴダールは老いることなく、衰えることなく、「前進」しつづけるのである。

いつもながらのゴダールならではの豊富な(過剰な?)引用のなかで、傑出したおもしろさとして印象に残るのは、単なるダジャレと言えばそれまでだが、フローベールの未完の遺作として知られる「ブヴァールとペキュシェ」を模した(と言うべきか、モジったと言うべきか)ふたりのナイーブで気のいい(率直といえば率直な、誠実といえば誠実な)ブルジョワ俗物青年、ブヴァール君(クロード・ミレール)とペキュシェ君(ジャン゠パトリック・ルベル)がカフェの奥で、書物の山を前に「知」のミステール(謎/神秘)とは何かを探求していくが、途中で、ミステールという実際にその名称で人気のあった(いまもたぶんあると思う)特製のアイスクリームを注文すると品切れで、「ミステール(謎/神秘)はありませんよ!」という答えが返ってきて、ふたりとも自分たちのやっていることの愚劣さをあばかれ、知らされたかのように愕然とするところ。ゴダールの映画のなかの豊富な引用をあれもこれもと漁ってみたところで何のミステール(謎/神秘)もないんだと突如どやされたようなものである! まさに、ブヴァール君とペキュシェ君はすべての学問を身につけようと努力するものの身も心もくたびれ果てて、むなしくあきらめるフローベールの小説の主人公そのものといった感じだ。「知」の迷路に入りこんでいくことを自覚しているかのようなゴダールの自己批評/自己批判的ギャグとも思えるほどである。ブヴァール君とペキュシェ君に扮するクロード・ミレールもジャン゠パトリック・ルベルも俳優ではなく、ゴダールの映画のスタッフ——製作進行係——だった。クロード・ミレールはのちに監督になり、『なまいきシャルロット』（一九八五）、『小さな泥棒』（一九八八）などの作品が日本でも公開された。

マリナ・ヴラディとアニー・デュペレーをホテルによんで惜しげもなく金を払って、頭からすっぽりアメリカの航空会社のバッグをかぶらせて顔を隠し、8ミリ・キャメラで全裸のふたりを撮影したあと変態セックスをたのしむらしい（というのも、おしゃべりも好きらしくて、よくわからない）アメリカ人（星条旗をプリントしたTシャツを着て、といっても、いかにもアメリカ人であることをひけらかしていると いったような、これ見よがしのいやらしい感じもなく礼儀正しい、休暇中のサイゴン特派員）を演じているのは、ロジェ・ヴァディム監督とブリジット・バルドーを売りだして名高いプロデューサーのラウル・レヴィだが（かつてハリウッドのRKO撮影所で働いていたくらいだから、もちろん、英語はペラペラだった）、そのころは破産して、ラウル・クタールのキャメラで『二人の殺し屋』（一九六五）と『ザ・スパイ』（一九六六）という二本の監督作品（ともに知られざる傑作である！）を撮り、イザベル・ポンスという若い女の子に狂ったように恋をしていた。イザベル・ポンスはゴダールのファン（という以上に信奉者）で、『彼女について私が知っている二、三の事柄』の助監督のセカンドにつき、同時撮影の『メイド・イン・USA』では取材記者の役で出演もしているのだが、ラウル・レヴィは彼女を追いかけてゴダールの撮影につきっきりだった。そんなこともあって、『彼女について私が知っている二、三の事柄』に特別出演することになったのだろうが、ゴダールもラウル・レヴィ監督の『ザ・スパイ』にロシア人のスパイの役で特別出演しているので、おたがいになれあいの友情出演をして、たのしみながら付き合っていたのかもしれない。

ラウル・レヴィは『ザ・スパイ』を撮ったあと、イザベル・ポンスを追いかけた果てに、愛を得られずに猟銃自殺をした。イザベル・ポンスは、ゴダールの短篇『アモーレ（愛）』（イタリアのオムニバス映画

『彼女について私が知っている二、三の事柄』ポスター。商品広告に囲まれて（マリナ・ヴラディ）。井上由一編「ヌーヴェル・ヴァーグの作家たち　オリジナル映画ポスターコレクション」（DU BOOKS／ディスクユニオン）にオリジナル・カラー版（ルネ・フェラッチ作）が見られる。提供 ©Collection Cinémathèque Suisse・News Productions・DR

『愛と怒り』の第4話、一九六七）の助監督のセカンドについたり、『ウイークエンド』（一九六七）のゲリラの女戦士のひとりとして出演したりしたが、その後、テレビ番組のプロデューサーになった。

なお、『彼女について私が知っている二、三の事柄』には、マリナ・ヴラディの団地妻の子供たちの役でアントワーヌ・ブールセイエの息子クリストフと娘マリーも出演している。

「どこからはじめればいいのか……どこから何をはじめればいいのか」と口ごもるゴダールのモノローグがつづく。といっても、迷いのようなものがあるのではなく、新しい方向への決意を述べているだけのように思える。プロダクション「パルク・フィルム」が作成した映画のプレス・ブックには、ゴダールの新しい映画マニフェストが発表された。いわく、「すべては新しい無垢な眼で再発見されなければならない。映画は生まれ変わるべきときなのである。そのためには、ただひとつの解決法しかない――それはアメリカ映画との決別である。」「映画は映画を――アメリカ映画を――模倣してきたが、いま、映画は決別の時代に来ているのである。」「澄みきった新しい眼で現代社会のなかへ、実人生のなかへ、突入してゆくべきときである。」

キャメラが芝生のなかにならべられたスーパーマーケットの商品のなかで、「ハリウッド」という雑誌のカバーをとらえる。「ゼロ地点に戻った。これから再出発だ」とひそかな決意を伝えるゴダールのひとりごとのようなナレーションが入る――ハリウッド／アメリカ映画とそのすべての記憶への決別を告げるかのように。それが映画のラストシーンになるのである。

『未来展望』——最後のアンナ・カリーナ

『未来展望』はオムニバス映画『愛すべき女《め》・女《め》たち』（一九六七）の一話（第6話『二〇〇一年愛の交換〝未来〟』）で、これがジャン＝リュック・ゴダール作品における最後のアンナ・カリーナの登場になった。『アルファヴィル』（一九六五）のラストで、アンナ・カリーナ扮するナターシャはやっと「愛する」という言葉を口にするのだが、その後日譚と言ってもいいような短篇だ。『未来展望』のヒロインもまた、というよりも、もちろん、ナターシャという名である。

キャメラはピエール・ロム（同じ年にクリス・マルケル監督の『美しき五月』などの撮影にも参加している）。イーストマンカラーで撮影し、未来の感じをだすために多少現像処理がおこなわれたらしいのだが、カラー作品という感じがなく、といってもまったくの白黒画面とは違って何か色素の欠如したような沈んだ冷たい画調と鋭い不安をかきたてる光がきらめく２００１年宇宙の旅をへてたどり着いた夜の——おそらく昼というものはないのだろうと思われる——空港である。クリス・マルケル監督の白黒のＳＦフォト・ロマン『ラ・ジュテ』（一九六二）の空港を想起させもするが、静止画でなく、あわただしく索漠たる光景だ。

ひとりの男とひとりの女が税関のチェックでひっかかり、控えの間で男は女のどぎついヌード写真を見せられ、女は男のどぎついヌード写真を見せられ、やがて女はどこかへ連れ去られ、男は外国のＶＩＰとして政府直営の売春宿のような高級ホテルの一室に案内される。売春も国家／政府によって管理され、公認され、制度化されているのである。女たちは、男たちのために慰安婦としてすべて公認の、ライセンスを持った娼婦なのである。男たちは診察の結果、処方箋にしたがって、「肉体の愛」か「心の愛」か、どちらかの売春婦があてがわれる。「肉体の愛」の慰安婦はアルファヴィルにおける「誘惑婦」に相当するのだろう。

男（ジャック・シャリエ）は「時間の流れが遅い」銀河系の惑星からやって来た「ソビエトアメリカ」軍の一員で、しゃべりかたもゆっくりと、まるで片言のように一《ひと》節一節、発音する。そういえば、『アルファヴィル』のエディ・コンスタンチーヌも、「フィガロプラウダ」紙の特派員として、片言というほどではないにしても、ゆっくりとしゃべっていた――もっとも、エディ・コンスタンチーヌはアメリカ人で、フランス語は「あまり得意ではない」のでゆっくりと正確にしゃべるようにしていたらしいのだが。

しかし、映画のほうは早口に、スピーディーに、あっという間に、ひとつの愛の寓話を語ってしまう。それは、「愛し合う」ことが禁じられた世界で、愛の自由を回復し、失われた「やさしさ」を見出すに至る物語なのである。

愛とは、もちろん、アンナ・カリーナだ。「心の愛」である。

これがゴダールの「アンナ・カリーナ時代」をしめくくる、一九六〇年代のゴダール／カリーナ映画の最後になるのである。

「愛とは対話なのだ」とゴダールは言いつづけてきたが、この未来都市では、「肉体の愛」と「心の愛」が分業化されているように、愛と対話がバラバラに、ということはセックスという肉体的な行為と愛を語る言葉に、完全に分割され、分裂してしまっているのである。

マリルー・トーロ扮する「肉体の愛」は首から背中にかけられた貞操帯もどきの枷《かせ》に錠が付けられていて、鍵であけて枷をはずしてもらうと、ものも言わずに、さっさと全裸になり、無表情のままベッドにもぐりこむ。男は何もしゃべらない女と寝る気になれず、対話のできる女を要求する。

そして……こんなに清楚な感じのアンナ・カリーナが登場したことはなかった。

これは映画のスチール写真ではなく、ゴダールと離婚後のアンナ・カリーナを撮ったもの。（撮影／山田宏一）

「心の愛」、ナターシャ／アンナ・カリーナは、旧約聖書のなかの愛と性の抒情詩「雅歌」を詠じながら、窓ぎわに立って、大きな長い櫛を竪琴のように爪弾く。清らかな純白の衣裳で、けっしてぬがず、男になれなれしくふれることもなく、静かにしゃべるだけ。いかなる性的な挑発のしぐさも見せない。それだけに男は心を動かされ、近寄って言う――身体にはしゃべるだけでなく、ふれるだけで愛することもできる部分がひとつだけある、それは口《くち》なのだ、と。ふたりは口と口を合わせ、キスをする。すると、それまではモノクロームの殺伐とした画面が、最初は口唇《くちびる》がちょっとふれ合うだけで小さな火花のようにパッパッと色彩が散るかに見えて、ついに深くキスし合い、愛の交換によって息づき、あでやかな美しいオールカラーになるのだ。

ラストは愛の記憶を取り戻した『アルファヴィル』のナターシャをノスタルジックに、センチメンタルに想起させるとともに、「あたしは女よ」といたずらっぽくうそぶいてみせた『女は女である』（一九六一）のアンジェラをも想起させるあだっぽく謎めいたかすかな微笑みのクローズアップだ。

みじかくも美しく燃えたゴダール／カリーナの愛のメロドラマの残り火もここで消える。

LA CHINOISE
中国女

アンヌ・ヴィアゼムスキーとともに
「五月革命」を予感した映画
ジャン゠ピエール・ゴランと「ジガ・ヴェルトフ集団」
リュミエールは印象派の画家、メリエスはニュース映画を撮っていた
ブレヒトと現実についての省察
大躍進——映画から遠く離れて

ジャン＝リュック・ゴダール監督の長篇映画第十四作は『中国女』（一九六七）。その前に撮られた『彼女について私が知っている二、三の事柄』（一九六六）のラストシーンで、ジャン＝リュック・ゴダールはひとりごとのように小声で口ごもりながらも、新しい旅立ちへの決意を告げた——「ゼロ地点に戻った。これから再出発だ」。

『中国女』はさらに確固たる決意とともにしめくくられる。FIN D'UN DÉBUT——「ひとつのはじまりの終わり」。黒地に白ぬきの字幕がエンドマークならぬ、映画の最後に出る新しいマニフェストなのである。「これから再出発」という予告どおり、そこから、「ひとつのはじまり」になるのだ。そこから、すべてがふたたびはじまるのだ。ジャン＝リュック・ゴダールの新しいエポックの決定的な幕開けになるのだ。

そのはじまりのはじまりは、一九六六年六月のある日、かつて批評家時代のゴダールとヌーヴェル・ヴァーグの拠点になった映画研究誌「カイエ・デュ・シネマ」の編集部気付でジャン＝リュック・ゴダール宛に届いた一通の手紙だった。『気狂いピエロ』（一九六五）と『男性・女性』（一九六六）を見て、そのすばらしさに感動して監督に恋をしてしまったという若い女優からの熱烈なファンレターだった。女優といっても、彼女はまだ大学に在学中で、十九歳になったばかり。半年前に、まったくずぶの素人のまま、ロベール・ブレッソン監督に見出されて、『バルタザールどこへ行く』（一九六六）のヒロインを演じただけであった。アンヌ・ヴィアゼムスキーである。

まるで『無防備都市』（一九四五）と『戦火のかなた』（一九四六）を見て熱狂した女優のイングリッド・バーグマンがアメリカからイタリアのロベルト・ロッセリーニ監督宛に「わたしのすべてを捧げます」と書いたラブレターもこんなだったにちがいないよ、と当時ゴダールの絶対的信頼を得て個人的秘書をやっていて「カイエ・デュ・シネマ」誌に送られた郵便物などもすべて開封して調べ、整理していたパトリシア・フィナリーが興奮して話していたのを思いだす。

アンヌ・ヴィアゼムスキーは、こうして、一九六〇年代のゴダール映画の「永遠のヒロイン」かと思われたアンナ・カリーナに代わって、ゴダールの新しいヒロインに、そして妻になるのである。

新しい映画、『中国女』のヒロインになる彼女の役名はヴェロニク・シュペルヴィエル。アンナ・カリーナがゴダールの映画で初めて演じた『小さな兵隊』のヒロイン、ヴェロニカの名を一見ひきずっているかのようだし、シュペルヴィエルという姓も「オーヴァーラップの詩人」と映画用語（イメージを重ね合わせ、ダブらせてつなぐ手法）を使ってクロード・ロワがよんだジュール・シュペルヴィエルに由来するものなのだろうが（「シュペルヴィエルの持って生まれた手法は、映画を編集するときに使うオーヴァーラップによる場面転換である」）、アンナからアンヌへのオーヴァーラップによるつなぎはまったくないように思われる。

アンヌ・ヴィアゼムスキーは第二のアンナ・カリーナになったわけではなかった。むしろ、アンナ・カリーナと別れて「再出発」したゴダールの新しい路線、第二のキャリアのはじまりのきっかけになった新しい伴侶であった。亡命ロシア人の貴族の娘で、ノーベル賞作家フランソワ・モーリアックの孫娘という名門の血筋でもあった。が、それ以上に、何よりも、彼女が、「五月革命」の発火点になる学生運動の拠点、パリ大学ナンテール分校に在籍する女子学生であったことが運命的なきっかけになったにちがいない。パリの紅衛兵を自任する学生革命家たちを描く映画『中国女』がそこから生まれるのだ。

ゴダール自身もこんなふうに語っている。

ゴダール　この映画はどのようにしてつくられたかという点から考えれば、この映画は私にとってはドキュメンタリーです。それというのも、私は当時、ナンテールで勉強していたアンヌ・ヴィアゼムスキーに惚れこんでいて、よくナンテールを調査しに出かけたからです。そして彼女に、仲間はいるかと聞いたわけです。私は当時、ひとから教えこまれたり自分で自分の頭に入れたりした、左翼的だったり右翼的だったりなんとか的だったりするいくつかの漠然とした観念をもっていたのですが、でも私がまずしようとしたのは、自分がよく知っている場所に行くということです。あるいは少なくとも、自分が知りたいと思っている場所に行くということです。そして、自分がよく知っている人たちをたよってそこに行ったわけです。かりにアンヌ・ヴィアゼムスキーが当時、ナンテールの学生でなかったとすれば、あるいはまた、フランシス・ジャンソンが彼女の哲学の教授の一人でなかったとすれば、この映画はつくられなかったでしょう。

『中国女』はある意味では、ナンテールのある種の学生たちを内部からとらえたドキュメントです。あるいはまた、ある種の運動が始まった……あるいはむしろ、その運動が通過した社会的場所のひとつについてのドキュメントです。その運動は始まったばかりで……

それにまた、黒人の役で自分自身を演じた、オマール・キオップという名の学生もいました。私が彼を知ったのは、やはりナンテールの大学の学生だったアンヌ・ヴィアゼムスキーを通してです。私は彼に、映画のなかで自分自身を演じてくれとたのみました。そしてあるシーンで、まさに黒人として、ほかの人物たちに対する講義をさせました。(「ゴダール/映画史Ⅱ」、奥村昭夫訳、筑摩書房)

アンヌ・ヴィアゼムスキーが『中国女』で演じるのは彼女自身とも言えるパリ大学ナンテール分校の哲学科の学生である(「五月革命」の火付け役になる社会学部のアナーキスト、赤毛のダニーことダニエル・コーン゠ベンディットが組織した「三月二十二日運動」などには参加していなかったらしいけれども)。「哲学サークルの同志オマール」として実名で出演する毛沢東派《マオイスト》の黒人学生オマール・キオップも出るし、アンヌ・ヴィアゼムスキーの哲学科の教師だったフランシス・ジャンソン教授もやはり実名で――「生きた知性」として――特別出演する。いつものように新しい挑戦を「これはドキュメンタリーなのだ」とゴダールが言う所以でもある。

パリからナンテール行きの郊外電車におけるフランシス・ジャンソン教授とアンヌ・ヴィアゼムスキーの「対話」のシーンは、『女と男のいる舗道』（一九六二）のカフェでアンナ・カリーナが哲学者のブリス・パランと「対話」するシーンのように印象的だが、それはアンヌ・ヴィアゼムスキーがフランシス・ジャンソン教授のもとで「哲学を学んで」いて、「よく知っていた」ので、「二人は話し合うことができたんだ」とゴダールも認めている。ただ、「人々がジャンソンに対し、『女と男のいる舗道』のブリス・パランに対して《この爺《じじい》はなんておしゃべりなんだ》などとつぶやいたのとおなじようなことをつぶやき、彼をばかにしたりはしないかと恐れていた」ともゴダールは語っている。即興の、というか、同時録音撮影によるインタビューなので（周知のように、質問はイヤフォンでゴダールからアンヌ・ヴィアゼムスキーに伝えられ、それをアンヌ・ヴィアゼムスキーが彼女の言葉としてフランシス・ジャンソン教授に問いかけ、教授がすぐそれに答えて「対話」のようにみせるというやりかただったから）、『アルファヴィル』（一九六五）のときにはロラン・バルトに、『ウイークエンド』（一九六七）のときにはフィリップ・ソレルスに、「笑いものになってしまうんじゃないかと恐れ」られ、特別出演をことわられたということである。

ジャン゠ポール・サルトルにもことわられたことがあり、「たかが映画じゃないか」というヒッチコックの名言どおり「映像は映像にすぎない」のに、ということは特別出演もひとつの役にしかすぎないのに、その役をたのしむ「心の寛《ひろ》さ」を持った知識人がほとんどいないとゴダールはくやしがる。『中国女』の「対話」のシーンに特別出演したフランシス・ジャンソン教授のことを「ただ単に間抜けとみなしている連中もいる」が、「フランシス・ジャンソンはただ単に演じることを引き受けただけ」なのに、というのだ。とはいえ、もちろん、「対話」のなかでフランシス・ジャンソンの実際の政治活動にふれ、その引用の効果をひきだすところがゴダールならではの映画的手腕なのだと言えるだろう。フランシス・ジャンソンはアルジェリア戦争のときにFLN（アルジェリア民族解放戦線）を援助する「ジャンソン機関」を組織し、「カフェを爆破したジャミラという女性闘士を擁護した」。アンヌ・ヴィアゼムスキーは、紅衛兵による文化大革命を推進した中国――中華人民共和国――の偉大な指導者、毛沢東の思想にかぶれて「ラ・シノワーズ（中国女）」とよばれている女子大生、ヴェロニクの役を演じ、グループで討論《ティーチ・イン》を重ねて、ある要人――フランスを公式訪問するソビエトの文化相（「静かなるドン」の著者と同じショーロホフという名前である）――の暗殺を計画し、テロリズムによる暴力の正当性をめぐって、フランシス・ジャンソン教授と「対話」することになるのだが、ここはあたかも現実と虚構が交錯して、ちょっとスリリングなシーンになる。「ジャミラの背後には民衆がいた」というジャンソン教授のひとことに、ヴェロニク／アンヌ・ヴィアゼムスキーは動揺する――「先生、わたし、間違ってます？」

「ぼくは二十歳だった。それがひとの一生でいちばん美しい年齢だなどとだれにも言わせまい」という一行からはじまるポール・ニザンの青春と闘争宣言の書「アデン・アラビア」（篠田浩一郎訳、晶文社）から「アデン・アラビア細胞」と名づけられた二十歳の若者たち五人のグループが、一九六七年の夏のパリで、赤いポケットブック「毛主席語録」を教科書に、修正主義者を除名処分し、マルクス＝レーニン主義にもとづく「真の」プロレタリア革命をめざしてティーチ・インをおこなう。言葉が映像のように躍動する魅力がゴダール映画の特色ではあったものの、それにしても、言葉、言葉、言葉の洪水である。黒板に書かれる文字や字幕に出る文字つまり「読む」言葉と同時に、登場人物の台詞つまり語られる言葉あるいは本などを朗読する言葉、ということは「聴く」言葉が絶え間なく出て、横溢し、氾濫する――外国人である私たちにとってはその「聴く」言葉もスーパー字幕になって「読む」言葉に限定されることになるのだが。

映画がはじまると、いきなり、ひとりの青年（ミシェル・セメニアコ扮するアンリ）が一冊の本を読み上げる——当時の「現代《レ・タン・モデルヌ》」誌の編集長、アンドレ・ゴルツの著書「困難な革命」からの引用である。次いで、新左翼の哲学者ルイ・アルチュセールの著書「甦るマルクス」やアルチュセール監修の「マルクス＝レーニン主義手帖」（のちにゴダールと「ジガ・ヴェルトフ集団」を結成する若きジャン＝ピエール・ゴランが編集していた）からの引用、サルトル、レイモン・アロンとともに「現代《レ・タン・モデルヌ》」誌を創刊した社会哲学者メルロ＝ポンティの著書「意味と無意味」のなかの論文「マルクス主義と哲学」からの引用、そしてもちろん、「毛主席語録」からの引用。

引用、引用、引用である。ラジオで聴く「北京放送」からの引用もある。

なんだ、革命を論じて興じているだけのブルジョワのインテリお嬢さん、インテリお坊ちゃんの集会にすぎないではないかと『中国女』は一九六七年八月にパリで公開されるや、揶揄と野次に近い批判を浴びる。その年の三月から四月にかけて撮影を終え、五月に婚約し、七月に結婚した三十六歳のジャン＝リュック・ゴダールと十九歳のアンヌ・ヴィアゼムスキーを「流行の新左翼の映画監督と最右翼のブルジョワ一族の令嬢」あつかいしてジャーナリズムが皮肉っぽく書き立てた直後だったのである。ゴダールって奴は過激なアナーキスト気取りだが、じつはスイスの銀行家の大ブルジョワの息子なんだというようなこともあばかれ、ブルジョワ出身のくせに貧しいプロレタリアぶっている「優雅な左翼《ゴーシュ・エレガント》」というわけさ、と皮肉られたりした。

『中国女』という映画も、一九六六年の文化大革命の影響で毛沢東の造反有理のマニフェストを掲げて激化する学生運動を単なる流行の風俗現象としてあざとくインテリふうに描いた軽薄な「政治映画」にすぎないという見解が一般的であった。そんな風潮のなかで――もちろん「カイエ・デュ・シネマ」誌だけはとことんゴダールを支持していたが（当時パリに住んでいて「カイエ・デュ・シネマ」誌の仲間たちと付き合っていた私もその影響でゴダールのやること、なすこと、語ること、何もかもすばらしく、興味深く、心からゴダールを支持し、信奉していた）――とくにクリス・マルケル監督が『中国女』を「一九六〇年代の最も重要なフランス映画になるだろう」と熱烈に評価していたのが印象的であった。その予言どおり、一九六八年になると、『中国女』のすべてがにわかに時局性を帯び、「五月革命」を予感した映画として脚光を浴びることになる。

しかしながら、フランスに文化大革命を計画する――そして無残に挫折する――パリの紅衛兵グループを描いた『中国女』は、新左翼とよばれた政治団体からは「バカにするな」という怒りの抗議をうけ、「五月」の学生たちからも、壁のラクガキに書かれたように、「ゴダール――親中派のスイスの映画監督の最低野郎」とか「芸術は死んだ。ゴダールには何もできまい」とかいったふうに罵倒され、揶揄された。

夏のバカンスのあいだ、知り合いのアパルトマンを借りて（実際にゴダールが親友付き合いをしていたアントワーヌ・ブールセイエのアパルトマンを借りて撮影したという）、「毛沢東が文化大革命の武器とした理論的かつ実践的な方法を自分たちの生きかたに応用しようと試みる五人の若者たちの冒険」（『中国女』のオリジナル・シナリオ序文）は、結局、唯一の実践――要人暗殺計画――もハワード・ホークス監督の『教授と美女』（一九四一）のパロディーにもならないような部屋番号の読み間違いで――いや、もしかしたら、それはソ連のレフ・クレショフ監督の『ボリシェヴィキの国におけるウェスト氏の異常な冒険』（一九二四）で車のナンバーが9ならびから6ならびに（あるいはその逆だったか）にひっくりかえるギャグへのはるかな挨拶だったのか――別人を殺してしまい、またやり直すといったぶざまなオチだし、革命の理論のほうも、いわゆる新左翼の思想家たちの著書やマルクス＝レーニン主義の教典からの引用があまりにもストレートに確信犯的に、ほとんど紋切り型に、教条主義的に、ためらいもなく次々に映画の登場人物の口からも出てくるので、そのままあっさりと鵜呑みにしてもいいものかどうか、にわかに信じがたいくらいである。ゴダール自身も『中国女』のシナリオの序文に、パリの紅衛兵気取りのこれらのナイーブな若者たちを「マルクス＝レーニン主義に幼稚に熱狂し、のめりこんだロビンソン・クルーソーたち」と呼んでいるくらいなのである。孤島のような「アデン・アラビア細胞」のロビンソン・クルーソーたちも、夏のバカンスが終われば、アパルトマンから出て、またごくありきたりのブルジョワ文明に、市民生活に戻らなければならないのである。ルイス・キャロルの「不思議の国のアリス」のジョン・テニエルの挿絵――アリスがカーテンをめくると小さなドアがあり、ドアをあけると暗い通路があって、その向こうに色あざやかな明るい別世界がひろがっているというくだりのシーン――が「アデン・アラビア細胞」の片隅に見える（いや、画面にも大きく出てくる）のだが、その小さなドアを誰もあけずに閉じこもって、ひと夏をすごしただけなのかもしれない。

ブルジョワのインテリ左翼青年たちの革命ごっこなどという揶揄的な批判に対して、ゴダールは、そんなことは言われるまでもなく、「すでに映画のなかで明確に語られている」と笑って（としか思えないような口調で）答えているし（「ゴダール全評論・全発言Ⅱ」、奥村昭夫訳、筑摩書房）、のちにまた、こんなふうに語ってもいる。

ゴダール　この『中国女』という映画は、当時は、おかしな映画……ばかげた映画とみなされました。「政治というのはこんなものじゃない。だいいち、この学生たちはブルジョワじゃないか。それにこれらの言葉は、これはいったいどういうつもりなんだ？　ばかばかしい」というわけです。私としては、この映画はむしろ、民族学的な映画のつもりでした。私は、自分がまだよく知らなかった、ある種の人たちを研究しようとしたのです。その人たちというのは、パリのマルクス＝レーニン主義の小さな党派に属していた人たちです。私はその人たちがどういう人たちなのかよく知らなかったのですが、でも、たとえば共産党の組織活動家といった連中よりはむしろ――それに、かりに連中を研究しようとしたとしても、連中は私には撮影させなかったでしょう――、かれらの方に心をひきつけられていました。かれらには、むしろ初期のキリスト教徒に似たところがあって、私の好奇心をそそったのです。私はそうやってジャン＝ピエール・ゴランを知りました――それが私と彼の最初の出会いです。〔当時、彼は二十四歳ぐらいでした。〕彼はあるサークルのメンバーとして、〈マルクス＝レーニン主義ノート〉という題の雑誌を発行したり、ある学会に参加したりしていて、私にいくらかの助言を与えてくれたのです。そのために彼はサークルのほかのメンバーにつるしあげられたりしていました。なぜなら、私とつきあっていたからです。かれらの考えでは、漠然と似而非《えせ》アナーキスト的なところとか似而非《えせ》なんとか的なところとかをもった〔私のような〕ブルジョワの映画作家とは、つきあうべきじゃなかったのです。

この映画の真の現実性《リアリティ》は、この〔「アデン・アラビア細胞」の〕人物たちはばかげたことをしているというところにあります。それに私は、自分の生まれを通して知っていることだけをとりあげようと心がけました。つまり、良家の息子や娘たちに、バカンスの期間中にマルクス＝レーニン主義ごっこをさせようとしたわけです。かれらはあそこで、子供たちがインディアンのテントをつくって遊ぶのと同じように、マルクス＝レーニン主義ごっこをして遊んでいるのです。あるいはこう言ってよければ、中国人ごっこをして遊んでいるのです。当時は赤い小さな本（「毛主席語録」）が登場したばかりのころです……この映画は、大きなアパルトマンに閉じこもり、そこで二カ月間にわたって――ほかの人たちが街頭で、これとはいくらか違ったやり方でしていたのと同じように――マルクス＝レーニン主義ごっこをして遊ぶある娘についての話です。この映画には、同時に真実なものとにせものとがあったのです。

（「ゴダール／映画史Ⅱ」、前出）

ティーチ・インのために若者たちが集うアパルトマンの壁には、最初から最後まで、「漠然とした思想を明確な映像と対決させなければならない」というスローガンが大きく書かれており、アパルトマンのなかでおこなわれるティーチ・インの情景を外のテラスから一定の距離を保って横移動で、『快楽』（一九五二）のマックス・オフュルス的な長回しの横移動で、長々と撮影して、まるですべてを舞台のドラマのように眺めているだけといわんばかりの異化の視線を感じさせたり、それどころか、しょっちゅう映画の撮影風景を描いたメイキングのように人物の前でカチンコが打たれて本番スタートの合図が入ったり、ラウル・クタールがキャメラのファインダーをのぞいているところがとらえられたりする。『中国女』という映画が、そもそも、冒頭の字幕に出てくるように「いま、まさにつくられつつある映画」なのであり、『気狂いピエロ』でもすでに言及されていたようなジェイムズ・ジョイス的な「進行中の仕事」にすぎないということなのだろう。

ヴェロニク／アンヌ・ヴィアゼムスキーとその恋人のギヨーム／ジャン゠ピエール・レオーが毛沢東の提唱した「ふたつの戦線の闘争をおこなう」というテーマで、愛の終わりを真に迫った芝居で演じるところもある。それもマックス・オフュルス監督の『快楽』の第3話「モデル」の画家（ダニエル・ジェラン）がモデルで愛人のシモーヌ・シモンに冷たく別れ話を告げるシーン、そして男と女の立場を逆転させたシーンの再現である。「もう愛してない」と言い放つ画家の台詞を言うのはヴェロニク／アンヌ・ヴィアゼムスキーのほうだ。ギヨーム／ジャン゠ピエール・レオーは「どうして急にそんなことを」とドギマギし、すっかりしょげ返ってしまう。そのあと、すべてが芝居だったことがわかっても、ギヨーム／ジャン゠ピエール・レオーは、「そうだったのか……でも、こわかったよ」とつぶやくだけ。ヴェロニク／アンヌ・ヴィアゼムスキーのほうも「わたしだって、こわかった」と言うものの、自分から仕掛けた芝居のリハーサルを無事終えてホッとひと息つき、満足しているような顔つきだ。『男性・女性』のポール／ジャン＝ピエール・レオーに対するマドレーヌ／シャンタル・ゴヤのような沈着ぶりだ。

映画作家としてのゴダールが若い世代についての調査報告に焦点を絞りはじめた『男性・女性』につづいて、ジャン＝ピエール・レオーだけが、冷たく素っ気なく描かれてはいるが、ゴダールの分身としてのイメージのいくばくかを反映しているような気がする。たとえばギヨーム／ジャン＝ピエール・レオーがプーシキンの「オネーギン」の一節を読むところがある。木村浩訳（集英社「世界文学全集11」）から引用させていただくと——

「血気さかんな若者は、なにひとつつつみかくしができないものである。その憎しみも、愛情も、哀《かな》しみも、よろこびも、のこらずしゃべらずにはいられないものだ。恋にかけてはもはや廃兵をもって任じているオネーギンは、真情の告白を好んでする詩人のうちあけ話を、もったいぶって聞いていた。」

ヴェロニク／アンヌ・ヴィアゼムスキーは、ここでも冷静に、「オネーギン」（ギヨーム／ジャン＝ピエール・レオーが「オニーギン」と発音してしまう）の発音を正しく直してやるだけ。

ギヨーム／ジャン＝ピエール・レオーが『気狂いピエロ』の主題曲のメロディーを口笛で吹くところもあり、『気狂いピエロ』のジャン＝ポール・ベルモンドの顔写真が画面にも出てくるのだが、ゴダールはもうそれ以上「愛の物語」にはかかわりたくないと言うのである。

ゴダール　あれだけで、かれらもほかのすべての人がかかえているのと同じ問題をかかえているということがわかるし、その問題についてぼくはほかの映画のなかですでに語っている。それに、あれは深刻に考えなければならないようなことじゃないし、だからあれを一本の映画にするには及ばないわけだ。

（「ゴダール全評論・全発言Ⅱ」、前出）

もはや、愛は「深刻に考えなければならないようなことじゃない」のだ。オネーギンのように「恋にかけてはもはや廃兵をもって任じている」ゴダールなのだろう。だからこそ、ゴダールは別の方向へ――アラゴンの詩のように「愛と政治が同じ涙を流す」ことなく、ということは、愛ではなく、政治のほうへ、あるいはむしろ、ハンナ・アレント的な政治哲学のほうへ――「再出発」したのだとも言えるのだろうけれども。

ギヨーム／ジャン゠ピエール・レオーには、それでも、失われた愛の名残りが感じられる。『中国女』という映画のなかでも、最も感動的な存在なのである。いくつかのティーチ・インのなかでも（「西欧左翼の展望」というテーマでアフリカ黒人の闘士オマール／オマール・キオップのみちびくティーチ・イン、「階級闘争の現在の傾向」というテーマで修正主義者とののしられるアンリ／ミシェル・セメニアコのみちびくティーチ・イン、「芸術史における諸問題」というテーマで画家のキリロフ／レックス・デ・ブルーインがみちびくティーチ・イン、「政治と犯罪」というテーマでヴェロニク／アンヌ・ヴィアゼムスキーがみちびくティーチ・インなどがおこなわれるのだが）、「ニュース映画」の起源をめぐってギヨーム／ジャン゠ピエール・レオーのみちびくティーチ・インが最も興味深く刺激的で、実際、のちに『ゴダールの映画史』（一九八八―九八）として体系化されることになる「真の映画史への序説」とも言うべき根底的《ラジカル》な「理論」が展開するのである。

ニュース映画は生々しい現実を記録したフィルムだが、それに関しては「間違った観念」が映画史を歪んだものにしたとゴダールはギヨーム／ジャン゠ピエール・レオーの口を借りて語りかける。「季刊フィルム」一九六八年十月創刊号所収の仲川譲訳による採録シナリオから引用させていただくと――

ギヨーム　まず、ニュース映画を発明したのはリュミエールだというのが通説になっている。リュミエールは記録映画をつくったのだといわれている。同時代にメリエスという名のもうひとりの映画人がいたが、彼は劇映画《フィクション》をつくっていたと誰もが言う。メリエスは夢想家で、夢幻劇を撮っていた、と。しかし、じつは、逆だったと思うのだ。

「証明しろ」と全員に迫られて、ギヨーム／ジャン゠ピエール・レオーはつづける。それは明らかにゴダール自身の体験と知識を語っているかのようである。

ギヨーム　二日前、シネマテークでアンリ・ラングロワ氏のリュミエールについての映画を見たんだ。ラングロワ氏はシネマテークの館長だ。で、この映画を見ると、リュミエールは画家だったことがはっきり証明されている。リュミエールは同時代の画家たち、ピカソやマネやルノワールとまったく同じものを描いていた。つまり、彼は駅を撮った。公園を撮った。工場の出口を撮った。カードで遊ぶ人たちを撮った。

そこでヴェロニク／アンヌ・ヴィアゼムスキーが「つまり、当時の印象派の偉大な画家の最後のひとりだったというわけね」と合いの手を入れる。ギヨームは答える。

ギヨーム　そのとおり、リュミエールはプルーストと同時代の人間だったんだ。

スクリーンに上映された世界最初の映画、「シネマトグラフ・リュミエール」の興行がおこなわれたのが一八九五年十二月二十八日、翌一八九六年にはリュミエールの最も有名な、最初の傑作として知られることになる『列車の到着』が上映される。同じ年に、マルセル・プルーストの最初の著作「楽しみと日々」が出版されている。

印象派の画家というなら、メリエスのほうがむしろ同じことをやっていたのではないかという反論に対して、ギヨーム／ジャン゠ピエール・レオーはこう答える。映画史の「読み直し」に挑むゴダールの、ここはまさに、独壇場といったところである。

ギヨーム　それはちがう。メリエスが当時やっていたことは何か。彼は月世界旅行を撮った。ユーゴスラヴィア国王のフランス大統領訪問を撮った。今日、時間的なへだたりとともに見ると、それこそ当時のニュース映画だったことに気づく。メリエスはニュース映画をつくっていたんだ。それはたぶん、再現されたニュース映画だったろうけど、つまり、それがメリエスなりのつくりかただったわけだけれども、それは正真正銘のニュース映画だったんだ。

再現映像でつくられた「ニュース映画」はジョルジュ・メリエスお得意の「時事的情景（vue d'actualités）」で、一九〇二年につくった『エドワード七世の戴冠式』なども、式典の撮影許可を得られなかったメリエスが事前にロンドンに行って調査と取材をおこない、それをもとにウエストミンスター寺院のセットをつくり、エドワード七世のそっくりさんを使って撮った――いわば、あらかじめ再現された

――「ニュース映画」で、実際に式典がおこなわれている時間に実況中継のように上映されたという。同じ一九〇二年の『月世界旅行』なども、もしかしたら、今日の、一九六五年のアメリカの宇宙船ジェミニ4号の乗組員の宇宙遊泳や一九六九年の宇宙船アポロ11号の月面着陸のニュース映画のように当時の観客には見られたのかもしれないということなのである。時空を超えた映画史なのである。

ギヨーム／ジャン゠ピエール・レオーはさらに、ジョルジュ・メリエスは「ブレヒト的」なのだと言い、現実の矛盾を分析して真実を追究する異化効果を映像の基本にしなければならないという結論に達する。アラゴン、サルトル、モンテルラン、マルロー、デカルト、ゲーテ、ボードレール、コクトー……とほんどありとあらゆる文学者の名前が黒板に書かれていて、「あれを消せ」「これを消せ」という全員の声に応じてひとつずつ、ギヨーム／ジャン゠ピエール・レオーが歴史から抹殺するかのように消していくのだが、ブレヒトの名前だけは最後まで消さずに残すのである。

サルトルの名は真っ先に消される――「サルトルは日和見主義者だ」という「五月革命」のパリの学生たちが書いた壁のラクガキを予告するかのように。「アラゴンはエルザに狂っただけの男だ」と手厳しい。モンテルランは「闘牛士」の作者として揶揄されるだけ、といったぐあいに、ゴダールは自分を形成した過去の教養、文化を次々に自ら葬り去っていくかのようである。

流行の人文科学の名著「言葉と物」のミシェル・フーコーなども「言葉と物を混同し、反動思想の僕《しもべ》になりさがっている」とこきおろされる。

ベルトルト・ブレヒトだけは、「アデン・アラビア細胞」の解散後もギヨーム・メストル（というのがジャン゠ピエール・レオーの演じる人物のフルネームで、それはゲーテの小説の主人公、ヴィルヘルム・マイスターのフランス語訳、フランス名である）の「修行時代」に「真の社会主義演劇に至る」手本として生きつづける。ギヨーム／ジャン゠ピエール・レオーがインタビューに答えて語るブレヒト的異化効果が批評の方法として実践されることになるのである。

ギヨーム／ジャン゠ピエール・レオーは、自分は役者であり、「芝居とは何か」をこんなふうに語るところがある。まず白い包帯を顔全体に巻きつけて――

ギヨーム　中国人の若い学生たちがスターリンの墓の前でデモをやったときだ。ロシアの警官隊が襲いかかり、棍棒で殴った。翌日、学生たちは中国大使館の前に欧米各紙の記者やカメラマンをよんで抗議集会をひらいた。一人の中国人学生が包帯でおおわれた顔を見せて叫んだ。「見てくれ。奴ら、卑劣な修正主義者どものやったことを」。包帯をとりはずしはじめた中国人学生にカメラのフラッシュが集中した。記者たちは、傷だらけで血まみれになっている青年の顔を期待した。（包帯をとりはずす）青年が包帯をとった顔には何の傷も血の痕もなかった。記者たちは怒った。「この中国人のイカサマ野郎め！　何のまねだ！」

誰も何も理解しなかったのだ――それが芝居であることを。現実についての省察であることを。つまり、ブレヒト的なものであることを。そしてまた、シェイクスピア的なものであることを、誰もまったく理解しなかったのだ。

ニコラス・レイ監督の評伝、「ニコラス・レイ　ある反逆者の肖像」（ベルナール・エイゼンシッツ著、吉村和明訳、キネマ旬報社）にはこんな興味深い指摘がある。

「硫酸による文字通りの腐食の危険に曝されるヴィッキー（シド・チャリシー）の顔――そして包帯が解かれ、顔がまだ無傷であることがゆっくりと明らかになる。その強烈なイメージはゴダールの『中国女』のなかに、政治的寓話のかたちで同じ話が移し変えられている。」

「その強烈なイメージ」は『暗黒街の女』（一九五八）のクライマックスと言ってもいいワンシーンである。ニコラス・レイ監督のテクニカラーによる異色の「遅れて来た」ギャング映画で、「古めかしい」と悪評を浴びたが、忘れがたい傑作で、とくに美しいシド・チャリシーの顔が硫酸をかけられてただれているのではないかという恐怖と不安のサスペンスをかきたてる包帯が解かれるシーンがゴダールの記憶にあったことは感動的だ。

おそらくは『中国女』という映画そのものが「芝居」であり、「現実についての省察」であり、「ブレヒト的なもの」であり、「そしてまた、シェイクスピア的なもの」だったのだ。ジャン・ルノワール監督の映画（『ジャン・ルノワールの小劇場』、一九六九）のように、『中国女』のラストシーンも、すべての登場人物が――ピストル自殺した画家のキリロフ／レックス・デ・ブルーインも、修正主義者として除名追放されたアンリ／ミシェル・セメニアコも、貧しい地方の農村からパリに出てきて売春をやったり家事手伝いをやったりしていたところをアンリにひろわれて「アデン・アラビア細胞」の台所仕事や掃除などをひきうけ、ティーチ・インに耳を傾けているうちに無知無学からエミール的自然教育の独学で過激な革命家に変身していくイヴォンヌ／ジュリエット・ベルトも、「真の社会主義的演劇」をめざして修行の旅に出たギヨーム／ジャン゠ピエール・レオーも――みんなまた「アデン・アラビア細胞」のひと夏のアパルトマンに集まって、舞台から幕切れのお辞儀をするかのように、キャメラに向かって最後の挨拶をするはずだったのかもしれない。因みに、ギヨーム役のジャン゠ピエール・レオーとイヴォンヌ役のジュリエット・ベルトは、このあと、十八世紀のフランスの啓蒙思想家、ジャン゠ジャック・ルソーの小説体の自由教育論「エミール」を映画化した『楽しい科学』（一九六七－六九）に、ジャン゠ジャック・ルソーとパ

『中国女』の真っ赤なポスター。「毛語録」を積み重ねたバリケードで（ジュリエット・ベルト）。井上由一編「ヌーヴェル・ヴァーグの作家たち　オリジナル映画ポスターコレクション」(DU BOOKS／ディスクユニオン）にオリジナル・カラー版（ルネ・フェラッチ作）が見られる。提供 ©Collection Cinémathèque Suisse・News Productions・DR

トリシア・ルムンバ（ルムンバはアフリカのコンゴ民族解放運動の指導者パトリス・ルムンバを想起させる）の役で共演するのである。

映画『中国女』は、わびしくアパルトマンの二階のテラスの鎧戸が閉じられ（そのとき、テラスでヴェロニク／アンヌ・ヴィアゼムスキーに「反省したら？」と言う女友だちがフランシス・ジャンソンの娘、ブランディーヌ・ジャンソンである）、「すべてが反省され」、「闘争の再開」と「大長征のひそやかな一歩」を確認するヴェロニク／アンヌ・ヴィアゼムスキーのナレーションでしめくくられる――エンドマークではなく、「ひとつのはじまりの終わり」にすぎないという字幕とともに。

ゴダールの「大躍進」の静かな、しかしそれだけに確信にみちたはじまりに心打たれ、圧倒されたまま、その後の――「五月革命」以後の――映画から遠く遠く離れていく（としか思えない）ゴダールの変貌ぶりには私はどうしてもついていけず、置き去りにされた恰好で、ただ呆然と立ちつくすだけなのだが、まだ、その前に、映画的な、あまりに映画的な、破茶滅茶なおもしろさにあふれかえった最後の一本（『ウイークエンド』）を見ることができるだろう。

『カメラ・アイ／カメラの眼』
——集団オムニバス映画『ベトナムから遠く離れて』の一篇（第1話）

ゴダールは、一九六七年には、記録映画作家クリス・マルケルのよびかけにいちはやく応じて、『ベトナムから遠く離れて』の製作に参加する。アメリカの帝国主義的侵略に対する闘争をつづけるベトナム人民への連帯を表明する政治的パンフレットとも言うべき、共闘精神にもとづく集団映画である。ゴダールが担当したエピソードは『カメラ・アイ』（『カメラの眼』のタイトルでも知られる）、キャメラのファインダーをのぞいているゴダールが「パリの北ベトナム政府代表部に手紙を書いてベトナムの取材を申し入れたがことわられた」ことから、やむを得ず、ベトナムから遠く離れたパリで「ベトナムのことは具体的には何も知ることなく」抽象的な闘争をつづけるしかないとつぶやきつづける。そこ（現場）にいないこと、「ここ（ヒア）」と「よそ（ゼア）」、現場で戦士として闘士としてたたかえず、そこから遠く離れて、映画作家として問題にぶつかるしかないことが、たぶん、果てしない独語になるのだろう。そのつぶやきもすぐ怒りに爆発することになるのだが……。

『アモーレ（愛）』

――仏伊合作のオムニバス映画『愛と怒り』の一篇（第4話）

たぶん一日で撮り上げたものかと思われる『アモーレ（愛）』にはフランス人の「ブルジョワの娘」（クリスチーヌ・ゲホ）とイタリア人の「革命の息子」（ニーノ・カステルヌオーヴォ）のカップルが出てくるのだが、フランス娘はフランス語だけで、イタリア青年はイタリア語だけで語り合う。そんなアモーレ（愛）を演じる男女のカップルとともにふたりの結婚の立会人の男女ふたりが出てくるのだが、やはり男のほうはイタリア語だけで、女のほうはフランス語だけで語り合う。男の立会人は映画評論家らしいのだが、「映画はまだ存在していないのだ」と強調する。『彼女について私が知っている二、三の事柄』（一九六六）のラストで、すべては「ゼロ地点に戻った」と再出発の覚悟を決めるゴダールがさらに自らに念を押すかのようである。

WEEK - END
ウイークエンド

「六〇年代ゴダール」最後の映画
ミレーユ・ダルクに聞く
皆殺しの天使、カリオストロ
究極のドタバタ喜劇
死屍累々
ジャン＝ピエール・レオーがフランス革命から現代の週末まで
エミリ・ブロンテと親指小僧
ルイス・キャロル家のほうへ
『華氏４５１』の書物人間の森のように
「つなぎ間違い」のパロディー
「音楽行動」のピアニスト、ポール・ジェゴーフ
マルドロールの歌

『ウイークエンド』（一九六七）はジャン゠リュック・ゴダール監督の長篇映画第十五作で、六〇年代ゴダール――一九六〇年代のゴダールの劇場用商業映画――の最後の作品になる。商業主義などものともせずに、響きと怒りにみちた、型破り、大暴れのゴダール映画の快作（痛快無比の傑作と言いたいくらい）だが、一年後、一九六八年の「五月革命」とともに、商業主義から突如遠く離れて、「革命的集団闘争映画」に突っ走るゴダールは、その後また一時的に劇場用商業映画に戻るけれども、二度とこんなに破茶滅茶におもしろい（などと言っては失礼かもしれないけれども）作品をつくることはないのである。

週末になると田舎に出かけるパリのマイカー族の生態と「集団的ヒステリー」を描いた『ウイークエンド』は、この世も終わり、愛も終わり、映画も終わりという、すべての終わりを告げるゴダールのあらゆる意味での終末論とも言うべき怪作だ。

冒頭、いきなり、画面いっぱいに真っ赤な文字で「十八歳未満禁止」と出てくる。「宇宙のなかで行方不明になった映画」、そして「廃品処理場に見出された映画」というふたつの字幕が副題のようにすばやく出て、メインタイトルが黒地に赤、青、白のアルファベット文字で出てくるのだが、『ウイークエンド』と一語になっておらず、ウイーク（WEEK）とエンド（END）が別々に、バラバラに、まずENDからはじまってWEEKに終わる文字が七行になって出てくる。一行目がEND（赤）WEEK（青）END（白）、二行目がWEEK（赤）END（青）WEE（白）、三行目がそのつづきで、K（赤）END（青）WEEK（白）EN（赤）、四行目がまたそのつづきで、D（青）WEEK（白）END（赤）WE（青）、五行目がまたそのつづきで、EK（白）END（赤）WEEK（青）E（白）、六行目がまたそのつづきで、ND（赤）WEEK（青）END（白）W（赤）、七行目がまたそのつづきで、EEK（青）END（白）WEEK（赤）というパズルのような構成である。映画のタイトルからして「終」の意味の「END」からはじまるのだ。

映画そのものの終わりも、フランス語で「終」の意味のFINが大きく出てきて、エンドマークかと思うと、その下に「コント（cont）」と「シネマ（cinéma）」という文字が出てきて、「オトギ話と映画の終わり」と読ませるのだが、「コント」はじつはコントロール／検閲（contrôle）という名詞の一部、「シネマ」はシネマトグラフィック（映画の）という形容詞の一部だったことがわかり、つまりは、物語もこれでおしまい、映画検閲もこれでおしまい、劇場用商業映画にもおさらばだ、といった感じなのだ。

ヒッチハイクのシーンでは、「これは映画か、現実か？」と問われた男が、「もちろん、映画だ」と答えると、「この大ボラ吹きめ！」とののしられて、乗せてもらえないというギャグもある。「マオとジョンソンではどっちと寝たいか？」と問われて、「ジョンソンにきまってる」などと答えようものなら、「このファシストめ！」とののしられ、もちろん乗せてもらえない。マオは中国の文化大革命の指導者、毛沢東《マオ・ツオトン》、ジョンソンはベトナム戦争拡大政策を取って長期化、泥沼化させたアメリカの大統領、リンドン・ジョンソンなのだから、しかたがない。車のなかからこんな問いかけをするのは特別出演、といってもゴダールの映画では、たとえば『彼女について私が知っている二、三の事柄』ではカフェでピンボールに夢中になっている婦人の役で出たりしている、おなじみのヘレン・スコット女史だ。「映画術　ヒッチコック／トリュフォー」の同時通訳をして以来、フランソワ・トリュフォーの親友になり、私がパリに滞在していた一九六〇年代にはパリに住んでいて、私も何度か会ったことがある。

フランク・キャプラ監督のロマンチック・コメディー『或る夜の出来事』（一九三四）で女（クローデット・コルベール）がスカートをちょっとめくって脚を見せ、見事に車をとめるという有名なヒッチハイクのほほえましいギャグがあるけれども、その残酷な（としか言いようのない）パロディーもある。女がいくら車をとめようとしてもとまらないので、男が女を道のまんなかにひっぱっていって、「ズボンをぬげ！　仰向けに寝ろ！　膝を立てろ！　股をひらけ！」と強要するのだ。ヒッチハイクがうまくいかず、歩き疲れて、女はひと休みしたいと草むらに寝転び、男は道端に腰をおろして、たばこを一服すう。そ

『ウイークエンド』ラストは人食いゲリラ戦士になるミレーユ・ダルク

提供©レ・フィルム・コペルニク／DR

こへ浮浪者が通りかかって、草むらをのぞきこみ、「女がいるぞ」と言って、たちまち犯してしまうところがある。浮浪者を演じるのは、ロベール・ブレッソンの映画にしか出ていないジャン゠クロード・ギルベールで、『バルタザールどこへ行く』(一九六六)ではキリスト的なイメージを背負った浮浪者を、『少女ムシェット』(一九六七)では十六歳の少女を強姦する森番を演じただけ。まさにそうした「ブレッソン的人物」として登場するのだが、なんともそっけなくリアルで残酷な引用だ。女はただ犯されるだけ。女はヒロインのミレーユ・ダルクである。男はジャン・ヤンヌで、ふたりはパリのお屋敷街、十六区に住むブルジョワの夫婦。にくみ合い、いがみ合い、ののしり合い、主役のカップルがこんなに下劣で鼻持ちならないキャラクターの映画もないだろう。

一九七三年にミレーユ・ダルクが来日したとき(ユニフランス・フィルム主催の「フランス映画の夕べ」でイヴ・ロベール監督、ミレーユ・ダルク主演の一九七二年の洒落た軽快なコメディー『ノッポで金髪で片一方だけ黒い靴をはいた男』が上映された)、インタビューをするチャンスがあったので、『ウイークエンド』のこともいろいろ聞きたかったのだが、急に不愉快な顔をして、吐き捨てるようにこんなふうに答えてくれただけだった。

――ジャン゠リュック・ゴダール監督の『ウイークエンド』に出演することになったのは、ミレーユ・ダルクさんご本人からの企画と要望だったとのことですが……

ミレーユ・ダルク　ええ、たしかに。当時、わたしは『恋するガリア』(ジョルジュ・ロートネル監督、一九六六)のような自由でファッショナブルに生きる現代女性といった役ばかりで、そんなイメージから脱皮するチャンスとして、ゴダールを監督に選んだのです。わかるでしょ、ゴダールの映画は月並みじゃないんです。

――ゴダールとの仕事はかなりきつかったとのことですが……

ミレーユ・ダルク　撮影中、あんなにつらかったことはありません。それに、不愉快でした。ジャン＝リュック・ゴダールは撮影中、ああしろ、こうしろと一方的に指示をするだけで、どういうふうにやればいいのか、なぜそうするのか、まったく説明してくれない。会話のようなものができない。誰とも何も話さない。ただ、俳優をいろいろなシチュエーションのなかに投げこんで、反応を試してみるだけ。俳優はまるで実験動物なみ。あるいは、ただ物としてしかあつかわないこともある。だから、彼の映画に出る俳優は相当マゾヒストでなければ耐えられないと思いますね。監督と俳優のあいだにはまったく何のコミュニケーションもコンタクトもない。シナリオもない。何もない。その役柄や演技にどんな意味があるのか、俳優はいったい何をやっているのか、まったく何もわからない。これからどんなシーンを撮るのか、どんな役なのか、どんなふうに演じればいいのか、監督からは何の説明もない。ただ、左を向け、右を向け、進め、とまれ、と命令するだけ。俳優にとって、あれほどおもしろくない撮影もないんじゃないかと思います。俳優だって人間ですから、監督と親密に理解し合って、一種の共謀者になりたい、そうやって作品に参加したいと思うのが当然です。いっしょに映画をつくっているのですから。でなければ、やり甲斐がないと思うのです。

――しかし、『ウイークエンド』は衝撃的な、すばらしい作品でした。もうゴダールの映画に出る気はありませんか？

ミレーユ・ダルク　ありません。もうまっぴら。二度といっしょに仕事などしたくないですね。

（インタビュー集「映画とは何か」、草思社）

といったぐあいで、それ以上何も聞き出せず、ちょっとつらいインタビューになってしまった。

ゴダールとともに、すべてがこれで終わりになるのだ。映画の週末は映画の終末になるのだ。

キリスト教神学の終末観ではキリストの来臨が世界を救済するものの、映画『ウイークエンド』の終末に現れるのは「神とアレクサンドル・デュマのあいだにできた息子」で、デュマはもちろん「モンテ・クリスト伯」や「三銃士」を書いた小説家だが、女性ではなく、その息子とはいっても、「椿姫」を書く心やさしいデュマ・フィスとは大違いで、世界の救済どころか、ルイス・ブニュエル監督の一九六二年のメキシコ映画のタイトルと同じ「皆殺しの天使」（という字幕が出る）なのである。「神は年老いたホモだ。それは万人の知るところだ。神はデュマと寝て、俺をつくったのだ。ゆえに、神とは俺のことだ」とジャン・ジュネならぬジョゼフ・バルサモと名のる、黒い帽子をかぶった、ヒッピーふうの、画家がアトリエで着ているような、しかし白ではなく赤い上っ張りを着た青年は豪語する。エリック・ロメール監督の『コレクションする女』（一九六七）にも出ている画家のダニエル・ポムルールが演じているのだが、ジョゼフ・バルサモは架空の人物ではなく、イタリア名ではジュゼッペ・バルサモ（本名である）、通称カリオストロ（名はアレッサンドロで大デュマのアレクサンドルと同じ）としてロンドン、パリ、ウィーンを股にかけた大詐欺師で、つい最近、イアン・マカルマンによる歴史物語「最後の錬金術師　カリオストロ伯爵」（藤田真利子訳、草思社）なども出た。ドイツではゲーテの「大コフタ」やシラーの「見霊者」のモデルになり、モーリス・ルブランの「アルセーヌ・ルパン」シリーズにも「カリオストロ伯爵夫人」という珍品があり、日本でも種村季弘による評伝「山師カリオストロの大冒険」があり、周知のように宮崎駿のアニメーション、一九七九年の『ルパン三世　カリオストロの城』にも登場するといった奇怪な人物である。眼科医、マジシャン、催眠術、錬金術、降神術なども駆使して変幻自在、不老長寿の霊薬を売り歩き、死者蘇生をおこなうと称して一世を風靡するが、フランスで王妃マリー＝アントワネットの名をかたった「首飾り事件」（アレクサンドル・デュマの同名の小説で語り伝えられることになる）でフランスから国外追放され、その後ローマでヴァチカン宮より終身刑を言い渡され、投獄、一七九五年、獄死した。そんな男が、キリストの受難と復活に立ち会った聖女、マグダラのマリアならぬマリー゠マドレーヌという名の真紅のエナメルのコートを着た若い娘（ヴィルジニー・ヴィニョン）と連れ立って、現代の週末に――殺意の週末に――突如出現して、野原に捨てられたままの車の残骸の山を一瞬にして羊の群れに変えてしまうという奇跡を起こしたりする。その羊の群れのなかに、真っ黒な羊が一頭いるのだが、「黒い羊（mouton noir）」といえばフランス語では（英語の「black sheep」と同じように）一家の不良、教室のワル、世間の持て余し者、組織の厄介者、つまりは異端者の意味に使われるので、映画界の毛色の変わったきらわれ者としてのゴダールの自覚症状がこんな形で表現されているのかもしれない。

　饒舌な「皆殺しの天使」、ジョゼフ・バルサモは、ジャン゠ポール・サルトルがシモーヌ・ド・ボーヴォワール、メルロ゠ポンティ、レイモン・アロンらとともに創刊した月刊誌「現代《レ・タン・モデルヌ》」にひっかけて、あるいはむしろその命名の元になったというチャップリンの映画『モダン・タイムス』（一九三六）にひっかけて、「俺は現代に文法の時代の終末を告げにやってきた」と言い、「あらゆる分野でかがやかしい新しい世界がはじまる。とくに映画の分野でな」などという予言をのたまう。古い「文法」にもとづく商業主義映画との決別を、こんなふうにゴダールはすでに揶揄的に予言（あるいはむしろ総括）しているかのようである。小津安二郎のこんな言葉も思いだされる――「映画には文法がないのだと思う。だから、思いのままに撮ればいいのだ。すぐれた映画ができれば、それが文法になる」。とはいえ、自分の「文法」を一途にまもり、洗練、完成させ、巨匠の名をほしいままにした小津安二郎とは対照的に、ゴダールは自らその「文法」を破壊し、惜しげもなくかなぐり捨ててしまうのだ。

　映画の冒頭に、宇宙（cosmos）――秩序と調和の世界――では行方不明になってしまった映画だが、廃品処理場に捨てられているのが見つかった映画、といった意味の二枚の字幕が出てくるように、『ウイークエンド』という映画そのものをスクラップあつかい、クズあつかい、廃棄物あつかいした「くたばれ映画」「さらば映画」のマニフェストなのである。

こうして、パリのブルジョワ夫婦、ロラン／ジャン・ヤンヌとコリンヌ／ミレーユ・ダルクは、時を超えた週末／終末旅行に出かける――というよりも、迷いこむ――ことになるのである。

夫婦はおたがいに愛のかけらも持ち合わせておらず、それどころか、おたがいに殺意を抱き、ただ、ただ、いがみ合っていて、できたら相手が交通事故で死ねばいいのにとおたがいの死をねがっているほどである。男にはもちろん若い愛人がいて、ひそかに電話をしている。そのあいだに、女は愛人の精神科医に悪夢のような異常な快楽の性体験を告白しているのだが（逆光で顔の表情なども見えず、暗く重苦しいイメージだ）、どうやらそれはジョルジュ・バタイユのポルノ（？）小説「眼球譚（目玉の話）」からの引用らしい。ときどき音楽がうるさく高鳴り、告白の大部分が聞き取りにくいのだが、断片的にそれと推測される淫らで猥褻な表現が不意にもれる（というか、露呈、露出する）からなのである。「ANALYSE（分析）」という字幕がインサートされ、ANALとYSEに分けられて上下二行に出てくるために、ANAL（肛門）の文字がきわだって目にとびこんでくる。生卵を割るのはオムレツをつくるためでなく、セックスの小道具に使うということからも、それと察せられる。生卵は映画のラストの森のなかにこもったテロリストの革命ゲリラの性と虐殺の儀式にも使用される。

女の母親が住んでいる田舎で週末をすごすために（じつは週末ごとに訪ねて毒を飲ませてきた甲斐あって寝たきりの父親の死が近づいているので、その遺産をねらって）、夫婦は自家用車で出かけることにするのだが、その矢先、隣家のうるさい子供《がき》（一九五二年のオムニバス映画『人生模様』のハワード・ホークス監督篇『赤酋長の身代金』に出てくるにくたらしいガキを想起させる）にいたずらされて、発車しようとしてバックした拍子に隣家の自家用車にぶつけてしまい（わざとぶつけたようでもある）、早くもいざこざが起こる。最初は生意気でうるさい子供《がき》の水鉄砲から、つかまえたら逃がすものかというしつこい母親がテニスのラケットを振り回して追いかけ、ついにはその父親がライフル銃を持ちだしてきてぶっぱなすという、ドタバタ調の喧嘩騒ぎにエスカレートする——バルザック的な「パリ生活の情景」という字幕が入る。

「土曜日、午前十一時」という字幕が入ると、一本道に、えんえんと長蛇の列をなす車の大渋滞である。自家用車、オープンカー、動物（ライオンの檻、ラマの檻など）をのせたトラック、秣を積んだ馬車、石油会社のタンクローリー、観光バスなども。

なぜか一台だけ、逆方向になって車と車のあいだにきっちりおさまっている自家用車がある。身動きひとつできないくらいのものすごい渋滞で、ドライバーたちはみな、いらだたしげにクラクションを鳴らしている。一台の自家用車が車と車のあいだに割り込もうとすると、うしろの車がすっと前につめて割り込みを妨害する。それでも、やっとなんとか割り込むと、うしろからつめてきた車が後部にぶつけたりする。主人公の夫婦の車は、そんななかを、巧妙に、狡猾に車の列をぬって前へ進んでいくが、わきをすれすれに通過するごとにドライバーたちにがみがみ文句を言われる。

暇つぶしに、車に積んだ自家用ヨットの白帆を掲げている男、車から出て子供とボール投げをしている男、道端にすわりこんでトランプやチェスをしている人たち。

キャメラはゆるやかに渋滞の列に沿って全長三百メートルもの長い、長い移動撮影をつづける。途中、「午後一時四十分」「週末《ウイークエンド》」「午後二時十分」という三つの字幕が入るが、その緊迫した持続力は失われることがなく、本来はワンカット撮影であることがわかる。

アメリカ喜劇、とくにサイレント時代のスラップスティック・コメディーの傑作中の傑作と言ってもいい、ローレル&ハーディの『極楽交通渋滞』（一九二八）の残酷なパロディーである。キャメラが渋滞の先端にたどりつくと、地獄絵のように血にまみれた路上には衝突して転覆した二台の自家用車、道端の草の上には親子らしい一家の死体が横たわっている。

警官がひとり、呼子を鳴らして交通整理をしているのだが、そこを通り抜けて、主人公夫婦の車はその先で、本道からそれて迂回するほうが早道とばかりに右折して小さな道に入り、畑地のかなたへ消えていくのだが、このあたりもローレル&ハーディの映画にそっくりなのである。

日本では極楽コンビの名でよばれたチビで細身のスタン・ローレルとデブで大柄のオリヴァー・ハーディのコメディー・チームはヌーヴェル・ヴァーグに愛され、とくにジャン＝リュック・ゴダールとフランソワ・トリュフォーはローレル&ハーディの大ファンだった。ゴダールの『女は女である』（一九六一）でローレル&ハーディのようにふざけながら女（アンナ・カリーナ）を競い合うジャン＝ポール・ベルモンドとジャン＝クロード・ブリアリ、『気狂いピエロ』（一九六五）のガソリンスタンドのドタバタ調の喧嘩のシーンではアンナ・カリーナが「ローレル&ハーディがよくやる手があるわ」と言って、アンリ・アタルとドミニク・ザルディの与太者コンビの一方に対して、左手で上方を指さし、相手がつられて上を見上げたすきに、右手で腹部に一発かまして倒してしまう。トリュフォーの『突然炎のごとく』（一九六二）の冒頭のタイトルバックでローレル&ハーディのようにふざけあうジュール（オスカー・ウェルナー）とジム（アンリ・セール）、『夜霧の恋人たち』（一九六八）ではスタン・ローレルとオリヴァー・ハーディのお面をつけた双子の子供が出てきたり、『家庭』（一九七〇）では夫婦のベッドのなかでアントワーヌ・ドワネル（ジャン＝ピエール・レオー）が妻のクリスチーヌ（クロード・ジャド）のネグリジェのなかの乳房をのぞきこんで、「右と左で大きさが違う、ローレル&ハーディみたいだ」などとちょっと悪い冗談を言ったりする。

ゴダールは、『気狂いピエロ』でジャン＝ポール・ベルモンドとアンナ・カリーナが逃走の旅のあいだその豪華な復刻版を持ち歩くルイ・フォルトンの漫画「ピエ・ニクレ」（第一次世界大戦前夜に生まれたフランスのドタバタ喜劇の原点になったという）の感覚で『ウイークエンド』を撮ったのだという。周知のように、ドタバタ喜劇が最初に生まれたのはフランスにおいてであり、フランス語ではコメディー・ビュルレスク（comédie burlesque）というのだが、アメリカでは burlesque（バーレスク）はストリップの意味になり、いわゆるスラップスティック・コメディーが生まれるのは、喜劇の王様マック・セネットも言うようにフランスのドタバタ喜劇の影響からだった。

『ウイークエンド』は、いわばフランス映画の原点――思えばスクリーンに上映された世界最初の映画の一本であるルイ・リュミエールの『水を撒かれた水撒く人』（一八九五）もジョルジュ・メリエスのトリック映画もドタバタ喜劇だった――に立ち戻ってそこから現代的な感覚でつくり直したポスト・モダン的コメディー・ビュルレスク、ゴダールならではの究極のドタバタ喜劇だったのだろう。

『極楽交通渋滞』はローレル&ハーディの自動車が最後にトンネルをくぐり抜けようとして前から直進してくる列車に押し潰され、「オネジムもの」などで知られるフランスのコメディー・ビュルレスクの元祖、ジャン・デュランお得意のギャグさながら、タテに車ごとぺしゃんこになって押し返されてくるというのがオチになるのだが、『ウイークエンド』のタフな夫婦は、死にかけの父親の遺言に間に合うように、ぐいぐい突き進み、いよいよ運転のスピードを上げ、追い抜き合戦、追い越しごっこ、衝突事故が起こらないほうが不自然なくらいだ。車と車が激突する瞬間、映写ミスでフィルム送りの目がズレてフレームがぶれてしまったかのようにコマがひっかかって（パーフォレーションのズレというか、映写機のアパーチュアにフィルムのフレームが合わずに、映画編集の用語で言えば目ちがいになって）映像が上下に切断されてフレームからはみ出てしまうところもある――映画そのものが衝突事故を起こして画面が一瞬、こわれてしまうのだ！

車は走る兇器どころか、まさに響きと怒りにみちた狂気そのものになる。事故現場は虐殺のあと、殺戮のあとのようだ。阿鼻叫喚、燃え上がる車、血みどろの道路に死屍累々、惨劇に次ぐ惨劇である。「万国労働歌」をほがらかに口ずさみながら爆走してくる農夫（ジョルジュ・スタッケ）のトラクターとパリから来たブルジョワの若者のスポーツカーが衝突して、運転していたサングラスの若者が即死、その恋人の若い娘（『中国女』ではパリに出てきた田舎娘イヴォンヌに扮していたジュリエット・ベルトがグリーンのセーターと黄色のミニ・スラックス姿のおしゃれなハイティーン娘を演じている）が農夫を「田舎者の人殺し」とののしりつづけ、農夫も若い娘を「パリの売女《ばいた》」と罵倒し、激烈な「階級闘争」（と赤の字幕で出る）の果てに、「万国労働歌」のメロディーとともに仲良く記念写真におさまるのだが、それは「にせ写真」（フランス語で写真を意味するフォトグラフィー PHOTOGRAPHIE のフォにあたる PHO が発音は同じだが「偽《にせ》の」「真実を偽った」という意味の FAUX になって、青の字幕で出る）にすぎないというような小さな田舎町の出来事から、野原のまんなかでジャン゠ジャック・ルソーの「社会契約論」を大声で朗読するフランス革命の立役者のひとり（ジャコバン党ロベスピエール派の強力な闘士）として知られたサン゠ジュストの出現に至って（「フランス革命から現代の週末《ウイークエンド》に至る」という字幕が出る）、時空を超えた不思議の国の黙示録的週末旅行は急速に革命劇の様相を帯びてくる。十八世紀の大革命当時の服装をしたサン゠ジュストの役を演じるのはジャン゠ピエール・レオーで、『中国女』でも同じ服装でサン゠ジュストの役を演《や》るシーンがあり、大劇場（たぶんコメディーフランセーズのような国立劇場）の桟敷で、「こんなブルジョワ芝居はもうたくさんだ」と叫んでいたが、『ウイークエンド』では、いよいよ真の革命劇の舞台への出番だとばかりに、長い羽毛のついた帽子をかぶり、腰にはフランスの国旗と同じ青、白、赤の三色旗を型取った帯を垂らし、おおらかに、さっそうと演じている。すぐそのあと、同じジャン゠ピエール・レオーが現代の週末《ウイークエンド》で、もちろんサン゠ジュストとしてではなく、現代の若者として、二役で出演し、野原の真ん中にポツンと設置された公衆電話ボックスで恋人にギー・ベアールのシャンソン（「もしもし聞こえるかい？」）を歌って長電話をしているのだ。

ここで電話と車を奪い合って、ジャン・ヤンヌ、ミレーユ・ダルクの夫婦とジャン゠ピエール・レオーがドタバタ調の大喧嘩をするのだが（ジャン゠ピエール・レオーが最後に奥の手として空手チョップを使うところがじつにおかしい）、ジャン゠ピエール・レオーが出ているというだけで、ゴダールの演出もなんとなくうきうきとしてたのしそうだ。ジャン゠ピエール・レオーも、フランソワ・トリュフォー監督の『夜霧の恋人たち』の兵役から解放されたアントワーヌ・ドワネルの軽快なイメージをすでに予告するように動きまわる。

森の小径で書物人間のカップルに出会うシーンもトリュフォーの映画、『華氏451』（一九六六）を想起させる。「不思議の国のアリス」みたいな少女のなりをした「嵐が丘」の女流作家、エミリ・ブロンテとシャルル・ペローの童話から抜け出てきたような子供っぽく腹の出た太っちょの親指小僧。『中国女』のラストシーンにチラッと出ていたブランディーヌ・ジャンソン（『中国女』に「生きた知性」として特別出演したフランシス・ジャンソン教授の娘）がエミリ・ブロンテを、『メイド・イン・USA』（一九六六）でデヴィッド・グーディスの役を演じていたイヴ・アフォンゾが腹の出た太っちょの親指小僧を演じていて、本を読みながら歩く乙女っぽいエミリ・ブロンテと小石をひろってはポケットに入れて集めている親指小僧のカップルはいかにもメルヘンっぽい詩的な美しいイメージなのに（実際、ふたりは「ルイス・キャロル家のほうへ」向かう途中なのだ）、ロラン／ジャン・ヤンヌとコリンヌ／ミレーユ・ダルクの散文的夫婦は遺産相続のためにコリンヌの実家のあるワンヴィルの方向を教えてもらえないので、頭にきて、太っちょ親指小僧には石を投げつけ、ルイス・キャロルの「記号論理学」を読みつづけるエミリ・ブロンテにはライターで火をつける。エミリ・ブロンテは燃え上がり、やがて燃えつきる。残酷なパロディーだ。『華氏451』のトリュフォーへのめくばせというよりは、最後の挨拶のようだ。『ウイークエンド』のラストのテロリスト・ゲリラの森は『華氏451』のラストの書物人間の森をそのまま残虐にひっくり返したようなイメージだ。

「アリゾナ・ジュール」という字幕とともに、西部活劇「アリゾナ・ジム」という新聞連載漫画を描いている主人公（ルネ・ルフェーヴル）のドラマを追うジャン・ルノワール監督の『ランジュ氏の犯罪』（一九三五）とトリュフォーの『突然炎のごとく』――ジュールとジム』とを合わせて皮肉ってあたかも決別の挨拶をするところもある。

ゴダール自身のパロディーもある。たとえば『カラビニエ』（一九六三）でパルチザンの少女の帽子《キャスケット》をカラビニエのひとりが取ると金髪がこぼれ落ちるところをロングで、次いでそのままアップで見せるのでイメージがダブり、つなぎ間違いと非難されたシーンの自己パロディーのように、森のなかの銃撃戦で女性戦士（ヴァレリー・ラグランジュ）が撃たれて死ぬところでは彼女のアップがうつり、「つなぎ間違い」という字幕が三度も揶揄するような調子で入るところなど、どうだとばかりこれ見よがしだ。

エミリ・ブロンテとして焼きつくされたはずのブランディーヌ・ジャンソンが、そのあと、農家の中庭でモーツァルトの「ピアノ・ソナタ」を弾く「音楽行動」のピアニスト（一九五九年のエリック・ロメール監督『獅子座』の主人公のモデルとなり、とくにクロード・シャブロルの映画のシナリオライターとして知られるポール・ジェゴーフが特別出演している）のわきに立って譜めくりをしている（らしい）若い娘の役で蘇生《よみがえ》っているのを見ると、ホッとする。もちろん、これは映画なのだし、彼女は二役をやっているだけということではあるのだが――。

ラストの森のなかの革命ゲリラ部隊の解放区には、「階級闘争」のシーンで農夫と仲直りしたブルジョワのハイティーン娘を演じていたジュリエット・ベルトも、また出てくる――二役ではなく、本当にブルジョワ娘が（パトリシア・ハースト嬢のように⁈）本物のテロリストになってしまったのかもしれないのだが。

農家の中庭でポール・ジェゴーフが「音楽行動」の巡回ピアニストとしてモーツァルトの「ピアノ・ソナタ」を弾きながら、古典（伝統）と現代（新しさ）について論じるところは、『はなればなれに』（一九六四）でダニエル・ジラール扮する英語学院の女教師がシェイクスピアの芸術を「クラッシック（古典的）＝モダン（現代的）」と説き、生徒（アンナ・カリーナ）に「新しさとはつねに伝統にもとづく」というT・S・エリオットの定義を引用させるシーンを想起させる。

ピアニスト／ポール・ジェゴーフは語る。弾き語るのである。

「要するに、二種類の音楽がある。誰もが耳を傾ける音楽と傾けない音楽だ。モーツァルトは、もちろん、みんなが耳を傾ける音楽だ。

誰も耳を傾けない音楽とは、猫も逃げだす深刻で退屈な「現代音楽」というやつだ。しかし、真に現代的な音楽は、実はモーツァルトの古典的な和音にもとづく。ダリオ・モレノもビートルズもローリング・ストーンズもモーツァルトの和音にもとづいている。しかるに、かの深刻なる「現代音楽」の一派は、モーツァルトを葬ろうとして、たぶん芸術史上類例のない不毛におちいった。」（「季刊フィルム」一九六九年二月第2号所載の採録シナリオによる）

田舎の交通渋滞のシーンの長いワンカットの移動撮影とならぶ、これもワンカットの長い移動撮影のシーンなのだが、ピアノ曲とやさしい語りだけの静かなシーンで、たぶん一本のレールが敷かれていてキャメラがゆるやかに行ったり来たりする。その途中、歩いている人物に出会うと、その歩調に合わせるかのようにキャメラはパンしつつ移動をつづける。立ちどまって耳を傾ける農婦が三人、シャベルをかついでいく若い農夫（カール・ドライヤーの映画に出てくる墓掘り人のようにもみえる）、腰を曲げてトボトボ歩き去る老人、退屈そうにあくびをしているロラン／ジャン・ヤンヌとコリンヌ／ミレーユ・ダルクの夫婦……そしてこのシーンにやってきた（たぶん撮影中のゴダールを陣中見舞に来た）特別出演の熱狂的なゴダール支持支援派の映画評論家ミシェル・クルノーと『中国女』のヒロインからゴダール夫人になったばかりのアンヌ・ヴィアゼムスキーがフレーム・インしてくるところから、キャメラはふたりを迎えて案内するかのように方向転換して戻りはじめる。１８０度パンをくりかえすようなワンカットの移動撮影で、回り舞台のようなマックス・オフュルス監督の映画（『輪舞』、一九五〇）を想起させるシーンだ。

　フランツ・ファノンやマルコムＸやストークリー・カーマイケルなどの第三世界やブラック・パワーのメッセージを伝えるアラブ人（ラズロ・サボが演じている）と黒人（名前はわからないが）の清掃人の演説をえんえんと聞かされたあげく（エンゲルスの「家族・私有財産および国家の起源」やＬ・Ｈ・モーガンの「古代社会」からの引用もある）、ゴミ清掃車に乗せてもらって、夫婦はやっとワンヴィルの実家に到着するが、バルザック的な「地方生活の情景」という字幕とともに描かれるのは、埃まみれ、汗まみれ、血まみれのドライブのあと、コリンヌ／ミレーユ・ダルクが浴槽につかるのもつかの間（入浴中のミレーユ・ダルクの裸は見えないが、浴槽の上のほうには片方の乳房をさらけだした女を描いたティントレットのようなルネサンスのヴェネツィア画派の古典的な絵画が貼り付けられている）、すでに老父は死んだあとで、老母が遺産の相続を頑固にことわるので、殺害してしまうというすさまじいシーンである。そして、死体を車にのせ、グライダーが突っこんだ大木の根っこにぶつけて、ガソリンをまいて火をつけ、事故にみせかけるのだ。これで遺産はがっぽり手に入るはずだったのだが、夫婦は最後に革命ゲリラ軍にとらえられて森のなかの解放区に連行され、夫は豚とともに屠殺され、妻はゲリラの一員になって、豚肉と夫の肉をミックスした骨付きばら肉を食う。屠殺者／料理人を演じているのが、ゴダール映画の傍役の常連で、年齢不詳のチビで猫背のエルネスト・メンゼルである。

映画は現代の時間から、いつのまにか、テルミドール（熱月）とかプリュヴィオーズ（雨月）とかヴァンデミエール（葡萄月）とかいった、革命暦（フランス大革命中に制定、施行された共和暦）に変わって字幕に出てくる。

一九六八年の「五月革命」がもう間近に迫っていた。『ウイークエンド』は一九六七年の九月から十月にかけて撮影され、十二月末にパリでロードショー公開された。ゴダールはのちにこんなふうに（誇らかに？）語っている。

ゴダール　この映画は、公開のときにはあまりヒットしませんでした。でも『中国女』の場合にいくらか似て、その六ヵ月後に……七、八ヵ月後に、ある種のこと〔「五月革命」〕がおこりました。といっても、それがこの映画をよりすぐれたものにしたということじゃありません。ただ単に、私はまだ完全には存在していなかった出来事から着想を得ていたということです。〔……〕私はいつも、ものごとがおこる以前に、そのものごとに関心をよせていました。旅に出発する前にその旅について語るようなものです。（『ゴダール／映画史Ⅱ』、奥村昭夫訳、筑摩書房）

過去からの「引用」の映画から未来への「予感」の映画にゴダールは飛翔していく。とはいえ、『ウイークエンド』には無数の引用が、過去からの引用が、映画的引用が、ちりばめられている。森のなかの解放区では、革命ゲリラ軍の若い隊員たちが無線で連絡し合う――「戦艦ポチョムキンより捜索者へ」「こちら大砂塵、どうぞ」といったぐあいに。革命の映画であり映画の革命でもあったセルゲイ・

M・エイゼンシュテイン監督の『戦艦ポチョムキン』（一九二五）とともに、ゴダールの愛してやまなかったジョン・フォード監督の西部劇『捜索者』（一九五六）やニコラス・レイ監督の西部劇『大砂塵』（一九五四）のタイトルが無線連絡のコードネームとして引用されているのである。

『ウイークエンド』は「豊饒なる六〇年代ゴダール」の終焉、ゴダールの白鳥の歌とすらみなされることになる。だが、ラストの森のなかの解放区で、ゲリラ戦士のリーダーで革命家チェ・ゲバラとＬＳＤ開拓者でヒッピーのアイドルであったティモシー・リアリーを信奉するジャン゠ピエール・カルフォン扮する隊長が、海原に見立てた湖水に向かってドラムをたたきながら、誇らかに朗誦するロートレアモンの「マルドロールの歌」の一節が、あたかもその頂点をきわめたゴダール自身のキャリアに背を向けて去っていくゴダールの捨て台詞のように、心に残る。

「おれはこれから感動を抑えて、真剣で冷静な詩の一節を大声で読み上げて、諸君に聞かせよう。諸君、それが内に含んでいるものに用心したまえ、そして、諸君の混乱した想像の中に罪の烙印のように残るに違いない苦々しい影響を警戒したまえ。おれが死にかけているなどと信じてはいけない。おれはまだ一介の骸骨にはなっていないし、老いがおれの額に張りついているわけでもない。だから、今まさに生命がとび去ろうとしている瞬間の白鳥と比べるなどという考えは捨てようじゃないか。そして、ただ一個の怪物を眼前に描いてみたまえ、その顔が諸君に見えないのは幸いだが。と言っても、その顔はその魂ほどに恐ろしいわけではないんだ。」（「ロートレアモン詩集」、渡辺広士訳、思潮社）

「怪物」ゴダールの魂の歌のようだ。その不敵な面魂が見えるようだ。『ウイークエンド』を撮り終えたとき、ジャン゠リュック・ゴダールはまだ三十六歳だったのである。

『ウイークエンド』
「マルドロールの歌」を朗詠しながら（ジャン＝ピエール・カルフォン）
提供 © レ・フィルム・コペルニク／DR

付録　ゴダールvsトリュフォー喧嘩状

一九七三年に交わされた以下の往復書簡はフランソワ・トリュフォーの死後――一九八八年に――出版された「トリュフォーの手紙」に収録された。

ジャン＝リュック・ゴダールからフランソワ・トリュフォー宛の手紙（一九七三年五月）

昨日、きみの新作『アメリカの夜』（一九七三）を見たよ。きみは嘘つきだ。しかし、誰もそうは言えないだろうから、わたしがはっきり、きみは嘘つきだと言ってやろう。これは「ファシスト」よばわりするような単なる悪口ではない。批評だ。批評精神の欠如への批評だ。クロード・シャブロルやマルコ・フェレーリやジャン・ドラノワや、ときとして残念ながらジャン・ルノワール作品にも欠如している批評精神。きみの映画にはまさにそれが致命的に欠落しているんだ。「映画は夜行列車のようなものだ」って？　いったい誰がどんな列車の何等室に乗っているというんだ。運転しているのは誰なんだ。監督のきみが会社側の「スパイ」に監視されながらも、見事に映画という列車を運行させているとでも言いたいのか。たしかに、上記の監督たちも列車の映画を撮っている。きみが描く列車はヨーロッパ横断特急ではなく、もっとローカルな郊外電車、それもたぶん〔一九三三年にミュンヘン郊外に設けられたナチの最初の強制収容所があった〕ダッハウ行きの列車のようなものだとでも言いたいのか。だから、当然ながらクロード・ルルーシュの列車映画〔『男と女』〕のような恋人同士が出迎えたり見送ったりする駅は出てこないのだろう。だが、きみは嘘つきだ。先日もきみは〔パリ〕十六区のアルマ広場にあるシェ・フランシスというレストランで〔きみの映画のヒロインを演じている女優の〕ジャクリーン・ビセットと食事をしていたが、そんなシーンが映画にはまったく描かれていないからだ。『アメリカの夜』のなかで、どうして監督だけがセックスをしないのかと誰もが考えるだろう。いま、わたしは『単純な映画』と名づけた作品を撮影しているところだが、『アメリカの夜』のような批評精神を欠いた一面的な映画をつくるのがどんな連中なのか、そんな連中がどのようにしてそんなものをでっちあげるのかを、単純に、そして、きみやアンリ・ヴェルヌイユやシャブロルたちのように短絡的に一面的なやりかたで描いてみせるつもりだ。見習いのスクリプターの女の子がどんなふうに記録用紙に本番のテイクの回数を記すかというようなことはもちろん、エクレール現像所の男がフィルム缶をどんな袋に入れて運んでくるか、映画館の看板屋が『ラストタンゴ・イン・パリ』（ベルナルド・ベルトルッチ監督、一九七二）のマリア・シュナイダーのむきだしの尻をどのように描くか、プロデューサーのジャン゠ピエール・ラッサムの事務所の電話交換はどんな応対をするか、もうひとりのプロデューサーのヴァンサン・マルの事務所の経理をあずかる会計士はどんなふうに決算書を作成するか、そしてそのつど、音声と映像を比較対照しつつ組み合わせて映画の形をつくっていくように、カトリーヌ・ドヌーヴの同時録音の声にアフレコの声をのせるところとか、ジャン゠ピエール・レオーの演技のテイク番号と無給の見習いスタッフの社会保険番号の比較対照や、年老いた看板屋の性生活と『ラストタンゴ・イン・パリ』のマーロン・ブランドのセックスのしかたの比較、マルコ・フェレーリの『最後の晩餐』（一九七三）の撮影中の毎日の経費とヴァンサン・マルとジャン゠ピエール・ラッサムの共同製作会社の会計士の日常生活の出費の比較対照などを描くことになるだろう。というのも、マルとラッサムがフェレーリの映画をきみがつくる映画のような大作にしたせいで、その製作費にわたしの新作のための金まで注ぎ込んでしまったのだ（わたしの言いたいことがわかるだろ。誰もきみの列車の運行を邪魔しないのに、きみはまさにわたしの撮りたい映画の邪魔をしているのだ）。実際、わたしの新作の撮影は中断してしまった。予算は約二千万フランで、アヌーシュカ・フィルムとTVABフィルム（ジャン＝ピエール・ゴランとわたしの会社）が共同製作する予定だった。どうだい、一千万ほど出資して共同製作する気はないか。五百万でもいい。『アメリカの夜』のヒットを考えれば、わたしのささやかな映画への援助など、ものの数ではないだろう。それに、そうすれば、きみの描いたやりかただけが映画づくりというものではないと観客にわからせることができる。ポンピドー〔大統領〕やわたしのように自分の真実を述べるきみは嘘つきではなくなるのだ。出資してくれるなら、わたしの『中国女』（一九六七）と『楽しい科学（悦ばしき知識）』（一九六七－六九）と『男性・女性』（一九六六）の権利をきみに譲ってもいい。

きみがこの件でわたしと話したければ、いつでも。

ジャン＝リュック

フランソワ・トリュフォーからゴダール宛の手紙（一九七三年五月あるいは六月）

たぶんこれが最初にして最後という覚悟のうえで思いの丈をすべてぶちまけたのだろう、長い長い手紙だ。

ジャン＝リュック、この不愉快な手紙を最後まで読まなくてもすむように先に結論から述べよう。第一に、きみの新作の共同製作者になる気はない。

第二に、きみがジャン゠ピエール・レオーに宛てた手紙を同封して送り返す。わたしはその手紙を読んで胸がむかついた。そして、このところずっときみの最低のふるまいに対してこらえていたわたしの気持ちと考えをやっと口にする機会が訪れたと思う。

ジャン゠ピエール・レオーはあののっぽのマリーとうまくいかなかったり、最近も仕事のことでいざこざがあり、ひどく落ち込んでいたのに、そんな彼にきみの仕打ちはあまりにもむごく、あさましすぎる。他人の尻馬に乗って彼をこき下ろし、自分より十五歳も年下の彼から脅迫さながら金をくすねようとしたり、実際、きみの何本かの作品で主役を演じた彼のギャラが百万フラン以下とはひどすぎる。最低だと思う。彼のおかげできみはその三十倍ももうけているというのに！

たしかに、『大人は判ってくれない』（一九五九）以後、ジャン゠ピエールは変わった。だが、彼は、いつも演じることをたのしんでいた。わたしはきみの映画『男性・女性』（一九六六）を見て、初めてジャン゠ピエールがキャメラの前で不安と苦痛を感じていることに気がついた。映画の出来はよかったし、彼の演技もよかった。だが最初のカフェのシーンは彼を友情とともに見まもる者には、昆虫を観察する学者の視点のようで息がつまりそうだった。

わたしはきみを心から尊敬しているジャン゠ピエールの前で、きみにけちをつけるようなことはいささかも、一度も口にしたことはない。だがきみは、無責任な大人が子供の気持ちも考えずに「またおまえの父親はどうせ酔っ払ってるんだろ」とひやかすような口調でわたしについての悪口雑言を彼に投げつけていることをわたしは知っている。

この十四年間で変わったのはジャン゠ピエールだけではない。もしきみの映画『勝手にしやがれ』（一九五九）と『万事快調』（一九七二）をつづけて見れば、冒険心のかけらもないうんざりするような『万事快調』におどろき、あきれて、悲しみを感じるだけだ。

わたしの映画『アメリカの夜』（一九七三）をきみがどのように考えようがかまわない。ただ、きみをあわれに思うだけだ。見る前から、きみの映画観や人生観とまったく合わない内容の商業的な作品だとわかっているのに、まだこだわって映画館へわざわざ見に行くなんて！　たとえば〔「テル・ケル」誌の創刊にもかかわった作家〕ジャン゠エデルン・アリエが、諷刺作家ピエール・ダニノスの小説がユーモアを欠いているならともかく、前衛的・哲学的でないからといって、わざわざ罵倒の手紙を書いたりするだろうか？

きみは自分の生きかたも考えかたも変えたのに、いまでも従来の映画館に通って何時間もむだな時間を過ごし、自分の目を疲れさせている。なぜなんだ？　わたしたちを軽蔑するための材料を探しているのか？　それとも自分が新たに得た確信を強めたいのか？　こんどはわたしがきみを嘘つきよばわりする番だ。きみの新作『万事快調』の出だしのシーンにこんなナレーションがあった。「映画をつくるにはスターが必要だ」。これは嘘だろう。スターなど必要ないときみの映画への出資者たちが言っていたのに、きみは出演を渋るジェーン・フォンダにご執心だった。それは誰もが知っていることだ。きみはアンリ゠ジョルジュ・クルーゾー〔監督〕がよく使った手でイヴ・モンタンとジェーン・フォンダというふたりのスターを集めた。「この俺と働けるきみたちは幸運なんだから十分の一のギャラで出演したまえ」というわけだ。労働者階級が主人公の映画を撮る無名の監督マリン・カルミッツ〔『同志たち』、一九六九〕やベルナール・ポール〔『夫婦』、一九六九〕たちにはスターが必要だときみは言う。だが、きみは無名ではない。だから、きみにはスターなど必要ないはずだ。きみは嘘つきなだけだ。新聞にきみはスターを「押しつけられた」と発表した。新作についてきみがわたしへの手紙に書いたことも嘘だ。見当違いもはなはだしくきみが非難したマルコ・フェレーリが、たとえきみの新作のために「用意されていた」資金まで使ってしまったとしても、きみがＣＮＣ（中央映画庁／国立映画センター）に申請して認められた助成金は新作をカバーできるかなりの額なのに、そのことにはひとこともふれていないじゃないか。フェレーリがイタリア人だからというだけで、きみのことだから「このイタリア野郎の移民労働者は、俺たちの食いぶちを奪い漁っている。カンヌ経由でイタリアの国境まで連れて行って追放しちまえ」ぐらいに考えているのだろう。きみは人をだますのが巧みで、自分を犠牲者に仕立てあげる才能がある。きみの軽蔑するアンドレ・カイヤット〔『愛のために死す』、一九七〇〕やイヴ・ボワッセ〔『汚れた刑事』、一九七〇〕やミシェル・ドラッシュ〔『エリーズあるいは真実の人生』、一九七〇〕のような政治批判のメッセージ映画をつくる監督たちと同じようにポンピドー政権のマルスラン内相の検閲や配給業者の要請するカットの犠牲者なのだといわんばかりだ。だが、きみはいつも自分のやりたいことをやりたいときに、やりたいようにできるよううまく立ちまわっている。このあいだだって、きみは、〔テレビ番組を貧しい資金でこつこつと企画制作しているアンドレ・バザンの未亡人〕ジャニーヌ・バザンのように無防備な人を犠牲にしてまでも自分が純粋だと見えるようにそのイメージを守りとおした。キエジマン弁護士の司会によるジャニーヌ・バザンとアンドレ゠S・ラバルトのテレビ番組「映画讃歌」の放映中止の半年後、ジャニーヌは自分の番組の放映を二度も延期させられた。これは局側の巧みな復讐だ。キエジマン弁護士は「映画讃歌」で政治と映画を語るにはきみのコメントが不可欠だと考えていたので、要請されたきみにすればこの番組での役割、きみの役どころは考え抜かれた言葉をほんの少し語ることで過激なイメージを視聴者に植えつけるのにうってつけだった。その激しいコメントを聞けばきみが軟弱になったと考える人などいないうえに、「ゴダールはゴダールだ」「ゴダールは変わっていない」とよろこぶ人たちがいるからだ。

すべてが予測どおりに進んだ。「映画讃歌」は危険な番組として放映が中止され、きみは相変わらず危険の及ばない高い台座にとどまったままだ。きみのコメントが新たな嘘にみちていたことは誰も指摘しなかった。ポンピドー大統領がフランスという国家を演出していると言うのなら、きみはフランス共産党と労働組合をカモにしてきみの作品『万事快調』に最初からスターを起用し、「大衆」には難解すぎる遠まわしな表現や反語的な言葉を意図的に使って共産党や労働組合を口汚くののしって喝采を浴び、広範囲の知的観客層に媚びを売っていることは明らかだ。

昨年（一九七二年）、ジャニーヌ・バザンとアンドレ＝S・ラバルトのテレビ番組「映画讃歌」の中止が決定したのち、同じ局の「映画ファイル」という番組で放映されることになっていたわたしの映画『華氏451』（一九六六）の討論会への出演をわたしが取りやめたのは、あくまでもジャニーヌを支援したいという気持ちから決めたことであって、きみへの連帯を表明するためではない。あの当時、きみがわたしに何度も電話をしてきたことは知っていたが、あえてかけなおすことはしなかったのもそのためだ。

先月、ジャニーヌは彼女の最後の番組の制作中に車にはねられて入院し、ひざの手術をすることになった（若いときから脚をひきずっていた彼女には致命傷に近かった）。彼女は仕事も金もないまま、ましてやゴダール信奉者であるプロデューサーのジャン＝ピエール・ラッサムをよろこばせるためだけにしか高い台座から下りないきみの消息など知る由もなく、いまでも入院している。

きみにはっきり言っておく。きみが実体のない不特定多数の「大衆」なるものを愛すれば愛するほど、わたしはささやかながらわたしが知っている個人としてのジャン＝ピエール・レオーを、ジャニーヌ・バザンを、かつてはきみの秘書だったパトリシア・フィナリーを愛する（身も心もボロボロになって数か月の療養生活を余儀なくされ、やっと退院したばかりのパトリシアは、半年未払いの給料をシネマテークに要求して闘っている）。そして空港で顔を合わせたのにきみが声ひとつかけなかったというヘレン・スコットをわたしは愛する。きみが彼女に声をかけなかったのは彼女がアメリカ人だからか？　それともわたしの友人だからか？　いずれにせよ、最低のふるまいだ。わたしの番組をつくったイギリスのテレビ局BBCの制作担当の女性が政治映画についてきみの意見を聞くと話していたので、わたしはきっときみはことわるだろうと言ったよ。ところが実際は、それどころか、きみは彼女が話している途中で急に電話を切った。まったくエリートの態度で、最低のふるまいだ。きみはジュネーヴやロンドンやミラノに行くと答えておきながら結局は行かない。人を仰天させ、おどろかせるフランク・シナトラやマーロン・ブランドのような大物スターの態度だ。まさに高い台座に祭り上げられた者の最低のふるまいだ。

一九六八年五月のあと、かなり長いあいだ、きみのことが話題になることはなくなったとしても、工場で働いているらしいとか、政治集団をつくったようだなどと、みんなが秘密めかして話すようなことばかりだった。そしてある土曜日のこと、きみが〔かつては対レジスタンス運動の闘士だった〕生化学者のジャック・モノとラジオで対談すると聞いた。わたしは事務所に残って番組を聴くことにした。きみについての何らかの消息がわかるかもしれないと思ったからだ。番組でのきみの声はふるえ、とても興奮した様子で、『わが同胞の死』というテレビ受像機製造工場の地下室で病気にかかって死んだ黒人の労働者の映画を撮るつもりだと語っていた。異常に声のふるえたきみの話を聴きながら、まずわたしは、きみの話が事実でない、あるいはむしろ、ごまかしであること、そしてきみがこの作品を絶対に撮ることはないだろうと感じた。もし、その黒人に家族がいて、この先ずっと映画の完成を心待ちにしながら生きていくとしたらどうなるのだろうと考えた。そして実際、きみは『わが同胞の死』を見捨て、『万事快調』を撮ることになる。イヴ・モンタンやジェーン・フォンダの役どころなどあり得ないにもかかわらず、きみはわたしの聴いたラジオ番組では十五分もの間、二十歳未満の男女に選挙権を与えると語ったメスメル首相のように声をふるわせながら饒舌に、自分は「正しいことをおこなうのだ」という印象を与えつづけた。でたらめもいいところだ。恰好ばかりつけている。きみは昔から派手に恰好をつけてみせるのが得意だった。前立腺を病んだドゴール大統領にすかさず見舞いの電報を打ったり、〔若いころのきみの映画を製作したものの、最近のきみの映画に資金をださなかったプロデューサーの〕ピエール・ブロンベルジェを

「薄汚いユダヤ野郎」と電話でののしったり、ルイ・ショーヴェ〔最後まできみのことを敵視した唯一の映画批評家だった〕を「堕落した批評家」よばわりしたり、そして恰好をつけ、気取ったつもりで悪意をむきだしにして、〔気高い〕ジャン・ルノワールも〔下品な〕アンリ・ヴェルヌイユもいっしょくたにしてののしるかと思えば、ひと知れずこつこつと映画のために働く名もなき人々を安い給料で不当にこき使う映画界の真実を暴くのだなどと恰好よく言ってみせるいまも同じだ。ところが、実際は、ガレージとかブティックなどで照明スタッフがやっと撮影の準備を終えたところにきみはやって来て、「きょうはアイデアが湧かないから撮影は中止だ」などと高い台座から下りてきた神のごとく言い放つ。そのひとことで、その日のスタッフの苦労は水の泡となり、すべてを元の状態に戻すしかない。そんなとき、パインウッド撮影所のひと気のない録音スタジオで大スターのマーロン・ブランドが現れるのを日がな一日待ち望んだのに裏切られた録音スタッフのように、きみの撮影スタッフもまったくむだな仕事をしてばかにされたと感じるかもしれないとは思わないのか。

三年前、あるいは五年前、いや十年前でなく、なぜいまになってこんなことをきみに言うのかといえば、みんなと同様、きみも女のために、アンナ〔・カリーナ〕のために、六年間も苦しんでいたのを知っているし、その苦しみを見ていたからこそきみの不愉快な態度もわたしたちはゆるしてきたからなのだ。きみが〔『勝手にしやがれ』に小さな役で出演した〕リリアーヌ・ドレフュス〔旧姓ダヴィッド〕に、「フランソワはきみを愛していない。『ピアニストを撃て』（一九六〇）に出演中のマリー・デュボワに惚れてるんだ」と言って彼女をものにしようとしたこともわたしは知っている。そんなきみの卑劣な情けないやりかたをわたしはあわれに思ったが、正直なところ感動もした。そうさ、感動したんだ。感極まったよ！きみがプロデューサーのバルベ・シュレデールに、オムニバス映画『パリところどころ』（一九六五）の〔ジャン・〕ルーシュが撮る予定の『北駅』篇を「おれのほうがうまくやれるから撮らせてくれ」と言ったこともわたしは知っている。あまりにも……あわれを誘うよ。シャンゼリゼをふたりで歩いていたとき、きみはイヴ・ロベールが『わんぱく戦争』（一九六二）の大ヒットにつづいて撮った『わんぱく旋風』（一九六三）がヒットしなくてよかったな、と言った。わたしは「やめとけ」と言った。覚えてるだろ？　わたしがローマでアルベルト・モラヴィアと喧嘩したことも覚えているだろう。〔きみが撮ろうと企画していた〕彼の小説「軽蔑」の映画化をわたしに提案してきたからだ。わたしの映画『突然炎のごとく――ジュールとジム』（一九六一）の宣伝キャンペーンでジャンヌ・モローとローマに行ったときのことだ。きみの当時の新作（『カラビニエ』、一九六三）がヒットしなかったので、たまたまわたしの映画が当たったこともあって、モラヴィアは途中で勝ち馬に乗り換えようとしたんだ。

また、同じようにきみに対する連帯感から、わたしはジャン゠ピエール・メルヴィル〔監督〕と仲違いをした。メルヴィルはきみの『勝手にしやがれ』に特別出演したことからプロデューサーのジョルジュ・ド・ボールガールにコネができてジャン゠ポール・ベルモンド主演の『モラン神父』（一九六一）を撮ることになったのに、きみが企画を横取りしようとしたと言い、きみをゆるさないだけでなく、きみをののしりつづけていたからだ。ちょうど同じころ、きみは故意に、あるいはアンナをよろこばせるためか、ジャンヌ・モロー主演の『エヴァの匂い』（ジョゼフ・ロージー監督、一九六二）を酷評してジャンヌに恥をかかせ、わたしの『アントワーヌとコレット』（『二十歳の恋』のフランス篇、一九六二）でデビューしたマリー゠フランス・ピジエを、彼女がロベール・オッセン監督・主演の『殺人者に墓はない』（一九六三）に出てユーゴスラヴィアにまで行って「婚約」したことなどで、何度も何度も小ばかにするかのように脅していた。きみはわたしが紹介したカトリーヌ・リベイロをクレオパトラ役で『カラビニエ』に起用し、『独裁者』（一九四〇）でヒンケル役のチャップリンが女秘書にとびかかったように（この比較と形容はわたしが考えたものではない）、彼女に襲いかかったというではないか。わたしがこうしていろいろと暴き立てるのは、きみが自分の作品のなかで映画とセックスの真実として描いていることを忘れることがないようにだ。〔娼婦のような〕女の尻も窓ガラスにぴったりくっつけたアンヌ・ヴィアゼムスキーの美しい手も、スクリーンではみなすべて平等なのだとやっと認識したいま、これまでとは逆の撮りかたでいこうとでもいうのか。それにしても、『ウイークエンド』（一九六七）で主演女優〔ミレーユ・ダルク〕をとらえたどのカットも、まるで仲間にめくばせしてこう語っているようだった――「この娼婦みたいな女は俺の映画に出たがってたんだ。だからこんなふうにあつかってやった。女には娼婦と詩的な女の二種類しかいない」と。

いまになってきみにこんなことを書くのも、きみがあちこちで発言する辛辣な言葉のなかには、より陰気になった相変わらずの気取った態度が透けて見えるものの、きみはすっかり変わってしまったからだ。きみがジャン゠ピエール・レオーに書いた手紙を読む前から、その変化に気づいていたが、もしきみが手紙に封をしていたら、わたしは読むこともなく彼にそのまま渡してひどく後悔したことだろう。もしかしたらきみは彼の手に手紙が届かないように、わたしに読む機会を与えようとしたのだろうか？

いまのきみは誰も逆らえない絶対の存在だ。そして、もはや恋に苦しむ男でもない。ほかの男たちと同じようにきみは自分だけを愛し、自分だけが大事な人間だと確信している。人生や政治や社会参加や映画や恋愛について真実を把握し、これらすべてを容易に理解して自家薬籠中のものにするきみにとっては、きみと意見の異なる者など、ただのまぬけの人でなしということになる。たとえきみが自分の意見を〔一九六八年の「五月」をはさんで〕四月と六月で変えてしまったとしてもだ。一九七三年の現在も、きみの威厳は保たれている。きみがオフィスに入っていくと誰もがきみの顔色を見て機嫌がよいかどうかをさぐり、もしも悪そうなら片隅の自分の机でじっとしているのが賢明と考える。ときにはきみも笑ったり微笑むことがある。だが話し口調は親密な感じになっても威圧感は相変わらずで、周囲のみんなが気づいて、いつきみの怒りにふれるかもしれないと戦々恐々としているのだ。だから、みんなきみにおべっかを使う。まるでテロリズムだ。わたしがもうきみに気を遣う必要もないと思うのは、そういうことなのだ。引け目を感じながらも十八歳で車を持つほど裕福なパリの若者たちのなかには、いまだに、「ゴダールの次回作をつくるんだ」と息巻いて、まるで得したような気分でうれしがる者がかなりいるのだから。

一九六八年末にきみは、わたしが借りたおぼえのない八十万か九十万フランを返せと書いてきた。〔きみの『女は女である』（一九六一）や『はなればなれに』（一九六四）や『恋人のいる時間』（一九六四）や「アルファヴィル』（一九六五）や『男性・女性』などの製作主任だった〕プロデューサーの〔フィリップ・〕デュサールも手紙を読んでショックを受けていたよ。きみはこう書いてきた。「ともかく、もはやわれわれのあいだで話し合うことなど何もない」と。わたしはこの言葉を文字どおりに受け取ったうえできみの要求どおりの金額を送った。その後おたがいにちょっとやさしい気持ちになったこともあった――わたしが〔カトリーヌ・ドヌーヴとの〕恋愛で悩み、きみが〔『万事快調』の編集を担当していた若く美しいクリスチーヌ・アヤの〕オートバイに相乗りして事故を起こして入院していたころのことだ。だがモロトフ・カクテル爆弾のつくりかたを延々と描いた『東風』（一九七〇）のワンシーンを見たときや、その一年後、「人民の大義《ラ・ゴーズ・デュ・プープル》」紙の編集長だったサルトルが街なかでの新聞の配布をわたしたちに要請したのにきみが逃げ腰になったのを見たときには、きみへの軽蔑の念しか思い浮かばなかった。人間みな平等という考えは、きみには理論的なものにしかすぎず、心で感じられないのだ。だからきみは、相手が誰だろうと、人を心から愛することも援助することもできず、せいぜい札束をテーブルに放ってみせることぐらいが関の山なのだ。

〔諷刺作家の〕フランソワ・カヴァンナは、こう書いたものだ――「金銭など軽蔑せねばならぬ。とくに小銭は」。わたしは、きみがカフェのソファの隙間に落ちていた小銭をそっと押し込んでくすねようとしていた光景を忘れることができない。きみはこれまであちこちで何度もわたしを金の亡者のようにののしってきたが、わたしはきみについて否定的な意見を公に表明したことは一度たりともない。きみはばかげたことや事実とは異なる的外れなことで批判されていたし、わたしは公開質問状や論争などが大嫌いだったからだ。そのうえ、きみはいつも、どんなに仕事がうまくいっているときでも、嫉妬深く、他人を羨んでばかりいた。つねに相手に負けまいとするきみに対し、わたしはまったく競争というものが嫌いだった。それにきみも知ってのとおり、わたしはすぐに相手に惚れて感嘆してしまう傾向がある。かつて軍を脱走したわたしとジャマイカ旅行を終えてきたきみとの付き合いかたの変化について、わたしがある女性ジャーナリストに語った言葉にきみが怒ったときも、きみとは友だちでいたいと思っていた。わたしは相手と意見が異なるとき、かならずしも自分のほうが正しいという考えを持っていないから自分の意見を一方的に主張するタイプではない。だが、このところのきみが最低だということだけは断言できる。ジャニーヌ・バザンを病院に見舞い、ジャン゠ピエール・レオーへのきみの手紙を読んで、その確信がいよいよ強まった。これは妄言ではない。きみのためにジャニーヌが入院していると言う気はないが、テレビ番組の制作に十年かかわってきた彼女が失職した原因は、身勝手にふるまったきみの行動が直接の原因だ。人目につく行動や意見表明が好きなきみは、一九七三年のいまも偉ぶった断固たる態度で高い台座に乗ったままで、他人を顧みたり助けるためにほんの少しの時間もさくこともない。自己満足と、「大衆」ときみがよぶところの労働者たちを満足させる以外には何の手立ても講じていない。どんなことをしようがきみが天才であると表明しているのは、〔ニューヨークの新知性派とよばれた女性批評家〕スーザン・ソンタグや〔映画監督〕ベルナルド・ベルトルッチや〔ニューヨーク映画祭理事長〕リチャード・ラウドや〔美術批評家〕アラン・ジュフロワや〔舞台演出家〕アントワーヌ・ブールセイエや〔映画批評家〕ミシェル・クルノーといった、いま流行の左翼サロン文化人だけだ。たとえ虚栄心とは無関係のふりを装っても、きみは彼らのためにドゴールやマルローやクルーゾーやラングロワのような偉大な人物の猿まねをし、みずからの神話をつくりあげ、陰険で近寄りがたく怒りっぽい気分屋（まさにヘレン・スコットが言うとおりだ）という一面を誇張しているだけなのだ。きみに必要なのは、人に注目される立派な役だけだ。しかるに、わたしが思うに、真の革命的闘士というのは家政婦と同じで、報われることは少ないが不可欠な仕事で、毎日こつこつと地道に働かなくてはならない。それにひきかえ、きみの占める地位は〔ボンドガール第一号の〕アーシュラ・アンドレスのような華やかなスターと同じだ。ほんのちょっとだけ姿を現わし、カメラのフラッシュを浴び、意外性のある発言を二、三放って姿を隠す。大物はこうして自分に好都合な謎の世界に戻っていく。それとは逆の誠実な小物たちもいるのだ。アンドレ・バザンをはじめ、ジャン゠ポール・サルトル、ルイス・ブニュエル、レイモン・クノー、ピエール゠マンデス・フランス、エリック・ロメール、ジャック・オーディベルティ〔といった批評家、作家、映画監督、政治家〕から組合活動家のエドモン・メールまで。彼らは自分の仲間たちに声をかけて挨拶をし、はげまし、社会保険用の書類の書きかたを教え、手紙に返事をだす人たちだ。彼らに共通するのは、自分自身のことより相手のことを考え、とりわけ、相手の地位や見かけよりも、その人間が実際にどんなふるまいをするかに関心を持っていることだ。ここに書いてきたことを次に口で言わなければならない。としたら、わたしもきみと同じ言葉で手紙を終えることにしよう。きみがこの件でわたしと話したければ、いつでも。

フランソワ

そして、追伸のように作家のジョルジュ・ベルナノスの言葉が引用されている――「もしぼくがきみのように誓いを破って還俗することがあっても、それはきみが言うところの知的発展の結果などというのではなく、女への愛のためであることを望むね」（「田舎司祭の日記」より）。

おわりに——わが映画誌

映画をめぐる百科全書的な知識から映画史的な時間の流れ、物語的な感動などのすべてを学んだという意味で、一九六〇年代のゴダール映画は私にとってまさに映画の学校でした。『勝手にしやがれ』から『ウイークエンド』に至る十五本のジャン゠リュック・ゴダール監督の長篇映画はわがゴダールでありわが映画誌だったのです。本書を「ゴダール／映画誌」と名づけた所以です。

その後、一九六八年の五月革命を機にゴダールは変貌、「六〇年代ゴダール」はどこへやら。天才的な「狂気の芸術家」（と「ニューヨーカー」誌の名物映画批評家だったポーリン・ケイル女史は評した）として、独自の映画（と簡単に呼ぶのも憚られるような不可解な映画）を撮りつづけていた。一九九七年に私は「六〇年代ゴダール」のキャメラマン、ラウル・クタールにインタビューをするチャンスがあったので、たずねてみました。

——クタールさんは一九五九年の『勝手にしやがれ』から一九六七年の『中国女』『ウイークエンド』に至るジャン゠リュック・ゴダール監督のほとんど全作品の撮影を担当されています。一九六六年の『男性・女性』をのぞくすべての長篇映画と短篇も一本（『立派な詐欺師』、一九六三）の撮影も。監督とキャメラマンのこの切っても切れない親密な関係からヌーヴェル・ヴァーグの斬新な映像が生み出されたわけですが、クタールさんも映画づくりとは恋愛のようなものだ、キャメラマンは監督に惚れこみ、監督もキャメラマンに惚れこんでくれなければいいものはできないというようなことを述べられていたと思います。

クタール　たしかに、映画は監督とキャメラマンが恋愛関係にあるときが最もうまくいく。しかし恋愛がいつも幸福とはかぎらないし、いつまでもつづくものでもないけどね（笑）。

――一九六八年の五月革命以後、ゴダールの「変貌」ということもあって、最高の名コンビだったクタールさんとゴダールの関係はその後完全に途切れてしまうわけですが、それから十五年後、一九八一年の『パッション』ではまたヨリを戻されたというか（笑）、やはり恋愛の再燃のようなものがあったのでしょうか？

クタール　いや、いや、もう恋愛なんてものとは関係ありませんでした。ゴダールはわたしに撮影をたのんでくる前に、じつはあの映画のために十人ものキャメラマンにことわられた（笑）。そのなかには、ヴィットリオ・ストラーロやリカルド・アロノヴィッチやアンリ・ドカやアンリ・アルカンといったキャメラマンがいた。みんな、ゴダールとは仕事をしたくないとことわった（笑）。それで、しかたなく、ゴダールはわたしにたのんできたのです。

――しかたなく、ですか？（笑）

クタール　そう、しかたなく、ね。ゴダール本人はけろっとして、「世界中のすぐれたキャメラマンの手があいてなくてね」と言っただけ。それが十五年ぶりに再会したゴダールの最初の挨拶だった。それも不機嫌な顔をしてね。マイッたね。

――やはりゴダールは「変貌」したわけですね……

クタール　変貌どころじゃない、まるで別人だった。もっと謙虚で、繊細で、気の弱いところもある男だったんだけれども。

ということでした。「そのあとひきつづいてゴダールの『カルメンという名の女』（一九八二）の撮影もわたしがひきうけることになりましたが、恋愛の再燃なんてものではまったくなかった。撮影中もひとことも口をきかなかった。仕事をひきうけた以上、きちんとやるべきことはやりましたが、ともかく、ゴダールはあらゆるキャメラマンに嫌われていて、撮影を昔馴染みのわたしにたのむしかなかったのですよ。わたしならゴダールのいやな性格もよく知っているし、がまんできますからね（笑）」という最も親密な相棒だったキャメラマン、ラウル・クタールの困惑した口調からもゴダールの「変貌」ぶりがどんなものだったかがうかがえます。いわんや一介のファンにしかすぎなかった私がその「変貌」のすさまじさに取り付く島もなかったことなどあえて言うまでもないでしょう。

映画『暗殺の森』（一九七〇）のなかで、心から敬愛していたゴダールとの決別を悲痛に描いていたベルナルド・ベルトルッチ監督の次のような証言が、ラウル・クタールの困惑と同じように忘れがたく私の心に残るゴダールの「変貌」についての批評的な分析です。

「一九六〇年代のゴダールは現実と直接、生《なま》に結びついていました。しかし、その後彼はある種の謙虚さを失ってしまったように思われるのです。観客に作品をゆだね、観客とともに歓びを味わい、喜怒哀楽を心から分かち合うという姿勢をなくしてしまったのです。

いまも彼はすばらしい映画をつくっていますが、しかしそれはちょっと現実から、人間の世界から、遊離したダイヤモンドのようです。世界の涙にひたることも、世界の笑いにも参加することもないダイヤモンド、無色無臭で自己完結し、透明で純粋なダイヤモンドのように、美の宇宙の内部だけで生まれ、生きて、死んでいくように思われるのです……」（一九九一年、ＮＨＫ教育テレビ、「ベルトルッチと語る」インタビュアーは兼子正勝）

だが、やっぱり、なんといっても、すばらしいのは「六〇年代ゴダール」です。映画史としてはすでに過ぎ去った一九六〇年代ですが、「六〇年代ゴダール」は私のようなファンとともに生きつづけるのです。

「豊饒なる六〇年代ゴダール」は脈々たる伝統と古典の風格をすでにまといながらも、いまなお、一瞬たりとも停滞することなく、荒々しく寄せては返す永遠のヌーヴェル・ヴァーグ（新しい波）なのです。

（二〇二四年三月三日）

わ行

や行

ら行

ま行

な行

は行

た行

さ行

か行

人名索引

あ行

ま行

や行

ら行

わ行

な行

は行

か行

な行

は行

ま行

ら行

わ行

映画題名

あ行

索引

ジャン=リュック・ゴダール監督作品

あ行

か行

さ行

た行

山田宏一（やまだ・こういち）

映画評論家。1938年、ジャカルタ生まれ。東京外国語大学フランス語科卒。1964〜1967年パリ在住、その間「カイエ・デュ・シネマ」誌同人。著書に「友よ映画よ〈わがヌーヴェル・ヴァーグ誌〉」「何が映画を走らせるのか？」「映画　果てしなきベストテン」「ハワード・ホークス映画読本」「フランソワ・トリュフォーの映画誌」「日本映画について私が学んだ二、三の事柄Ⅰ、Ⅱ」など。訳書に「映画術　ヒッチコック／トリュフォー」（フランソワ・トリュフォー著、蓮實重彥と共訳）など。1999年、第1回Bunkamuraドゥマゴ文学賞（「トリュフォー　ある映画的人生」に対して）。2007年、第5回文化庁映画賞（映画功労表彰部門）。2017年、第35回川喜多賞。2022年度日本映画ペンクラブ賞（功労賞）。

（※ 本文写真〔頁：8、36−37、213、261、351〕、カバー写真の撮影／山田宏一）

ゴダール／映画誌

2024年4月25日　第1刷発行

著者　山田宏一

発行者　碇　高明

編集・ブックデザイン　田中ひろこ

協力　関　佳彦　川鍋宏之

発行所　株式会社 草思社
〒160-0022　東京都新宿区新宿 1-10-1
Tel　（営業）03-4580-7676 /（編集）03-4580-7680

印刷所　中央精版印刷 株式会社

製本所　大口製本印刷 株式会社

ISBN978-4-7942-2721-8 Printed in japan　検印省略